序

  首都师范大学是一所包括文、理、工、管、法、教育、外语、艺术等学科专业的综合性师范大学。作为北京市属大学，长期以来，学校充分发挥人才培养、科学研究、社会服务和文化传承创新等方面的优势和特色，以服务首都发展为己任，积极围绕北京经济、政治、文化和社会建设方面的理论和现实问题开展应用对策研究，努力为政府科学决策、民主决策提供参考，为北京市基础教育和经济社会文化发展做出了积极贡献，学校的核心竞争力和社会贡献率明显提升，取得了良好的社会反响。

  服务政府决策是高等学校义不容辞的责任，是新形势下提升协同创新能力的关键环节。首都师范大学牢固树立社会服务意识，先后与教育部、北京市有关政府部门成立了文明区划研究中心、中国教育政策评估研究中心、北京市发展与决策研究院、首都教育政策与法律研究院、北京文化研究院、首都新农村社会与文化建设研究中心、北京基础教育研究基地等，依托这些机构平台，整合学科资源，凝练研究方向，组建科研队伍，以现实问题和需求为导向，以具有实践价值的项目为抓手，以推出高质量的应用型研究成果为目标，实现产、学、研、用有效衔接，为首都经济、社会、文化发展提供决策咨询和理论支持。

  自2008年6月首都新农村社会与文化建设研究中心成立以来，在北京市委社会工作委员会、北京市社会建设工作办公室等相关部门的指导和支持下，围绕首都经济社会发展的重大理论和现实问题，发挥首都师范大学学科优势和特色，精心组织，认真策划，坚持深入京郊、深入农村、深入实际，开展年度专题课题研究工作。先后开展了"首都新农村社会建设应用对策研究""首都新农村生态文明建设与对策研究""世界城市与城乡一体化建设研究""首都社会管理与区域协调发展创新研究""北京农村社区建设与管理创新研究""首都新型城镇化与农业人口转移研究""首都新型城镇化研究""首都新农村社会综合治理研究"等专题研究工作，推出了一批有思路、有对策的高质量研究成果和报告，分别在"首都新农村建设论丛"中结集出版，部分成果得到了北京市相关领导的批示。经过九年多的研究实践，有效形成了学术研究与成果应用转化的合力，大大增强了研究工作的针对性、实效性和可操作性。

2016年以来，研究中心围绕"京津冀协同发展研究"，从政治学、社会学、管理学、经济学、法学、教育学等多学科角度，组织文学院、政法学院、管理学院、资环学院、学前教育学院的师生队伍，多次深入京郊区进行问卷调查、入户访谈、数据采集、跟踪分析，掌握了大量的第一手研究资料，在此基础上提出了可供操作的对策建议，确保了研究成果的质量和水平。本书就是11个子课题研究成果的汇编。

本项目的子课题主持人刘文江、张静波、文晓灵、程世勇、聂月岩、王红旗、孙咏梅、安丽娜、李昕、包晓光、陶犁、刘亚娜等老师为完成这项研究任务付出了辛勤的努力。中心特聘首席专家、北京市委党校李敬德教授对课题研究提出了宝贵的意见和建议，首都师范大学社科处刘丁鑫、政法学院研究生李天天为本书的出版做了重要的编辑工作，在此一并表示衷心的感谢！

梁景和

2017年3月

首都新农村建设论丛
第九辑
梁景和 主　编
田国秀 副主编

首都师范大学"首都新农村社会与文化建设研究中心"主办

京津冀协同发展研究

JINGJINJI XIETONG FAZHAN YANJIU

首都师范大学出版社
CAPITAL NORMAL UNIVERSITY PRESS

图书在版编目(CIP)数据

京津冀协同发展研究 / 梁景和主编 . —北京:首都师范大学出版社,2018.11
ISBN 978-7-5656-4824-3

Ⅰ.①京… Ⅱ.①梁… Ⅲ.①区域经济发展－协调发展－研究－华北地区 Ⅳ.①F127.2

中国版本图书馆 CIP 数据核字(2018)第 239069 号

JINGJINJI XIETONG FAZHAN YANJIU
京津冀协同发展研究
梁景和　主　编
田国秀　副主编

责任编辑	王志宇

首都师范大学出版社出版发行
地　址　北京西三环北路 105 号
邮　编　100048
电　话　68418523(总编室)　68982468(发行部)
网　址　http://cnupn.cnu.edu.cn
印　刷　北京九州迅驰传媒文化有限公司
经　销　全国新华书店
版　次　2018 年 11 月第 1 版
印　次　2018 年 11 月第 1 次印刷
开　本　710mm×1000mm　1/16
印　张　25.25
字　数　420 千
定　价　62.00 元

版权所有　违者必究
如有质量问题　请与出版社联系退换

目录

1	京津冀产学研协同创新机制研究　刘文江
39	京津冀城市类型与社会协同治理研究　张静波
76	以信息化助推京津冀产业转型升级与产业协同发展　文晓灵
113	京津冀大气污染协同治理与绿色低碳发展研究　程世勇
151	推进京津冀基本公共服务共建共享研究　聂月岩
179	京津冀"女村干部领导力与家庭"研究　王红旗
216	京津冀产业合理布局及区域增长带动效应分析　孙咏梅
246	京津冀技术市场一体化研究　安丽娜　李　昕
279	京津冀协同发展语境下北京—张家口文化共享模式研究　包晓光
322	京津冀区域旅游市场一体化发展路径研究　陶　犁
356	京津冀协同发展背景下养老模式整合与创新　刘亚娜

京津冀产学研协同创新机制研究

课题负责人：刘文江（房山区史志办原主任、原北京创新研究院研究员）
课题组成员：钱　静、刘欣昕

推进京津冀协同发展，重要的是建立京津冀产学研协同创新长效机制。建立和完善京津冀产学研协同创新机制，仍有一些人对协同创新认识不到位，仍存在管理协调机制、创新要素整合、协同创新保障机制、创新激励政策等方面的障碍。尽快采取措施，完善京津冀产学研协同创新指挥管理协调机制、京津冀产学研协同创新资源整合共享机制、京津冀产学研协同创新保障机制、京津冀产学研协同创新激励机制，全面推进京津冀产学研协同创新，是推进京津冀协同发展的重要任务。

一、京津冀产学研协同创新机制的内涵和意义

推进京津冀协同发展，重要的是推动京津冀产学研协同创新。推动京津冀产学研协同创新，重要的是建立京津冀产学研协同创新长效机制。建立京津冀产学研协同创新机制，首先需要在科技创新的历史发展脉络中，厘清京津冀产学研协同创新诸要素及其相互关系，把握新常态下京津冀产学研协同创新机制的科学内涵，明确建立京津冀产学研协同创新机制的重要意义。

（一）京津冀产学研协同创新

所谓产学研协同创新，是指高校、科研院所、企业三个创新主体投入各自的优势资源和能力，在政府、科技服务中介机构、金融机构等相关主体的协同支持下，共同进行技术开发的协同创新活动。这种创新活动是在产、学、研、政、介、金协同下完成的，其核心是产、学、研三方合作进行技术开发，政府通过法规、政策进行引导和鼓励，科技服务中介机构提供相关信息服务，金融机构提供资金支持，共同完成知识创新和技术创新的活动。产学研协同创新是对产学研合作的进一步深化，是跨领域、跨行业、跨学科协同创新，是充分发挥北京科技资源优势、增强企业自主创新能力的必由之路，对区域协同创新具有重要的支撑和推动作用。产学研协同创新的关键在于协调高校、

企业和政府之间的关系，有效整合三者的力量。美国社会学家亨利·埃茨科威兹与荷兰学者劳埃特·雷德斯多夫提出的三重螺旋理论①，强调在以创新为基本特征的知识经济时代，高校和企业、政府等机构要以前所未有的热忱紧密合作，相互影响。推动京津冀协同发展，核心是实现京津冀产学研协同创新。

所谓京津冀产学研协同创新，是指京津冀三地高校、科研院所、企业在各级政府引导和市场主导下的协同创新。京津冀产学研协同创新是发挥北京科技资源对京津冀高端、高效、高辐射作用的有效途径。京津冀三地拥有大量的科研院所和高等院校，各类科技人才数量和科研成果均位居全国前列，在国家科技发展规划、重大项目引领和各级政府的引导下，以北京为龙头，高校、科研院所和企业各方共建共享新技术研发平台，共同参与新技术研发，对外吸引国际高端要素聚集，提升国际地位和功能，对内优化区域资源配置，疏解北京中心城区与其经济社会发展阶段不相适应的矛盾，引领京津冀实现全面协调可持续发展，打造京津冀产学研协同创新发展战略高地。

（二）京津冀产学研协同创新机制的内涵

协同创新机制，就是通过建立有效的行为理念、制度、程序、方法、环境、平台等对协同创新组织、个体、资源等要素进行优化组合，完善最优的创新团队结构，发挥创新团队的最大功效。产学研协同创新机制，突出高校、科研院所、企业科技创新主体地位，强调科技创新要建立有效的行为理念、法律法规、制度、程序、方法、环境、平台等，通过国家科技发展规划、重大项目引领和政府引导、市场主导，促进高校、科研院所、企业等构建最优创新团队，共同参与研发新技术、新产品，推动科技创新的可持续发展。

---

① 三重螺旋理论：1995年，美国社会学家亨利·埃茨科威兹与荷兰学者劳埃特·雷德斯多夫发表题为《大学—产业界—政府关系三重螺旋的形成》的学术论文，同年，又合作发表了《大学—产业—政府三重螺旋关系：知识经济发展的实验室》，标志着三重螺旋理论的正式形成。该理论认为，在知识经济的社会大背景下，作为知识生产方的大学和作为知识应用方的企业之间应建立起较以往任何时候都要密切的合作关系，二者之间原本泾渭分明的界限正变得越来越模糊。另一方面，大学和产业界之间建立紧密的合作关系应得到政府的大力支持，因为知识界和产业界之间的合作有利于国家的协调发展，符合国家的长远利益。况且大学和企业各自的价值诉求存在差异，在合作过程中可能产生冲突，需要政府在其间充当缓冲器和调解人。三重螺旋理论强调在以创新为基本特征的知识经济时代，大学和企业、政府等机构要以前所未有的热忱紧密合作，相互影响。徐魁鸿：《三重螺旋理论对协同创新的启发》，《光明日报》，2014年1月21日。

所谓京津冀产学研协同创新机制，是立足京津冀区域的产学研协同创新，是区域差异条件明显的产学研协同创新，是中央和京津冀三地政府共同引导、充分发挥首都优势科技资源的产学研协同创新。完善京津冀产学研一体化创新机制，打造京津冀协同发展的强大动力，以打造现代化新型首都圈和具有较强竞争力的世界级城市群，使之成为我国经济发展新的支撑带。

（三）完善京津冀产学研协同创新机制的意义

推动京津冀协同发展，是党中央、国务院在新的历史条件下做出的重大决策部署，是一项意义重大而深远的国家战略，是中国特色社会主义的重要实践，对于协调推进"四个全面"战略布局，实现"两个一百年"奋斗目标和中华民族伟大复兴的中国梦，具有重大现实意义和深远历史意义。推动京津冀协同发展，核心是推动具有发展差异的京津冀产学研实现协同创新，所以，建立京津冀产学研协同创新机制，是推动京津冀协同发展的重中之重。

1. 完善京津冀产学研协同创新机制，是积极适应新时期科技创新大趋势的必然要求

协同创新是当今世界科技创新活动的新趋势，是整合创新资源、提高创新效率的有效途径。当今世界的发达国家，大多处于成熟的科技创新阶段。突出的是美国最早形成和完善了产学研协同创新机制。两百多年来，众多大国都历经兴衰沉浮之变，唯有美国一直保持世界第一的地位，成为当今世界综合国力最强的国家，这无疑是美国最早、最快形成和完善产学研协同创新机制的结果。早在19世纪早期，美国就出现了产学研合作萌芽。1862年，由美国国会通过、林肯总统签署颁布了《莫雷尔土地赠予法案》，简称《莫雷尔法》。[①] 该法案规定联邦政府向各州免费提供一定量土地，创办"赠地高校"，用于建设农业和工艺教育学院，以资助各州农业和工艺教育的发展，开始了美国政府对高校与产业合作的引导。第二次世界大战期间，为适应战争紧急状态，罗斯福总统着手制定国家的科学政策，在美国政府直接推动下，美国的产学研协同创新得到加强和发展。1958年9月2日，美国国会通过了《国防

[①] 《莫雷尔法》全称《莫雷尔土地赠予法案》（Morrill Land-Grant Acts），1862年由美国国会通过、林肯总统签署颁布。法案核心内容是由政府免费提供土地用以创造"赠地大学"。法案规定，联邦政府向各州赠予一定数量的土地，用于建设农业和工艺教育学院，以资助各州农业和工艺教育的发展。蓝晓霞：《美国产学研协同创新机制研究》，北京：北京交通大学出版社，2014年版，第15页。

教育法》①，该法案加强了联邦政府对大学研究的关注和支持，极大地刺激了大学研究的发展。20世纪70年代，美国的产学研协同创新走向成熟，尤其是20世纪80年代以来，面对世界经济竞争和全球经济一体化的形势，美国政府为保持在科技领域的全面领先地位和经济竞争力，将科技协同创新作为国家发展战略，制定实施了一系列的科技政策，加强对科技深入持久的投入，逐步形成政府、产业界、学术界和各种社会力量相互合作的协同创新体系，共同推动科技发展，并在应对全球经济危机中发挥了重要作用，有力促进了美国经济活力的恢复，创造了"新经济"神话。美国的产学研协同创新走向了繁荣阶段。

新中国是在一穷二白的以自然经济为主的基础上建立的，在建立社会主义经济基础特别是工业基础的极其艰苦的条件下，实现了"两弹一星"等重大科技创新。改革开放以来，我国产学研合作取得了长足进展，科技对经济社会的支撑和引领作用明显增强，但与发达国家相比还有一定差距。要加快京津冀经济发展方式转变，特别是实现经济增长由主要依靠要素驱动向主要依靠创新驱动的转变，必须发挥京津冀科技创新的示范带动作用，迎头赶上当今世界科技创新潮流；必须大力实施科技创新发展战略，大力推进产学研协同创新。京津冀协同发展是重大国家战略，是国家发展的必然要求，推动京津冀协同发展，必须尽快建立和完善京津冀产学研协同创新机制，这是确保新时期国家重大发展战略顺利实施的重大战略任务。

2. 完善京津冀产学研协同创新机制，是有效贯彻落实京津冀协同发展战略的必然要求

在科技创新的历史进程中，区域的协同发展被视为获取国家竞争优势的关键所在，"知识"和"创新"成为区域创新体系中的核心要素。"十二五"时期，我国开始进入以区域为发展板块的新时期。在区域创新方面，高校是区域创新的骨干因素，也是核心力量。京津冀拥有众多国内一流高校和科研机构，具有最强的科研和学术水平，学科完善、智力密集、交流广泛，具备得天独厚的产学研协同创新的资源和禀赋，是推动京津冀协同发展的核心力量。

---

① 《国防教育法》，美国联邦政府于1958年9月2日颁布。内容包括：加强普通学校自然科学、数学和现代外语以及其他重要科目的教学；要求更新这些学科的教学内容和提高教学水平；为学校设置理科实验室；建立外语教学中心，加强视听电化教学设备；加强职业教育；强调"天才教育"；增拨大量教育经费。大量教育经费的投入，对培养美国科技人才产生了巨大作用。

习近平总书记于 2014 年 2 月 26 日在北京主持召开座谈会，专题听取京津冀协同发展工作汇报，强调实现京津冀协同发展，是面向未来打造新的首都经济圈、推进区域发展体制机制创新的需要，是探索完善城市群布局和形态、为优化开发区域发展提供示范和样板的需要，是探索生态文明建设有效路径、促进人口经济资源环境相协调的需要，是实现京津冀优势互补、促进环渤海经济区发展、带动北方腹地发展的需要，是一个重大国家战略，要坚持优势互补、互利共赢、扎实推进，加快走出一条科学持续的协同发展路子来。

在现阶段，贯彻落实中央京津冀协同发展重大战略部署，仅靠单一主体很难在瞬息万变的科技竞争时代产生重大科技创新成果，必须由多领域的多单位、多部门共同参与、协同完成。京津冀地区的高校整体创新实力较强，因此需要充分利用现有的知识、技术、人才、信息资源的优势，吸纳更多的创新优质资源，借助社会各个方面的力量实施协同创新，才能迅速提升京津冀科技创新能力。因此，必须尽快完善京津冀产学研协同创新机制，通过京津冀产学研协同创新，推动高校、科研院所、企业融入京津冀的协同发展，提升高校、科研院所、企业的创新能力和科研水平，促进知识创新孵化为新技术，转化为新产品，全面推进京津冀产业转型，加快京津冀协同发展的步伐。

3. 完善京津冀产学研协同创新机制，是推动京津冀产学研协同创新可持续发展的必然要求

京津冀协同发展是"三核引领、一轴两带、多点支撑"的开放合作整体架构。"三核"即北京、天津、石家庄三大都市，三核之间具有不同层级和定位。"一轴"，即京津发展轴，"两带"分别是滨海经济带和京广北段经济带。多点支撑分别是唐山、保定、邯郸、沧州、衡水、秦皇岛。张家口、承德主要承担京津冀生态涵养功能。京津冀协同发展是经济、社会、资源环境、基础设施等一切要素深度融合的五维发展结构。京津冀产学研协同创新是京津冀以"三核引领、一轴两带、多点支撑"五维发展结构为基础和支撑的产学研要素五维发展结构。实现京津冀产学研协同创新，推进京津冀政府、高校、科研院所、企业、金融、中介等协同创新组织或个体的有机结合，构建知识创新孵化新技术、创造新产品、打造新产业的创新团队，是一项长期而又紧迫的历史任务，不是一朝一夕、一蹴而就的简单项目合作，而是需要政府、高校、科研院所、企业、金融、中介等协同创新组织或个体长期的深入融合、协同发展，是继往开来的战略发展任务，必须坚持可持续发展，只有通过一定的

行为理念、法律法规、制度、程序、方法、环境、平台等经过一定时期的构建，才能打造具有可持续发展的创新力、凝聚力、战斗力的创新团队，打造京津冀科技创新合力。没有可持续性的长效机制，就没有可持续性的创新团队，就没有可持续性的产学研协同创新。所以，推动京津冀产学研协同创新，必须大力完善京津冀产学研协同创新长效机制，确保京津冀协同发展战略目标不断实现。

4. 完善京津冀产学研协同创新机制，是京津冀产学研协同创新健康发展的必然要求

京津冀产学研协同创新要突出"政府引导、市场主导"，采取"共同投入"模式，政府主要是制定政策，实施政策引导和投入引导资金，高校和科研院所投入技术、人才、品牌、专利等无形资产，企业推进科研成果产业化，做到对等投入、优势互补，同步整合与科技创新紧密相关的创意咨询、产权交易、创业孵化、金融服务等要素资源，建立科技创新平台体系，为科技创新提供全方位的技术支持和服务支撑。在产学研协同创新活动中，从始至终贯穿着政府、高校、科研院所、企业、科研人员的利益关系协调。企业追求最大利润，高校追求科研成绩，科研人员追求经济价值与社会价值，政府追求社会公共利益。价值观的分歧必然形成各方对合作利益的不同评判，影响和决定各创新主体之间、创新主体与创新团队之间的协作关系，影响和决定产学研协同创新的进程与目标。为此必须通过一定的行为理念、法律法规、制度、程序、方法、环境、平台等运行保障机制建设，使创新主体各方能够准确判断自身的优劣，廓清彼此的责任及利益分割标准，特别是要在利益分配、风险承担等敏感问题上达成利益平衡，能够认同与包容各方行动目标的差异性，完善风险共担、利益共享、互赢共赢的心理预期与相互信任的合作关系。所以，建立产学研协同创新机制，是推动京津冀产学研协同创新健康发展的关键环节。

二、京津冀产学研协同创新机制的现状和问题

推动京津冀协同发展，以科技创新作为提升京津冀经济社会转型发展的新动力，既要遵循科学的科技发展战略，又要选择高效率、低成本的运行模式，必须在科技资源的整合与组织形式的创新方面加大探索创新的力度。为此，必须进一步了解京津冀产学研协同创新的现状和发展障碍，明确完善京津冀产学研协同创新机制的意义，才能有效加快京津冀产学研协同创新机制

的建立和完善，加快京津冀协同发展前进步伐。

(一) 京津冀产学研协同创新机制的现状

京津冀地区战略地位十分重要。实现京津冀协同发展、创新驱动，推进京津冀发展体制机制创新，是面向未来打造新型首都经济圈、实现国家发展战略的重大历史使命。贯彻落实京津冀协同发展战略，建设中国科技创新中心，中央和京津冀三地，围绕产学研协同创新重大战略问题凝聚共识，积极探索"共同出题、共同组织、共同研究、共享成果"的合作研究机制与模式，打造京津冀产学研创新发展战略高地，建立和完善战略对话、信息交流、工作对接、科技资源和成果开放共享的协同创新机制，着力搭建交流平台，完善专家资源、科技资源共享等机制，在重点领域探索开展实质性合作，不断完善"三地四方"产学研协同创新模式，充满生机活力的京津冀产学研科技创新大幕已经拉开。

1. 明确了京津冀产学研协同创新发展战略任务目标

2013年，习近平总书记先后到天津、河北调研，强调要推动京津冀协同发展。2014年2月26日，习近平总书记在北京考察工作时发表重要讲话，全面深刻阐述了京津冀协同发展战略的重大意义、推进思路和重点任务。此后，习近平总书记又多次强调京津冀协同发展是个大思路、大战略。京津冀协同发展成为世人瞩目的发展高地。

2015年4月30日，中共中央政治局召开会议，审议通过《京津冀协同发展规划纲要》。会议指出，推动京津冀协同发展是一个重大国家战略。战略的核心是有序疏解北京非首都功能，调整经济结构和空间结构，走出一条内涵集约发展的新路子，探索出一种人口经济密集地区优化开发的模式，促进区域协调发展，打造"以首都为核心的世界级城市群、区域整体协同发展改革引领区、全国创新驱动经济增长新引擎、生态修复环境改善示范区"。北京是"全国政治中心、文化中心、国际交往中心、科技创新中心"；天津是"全国先进制造研发基地、北方国际航运核心区、金融创新运营示范区、改革开放先行区"；河北省是"全国现代商贸物流重要基地、产业转型升级试验区、新型城镇化与城乡统筹示范区、京津冀生态环境支撑区"。"科技创新中心""全国创新驱动经济增长新引擎"的功能定位，不但明确了北京和京津冀科技创新的地位和历史责任，也明确了京津冀产学研协同创新的地位和历史责任。

《京津冀协同发展规划纲要》不但标志着京津冀的协同发展正式成为国家战略，京津冀的合作开始步入实施阶段，同时标志着京津冀产学研协同创新成为国家发展战略的重要组成部分，标志着京津冀产学研协同创新进入快速发展新时期。

2. 中央与京津冀各级政府引导作用初见端倪

发展是硬道理。立足京津冀地区实际、面向重大问题与创新需求，通过京津冀协同创新的强大合力，推动地区经济发展方式转变和国家重要增长极的共同崛起，已经是中央和京津冀各级政府的共识。2013年，习近平总书记提出要推动京津冀协同发展，就得到中央有关部委和京津冀各级政府的积极响应。两市一省党委、政府积极贯彻落实中央精神，讨论部署本市本省工作。中央与两市一省各级政府及各行业分别建立了京津冀协同发展组织机构，开启了京津冀产学研协同发展的新时期。

贯彻落实习近平总书记重要讲话和党中央、国务院领导同志重要指示、批示精神，2014年以来，按照京津冀协同发展领导小组总体部署，中央领导小组办公室经反复研究和修改完善，形成了《京津冀协同发展规划纲要》稿。2014年12月中央经济工作会议召开，京津冀协同发展被列为我国区域发展三大战略之一。2015年4月，中共中央政治局会议审议通过《京津冀协同发展规划纲要》，确定了"功能互补、区域联动、轴向集聚、节点支撑"的布局思路，明确了以"一核、双城、三轴、四区、多节点"为骨架，为实施京津冀协同发展战略提供了基本遵循，三地协同发展由顶层设计进入全面实施、加快推进的新阶段。

有了顶层设计，认识逐渐统一，各方力量就容易拧成一股绳。2015年7月中共北京市委召开十一届七次全会，提出了《中共北京市委 北京市人民政府关于贯彻〈京津冀协同发展规划纲要〉的意见》。郭金龙同志在全会上强调：全市广大党员干部要把思想和行动统一到中央部署要求上来，"坚定不移地把贯彻落实《京津冀协同发展规划纲要》、推动京津冀协同发展作为全市工作的头等大事，乘势而上、顺势而为，以'不待扬鞭自奋蹄'的责任感、使命感，开拓创新，奋发有为，努力创造经得起实践、历史、人民检验的新成绩，为建设国际一流的和谐宜居之都、实现京津冀协同发展的宏伟目标做出更大贡献"。强调"要深入实施创新驱动发展战略，不断完善现有协同创新机制，建立健全区域创新体系，推动建设京津冀协同创新共同体，建设全国科技创新高地，打造我国自主创新的重要源头和原始创新的主要策源地，为建设创新型国家做出更大贡献"①。

为贯彻落实中央京津冀协同发展战略，京津冀三地科技部门开始了紧锣密鼓的工作。2014年4月15日，北京市科委与天津市科委、河北省科技厅签署了《北京市科学技术委员会、天津市科学技术委员会、河北省科学技术厅共同推动京津冀国际科技合作框架协议》，标志着京津冀区域科技合作序幕开启。三地联合成立国际科技合作工作领导小组，负责三地国际科技合作的重大决策。三地通过共享国际合作渠道和港澳台科技合作渠道，充分发挥首都北京的辐射带动作用。组织参与中国（北京）国际技术转移大会和中意创新论坛，通过举办天津、河北分会场等活动，推动国外先进技术转移至京津冀地区，实现国际化创新发展。利用国际技术转移服务协作网络和驻外科技外交官服务平台，推动国际专家资源和技术信息功能共享，为三地科技型企业提供多方面服务。

2014年8月中旬，北京市科委、天津市科委、河北省科技厅正式签署《京津冀协同创新发展战略研究和基础研究合作框架协议》。根据协议，三地将建立京津冀区域协同创新发展战略研究和基础研究长效合作机制，搭建三地共同研究战略平台，重点聚焦科技创新一体化、生态建设、产业协同发展、政策协同创新、科技资源共享等方面，打造京津冀科技协同创新发展的"软环境"。在战略研究层面，三地将围绕京津冀协同创新发展的顶层设计、产业创新、基础研究和前沿研究、科技资源共享、政策协同等开展战略研究，为京津冀协同创新发展提供决策支撑。围绕京津冀协同创新发展等主题，联合申报科技部相关项目（课题），并在三地各自的"软科学"研究专项经费中，设立专门研究资金。三地还将建立和完善战略对话、信息交流、工作对接的协同机制和长效机制，共享战略研究成果和信息，实现战略研究资源和研究成果的开放共享。同时，积极探索新型智库建设，围绕京津冀协同创新发展，发挥三地人才和战略研究的优势，培育科技战略研究团队。在基础研究层面，三地将提高科技资源在三地间的充分利用与开放共享，推动科技创新资源的自由流动与优化配置。建立三地共享科技报告体系，实现基础研究项目成果的开放共享。针对共同关心的热点、难点问题和产业共性关键技术需求，三地将在有共性需求的重点领域，设立三地合作专项，分别予以支持，并鼓励三地科学家合作申请。合作专项项目采取共同组织的方式，三地共同确定重

---

① 《京津冀协同发展规划纲要》学习资料，第30页、37页。

点领域、编制指南，凝聚优势研究力量开展区域联合攻关，解决重大共性科学问题，并共同推进成果利用，促进成果在三地共享与转化落地。

3. 北京市积极推进科技创新，奠定了京津冀产学研协同创新的基础

北京市始终高度重视科学发展和技术创新。为贯彻落实《国家中长期科学和技术发展规划纲要（2006—2020年）》（国发〔2005〕44号），2006年，北京市制定《关于进一步促进北京地区高校科技园发展的若干意见》，提出依托北京地区科技教育优势资源，加快以企业为主体、以市场为导向、产学研相结合的首都区域创新体系建设；2008年，北京市制定《北京市中长期科学和技术发展规划纲要（2008—2020年）》。北京在成功举办了2008年奥运会后，市委、市政府果断提出了"三个北京"的发展战略，即"绿色北京、人文北京、科技北京"。

"十二五"时期科技北京发展建设规划列出了四项工作重点，分别是：以强化企业自主创新地位、加强软实力建设为主的自主创新能力持续提升工程；以创新政策体制机制突破、优化示范区政策环境为主的高起点推进中关村示范区建设工程；以推动生物医药产业、新能源汽车产业等八大产业为主的科技竞争力提升工程；以低碳技术、科技交通、城乡建设为主的科技推进民生建设工程。

北京市加快中关村国家自主创新示范区建设，推动北京科技创新进程。先后发布实施中关村示范区建设三年行动计划和十年规划纲要，成立中关村发展集团，建立产业化促进机制。加快建设具有全球影响力的科技创新中心和我国战略性新兴产业的重要策源地。建设首都创新资源平台，完善中关村科技创新和产业化促进中心的工作机制，推动中央与地方创新资源整合。深化先行先试改革，积极配合国家有关部委，抓紧落实科技成果处置权、收益权下放等五方面政策，争取设立统一监管下的全国场外交易市场。建设国家科技金融创新中心。落实高端人才政策，深入实施海外人才聚集、高端领军人才聚集工程，加快建设中关村人才特区。进一步加大支持力度，做好联合审批和落地服务，全力推动科技成果产业化。优化自主创新体系，积极对接国家科技重大专项和重大科技基础设施建设，健全企业创新激励机制，促进新型产业组织加快发展，努力突破关键核心技术。实施标准战略，推动标准创制。加强知识产权保护，培育发展科技中介组织，促进知识产权的市场化运用。全面实施促进战略性新兴产业发展的政策措施，加大核心技术研发力度，抓好一批科技创新工程和重点项目建设，加强示范应用和市场开拓，尽

快培育形成新的支柱产业,加快推动产业高端化发展。

2014年2月26日,习近平总书记视察北京时明确了北京科技创新中心的战略定位,北京市积极实施创新驱动发展战略。一是深化中关村示范区先行先试,健全"一区十六园"管理体制,完善中关村创新平台,以中关村核心区为重点,打造科技金融功能区,加快建设国家科技金融创新中心。二是完善以企业为主体的技术创新体系,推动企业与中央单位、高校院所开展协同创新,支持企业建设研发机构,承接重大项目,培育成长快、潜力大的创新企业。三是加快推动重大科技成果产业化,实施技术创新行动计划,加快推进关键核心技术研发和应用,创新科研成果转化和收益分配制度,全方位深化央地合作、院市合作、军民融合,完善部市会商工作机制,加强产业专项资金使用统筹,推动一批重大科技成果产业化项目落地。

北京市认真对接和落实京津冀协同发展规划纲要,积极推动京津冀协同发展,牢固树立"三地一盘棋"的思想,主动担当、主动作为,推进协同发展实现良好开局。一是探索建立协同发展机制,做好跨行政区、跨领域规划对接,积极探索共建产业园区税收、节能减排等方面的利益分配和责任分担机制。逐步建立三地统一的企业产权、知识产权、林权矿权等市场化流转制度,推动制定跨区域的技术、人才等要素流动和优化配置的政策措施,促进金融、旅游等资源共享,加快区域市场一体化进程。二是推动形成协同创新共同体,强化协同创新支撑,以中关村和共建园区为依托,推动建设跨省市科技创新平台,支持开展联合攻关,打造产学研结合的科技创新链条,完善分工合理的创新发展格局。完善区域创新体系,联合组建产业技术创新战略联盟,完善信息共享、标准统一的技术交易服务体系,推进一体化的技术市场建设。加强科技人才和科技管理人才的联合培养,搭建人才信息共享平台,健全跨区域人才流动机制。

4. 多年的京津冀合作积累了协同创新发展的经验

京津冀同处华北中心,历史上多次经历政区划分的分合变迁,地理毗邻,经济文化融合互补,具有悠久的合作历史。对改革开放以来的合作,2015年6月17日,《京津冀协同创新的历程、基础与突出问题》一文做出了系统概括。

改革开放以来的京津冀三地合作与规划工作,始自1981年的"环京津冀协作区"的建立,此后历经20世纪80年代的京津唐国土规划、90年代的"大北京规划"和21世纪以来的"廊坊共识""京津冀都市圈区域规划"等一系列持续性的工作,都在持续稳步地推进京津冀协同合作的步伐。

京津冀科技合作的历程大致可分为三个阶段：第一个阶段（20世纪80年代）是以国土空间规划为核心的区域协作研究阶段。这一时期的标志性工作是由原国家建委国土局组织启动的"京津唐地区国土规划纲要研究"，并相继成立了"环渤海地区经济研究会"，环京津冀城市市长、专家联席会等非政府组织，京津冀协作开始引起政府和学者的重视；第二个阶段是1991—2004年，这一时期京津两市的城市规模迅速扩大，京津塘科技新干线开始发育并壮大，以清华大学吴良镛院士为代表的"大北京"规划研究组和京津冀三地科委发起的"廊坊共识"的成立为标志，将京津冀区域协作在理论和实践层面推向高潮；第三个阶段（2005年至今）为国家战略全面推动时期，以2005年国家发改委开始着手编制《京津冀都市圈区域规划》为起点，以2013年习近平总书记视察天津提出"双城记"为标志，京津冀协同发展战略才真正从国家区域战略的定位高度开始实施，京津冀协同发展进入了以打造京津冀"协同创新共同体"为目标的新阶段。

这些不同内容、不同形式的合作，积累了区域协作的经验，奠定了京津冀产学研协同创新的基础。

5. 法律政策保障机制初步形成

没有规矩不成方圆。统筹不同区域内政府、高校、科研院所、企业、中介服务等组织和个体围绕协同创新目标构成创新共同体，实现协同创新目标下的系统运行，必须依靠系统完善的法律制度、国家政策保障体系。改革开放以来，为了推进国家和京津冀科技发展，国家和两市一省陆续制定了一系列关于科技发展的法律法规和政策，如《中华人民共和国科学技术进步法》《中华人民共和国促进科技成果转化法》《中华人民共和国专利法》《中华人民共和国著作权法》等，初步形成了科技创新的法律政策保障体系。

搭建知识创新与技术创新的桥梁，实现知识创新与技术创新的有机结合，是推进产学研协同创新的关键环节。《中华人民共和国促进科技成果转化法》（以下简称《转化法》）是衔接知识创新与技术创新，保障产学研协同创新路径的基本法律保障之一。

1996年5月，国家颁布了《转化法》。为适应科技创新的新趋势，2015年8月29日，全国人大常委会做出关于修改《转化法》的决定，重新修订了《转化法》。为深入贯彻党中央、国务院一系列重大决策部署，落实《转化法》，加快推动科技成果转化为现实生产力，依靠科技创新支撑稳增长、促改革、调结构、惠民生，2016年2月26日，国务院颁布了《实施〈中华人民共和国促进科技成果转化法〉若干规定》。2016年4月21日，国务院颁布了《促进科技成果转移转化行动方案》，提出"深入贯彻落实党的十八大，十八届三中、四中、五中全会精神和国务院部署，紧扣创新发展要求，推动大众创新创业，充分发挥市场配置资源的决定性作用，更好发挥政府作用，完善科技成果转移转化政策环境，强化重点领域和关键环节的系统部署，强化技术、资本、人才、服务等创新资源的深度融合与优化配置，强化中央和地方协同推动科技成果转移转化，建立符合科技创新规律和市场经济规律的科技成果转移转化体系，促进科技成果资本化、产业化，形成经济持续稳定增长新动力"①。

几年来，中共中央、国务院颁布了一系列行政法规政策，包括国务院《国家重大科技基础设施建设中长期规划（2012—2030年）》，国务院《关于加快科技服务业发展的若干意见》，中共中央、国务院《关于深化体制机制改革加快实施创新驱动发展战略的若干意见》，国务院办公厅《关于深化高等学校创新创业教育改革的实施意见》，中共中央办公厅、国务院办公厅印发《深化科技体制改革实施方案》，中共中央、国务院印发《国家创新驱动发展战略纲要》等，初步完善了京津冀产学研协同创新的法律政策保障体系。

6. 中关村科技园区与高校进行了成功探索

中关村国家自主创新示范区总体布局为"一区十六园"，核心区是海淀园。海淀园是中关村科技园区的发源地，是中关村战略性新兴产业策源地，是中关村人才特区、国家级科技与文化融合示范基地、国家级科技金融创新中心。2012年10月13日，《国务院关于调整中关村国家自主创新示范区空间规模和布局的批复》（国函〔2012〕168号）正式印发，文件原则同意对中关村国家自主创新示范区空间规模和布局进行调整，进一步形成"一区十六园"的空间格局。

中关村国家自主创新示范区在落实京津冀产学研协同发展战略中，坚持以协同创新为引领，着力谋划转型升级、创新驱动的大文章。京津冀协同创新共同体是命运共同体、利益共同体，也是责任共同体。目前，中关村推动与津冀重点区域产学研创新合作，已初步形成多主体、多层次、多领域的格局态势。通过聚焦重点，以共建项目为抓手开展了一系列务实合作。分批与天津滨海新区、宝坻，河北唐山、承德、廊坊、保定等区域建立了战略合作关系。同时配合支持张家口发展大数据产业，着力建设张北云计算产业园，

---

① 《国务院办公厅关于印发〈促进科技成果转移转化行动方案〉的通知》，http://www.most.gov.cn/yw/201605/t20160520_125686.htm。

积极支持石家庄市建设集成电路封装测试产业园等。

中关村国家自主创新示范区完善了灵活、高效的服务平台，实行了各创新要素之间的零距离链接。中关村服务平台设有8个主窗口，包括创新创业、新技术新产品推广、协同创新、技术转移与知识产权、信用信息、企业融资服务、展示中心、对外合作，形成了从知识创新到技术创新再到新兴产业各个环节的全方位服务，成为打造京津冀产学研协同创新大数据服务平台的基本模板。

落实京津冀协同发展战略，北京高校积极进行教育教学改革，努力实现产学研融合，加强同质高校院系的交流与合作，加强与政府、企业之间的交流与合作，加强与天津、河北高校的交流与合作，充分发挥市场配置资源作用；积极利用社会资本，引导创新资源高效流动配置，实现利益共享，初步奠定了京津冀产学研协同创新的基础。几年来，通过政府引导，着力完善多主体参与的创新合作体系，推动创新主体合作，大力支持企业、高校院所、产业投资机构和科技咨询机构、协会、联盟等服务机构，共同推动非政府性交流活动，促进区域和区域企业、机构间的互动和协作。目前，中关村企业已在河北设立分支机构1029家，在天津设立分支机构503家。一批社会组织将服务平台延伸到天津、河北有关区域。清华大学与河北廊坊、秦皇岛、唐山等多地共建研究院、科技园、研究中心，北京高校与天津、河北合作项目超过330个。一批科技服务机构加速落户津冀，如清控科创与天津东丽联合打造的孵化器总面积达3万平方米，入驻企业超过100家。

（二）京津冀产学研协同创新机制建设存在的主要问题

贯彻落实京津冀协同发展战略，建设中国科技创新中心，中央和京津冀三地都已经做了大量工作，取得了一定的实质性进展，但由于国家高校间、科研院所间、企业间与京津冀三地高校间、科研院所间、企业间科技创新能力水平的巨大区位差异，一些人对建立京津冀产学研协同创新机制，实现京津冀产学研协同创新，建设京津冀协同发展、互利共赢新局面的认识尚不到位，"三地四方"在管理协调机制、创新要素整合、协同创新保障机制、创新激励政策等方面还存在诸多差距和障碍。

1. 对京津冀产学研协同创新的认识不到位

2014年2月26日，习近平总书记视察北京时提出京津冀协同发展战略之后，特别是《京津冀协同发展规划纲要》颁布后，专家学者、政府官员从不同的理论视角阐释了京津冀协同发展、京津冀产学研协同创新的观点。对京津冀产学研协同创新在政府功能、市场功能、企业功能、高校与科研院所功能、中介服务功能等方面形成了一定的共识，但看问题的视角多有不同，往往是站在某一领域、某一学科的视角认知京津冀产学研协同创新。特别是对政府管理统筹协调职能、社会价值导向、法律规范等方面存在一些不同的认知观点。

认识不统一、不到位，必然导致行动不统一、不到位。如一些人对产学研合作的认识深度不够，还停留在传统的产学研合作模式中，由企业出资金，高校和科研院所出技术和人力，进行新产品开发和生产中的技术研发。大中型企业到高校和科研院所寻求合作，仅对一些短平快的项目有兴趣，对那些事关行业发展的关键技术、共性技术则很少关心。推动京津冀产学研协同创新，需要对京津冀产学研协同创新的认识高度统一。特别是一部分人对于政府与市场的关系，尚停留在被错误引用的"政府是守夜人"的概念之中。①

人们对于世界上任何事物的认识，都不是单一的、固定不变的，而是多视角、多维度的。统筹协调京津冀产学研协同创新，是对国家、北京、天津、河北"三地四方"产学研协同创新的统筹协调，不但是区域管理协调行为，也是部门行业管理协调行为，还是对组织与组织、人与人、人与事、事与事的管理协调行为。所以，首先需要从系统管理的视角，综合运用法律、市场、组织、行政、经济、文化、信息等管理协调手段、方法系统全面认识京津冀产学研协同创新的管理过程，科学借鉴他国经验，立足京津冀"三地四方"产学研协同创新实际，提出解决问题的对策方法。

2. 京津冀产学研管理协调机制尚不完善

统筹协调京津冀产学研协同创新，是对国家、北京、天津、河北三地四方产学研协同创新的统筹协调。目前，"三地四方"特别是京津冀三地区域发展具有比较明显的梯次性特征和差异性特征，如行政权限不同、科技资源不同、经济水平不同、地理区位不同，统筹协调京津冀产学研协同创新，需要统筹协调政府引导、市场主导、产学研自发积极性，单靠政府引导、市场主导、产学研自发积极性其中一方或两方努力都是无法实现的。借鉴美国等发达国家的经验，实现产学研协同创新，坚持有序推进，自始至终都离不开政

---

① 高连奎：《反误导：一个经济学家的醒悟》，北京：东方出版社，2014年版。1863年2月，拉萨尔发表了"公开信"宣言，他在其中提出工人运动的目标之一，就是使国家不再只是一个"守夜人"或"警察"，而是要积极地参与社会变革，要对工人合作社发放信贷，以逐步实现经济上的社会化。

府的组织协调，特别是国家科技创新前期的启动时期，尤其需要各级政府的积极作为。当前的突出问题是完善政府间高层次的联合办公或合作磋商机制。

借鉴美国等发达国家的经验，推动京津冀产学研协同创新，政府应扮演好六重角色：一是重大科技任务项目的规划者，明确国家和京津冀科技创新的任务方向；二是科技创新规则包括法律、法规、政策、制度等的制定者，并通过政府行政执法维护公平的市场竞争秩序；三是统筹理顺多部门、多层次政府职能，消除政出多门、各自为政、龙多不下雨的政令"肠梗阻"及怠政懒政现象；四是协同创新所需要的重大公共技术的供给者，特别是完善管理协同创新服务平台，弥补产学研协同创新所需技术的市场供给缺陷；五是及时补齐科技创新中的市场短板，促进优质公共服务资源均衡配置；六是创新产品的需求者，政府通过政府采购的方式为产学研的创新创造市场需求。为了推动京津冀协同发展，2015年8月，国务院成立"京津冀协同发展领导小组"并设相应办公室，之后，北京市成立"区域协同发展改革领导小组"，小组办公室设在北京市发改委。河北省、天津市和有关部委成立了相应领导工作机构。当前，需要围绕六方面职能，尽快建立和完善行政管理协同机制，完善两市一省各级政府工作职能，理顺职责关系，明确工作制度，履行管理协调职责。

3. 京津冀产学研协同创新要素需要系统整合

京津冀产学研协同创新需要打破行政壁垒，对"三地四方"产学研创新资源进行整合，包括对法律、政策、人才、知识、技术、资本、服务、信息等创新要素的整合，打造京津冀产学研创新共同体，形成中心引领、两核驱动、三带辐射、多园支撑和优势互补、对接产业的区域科技创新格局，促进两市一省协同发展、协调发展、共同发展。目前，京津冀创新资源配置落差过大，国家级科技资源对区域发展的辐射动力不足。京津冀三地科技创新的功能定位和区域分工尚不十分明确，尤其是在区域科技规划、科技政策、重大项目、技术标准等方面的沟通协调机制尚不完善，区域之间科学数据资源尚缺乏有效的大数据管理，数据标准化、规范化方面也面临较多困难。

整合"三地四方"法律、政策、人才、知识、技术、资本、服务、信息等创新要素，需要打破区域壁垒、行政壁垒、利益壁垒，实现资源共享。这是一项复杂的系统工程，需要运用必要的法律手段、行政手段、市场手段、经济手段，建立相适应的制度保障机制、人才聚集机制、激励知识创新机制、激励技术创新机制、利益协调机制、科技投资金融机制、科技服务机制等，才能实现最有效的资源整合。近年来,"三地四方"内部初步形成了一些政策、制度,"三地四方"之间初步建立了不同的协同发展组织机构,初步形成了一些要素整合机制,但尚未形成可持续发展的机制。

面对"三地四方"资源要素的差异化现状,打破资本、技术、产权、人才、劳动力等生产要素自由流动和优化配置的各种体制机制障碍,推动各种要素按照市场规律在区域内自由流动和优化配置,促进两市一省协同发展、协调发展、共同发展,关键是完善不同壁垒后的利益关系协同。这需要深化改革,制定并完善深层次的法律规范、政策规范、制度规范。只有建立深层次的利益协调规范,才能建立各个维度的产学研协同创新要素整合共享机制。

产学研脱节现象是历史顽疾,也是干扰京津冀产学研协同创新的现实问题。我国科技成果转化率低,企业发展依靠科技进步的成效不高,原因之一是高校、科研院所缺乏与企业有效的结合。我国的技术市场发展虽快,却是"三多三少",即各地为"科、企"搭桥的科技交流会、科技成果发布会多,而最终成交的项目少;科研院所、大专院校提供的科研成果、专利项目多,满足企业需要的项目少;在科技交流会上签订意向合同的多,会后达成协议并成功实施的少。产学研合作的脱节还表现在没有很好地利用游离于企业之外的大量科技资源,比如一些大型的实验设备和检测设备大多利用率不高,远远低于发达国家。实现京津冀产学研协同发展战略任务,必须整合一切创新要素。

4. 京津冀产学研协同创新保障机制急需完善

任何创新都是有风险的,特别是在全民追捧吃喝玩乐渐为潮流,懒政怠政、不学无术、无所事事、当一天和尚撞一天钟现象较普遍的今天,踏踏实实干工作、搞科研常常被讥讽为不懂生活、不合潮流,知识创新、技术创新、管理创新、服务创新等,就是奋斗,就是拼搏,任何贪图安逸、任何"等靠要"都是无法创新的。科技创新需要知识创新、技术创新、金融投资创新、服务创新、管理创新协同进行,不但科研技术人员有风险,科技服务、金融投资、政府管理人员也都有风险,不但会有经济风险、职业风险、发展风险,甚至会有政治风险、生活风险,所以建立和完善京津冀产学研协同创新保障机制,确保科技创新文明健康发展,确保创新者的合法权益,至关重要。当前,人们对于投资风险有着比较多的共识,相应的保障措施逐步建立,但对于科技创新中的其他风险关注较少,相应的保障措施需要尽快建立。

例如,产学研协同创新同其他技术创新活动一样,都需要一定的资金做支撑。对于高校、科研院所来说,自身并不具备实现自我转化的资金实力,开拓市场也不是他们的优势。对于企业来说,面对承担高风险的巨大压力,往往对很多高新技术成果望而却步,或者对于大多数科技成果的转化工作,他们只愿意承担部分风险,希望政府通过有关政策(如补偿)或风险投资机构、金融机构介入共同承担风险。因此,能否有风险投资顺利介入科技成果的研究开发、中试、商品化和产业化活动,是产学研协同创新能否成功的关键。

所以,建立和完善京津冀特别是北京产学研协同创新保障机制,对于推进京津冀产学研协同创新具有重要意义。

5. 京津冀产学研协同创新动力不足

京津冀产学研协同创新,需要激发"三地四方"党政、院校、企业、司法、高校教师、科研技术人员、科技投资者、科技服务者、管理者等多方的积极性、创造性。京津冀产学研协同创新各方处于不同的行政区域、不同的业务领域,各自追求的目标和价值观念不同,参与京津冀产学研协同创新的目的与认识存在差异、积极性存在差异。特别是京津冀区域各地在支持科技人才创新创业政策、激励与评价政策等方面存在较大制度落差,三地一体化的人才市场也存在诸多行政壁垒和制度障碍,需要通过切实可行的激励机制、利益协调机制激发积极性、创造性,凝聚积极性、创造性。

多年来,在党和国家不断加大教育投入过程中,教育事业快速发展,同时"学而优则仕""万般皆下品,唯有读书高""职称就是一切"的观念成为潮流。高校、科研院所的一些教师和科研人员一方面具有文人的传统道德,另一方面又比较重视个人的荣誉,注重追求学术成就和实现自我价值,造成一些人重理论轻实践,重名分轻功利。他们从事科研的目的是发表论文、出版专著,而对科技成果的应用既不重视往往也不在行。再加上"为论文是举"的职称晋升标准,不太重视科研成果的应用,这就使得教师和科研人员面向企业、面向市场、面向实际应用来做研发的动力不足。同时,高校和科研院所改革力度不够、分配机制不完善,高校与科研院所科研人员的创新付出与回报常常不成比例,高校与科研院所科研人员缺乏参与创新的动力,高校、科研院所的付出与回报也常常不成比例,所以,使高校、科研院所主动寻求与企业合作的动力不强。

多年来,我们片面强调企业的利润最大化,而忽视企业社会效益的价值引导,唯利是图成为一些企业的价值核心。他们从自身发展的长远利益考虑,对高校和科研院所的科技成果有一定程度的需求,但看重的是眼前利益,不愿意再投入资金引进新技术、开发新产品。特别是国有企业的经营班子实行任期制，在"一切向钱看"的思想引导下，容易产生短期行为。经营者为了在任期内出成绩，往往会吃老本、拼设备，着重内部挖潜和节约成本，只要眼前企业的产品能维持，就不再投入资金引进新技术、开发新产品，而不考虑企业长远发展，缺乏科技需求的内在动力和活力。

所以，完善积极的价值引导与物质利益协调激励机制，对于提高高校、科研院所、企业、教师、科研人员、科技人员的积极性具有重要意义。

三、完善京津冀产学研协同创新机制的对策建议

贯彻落实《京津冀协同发展规划纲要》，推动京津冀产学研协同创新，加快打造科技创新中心，带动区域的产业升级和经济转型，发挥其引领、辐射和带动作用，既是北京发展的历史机遇，也是巨大的历史考验。加快完善京津冀产学研协同创新机制，是推进京津冀产学研协同创新可持续发展的重要任务。

（一）完善京津冀产学研协同创新指挥管理协调机制

任何区域中不同行业团队的协同发展，都需要强有力的指挥管理核心。推动京津冀产学研协同创新是推动京津冀协同发展全局的核心环节，必须通过深化改革打破各种阻碍发展的壁垒，在建立区域统筹协调发展新体制中，加快完善京津冀产学研协同创新机制。实现这一历史重任，消极等待市场催生是不行的，必须坚持国家利益原则，依靠国家力量，建立指挥协调机构，完善法规制度，明确各方职责任务，加强督促检查，形成强有力的指挥管理协调机制。

1. 建立纵横指挥管理协调组织机构，加强顶层设计

协同京津冀"三地四方"产学研发展目标、发展资源、发展任务，需要建立横能统、纵能管的指挥管理协调机构（临时机构），统能统得起来，管能管得住、管得好、管得科学。要统筹京津冀"三地四方"科技规划，整合京津冀科技资源，尽快完善政府对基础性、战略性、前沿性科学研究和共性技术研究的支持机制。其一，强化中央、两市一省领导小组办公室的领导指挥权威性。中央、两市一省领导小组办公室横能统筹相关部、委、办、局京津冀产学研协同发展任务的制定落实，统筹京津冀协同发展的资源。两市一省领导小组办公室之间能够有效合作。国务院、两市一省相关部、委、办、局内部要明确工作机构，履行相关职责。其二，强化纵向领导管理权威。两市一省

领导小组办公室对国务院领导小组办公室负责，市、区、县领导小组办公室对两市一省领导小组办公室负责。京津冀协同发展的任务都是牵一发而动全身的，很多具体任务需要市、区、县具体承办。所以，两市一省市、区、县亦要明确工作机构，履行相关职责。其三，中央、两市一省领导小组办公室内部要设立产学研协同创新专门机构，建立国家部际与两市一省局际协调机制，专门履行产学研协同创新职责。其四，高校、科研院所是产学研协同创新的关键一极，在产学研协同创新中具有重要的组织协调职能，需要进一步完善相关的工作机构，发挥其组织引导职能。

顶层设计是京津冀协同发展的基础和前提，必须强化顶层设计、战略规划的权威性和基础性，加强规划引领和规范作用。《京津冀协同发展规划纲要》是京津冀协同发展的战略性、综合性、长远性规划和蓝图，需要在战略性规划基础上，尽快编制京津冀产学研协同创新详细规划，丰富完善规划体系；在详细规划中合理协调严肃性与适度弹性之间的关系，使规划更符合实际，具有可操作性；在整体推进中，定期进行调整，保障规划编制的科学合理性。必须打破京津冀条块分割、各自为政的做法，以统一、有序、互利、共赢的原则规范区域内各省、市、区、县发展规划的关系，缩小区域内各省、市、区、县发展水平的差距，促进区域内均衡、协调发展，形成核心城市和外围区域互相支持的发展关系，保持整个地区的可持续发展的后劲。

要以改革为动力，遵循创新区域高度集聚的规律，开展京津冀产学研协同创新的知识产权、科研院所、高等教育、人才流动、国际合作、金融创新、激励机制、市场准入等工作创新，努力取得新突破，推动京津冀产学研协同创新的深入实施。要适应京津冀产学研协同创新需求，加强科技、经济、社会等方面政策的统筹协调和有效衔接，改革财政科技计划管理，完善科技管理基础制度，建立创新驱动导向的政绩考核机制，推进科技治理体系和治理能力。

2. 明确指挥管理协调各方的职责任务要求

机构与机构职责是机构价值的统一体，职责是机构实现职能的前提条件，履行职责是机构实现职能的基本途径。为了推进京津冀协同发展，国务院、两市一省相继建立了京津冀协同发展领导小组和领导小组办公室，国务院有关部委、高校、科研院所以及两市一省的部委办局、高校、科研院所也都成立了相关工作机构，并不同程度进入了工作状态，为发挥指挥管理协调职能奠定了组织基础。

当前的重要任务是理顺各级各方协同发展工作机构的职责运行关系。其一，明确纵向的权利义务关系。明确两市一省京津冀协同发展领导小组办公室对同级党委、政府负责与对中央负责的一致性；明确市、区、县京津冀协同发展领导小组办公室对上一级领导小组办公室负责及对同级党委、政府负责的一致性；明确政府的各部、委、办、局工作机构对政府领导小组办公室负责及对同级政府、党委负责的一致性；明确上一级政府部、委、办、局的工作机构对下一级政府部、委、办、局工作机构具有指导职能，不具有领导职能。其二，依据国家部委办局、两市一省及部委办局、市区县及部委办局的具体情况，确立工作职责、任务要求、工作程序、督促检查制度、奖惩制度等，规范各工作机构的运行规范。

当前，"三地四方"要以推进实施《京津冀协同发展规划纲要》为工作主线，统领京津冀协同发展战略实施。要抓紧出台各自贯彻落实《京津冀协同发展规划纲要》的实施方案和支持政策，编制相关专项规划，明确各自职责任务，加强督促检查，强化贯彻落实，在全面推进京津冀协同发展中强力推进京津冀产学研协同创新发展。

要充分重视科技创新协同发展的学科交叉、跨界融合发展的特点，科学规划目标任务职责，发挥规划在促进学科交叉、跨界融合中的平台作用，推动科研基础设施等科技资源的开放共享，克服科研资源配置的碎片化和孤岛现象，推动跨团队、跨机构、跨学科、跨领域的协同创新，全力打造京津冀产学研协同创新的最大效能。

3. 完善京津冀产学研协同创新信息沟通机制

推动京津冀协同发展，需要强化大数据支撑。推进京津冀产学研协同创新，同样需要大数据支撑。互联网技术既是不可阻挡的时代潮流，也是实现京津冀产学研协同创新信息化管理运营必不可少的平台。要积极贯彻落实《国务院关于积极推进"互联网＋"行动的指导意见》，积极发挥已经形成的京津冀互联网比较优势，着力解决京津冀"信息孤岛林立"问题，夯实全面信息化的根基。要切实把握机遇，增强信心，加大投资力度，加快推进"互联网＋"发展，建立京津冀协同发展指挥管理协调信息平台，加强社会信息化、政府信息化、企业信息化、高校科研院所信息化统一平台的基础设施建设，促进云服务等大数据技术成果交互共享，是实现京津冀产学研协同创新统筹协调指挥的重要任务。构建京津冀协同发展指挥管理协调信息平台，完善京津冀产学研协同创新信息沟通机制，是加快京津冀产学研协同创新可持续发展的重要管理运行环节。

建立京津冀产学研协同创新信息沟通平台,整合京津冀产学研协同创新信息资源,建立工作信息沟通机制,实现"三地四方"科技法规政策、科技项目、科技成果、专家人才、科技文献、知识产权和标准等信息资源互动共享,跟踪发布产学研协同创新动态,有利于重塑创新体系、激发创新活力,对打造京津冀产学研协同创新共同体,主动适应和引领京津冀协同创新新常态,形成经济发展新动能,实现京津冀协同发展战略目标具有重要意义。

(二)完善京津冀产学研协同创新资源整合共享机制

京津冀是我国高校、科研院所和科技人才最为集中的区域,汇聚了全国1/4以上的著名高校、1/3的国家重点实验室和工程技术中心、2/3以上的两院院士,拥有以中关村国家自主创新示范区为代表的14个国家高新区和经济技术开发区,是全国科技资源最集中的地区,在科技成果及知识积累、人才储备、实验手段、信息来源等方面具有极大优势,整合协调京津冀产学研协同创新资源,打造京津冀协同创新共同体,对推进京津冀产学研协同创新,特别是推进京津冀协同发展具有重要意义。

1. 整合京津冀产学研协同创新主体资源,完善互动机制

科技创新涵盖信息网络技术、智能绿色制造技术、现代农业技术、现代能源技术、资源高效利用和生态环保技术、海洋和空间先进适用技术、智慧城市和数字社会技术、健康技术、现代服务技术、发展引领产业变革的颠覆性技术等领域创新。有效的京津冀产学研协同创新,必须整合"三地四方"高校、科研院所、企业等创新主体要素,构建不同行业、不同领域协同创新共同体,共承科技创新重任,共享科技创新成果,共担科技创新风险。其一,同质创新资源整合,包括同质知识创新资源的整合、同质技术创新资源的整合、同质产业资源的整合、同质服务业资源的整合等。具体的就是同质的高校、同质的科研院所、同质的重点实验室、同质的产业、同质的服务业的创新资源整合。其二,非同质创新资源整合,如知识、技术、金融、服务等创新资源的整合。

科技创新必定是在各创新主体之间有效互动的基础上进行的。推动创新主体之间的有效互动,一是推动京津冀"三地四方"高校、科研院所、重点实验室、各领域生产企业、金融企业、服务企业等创新实体之间的积极互动,二是推动教师、科研人员、科技人员、科技服务人员之间的积极互动。必须利用和完善现有协会、论坛、洽谈会等互动平台,开展经常性的互动,加强

创新主体间的深度了解，形成创新共识，完善创新共同体。

要积极发挥企业在产学研协同创新中的主体作用，鼓励建立并完善以企业为主导、产学研合作的产业技术创新战略联盟，制定促进联盟发展的措施，按照自愿原则和市场机制，进一步优化联盟在重点产业和重点区域的布局。

要制定具体管理办法，允许和鼓励符合条件的高校和科研院所的科研人员，经所在单位批准，带着自己的科研项目和成果、保留基本待遇到企业开展创新工作或创办企业。

2. 完善京津冀产学研协同创新平台，推动创新资源共享

推动京津冀"三地四方"产学研协同创新发展，必须建立相应的平台、载体，协同京津冀产学研创新资源，实现京津冀产学研创新资源共享。

要借鉴中关村服务平台的经验，由京津冀产学研协同创新领导小组办公室牵头，充分利用北京的网络技术资源，加快京津冀产学研网络信息服务平台建设，加大投入，加强信息基础设施建设，以数据集中和共享为途径，建设京津冀一体化的大数据中心平台，整合京津冀产学研创新资源，发挥北京科技创新资源优势，加速科技创新资源要素在京津冀地区的对接共享，面向京津冀乃至全国提供科技成果市场转化评价服务、重大科技产业项目促进服务、科技转化促进活动组织服务、科技成果进行市场化产业化推广服务等，为京津冀产学研协同创新提供快捷、高速、安全的对接平台。特别是组织鼓励北京创新资源、科技成果、创业团队、投资机构等在京津冀科技产业洼地进行成果转化，促进京津冀协同发展。

要聚焦国家战略需求，按照创新链、产业链加强系统整合布局，以国家实验室为引领，以中关村等高新技术区为龙头，形成功能完备、相互衔接的创新基地，充分聚集一流人才，增强创新储备，提升创新全链条支撑能力，为实现重大创新突破、培育高端产业奠定重要基础。

创新创业孵化器作为连接知识创新和高新技术产业的桥梁、培育自主创新企业的平台，是加快产学研协同创新的关键环节。应立足京津冀科技资源、产业布局分布差异化特征，面向京津冀多领域、多行业科技创新、产业转型均衡发展需求，加速整合、建立、完善京津冀产学研不同领域、不同行业创新创业孵化中心，引导京津冀技术成果进驻中心孵化，打造科技创新高地，推动京津冀技术进步、产业升级。

加快整合京津冀重点实验室资源，适应京津冀不同领域、不同行业产学研协同创新需求，推动三地重点实验室开放共享，发挥各自资源优势，围绕

共同关注的领域，协调开展战略研究和基础研究。特别是针对京津冀产业差异化布局，开展资源型产业可持续发展研究，为京津冀产业转型升级提供技术支撑和产业示范。

通过科技创新服务平台，整合京津冀地区科技信息资源，建立工作信息沟通机制，跟踪发布科技合作动态，促进京津冀"三地四方"科技项目库、成果库、专家库、人才库等信息资源互动共享。进一步提高科研基础设施、科学仪器设备、科学数据平台、科技文献、知识产权和标准等各类科技资源的共享和服务能力。进一步对接国际、国内创新资源和渠道，推动国际、国内创新项目成果在京津冀地区落地、开花、结果。

3. 完善京津冀产学研协同创新人才资源共享机制

人才是京津冀产学研协同创新的第一资源。京津冀"三地四方"特别是北京、天津是国家的人才高地。但在经济全球化发展的今天，人才的流动性不断加强，人才的区域属性随时可能改变。所以，留住人才、吸引人才，充分发挥人才的积极性、创造性，是京津冀产学研协同创新的重大任务、长远任务。必须加快京津冀产学研协同创新人才发展机制建设，把各方面的优秀人才集聚到京津冀产学研协同创新发展大局中，建设京津冀产学研协同创新人才高地。

要充分发挥党管人才和政府人才管理职能，围绕京津冀产学研协同创新发展需求，适应京津冀产学研协同创新大局，根据京津冀科技人才分布差异，针对京津冀人才待遇差异，制定人才队伍建设政策，构建与京津冀产学研协同创新相适应的人才规模、质量和结构，建设京津冀产学研协同创新高素质人才队伍。

要突出市场导向，充分发挥市场在京津冀产学研协同创新人才资源配置中的决定性作用，提高人才横向和纵向流动性。要根据不同领域、不同行业科技创新活动的规律和特点，健全人才评价、流动、激励机制，进一步改革完善职称评审制度，最大限度激发和释放人才创新创造创业活力，使人才各尽其能、各展其长、各得其所，让人才价值得到充分尊重和实现。要树立全球视野和战略眼光，充分开发利用国内国际人才资源，主动参与国际人才竞争。构建更加开放、更加灵活的人才培养、吸引和使用机制，不唯地域引进人才，不求所有创新人才，不拘一格用好人才，确保创新人才引得进、留得住、流得动、用得好。

要尽快实现京津冀产学研专家智库信息共享，筛选出京津冀产学研协同创新领域表现突出的科研人才、科技人才、科技服务人才，组成攻坚团队，承接国家重点工程项目，在实践中打造国家、国际一流科技创新人才队伍。

4. 强化科技创新导向，整合高校、科研院所协同创新资源

推进京津冀产学研协同创新，高校、科研院所是基础，更是主力。美国等西方发达国家、清华大学等北京高校以及中关村的经验告诉我们，在科技创新中，高校、科研院所是科技创新的源头，在基础研究领域和应用研究领域是主角，是知识创新、技术创新、建立高科技企业的生力军。推动京津冀产学研协同创新，必须整合高校、科研院所资源，发挥高校、科研院所的积极性、创造性。

发挥好高校、科研院所在京津冀产学研协同创新中的主力军作用，一是国家科技政策的引导和倾斜，促使高校、科研院所在面向产业领域的科技创新活动中发挥积极性、主动性，促进高校、科研院所遵循市场价值取向，围绕重大科技突破，推进变革性研究，在新思想、新发现、新知识、新原理、新方法上积极进取，强化科技创新源头储备。二是推进产学研中两者或三者通过共同建立研发平台，建立产业合作中心或高新技术咨询中心，推动不同高校与科研院所之间，高校、科研院所与企业之间深度合作，推动高校、科研院所与经济社会发展的紧密结合，推动中央与京津冀高校、科研院所的紧密结合，推动京津冀高校、科研院所与国际知名高校、科研院所的紧密结合，实现优势互补，打造多领域科技创新领军团队，从而使得产学研协同创新更有针对性、实效性与时效性。

高校是科技创新人才的生力军和后备军，适应科技创新新潮流，一是深化高校教育教学改革，切实解决高校创新创业教育存在的突出问题，强化高校创新创业教育改革，强化师资、创新教法、丰富课程，推进教学、科研、实践紧密结合；二是改革高校用人制度，鼓励教师、科研人员创办企业或到企业兼职，提高教师科技转化的积极性；三是面向未来与科技创新实践，突破人才培养薄弱环节，增强学生的创新精神、创业意识和创新创业能力，打造源源不断的京津冀产学研科技创新人才后备队伍。

加快中国特色现代高校制度建设，深入推进管、办、评分离，扩大高校办学自主权，完善学校内部治理结构。引导高校组建跨学科、综合交叉的科研团队，形成一批优势学科集群和高水平科技创新基地，系统提升人才培养、学科建设、科技研发三位一体创新水平。增强原始创新能力和服务经济社会发展的能力，推动一批高水平的高校、科研院所进入世界一流行列。

鼓励并引导高校加强专业实验室、虚拟仿真实验室、创业实验室和训练中心建设，促进高校实验教学平台共享，推动科研院所、高校与企业建立以资产为纽带、以产业自主技术创新为重点、以实施重大科研项目为手段的紧密型技术合作开发。特别是支持和鼓励高校、科研院所与企业建立形式多样、机制灵活的双边、多边技术合作机制。

5. 推进大众创业、万众创新，整合企业协同创新资源

京津冀产业发展水平具有很大的差异性，要贯彻落实国家大众创业、万众创新的发展战略，整合京津冀产业协同创新资源，这既是推动京津冀产业转型升级的需要，更是推进京津冀科技成果转化、畅通京津冀产学研协同创新链条的重要环节。要通过结构性改革、体制机制创新，消除不利于创业创新发展的各种制度束缚，支持各类市场主体不断开办新企业、开发新产品、开拓新市场，培育新兴产业，形成小企业"铺天盖地"、大企业"顶天立地"的发展格局，实现创新驱动发展，打造京津冀协同发展新引擎，形成新动力。

企业是京津冀产学研协同创新的重要主体，推动京津冀产学研协同创新，必须积极促进企业利用京津冀乃至全国创新资源，鼓励企业牵头产学研合作，提升自主创新能力，创造更多的自主知识产权，推动科技成果的产业化发展。要鼓励京津冀行业领军企业构建高水平研发机构，形成完善的研发组织体系，集聚高端创新人才，培育一批核心技术能力突出、集成创新能力强、引领重要产业发展的创新型企业。

鼓励企业引入高校、科研院所的科技资源，建立企业技术研发机构，合作共建科技条件平台；鼓励企业联合高校、科研院所对引进的技术或知识产权进行消化吸收再创新，参与基础研究和前沿技术研究；鼓励企业联合高校、科研院所共同兴办科技企业孵化器，联合建立技术转移中心。

鼓励有条件的企业，按照市场机制与其他创业主体协同聚集，优化配置技术、装备、资本、市场等创新资源，有效发挥引领带动作用，形成以龙头骨干企业为核心、高校院所积极参与、辐射带动中小微企业成长发展的产业创新生态群落。

要引导企业积极承担社会责任，正确处理技术创新与市场需求的关系，支持企业开展公益性、探索性、创新性学术活动，激励大胆创造发明，鼓励提出新观点、新方案和新途径，积极开展研究开发和科技成果转移转化。支持企业科技工作者参与学术活动，提高学术水平和技术技能，依法保障其在知识产权、技术转让等方面的权益。

(三)完善京津冀产学研协同创新保障机制

重大的科技创新,特别是新时代的科技创新,往往是更具革命性、开创性的创新,无论是科技创新人员,还是科技创新团队,都需要面对多重风险考验,确保科技创新沿着正确、健康、高效的方向发展,必须建立并完善相应的保障机制。

1. 完善京津冀产学研协同创新法律法规体系

法律、法规、政策等制度规范是京津冀产学研创新主体遵循科技规范的行为准则。制度滞后和供给不足是制约京津冀产学研协同创新发展进程的重要原因,因此需要坚持政策引领,做好京津冀产学研科技创新的发展规划,包括京津冀产学研协同创新的指导思想、协同创新内容、协同创新的近期和中长期目标、协同创新的形式、组织机构、相关配套政策等,这是保证京津冀协同创新能够启动并得到实质性推进的基本依据和保障。

建立京津冀产学研协同创新行为规范,要针对当前有关产学研合作法律的相对分散性和可操作性不强的问题,在对现有相关法规政策梳理分析的基础上,对产学研协同创新的形式、各方的法律地位和权利义务以及优惠政策等做出明确规定。要在全面总结区域创新发展成功经验、借鉴国外通行做法的基础上,研究制定京津冀产学研协同创新的有关法律法规,为京津冀产学研协同创新提供必要的法律保障。从而为京津冀产学研协同创新的有效开展打造一个法律定位清晰、政策扶持到位、监督管理严格、市场平等竞争的良好法律环境。

要依法维护京津冀协同创新环境,强调依法惩罚侵犯知识产权犯罪,依法审理涉及专利、商标和著作权等知识产权案件,依法审理产学研科技创新刑事诉讼法案件,依法惩罚各类破坏、阻碍产学研科技创新的违法犯罪行为,打造良好的产学研科技创新法律生态环境。

京津冀三地法院应该加强协作,服务和保障京津冀产学研协同创新发展,建立京津冀三地法院产学研诉讼案件联席会议机制,加强京津冀三地法院信息化建设方面的合作,推动完善京津冀法院执行联动协作,实现三地执行指挥中心和财产网络查控系统有效对接。要探索打破京津冀地域界限,建立京津冀三地法院立案裁判标准统一的工作机制,充分发挥专业化审判优势,减少地方保护,积极推动三地法院审判信息和法律适用文件的互动共享,促进司法尺度统一。

2. 完善京津冀产学研协同创新投融资市场体系

金融创新对科技创新具有重要的助推作用,实现京津冀产学研协同创新健康发展，必须大力发展科技创新投资，建立多层次资本市场支持京津冀产学研协同创新机制，完善多元化融资渠道，支持符合创新特点的结构性、复合性金融产品开发，完善科技和金融结合机制，形成各类金融工具协同支持京津冀产学研协同创新发展的良好局面。

科技创新投资具有较大的风险性。建立风险投资机制，促进京津冀产学研协同创新的快速发展，是实施京津冀产学研协同创新的必然要求。建立科技创新风险投资机制，需要培育适应社会主义市场经济规律、有利于加速科技创新和成果转化、能将产学研科技创新与金融部门保障支持有机结合的投资体系，构建投资主体、投资对象、撤出渠道、中介服务机构、监管等有序运行的投资机制。

建立多层次资本市场支持京津冀产学研协同创新机制，大力发展创业投资，必须积极推进金融创新，培育壮大创业投资和资本市场，提高信贷支持创新的灵活性和便利性，形成各类金融工具协同支持创新发展的良好局面。鼓励多种方式依法筹措资金，积极吸纳中央企业、市属国有大中型企业以及民营资本等社会资金投入科技创新。

完善科技企业与银行信贷、科技保险和资本市场之间的市场联动机制。深入推进知识产权质押贷款、科技贷款补贴、科技保险补贴专项，支持重大科技成果产业化项目通过担保融资、信用贷款、引入创业投资和战略投资者等多种方式，持续融资和发展，真正实现与科技重大项目的对接、与科技成果产业化的对接、与科技企业技术研发的对接。

充分发挥各级人民政府和社会力量的积极性，加快风险投资体系建设。要按照"制定政策、创造环境、加强监管、控制风险"的原则，推进风险投资体系的建设；鼓励地方、企业、金融机构、个人、外商等各类投资者积极推动和参与风险投资事业的发展；拓宽市场准入渠道，对风险投资活动以及各类机构和个人对风险投资机构的投资，给予必要的政策扶持。

研究制定相关投资法规，按照税制改革的方向与要求，统筹研究相关税收支持政策。研究扩大促进创业投资企业发展的税收优惠政策，适当放宽创业投资企业投资高新技术企业的条件限制，扩大风险投资主体范围。

3. 培育京津冀产学研协同创新中介服务体系

科技创新中介机构是促进政府、各类创新主体与市场之间的知识流动和技术转移的桥梁，对促进政府、各类创新主体与市场之间的知识流动和技术转移具有重要作用。实现京津冀产学研协同创新，离不开科技创新中介机构为科技创新主体提供的社会化、专业化服务。政府应适当推进非营利性中介机构建设，在服务京津冀科技创新发展中，不断催生市场化的科技创新中介服务机构。

积极推进京津冀产学研科技服务公共技术平台建设，提升科技服务技术支撑能力。建立健全科技服务的标准体系，加强分类指导，促进科技服务业规范化发展。重点发展研究开发、技术转移、检验检测认证、创业孵化、知识产权、科技咨询、科技金融、科学技术普及等专业科技服务和综合科技服务，提升科技服务业对科技创新和产业发展的支撑能力。充分考虑科技服务业特点，将科技服务内容及其支撑技术纳入政府重点支持的高新技术领域，对认定为高新技术企业的科技服务企业，适当给以税收优惠。

建立多元化的资金投入体系，拓展科技服务企业融资渠道，引导银行信贷、创业投资、资本市场等加大对科技服务企业的支持，适当鼓励外资投入科技服务业。积极发挥财政资金的杠杆作用，利用中小企业发展专项资金、国家科技成果转化引导基金等渠道加大对科技服务企业的支持力度；鼓励地方通过科技服务业发展专项资金等方式，支持科技服务机构提升专业服务能力、搭建公共服务平台、创新服务模式等。创新财政支持方式，积极探索以政府购买服务、"后补助"等方式支持公共科技服务发展。

面向科技服务业发展需求，完善学历教育和职业培训体系，支持高校调整相关专业设置，加强对科技服务业从业人员的培养培训。积极利用各类人才计划，引进和培养一批懂技术、懂市场、懂管理的复合型科技服务高端人才。依托科协组织、行业协会，开展科技服务人才专业技术培训，提高从业人员的专业素质和能力水平。完善科技服务业人才评价体系，健全职业资格制度，调动高校、科研院所、企业等各类人才在科技服务领域创业创新的积极性。

4. 完善京津冀产学研协同创新技术交易市场

推动京津冀产学研协同创新发展，使京津冀产学研协同创新由行政推进主导转为市场手段与行政手段并重的发展模式，所以在推进政府主导机制的进程中，必须推进京津冀产学研协同创新大市场，完善京津冀产学研技术交易市场体系，发展规范化、专业化、市场化、网络化的技术和知识产权交易平台，形成覆盖京津冀、影响全国的技术交易市场。

将技术市场作为科技成果转化的重要渠道，鼓励成果转化服务机构拓宽服务领域，建立健全专业服务标准体系，引导成果转化服务机构规范化、专业化、网络化发展。加强科技孵化体系建设，引导科技企业孵化器、高校科技园、留学人员创业园、中试基地、大学生创业基地等孵化机构专业化、市场化发展，鼓励各类科技企业孵化机构提升科技条件、技术转移、专业咨询、投融资和市场推广等方面的专业服务能力，与其他社会资本合作并采取股权投资等形式参与在孵企业的孵化培育。

注重发挥市场机制在京津冀产学研协同创新资源配置中的调控作用，促进三地资源要素自由平等流动。通过市场，充分调动京津冀产学研协同创新资源的优化组合，发挥高校、科研院所、企业的自主性，相信和依靠社会力量，把政府不当为、无力为的事情交给社会办，实现京津冀产学研协同创新主体资源多渠道、多方式融入京津冀产学研协同创新大市场。

通过技术交易市场，推进京津冀科技条件平台建设，鼓励京津冀高校、科研院所利用市场机制，向企业开放科研基础设施和大型科学仪器设备、自然科技资源、科学数据、科技文献等公共科技资源，鼓励社会公益类科研院所为企业提供检测、测试、标准等服务，推动高校、科研院所向企业转移技术成果，促进企业转型发展。

进一步完善科技服务业市场法规和监管体制，规范技术交易市场秩序，加强科技服务企业信用体系建设，完善统一开放、竞争有序的市场体系，有序放开科技服务市场准入，为各类科技服务主体营造公平竞争的环境。

5. 完善京津冀产学研协同创新效益评估机制

科技成果转化最核心的环节就是价值评估。科技成果转化服务需要专业的评价工具、专业的人才团队和专业的服务体系，必须尽快建立系统化和专业化的科技评估服务体系。有效地利用科技成果创造有竞争力的优势产品和服务，需要从科技服务产业创新的高度和深度，定位和设计涉及技术研发、权属转让、价值评估、资金投入、工程化工艺化、市场营销等运营环节，制定这些环节的标准和规范，制定科技创新与服务机构绩效评价办法，以定期对科技创新与服务机构开展第三方评价。其评价结果，一方面可作为科技创新与服务机构市场交易的依据，另一方面可作为财政支持的依据。

因此，迫切需要建立科学性强、市场成熟度高、操作简便、符合中国科技产业特色的科技成果转化成熟度评价标准，让"高冷"的科技成果走出实验室的"深闺"，让科研"青苹果"变为产业"红苹果"。通过科技成果转化第三方评价，引领和规范科技创新与服务机构健康发展，实现科技创新与服务标准化、科技市场规范化。

6. 完善京津冀产学研协同创新利益协调机制

协同发展实质上是基于共同利益的合作，合作方预期到合作发展能给双方带来好处，就会形成合作的动力。但是，由于合作收益是双方或多方努力的结果，单方面的努力与合作与其收益之间不具有直接关联，因此，就会造成合作方不作为、慢作为、少作为的情况。因此，要正确处理合作中的利益平衡关系，完善利益平衡机制，明确合作方的责任，确保合作顺利实施。

《京津冀协同发展规划纲要》明确了京津冀功能定位，确定了以"一核、双城、三轴、四区、多节点"为骨架的网络型空间格局。由于京津冀产学研资源布局具有重大差异性，发展不协调、不平衡的矛盾很突出、很复杂，需要打破行政壁垒、行业壁垒、区域壁垒，加强区域层面的统筹协调，特别是加强区域层面的利益关系协调，才能有效构建开放的区域科技大市场。京津冀产学研协同创新的每一个合作项目的实施，都要求合作方共担成本和风险，共享合作收益。为了实现京津冀的均衡发展，北京需要对科技资源相对薄弱的地区实行知识、技术输出，有些可以是无偿的，有些是需要共担成本和风险、共享合作收益的。例如合作建设园区、合作开发项目、合作创办企业等，就会涉及成本与收益的分配问题。这就需要顶层设计价值导向原则，一是明确京津冀协同发展的大局利益原则，引导合作方都从长远利益考虑，妥善处理好利益分配关系；二是给予适当的利益补偿。如，京津冀区域三北防护林以及燕山和太行山等地区承担着生态屏障的功能，对于区域可持续发展具有重要意义，为此，需要对这些地区给予利益补偿。又如，北京等中心城市在推进技术成果转化过程中，成果可以落地北京，也可以落地科技资源薄弱地区，如果落地科技资源薄弱地区，势必会减少北京潜在的税收，影响北京的GDP，需要高层统一协调，建立合理的利益协调机制，确保京津冀产学研协同创新的快速发展和可持续发展。

(四)完善京津冀产学研协同创新激励机制

推动京津冀产学研协同创新，需要"三地四方"政府、企业、高校与科研院所和教师、科研人员、科技工作者、科技服务人员、政府官员共同的积极性。为此，需要完善制度，强化激励机制，充分调动各方积极性、创造性，推动京津冀产学研协同创新快速发展、健康发展。

1. 建立完善高校、科研院所和高校教师、科研人员科技创新激励机制

创新驱动实质上是人才驱动。改革和完善人才发展机制，加大创新型人才培养力度，对从事不同创新活动的高校教师、科技人员、科技服务人员实

行分类评价，制定和落实鼓励创新创造的激励政策，鼓励高校教师、科研人员持续研究和长期积累，充分调动和激发高校教师、科研人员的积极性和创造性，是推动京津冀产学研协同创新的重中之重。

要坚持把激励创新者的积极性放在各项改革政策的优先位置，解放思想，完善机制，给予高校教师、科技人员、科技服务人员合理的利益回报和精神鼓励，创新人才培养、使用和引进模式，充分激发创新活力。

实行高校教师、科技人员、科技服务人员分类评价，建立以能力和贡献为导向的评价和激励机制，完善高校教师、科技人才、科技服务人员职称评价标准和方式，制定关于深化职称制度改革的意见，促进职称评价结果和科技人才岗位聘用有效衔接。研究制定高校教师、科技人员、科技服务人员收入分配激励机制的政策意见，健全鼓励创新创造的分配激励机制。优化工资结构，保证高校教师、科技人员、科技服务人员合理工资待遇水平。推进高校、科研院所实施绩效工资，完善内部分配机制，重点向关键岗位、业务骨干和做出突出贡献的人员倾斜。推动将职务发明成果转让收益在重要贡献人员、所属单位之间合理分配，明确奖励科研负责人、骨干技术人员等重要贡献人员和团队的奖励标准。加快贯彻落实股权和分红激励政策，鼓励高校和科研院所等单位和教师、科研人员以科技成果作价入股企业。

改革高校、科研院所产学研协同创新组织机构设置和管理运行机制，消除高校、科研院所管理中存在的"行政化"和"官本位"弊端，实行有利于开放、协同、高效、创新的扁平化管理结构，建立健全有利于激励创新、人尽其才、繁荣学术的现代科研管理制度。在国家政策制度框架下，扩大高校和科研院所在科研立项、人财物管理、科研方向和技术路线选择、国际科技交流等方面的自主权，逐步完善推广以项目负责人制为核心的科研组织管理模式，赋予创新型领军人才更大的人财物支配权、技术路线决策权。打破高校教师、科技人员流动的体制机制障碍，鼓励高校和科研院所采用更加开放的用人制度，自主决定聘用流动人员。积极搭建学术交流和合作平台，推动科研团队开展多种形式的学术研讨、交流活动，拓宽高校教师、科技人员的科技创新视野。

制定外国人永久居留管理的意见，加快外国人永久居留管理立法，规范和放宽技术型人才取得外国人永久居留证的条件，探索建立技术移民制度，对持有外国人永久居留证的外籍高层次人才在创办科技型企业等创新活动方面，给予中国籍公民同等待遇。

2. 建立企业、企业科技人员科技创新激励机制

加强企业科技创新主体建设，对发挥企业技术进步和科研人员的积极作用，促进产学研结合，完善产业技术创新链，促进产业集群和创新集群的形成和发展，显著提高企业创新活力和核心技术开发能力，使企业真正成为研究开发投入主体、技术创新活动主体和技术集成应用主体，具有重要意义。

全面提升企业创新活力，是增强京津冀产学研协同创新能力的重要环节。要通过政策引导、资金扶持等措施，加强现有企业技术中心、工程技术中心建设，加强共性技术开发平台建设，为企业提供共性技术服务，促进优势科技领域的成果转化。围绕企业创新需求，重点培育龙头企业的技术创新能力。深化国有企业改革，增强企业技术创新内在动力与活力。引导民营企业增强创新活力。

全面落实国家支持企业成为技术创新主体的各项政策措施，加快制定配套的实施细则。制定京津冀关于促进技术创新、加速科技成果转化的税收优惠和产权激励政策。设立专项资金，组织对重大引进项目的消化、吸收和再创新。围绕企业的重大科技需求，完善企业牵头实施科技计划项目的政策规范，引导科技资源向企业集中。完善技术转移机制，促进企业参与创新成果的集成与应用。充分发挥金融工具对企业创新活动的支持作用，扩大科技型中小企业上市融资的规模，探索科技型企业多种融资模式，提高科技型中小企业融资能力。

要综合运用无偿资助、业务奖励等方式，发挥财政资金的杠杆作用，积极引导企业和社会增加企业科技投入，加大对重大科技专项、科研基地、科技队伍建设、科技基础条件的投入力度，加强对应用基础研究与前沿技术、社会公益研究的支持，形成更加符合公共财政的投入结构。探索发展新型金融工具，采取贷款贴息、担保、信用体系等有效手段，鼓励民间资本、金融资本、国际资本对企业创新活动的支持。

落实企业人才政策，切实提高科技工作者的社会地位和待遇。引导企业加大人才投入，大力开发企业科技人力资源，加快企业高层次人才培养。允许国有高新技术企业对技术和管理骨干实施股权激励等政策。鼓励和支持科技人员创办科技型企业。围绕企业的重大技术难题，打破单位和部门限制，允许兼职兼薪，建立产学研之间的人才交流机制，鼓励和支持高校和科研院所人员通过各种途径和形式从事企业科技开发工作。贯彻落实专利法、公司法等相关法规政策，完善科技成果、知识产权归属和利益分享机制，提高骨

干团队、主要发明人受益比例。

3. 建立党政机关及公务员科技创新激励机制

党政机关及公务员是公共管理权力的行使者,其行为能力、管理水平、管理积极性直接影响京津冀产学研协同创新公共管理效果。要建立激励机制,激励京津冀各级党政机关及公务员以人为本、执政为民,对人民负责,让人民满意,努力提供均等、高效、廉价、优质的公共服务,促进京津冀产学研协同创新科学发展。

建立健全各级党委、政府系统管理产学研协同创新责任机制。明确各级党委、政府权责关系。在各级党委、政府职能配置时,明确权责关系,克服有权无责、权责不清的情况。同时,要厘清部门之间的关系,避免权责交义。完善各级党委、政府的问责制度。完善来自社会、媒体、利益群体与公民对各级党委、政府"自下而上"的问责,形成有效的权力监督和运行机制。建立科学的政绩考核机制。一方面,要建立一套科学、可行的评价指标体系,形成一个良好的绩效考核机制,全面考核各级党委、政府的科技创新绩效;另一方面,建构多元化绩效评价主体,应从局限于上级对下级的评估中转变过来,进一步加大各级党委、政府政务公开的力度,以便于加强社会各界特别是产学研协同创新各方面对各级党委、政府的评估,强化第三方特别是产学研协同创新各方参与各级党委、政府的绩效评估。

加强对公务员的素质教育。一是强化公务员的中国特色社会主义理论教育和"忠于国家,服务人民,恪尽职守,公正廉洁"的职业道德教育,促进公务员不断提高理论素质、道德修养和公仆意识,消除不思进取、贪图享乐、懒政怠政等不良行为;二是强化科技创新管理知识教育,提高公务员科技创新管理能力;三是强化法制教育和典型示范教育,规范公务员的行为;四是通过开展民主评议、评选优秀公务员、"争创文明机关,争做文明公务员"等一系列活动,树立一批服务科技创新优秀人物,激励广大公务员以先进为榜样,完善自我。

强化公务员绩效管理。一要完善各级公务员的目标考核体系,规范公务员管理行为和绩效管理行为;二要完善考核办法,考核的条件、标准、方法和手段应当科学合理,考核要做到全面、客观、公正;三要提高考核结果的综合运用水平,将考核结果作为表彰、批评及选拔任用的依据,并与物质待遇紧密挂钩,做到"一流岗位有一流的人才""一流业绩享受一流的待遇";四要提高考核工作的透明度,要制定好包括能力、职责、目标等要素的公务员职位说明书,让公务员充分了解做什么、怎么做、做得怎么样,使考核与被考核双方都有一把衡量工作程度、业绩水平的标尺，避免考核的无序性和盲动性。

4. 加强价值引导，打造协同创新的社会环境

行动从思想来。推动京津冀产学研协同创新，必须在产学研各界大力弘扬社会主义核心价值观，强调两个原则：一是国家利益原则，二是科技文明原则。

国家利益是国家对外政策与行动的基本动因，每个国家，特别是美国等发达国家，都极力强调其国家利益的重要性、独特性和不可替代性，强调当个人利益、团体利益与国家利益需求相矛盾时，个人利益或团体利益要服从服务于国家利益。我国"两弹一星"的科学创举，正是坚持国家利益原则取得的伟大成就。

科技文明是一切文明的基础，是文明的动力和源泉。推动社会全面进步，需要精神文明的引导和推动，其中很重要的是人文精神和科学精神。必须坚决克服在科技文明进程中出现的道德缺失问题，坚持科技发展服务服从于促进人类社会健康发展的根本。

面对"四个考验"、防范"四个危险"的历史现实，必须在产学研各界强调国家利益原则，个人利益或团体利益要服从服务于国家利益。引导广大教师、科技工作者发扬爱国奉献、创新求实、淡泊名利、追求卓越的优良传统，坚守学术诚信，完善学术人格，遵守学术规范，维护学术尊严，正确行使学术权力，自觉履行社会责任。加强科研诚信建设，大力宣传广大教师、科技工作者爱国奉献、勇攀高峰的感人事迹和崇高精神，引导广大教师、科技工作者恪守科学道德，坚守社会责任，共同营造协同创新的科技文化环境。

(五) 发挥首都产学研龙头带动作用

京津冀三地产学研协同创新正进入以强化区域协同创新、打造创新共同体为特征的发展新阶段。北京与天津特别是河北省的科技创新资源存在较大差距。推动京津冀产学研协同创新均衡发展，需要首都发挥龙头带动责任，但也需要中央层面和北京市相应的激励政策。

1. 强化首都产学研协同创新的龙头带动作用

发挥首都产学研协同创新的带动作用，需要调动北京市政府、高校、科研院所、企业、高校教师、科研人员、科技服务人员几方面的积极性和创造性，把推动京津冀产学研协同创新作为自己的历史责任和义务，在国家利益原则和科技文明原则的引导下，积极为科技创新资源薄弱地区开展科技创新、加快其经济社会发展尽责尽力，做出贡献。

牢固树立北京就是科技中心的主体责任意识，强化面向京津冀发展扩展科技中心区的开放意识，以改革创新为引领，积极整合、挖掘北京产学研协同创新资源，激发产学研各创新主体积极释放科技创新能量，增强科技创新活力，服务京津冀产学研协同创新，发挥北京科技中心示范引领作用，强化北京科技中心龙头地位，推动京津冀产学研协同创新。

2. 建立京津冀科技创新资源输出激励机制

京津冀三地产学研协同创新在很大程度上是科技创新资源高地向科技创新资源洼地输出科技创新资源的过程，具体讲，更多的是北京市的科技创新资源向河北省包括天津市输出和北京市、天津市向河北省输出的过程。科技创新资源高地向科技创新资源洼地输出科技创新资源，一方面，相当部分是风险投资，科技创新资源高地需要承担科技创新投资风险；另一方面，北京在很大程度上是在服务科技创新资源洼地的科技创新，科技创新投资的主要社会效益在科技资源洼地。在京津冀产学研协同创新中，企业都希望把研发总部、金融管理中心留在北京，将物流、制造移到天津、河北发展。面对这一无法回避的利益关系调整，就需要有一个各省市的财政、财税统一的问题。一方面，需要北京市、北京市产学研创新主体的高姿态；另一方面，需要中央制定相应的财政税收等政策，在倡导科技创新资源高地的政府积极支持本地科技创新资源向科技创新资源洼地输出的同时，给予科技创新资源输出方一定的效益补偿，激励科技创新资源高地积极推进与科技资源洼地开展协同创新。

3. 建立教师、科技人员、科技服务人员激励机制

京津冀之间的教育资源、医疗资源、社会保障差距较大，一方面使北京高校教师、科技人员、科技服务人员不愿离开北京，另一方面也造成非北京科技人才聚集北京的状况。因此，需要制定相应的激励政策，完善有效的激励机制，统筹京津冀产学研协同创新人才资源配置。一是建议将京津冀三个地方的人才政策统筹考虑，统一标准、统一规划；二是北京市要发挥人才中心的优势，制定相应的激励政策、支持措施，鼓励北京的高校教师、科技人员、科技服务人员到天津市、河北省等科技人才资源薄弱地区开展科研工作，打造科技人才资源薄弱地区的科技骨干队伍，加快这些地区科技创新工作，提高这些地区科技创新水平，推动京津冀产学研协同创新可持续发展。

参考文献

[1] 习近平：《为建设世界科技强国而奋斗——在全国科技创新大会、两院院士大会、中国科协第九次全国代表大会上的讲话》.

[2]《京津冀协同发展规划纲要》学习资料.
[3]《中华人民共和国促进科技成果转化法》.
[4]《中华人民共和国科学技术进步法》.
[5]中共中央、国务院：《国家创新驱动发展战略纲要》.
[6]国务院：《关于大力推进大众创业万众创新若干政策措施的意见》(国发〔2015〕32号).
[7]国务院：《关于积极推进"互联网＋"行动的指导意见》(国发〔2015〕40号).
[8]国务院：《实施〈中华人民共和国促进科技成果转化法〉若干规定》(国发〔2016〕16号).
[9]国务院：《关于印发"十三五"国家科技创新规划的通知》(国发〔2016〕43号).
[10]国务院：《关于新形势下加快知识产权强国建设的若干意见》(国发〔2015〕71号).
[11]国务院：《关于加快科技服务业发展的若干意见》(国发〔2014〕49号).
[12]国务院办公厅：《关于优化学术环境的指导意见》(国办发〔2015〕94号).
[13]国务院办公厅：《关于深化高等学校创新创业教育改革的实施意见》(国办发〔2015〕36号).
[14]中共中央办公厅、国务院办公厅：《深化科技体制改革实施方案》.
[15]国务院办公厅：《关于加快众创空间发展服务实体经济转型升级的指导意见》(国办发〔2016〕7号).
[16]国务院办公厅：《关于建设大众创业万众创新示范基地的实施意见》(国办发〔2016〕35号).
[17]国务院办公厅：《促进科技成果转移转化行动方案》.
[18]工业和信息化部：《国家小型微型企业创业示范基地建设管理办法》(工信部企业〔2015〕110号).
[19]《京津冀协同发展规划纲要》.
[20]洪银兴，等.产学研协同创新研究[M].北京：人民出版社，2015.
[21]蓝晓霞.美国产学研协同创新机制研究[M].北京：北京交通大学出版社，2014.
[22]孙福全，陈宝明，王文岩：《主要发达国家产学研合作创新——基本经验及启示》[M].北京：经济管理出版社，2007.
[23]财经网(北京)：《十点解读京津冀协同规划纲要》.
[24]北京市人民政府2010年至2016年《政府工作报告》.

[25]天津市人民政府2010年至2016年《政府工作报告》.
[26]河北省人民政府2010年至2016年《政府工作报告》.
[27]《北京市技术创新行动计划(2014—2017)》.
[28]中共北京市委关于制定北京市国民经济和社会发展第十三个五年规划的建议[N].北京日报,2015-12-09.
[29]天津市人民政府:《天津市国民经济和社会发展第十三个五年规划纲要》.
[30]河北省人民政府:《河北省国民经济和社会发展第十三个五年规划纲要》.
[31]王志刚.健全技术创新市场导向机制[J].求是,2013(23).
[32]陈劲.提升产学研协同创新的对策[N].社会科学报,2014-09-25.
[33]杨开忠.京津冀协同发展战略使命和责任的定位[N].光明日报,2015-01-28.
[34]肖成金,王丽.关于京津冀协同发展的若干思考[J].中国发展观察,2015(7).
[35]马志刚,祝惠春.十八大以来我国推进京津冀协同发展纪实[DB/OL].http://www.ce.cn/xwzx/gnsz/gdxw/201601/20/tb20160120-8386299.shtml.
[36]王晶晶.科技协同创新引领京津冀协同发展.[N].中国经济时报,2015-11-12.
[37]严雄.产学研协同创新五大问题亟待破解[N].中国高新技术产业导报,2007-03-20.
[38]张雄豪.论创新在京津冀一体化进程中的作用[DB/OL].http//www.sjz-daily.com.cn/newscenter/2015-03-27/content_2396129.htm.
[39]何红媛,何涛.政产学研协同创新体系的内涵及其构建[DB/OL].http://theory.rmlt.com.cn/2014/0124/223326.shtml.
[40]颜廷标,张学海.健全技术创新市场导向机制的意义与路径[DB/OL].http://hebei.hebnews.cn/2014-10/22/content.4260629.htm.
[41]邢华.《推进京津冀协同发展的理论思考——学习习近平总书记系列重要讲话体会之三十五》[DB/OL].http://www.bjqx.org.cn/qxweb/n131093C1013.aspx.
[42]刘黎明.浅议河北法院如何在京津冀协同发展中发挥作用[DB/OL].http://www.hebeicourt.gov.cn/public/detail.php?id=25334.

京津冀城市类型与社会协同治理研究

课题负责人： 张静波（首都师范大学政法学院　副教授）
课题组成员： 闫　嫚、崔晓乐、郭　思、杨　光

2016年北京市政府工作报告提出了"积极推动京津冀协同发展"和"创新城市管理方式，提高城市治理能力，不断提升服务保障水平"等新目标，创新社会治理方式，构建京津冀三地社会协同治理体系，优化协同治理运行机制是实现上述目标的重要环节之一。因此，深入分析京津冀三地城市类型，掌握其社会治理现状与特征，对于推进京津冀社会协同治理具有重要意义。

京津冀三地由于资源禀赋和区位条件、经济社会发展水平不同，需要整合治理资源，优势互补，协调发展，依托北京的成功模式、信息技术、人才优势，通过交流、共建等多种途径，建立资源共享、互联互通、统筹协调的社会治理组织框架和运行机制。在京津冀社会协同治理体系建设中，需要重点关注顶层设计和完善运行机制，不断转变社会治理理念，提高治理能力，建立资源整合、高效快捷的社会协同治理格局，在更高层次、更高水准上创新社会治理方式。本研究在京津冀三地社会治理现状调查的基础上，尝试对京津冀城市类型进行划分，比较分析不同类型城市社会治理模式与特征，为构建三地社会协同治理体制机制提供参考建议。

一、京津冀社会治理研究综述

（一）研究现状与问题

近年来，关于城市类型与社会治理方面的问题，学界进行了大量探讨，主要涉及两方面成果：

一是关于城市类型与创新研究。如经济地理学领域，王缉慈等对城市集群创新进行了探讨[①]，曾刚从技术扩散、高新技术产业区及京沪城市创新系

---

① 王缉慈、童昕：《简论我国地方企业集群的研究意义》，《经济地理》，2001年第5期。

统进行了比较研究①。城市地理学者和城市规划学者关注城市创新空间及组织功能的发挥,王兴平探讨了中国城市新产业空间规律②;甄峰、曹小曙认为城市创新要素包括构成要素、各级信息节点、信息港、高技术区等,并进行了分类③。关于城市间的创新研究有:吴煌、刘荣增提出不同的城市具有不同的创新地位,因而形成不同的创新极,并对沪、宁城市带创新极进行了分析,提出了四种城市创新的模式。④ 总体看,目前关于京津冀城市创新的研究尚不多见,特别是关于京津冀城市社区治理与社会组织结构、社会治理运行机制的研究相对缺乏。

二是社会治理研究。关于特大城市社会发展,杨宏山采用城市治理类型学框架,根据政府与社会的关系、政府与社会的合作程度将城市治理划分为整合治理、协同治理、全能治理、自主治理四种类型,探讨了不同类型的运行机制。⑤ 关于特大城市社会治理,纪晓岚等提出特大城市社会综合治理需要国家层面的顶层设计,构建政、企、社、民四位一体的特大城市社会治理体系。⑥ 朱琳认为社区治理新的发展方向是由政府主导、公众参与到公众主导的转变。社区公共服务从政府寻求用户需求到以用户为中心,用户全过程参与,实现开放创新、大众创新和协同创新的融合。⑦ 关于社会治理运行机制,唐有财与胡兵认为:参与式治理作为一个规范性概念被学界和政府广泛接受,但在实践中也遭遇了各种挑战。社区参与式治理有效缓解了社区居委会的工作压力,实现了党、政、社的有机衔接,对当前的社区治理具有重要导向意义。⑧

综上,目前学界关于京津冀城市类型及社会协同治理机制的研究尚不多

---

① 曾刚:《京沪区域创新系统比较研究》,《城市规划》,2006年第3期。
② 王兴平:《中国城市开发区的空间规模与效益研究》,《城市规划》,2003年第9期。
③ 甄峰、曹小曙:《信息时代区域空间结构构成要素分析》,《人文地理》,2004年第5期。
④ 吴煌、刘荣增:《新经济环境下的城市创新模式探讨——以沪宁城市带为例》,《人文地理》,2001年第1期。
⑤ 杨宏山:《全球视野中的地方治理发展趋势》,《广东行政学院学报》,2005年第3期。
⑥ 纪晓岚、张韬:《关于社会管理理论若干问题探索》,《华东理工大学学报(社会科学版)》,2011年第5期。
⑦ 朱琳:《社会治理创新背景下社区矫正社会工作的问题与对策》,《企业导报》,2016年第17期。
⑧ 唐有财、胡兵:《社区治理中的公众参与:国家认同与社区认同的双重驱动》,《云南师范大学学报(哲学社会科学版)》,2016年第2期。

见，缺乏对典型经验模式的总结，特别是缺少具有针对性的实证研究。本研究采用城市类型学视角，将京津冀城市划分为不同的类型，进而比较分析不同类型城市的社会治理模式与运行机制，是对上述研究的有益补充。

(二)研究内容与方法

本研究的重点在于根据京津冀各城市的经济、社会特征和社会治理水平进行分类，比较分析京津冀不同类型城市社会治理的经验与模式，探讨京津冀社会协同治理的可行路径。具体为：

一是关于京津冀城市分类。在综合现有城市分类法基础上，对现有城市分类标准进行调整，从城市协同治理视角提出城市分类标准。根据统计资料和已有调查数据划分京津冀各城市的类型，为对比分析京津冀城市社会协同治理模式与机制奠定基础。二是京津冀各城市社会治理现状与模式分析。通过典型案例和统计数据比较三地社会治理主要经验与方法，探讨三地社会协同治理的现有基础和可行路径。重点围绕三地社区治理、社会组织建设、社会服务三个维度进行比较，分析三地经济发展水平、社会基础与社会治理效果之间的关系，不同类型城市社会治理模式的共性与差异性。三是京津冀城市社会治理运行机制及问题分析。基于对三地重点区域社会治理现状的调查，比较三地社会治理的优势和存在的问题。对北京市朝阳区、东城区，天津市河北区，河北省石家庄市、承德市等市(区)社会治理现状进行个案调查，分析其社会治理运行机制和存在的问题，比较三地社会治理典型模式和优势。四是对策建议。在借鉴国内外城市社会治理模式的基础上，根据上述城市分类及调查结果，对构建京津冀社会协同治理机制，克服三地社会协同治理的体制机制障碍提出适当的建议。

本研究采用定量分析与定性分析相结合的方法。一是文献资料法，收集国内外城市社会治理的相关文献资料、统计资料、研究报告等进行分类比较。二是实地考察法，对三地重点市区、街道(社区)进行实地调研，掌握一手资料。三是访谈法，对三地社会治理部门负责人进行访谈，召集小型座谈会，深入了解政府部门、不同治理主体对三地社会协同治理的看法和应对措施。

二、京津冀城市类型与社会治理

(一)京津冀城市类型的划分

城市类型是社会学、城市规划学等学科的传统研究领域之一，学界一般根据特定标准，采用不同方法对城市类型进行划分，用于研究不同城市复杂的经济社会问题，如城市社会学、城市规划学、环境科学等都有大量基于本领域视角及特定研究目标的研究成果。概言之，无论何种学科，只有基于特定的理论研究或实践上的需要，城市类型的划分才具有意义。

目前我国现行的城市划分标准依据的是2014年国务院发布的《关于调整城市规模划分标准的通知》①，按城区常住人口数量将城市划分为五类七档：即超大城市、特大城市、大城市（包括Ⅰ型、Ⅱ型大城市）、中等城市、小城市（包括Ⅰ型、Ⅱ型小城市）。该标准对于建设具有中国特色的城市体系和城市社会治理起到了指导作用。此外，国内学者近来也对城市类型进行了大量研究，典型的如：黄金川、陈守强基于城市群的重要外延特征，采用"先分等、后划类"的分类思想对中国23个城市群进行定量类型划分和空间分布分析。②闫程莉等根据人口集聚、产业发展、吸纳就业、公共服务四个方面对首都经济圈中小城市功能进行了测度和分类，提出城市功能的提升有赖于特大城市的扩张，应扩大首都经济圈县级市的面积等建议。③

上述研究对科学划分城市类型具有一定的理论和实践意义，但对城市规律的认识，需要将反映城市本质特征的横向维度和反映城市社会问题深层原因的纵向维度结合起来进行研究，因为城市社会治理不仅反映在城市表象维度上，也反映在社会结构分化、社会矛盾叠加的纵向维度上。本研究尝试对京津冀城市类型进行划分，在此基础上比较分析三地社会治理的模式和特点，进而提出对三地社会协同治理机制建设的建议。

（二）京津冀城市分类

京津冀城市圈包括北京、天津两个直辖市及河北省的保定、廊坊、唐山、张家口、承德、秦皇岛、沧州、衡水、邢台、邯郸、石家庄11个地级市。该区域是我国的政治、文化中心，也是北方经济的核心区域。由于京津冀各城市发展模式和城市定位不同，城市之间经济社会发展水平差异显著，表现为两大核心城市并存、低等级城镇数量过多、中等城市偏少的特征，对此，《京津冀协同发展规划纲要》明确界定了京津冀13个城市的功能定位，指明了发

---

① 《国务院关于调整城市规模划分标准的通知》，http://www.gov.cn/zhengce/content/2014-11/20/content_9225.htm，2014-11-20。

② 黄金川、陈守强：《中国城市群等级类型综合划分》，《地理科学进展》，2015年第3期。

③ 闫程莉、安树伟：《中国首都圈中小城市功能的测度与分类研究》，《改革与战略》，2014年第4期。

展方向。本研究认为，建立京津冀社会协同治理机制，不仅要重视经济、人口指标，还应根据社会治理的特殊性，从社会治理视角对 13 个城市进行重新分类，准确把握 13 个城市的社会结构和社会治理特征。本研究对现有城市分类标准进行梳理，从三地社会协同治理的视角提出城市分类标准，在借鉴现有城市分类法基础上，根据统计资料和已有的调查数据，从产业构成比、城市化率、社会治理水平、社会服务水平、社会组织发展水平等角度划分三地城市的类型，初步结果为：

表 1 京津冀城市类型

城市类型	城市名	综合型	普通型
第一产业型城市	衡水、承德		衡水、承德
第二产业型城市	唐山、沧州、石家庄、秦皇岛、张家口、邢台、邯郸		唐山、沧州、石家庄、秦皇岛、张家口、邢台、邯郸
第三产业型城市	北京、天津、保定、廊坊	北京、天津	保定、廊坊

第一产业型城市：第一产业包括农业、林业、渔业、畜牧业和采集业，其特征是以利用自然力为主，生产无须深度加工即可消费的产品或工业原料，在生产要素的投入中需要使用较多的土地、自然资源等进行生产的产业。第一产业型城市中第一产业在城市经济中仍占有一定比重，具有一定规模的农业人口。研究表明，第一产业型城市中农村社区占有较高比重，随着城市化进程中人口的大量流失，地域社会处于缓慢衰微过程中。从社会治理状况看，多数居民对社区治理认识不清，缺乏参与和自身利益无关的公共事务的积极性，居民意识尚未达到主动参与提高社区服务和生活质量水平的程度，基层政府社会治理主要采取自上而下推动的行政主导型，居民参与严重不足，社会组织发挥作用有限。

第二产业型城市：第二产业主要包括采矿业、钢铁、制造业，电力、建筑、燃气及水的生产和供应等工业部门，以劳动密集型和资源密集型产业为主。第二产业型城市指上述产业在城市经济中占有较高比重。第二产业结构与工业产值、从业人员、居民收入及生态环境等密切相关。当前，第二产业型城市普遍面临环境污染、水安全威胁、干旱以及洪涝灾害等生态环境问题，多数以重工业为主要产业的城市渐趋成为资源枯竭型城市，资源约束趋紧，供给相对不足，成为制约第二产业型城市经济社会发展的一大突出问题。在经济层面，第二产业型城市居民因企业并轨转制或企业效益下滑等原因，存在就业不足、收入涨幅缓慢等现象。在社区层面，一方面公序良俗、守望相助等传统美德和规范日渐衰微，居民间社会联系纽带脆弱，另一方面居民自治型服务治理体系尚未形成，给社会治理带来挑战。

第三产业型城市：第三产业是指除第一、第二产业以外的其他行业，包括交通运输、仓储邮政业、信息产业、计算机服务、金融业、房地产业、租赁和商务服务业、科学研究、公共设施管理业、居民服务和其他服务业。第三产业型城市中教育、医疗、社会保障和社会福利业及文化、体育和娱乐业高度发达，社会组织、国际组织等组织结构完善，拥有丰富的优势资源。第三产业型城市中现代型社区占有较高比重，现代型社区有别于传统行政村和城市社区，基础设施和公共服务完善，居住环境整洁优美。居民持有现代价值观，对社区具有归属感，参与意识属主动参与型，对公共事务和社区治理具有责任分担和成果共享意识，通过社区参与实现居民自治和民主管理，居民向地方政府表达意见，维护权益的渠道畅通。第三产业型城市社会治理拥有较好的社会基础和文化基础。

城市类型对不同城市的社会结构、职业结构、社会服务、社会保障等具有决定性影响，尽管产业类型对城市社会治理并不直接产生促进或抑制作用，但会通过社会结构、职业阶层结构等对社会组织、居民自治、社会参与、社会服务等产生重要影响。如城市财政状况直接影响到政府的公共事业、基本公共服务、社会保障投入，也制约着社会治理水平的高低。因此，本研究基于上述城市分类，采用比较分析方法揭示当前京津冀不同类型城市与社会治理模式的相互关系，寻找其异同点及城市间统筹、优势互补、协同治理的潜在能力，为推进京津冀社会协同治理提供参考。

三、京津冀城市社会治理现状

(一)数据来源与分析视角

课题组于2016年4—9月先后对北京市朝阳区、西城区、东城区社工委，天津市民政局、社会团体管理局、河北省民政厅等政府部门进行了访谈调查。课题组首先和上述部门领导、相关人员进行座谈，了解所在市、区社会治理的具体情况，收集到的资料包括：上述市、区社会建设部门和相关工作人员进行座谈的记录、相关部门负责人访谈记录，上述市、区档案和政府网站资料、数据。文献资料主要包括《中国统计年鉴》(2014年)、《中国民政统计年鉴》(2014

年)、《北京统计年鉴》(2014年)、《河北省统计年鉴》(2014年)等。通过数据对比分析，归纳出京津冀主要城市在社区治理、社会组织建设、社会服务等几个方面的主要模式与经验，并在此基础上具体分析三地在社区公共问题的解决、社区组织与社区决策、社会参与和志愿者活动等几个方面存在的问题。

社会治理是一项复杂的系统工程，如《北京市"十三五"时期社会治理规划》①中涉及转变政府职能、公共服务、社会组织发展、社区治理、社会参与、依法治理等十二个方面，又如《北京社会建设报告》②中社会建设指数涉及社会保障、社会服务、社会治理、社会环境四个维度的指数内容。课题组认为，上述规划或研究涉及"自上而下"与"自下而上"两个维度的社会治理内容，且有相互交叉或相互重叠的部分。因此，本研究在社会治理指标的选择上突出"自下而上"的特点，选择社区治理、社会组织、社会服务三个维度进行比较，在案例分析中，三个维度不是彼此割裂的，而是相互融合、相互促进的关系。此外，社区治理、社会组织、社会服务三个维度也在一定程度上涵盖了社会参与、社会环境、依法治理等内容，具有一定的代表性和典型性。

(二)京津冀社区治理现状与比较分析

社区治理是指政府、社区组织、居民及辖区单位、营利(非营利)组织等基于市场原则、公共利益和社区认同，有效供给社区公共产品，满足社区需求，优化社区秩序的过程与机制。当前，我国城市社区治理的主要特征是：治理主体由单一转变为多元；治理过程由行政主导转变为民主协商；治理组织体系由垂直科层结构转变为横向网络结构。社区治理是衡量社会治理成效的重要指标，本研究首先从京津冀各城市社区治理现状出发，比较三地社区治理模式的异同。

1. 北京市社区治理现状

北京市社区治理一直处于全国先进行列。近年来，北京市积极推进社区治理模式创新，在制度规则、组织机构及运行机制体系三个方面取得了显著突破。截至2014年10月，北京市共有2778个社区，其中，城区1754个，占社区总数的63.1%，郊区1024个，占总数的36.9%，全市共有社区居委会2778个。社区居委会一般设有社会福利、综合治理、人民调解、公共卫生、

---

① 中共北京市委社会建设委员会：《北京市"十三五"时期社会治理规划》(京办发〔2016〕43号)，2016年。

② 宋贵伦、鲍宗豪主编：《北京社会建设报告(2013)》，北京：中国社会科学出版社，2014年版。

人口计生、文化共建6个委员会。目前北京共有社区居委会成员17877人，其中，党员8408人，占47%，女性13650人，占76.4%。在社区治理实践中，北京市以社区居委会为平台，进行了一系列体制机制创新，典型经验包括设立社区居民常务会议、建立"四方共议机制"、组建"自组织"、实施社区网格化治理、改进居委会工作方法、实施"为民解忧工程"等（见表2）。

表2 北京市社区治理方法与实施案例

序号	社区治理方法	实施案例
1	设立社区居民常务会议	社区居民常务会议作为社区常设权力机构，列席社区居委会会议，对居委会及下属委员会进行监督检查和民主评议；发挥党员和党组织、人大代表、政协委员在基层自治中的作用；尝试社区非户籍居民参与社区自治。
2	建立"四方共议机制"	建立社区党委、居委会、业委会、物业公司"四方共议机制"；通过"协调、协商、协同、协力"决定重大事项、化解矛盾纠纷；协同落实各项工作任务，协力共建美好社区。
3	实施社区网格化治理	典型的如东城区网格化管理模式、朝阳区"全模式"社会治理服务（智慧朝阳）、西城区"全响应"社会治理模式、密云区农村立体分类式网格化社会管理模式、门头沟区医院ROT改革、政府代建制项目建设及各类项目投融资模式创新等。
4	改进居委会工作方法	推进社区居委会规范化管理，实现基层自治组织全覆盖；规范居（村）委会下属委员会建设；完善社区服务站设置；构建社区基层自治网络，居（村）委会的主体作用得到有效发挥。
5	实施"为民解忧工程"	典型如朝阳区"为民解忧"工程，包括养犬自律协会覆盖养犬户；八里庄街道居民公约规定文明停车，礼让行车；劲松街道社区公益日、居民参与社区事务等形成长效机制。

（1）设立社区居民常务会议。社区居民常务会议作为社区居民会议的常设机构，由15人组成，经居民会议选举产生，与社区居委会任期一致。目前，在东城区177个换届社区中，已有69个社区设立了社区居民常务会议。如东四街道社区居民常务会议制度已坚持了8年，居民生活中遇到难事可以由代表提出，召开社区合议会商量解决。社区居民常务会议模式目前已在全市范

围全面推广。

(2) 建立"四方共议机制"。"四方共议机制"的宗旨是在互相理解尊重、互相沟通协商、互相支持配合、互相评议监督中共创文明和谐社区。海淀区曙光街道世纪城西区社区的主要做法包括：社区党总支主持召开四方联席会，通报各方重要事项进展，明确落实责任和时限，四方共同落实和监督；协商化解矛盾纠纷，针对易发多发的业主和物业矛盾，定点收集业主意见，协调物业公司，在沟通中化解矛盾；四方共同挖掘潜力，邀请社区内有专长的居民开办讲座、法律咨询、义务巡诊、健身培训等便民活动，在社区服务中拉近居民心理距离。

(3) 网格化社会服务治理。北京市"网格化"模式已经发展成集便民服务、基层自治、火灾预防、矛盾调处、环境整治、治安防控、专项执法等多种功能于一体的社会治理体系。如东城区通过网格体系帮助安置流动人口就业 7 万余人，解决流动人口劳动争议案件 3000 件，帮助流动人口子女入学 1 万多人。[①] 根据网格体系收集的居民需求，有针对性地提供便民服务，如在社区建立"1510 便利生活服务圈"，通过农超对接、社区卫生服务双向转诊、单位文体设施开放等多种措施，使居民步行 15 分钟就能买菜、就医、开展文体活动。朝阳区依托网格信息系统，通过网格监督员巡查、"96105"热线电话、电子探头等，通过闭合管理流程、系统"亮红灯"、计分排名等手段促使责任主体及时解决问题。在网格体系中，区、街(乡)两级综合执法机构的设立，推进了法律法规、执法手段和执法力量的整合。

(4) 改进社区居委会工作。针对流动人口参加基层民主选举进行探索，深化社区居民自治制度，将流动人口纳入基层民主选举范畴；居(村)委会对市政服务进行监督。如西城区 2011 年开展"走千户、访千人"社工岗位大练兵活动，从 3000 名社工中评选出 60 名社区"活字典"。社区工作者走进居民家中，帮助居民解决生活的困难，切实改进社区居委会工作作风与方法。

(5) 实施"为民解忧工程"。在社区治理中切实解决居民最关心、最直接、最现实的民生问题。如朝阳区八里庄街道在辖区内老旧小区开展"为民解忧工程"，针对各小区特点，结合居民意见设计整改方案，使下水管线破旧、汛期易积水、自行车棚堆杂物等问题得到有效解决。朝阳区左家庄街道通过走访、

---

① 宋贵伦、鲍宗豪主编：《北京社会建设报告(2013)》，北京：中国社会科学出版社，2014 年版。

座谈形式征集社区居民意见116条，确定14项工程。其中，老旧小区准物业推进项目彻底改善了老旧小区脏乱差的环境，提高了居民的满意度。

2. 天津市社区治理状况

近年来，天津市积极探索社区治理的路径与方法，主要做法有：以街镇为平台，以创建美丽社区为载体推进社区治理；注重居民自治与社区参与，完善治理体系；拓展治理方式；加强社区治理队伍建设，提升和完善社区治理能力，充分发挥社区自治功能，把社会治理触角延伸到社会末端，编织牢固的社会保障安全网。

表3 天津市社区治理方法与实施案例

序号	社区治理方法	实施案例
1	以街镇为平台推进社区治理	开展社区治理试点活动，从区县、街镇、社区(村)三个层面上统筹安排，在全市确立了4个区、19个街镇、38个社区(村)为市级综合试点单位，探索具有天津特色的社区治理模式。
2	以创建美丽社区为载体推进社区治理	开展美丽社区建设活动，丰富社区服务治理内容，推进公共服务全覆盖；开展便民利民服务，打造居民便利化生活圈；鼓励社区志愿服务，开展"1+1+1助老""志愿关爱进百家""志愿清整促美丽"等志愿服务活动，打造了200个志愿服务品牌。
3	注重居民自治，完善治理体系	推行社区党组织、居委会、社工站、社区社会组织、社区协调议事会"五位一体"的社区组织体系建设；落实民主选举制度；完善议事协商机制，加强服务能力建设，夯实治理基础。
4	推动多元参与，拓展治理方式	以网格为平台推动多元主体参与社区治理。如机关企事业单位1000名干部深入500个社区，推行网格化服务管理。各社区以300—500户为一个网格单元，合理配置网格员加强服务治理；实施物业管理纳入社区治理等。
5	加强队伍建设，提升治理能力	建立社区社会工作者地方职业水平标准，全面推行社区社会工作者评价制度；实施社区工作者生活待遇三年提升计划，待遇标准大幅提升；面向社区工作者招录公务员和事业单位人员，拓展社区工作者的成长空间。

(1) 以街镇为平台推进社区治理。天津市在探索社会管理创新的实践中，以街镇为平台推进社区治理。信息化建设在社区服务治理中具有基础性、先导性地位，信息占有的多少、准确与否直接关系到政府的行政能力。信息化既是社会管理面临的挑战，也是实施管理的有力手段。通过街镇信息化平台建设，整合资源，规范工作流程，使街镇社区治理平台充分发挥出基础作用。

(2) 以创建美丽社区为载体推进社区治理。借助"创建美丽社区"等重点工程，一是推行社区"大党委"制度，完善社区"两委"议事协调机制，动员社区各类组织、驻社区各单位参与社区公共事务。二是推进公共服务全覆盖，打造了 200 个各具特色的志愿服务品牌。三是发挥党员作用，引导党员干部认领社区服务岗位，参与社区志愿服务活动。目前，全市共计 14.4 万名在职党员到社区报到，认领服务岗位 15.3 万个，开展志愿服务 30.7 万次。①

(3) 注重居民自治，完善治理体系。优化社区组织结构，构建"五位一体"的社区组织体系，着力加强城乡接合部、保障房和新家园居住区社区组织建设，消除管理空白点；落实民主选举制度，推动基层民主权利落实，社区实现户代表直接选举，居民参与率达到 86.6%；完善议事协商机制，健全居民会议、居民代表会议等制度，实行"五议两公开"民主决策程序，探索"两评三会一公开"民主管理模式，拓展居民群众与基层政府、社区组织等各类主体的协商渠道；改造提升老旧社区办公服务设施功能，开展天津智慧社区顶层规划设计，推进社区信息资源共享、系统互联互通。

(4) 推动多元参与，拓展治理方式。把培育多元参与作为加强社区治理的重要目标，开展服务群众联系社区活动载体管理；推行网格化服务管理，合理配置网格员，定期开展入户走访，推动社区治理精细化、精准化；实施物业管理纳入社区管理，建立"三公开""三上账""五到位"社区治理制度；健全社区物业管理联席会议制度，每个社区配备一名物业专管员，协商解决物业管理纠纷；加强提升改造旧楼区长效管理，旧楼区管理合格率达到 95% 以上。

(5) 加强队伍建设，提升治理能力。把社区工作者队伍能力建设作为加强社区治理的重要支撑。完善准入退出机制，以加快社区工作者专业化、职业化发展为导向，建立健全社区工作者准入、退出等制度；完善培训考核机制，坚持分级培训，提高社区工作者的业务水平和办事能力，以居民满意度和工

---

① 窦玉沛、蒋昆生等：《关于天津市美丽社区建设的调研报告》，《中国民政》，2014 年第 11 期。

作实际为重点，完善社区工作者考核评议制度；改善社工待遇机制，规范社区工作者生活待遇定岗分级标准。

3. 河北省社区治理状况

河北省设区市社区居委会2112个，县（市）社区居委会1388个，社区居委会成员11112名，社区专职工作者9223名。全省有社区综合服务中心（站）2755个，社区综合信息平台1307个。全省城市社区办公和服务用房面积300平方米以上的有896个，占全部的42.4%。承德市双滦区被命名为第二批"全国社区治理和服务创新试验区"，邢台市内丘县被命名为"全国农村社区建设试验全覆盖示范单位"。

表4 河北省社区治理方法与实施案例

序号	社区治理方法	实施案例
1	加强社区队伍建设	采取公开招考、机关选派、定岗竞争、择优录用的方式选聘优秀大学生和专业社工充实到社区；规范社区干部培训、考核、选拔；68%以上社区拥有一名大专学历以上专职干部。
2	加大社区资金投入	建立以政府投入为主导、社会投入为补充的社区建设投入保障机制，加大公共财政对社区建设的投入，社区建设资金得到保障。
3	健全社区民主机制	建立居民会议和代表会议制度，坚持民主议事，落实居民参与社会事务管理的决策权。全省3069个社区制定了居民自治章程、居规民约，规范居民的有序参与。
4	提升管理服务水平	围绕创新社区管理体制，丰富社区自治形式，完善社区服务制度；开展社区管理服务创新试验工作，社区服务内容从传统的福利服务、便民利民服务、社会互助服务发展到满足居民各种需求的系列化服务。
5	推进农村社区建设	全省21个农村社区建设实验县（市、区）制定《关于积极推进农村社区建设实验活动的意见》，明确农村社区建设的工作目标、主要任务和保障措施，为推进农村社区建设提供政策依据和制度保障。

（1）加强社区队伍建设。河北省各市（县）把加强社区居委会干部、社区专职工作者和社区志愿者队伍建设作为推动社区治理的基础工作来抓，通过择优录用把一批优秀大学生和专业社工充实到社区，社区干部文化程度和结构

日趋合理。全省1668个城市居委会至少各有一名大专以上毕业生，其中789名工作人员获得社会工作职业资格证书。社区干部培训、考核、选拔不断规范，社区干部待遇逐步提高。一批优秀社区干部被招录为公务员或选拔到办事处工作。

(2) 加大社区资金投入。探索建立以政府为主导、社会为补充的社区治理资金投入保障机制，加大公共财政投入。廊坊市自2012年起，按照市财政30％、县财政70％的比例将社区信息化建设、社区招聘人员工资和社区干部培训经费列入财政预算。石家庄市裕华区2013年财政列支五百多万元，落实了社区办公经费和党建经费。沧州市以省、市奖补为契机，督办落实县区配套资金，带动了社区建设资金保障机制的建立。

(3) 健全社区民主机制。通过建立居民会议和代表会议制度，落实居民参与社区事务的决策权。邯郸市在社区开展"民评居""民评官""居民代表评议政府"活动，推动社区民主自治。探索政府职能转变，构建政府依法行政。石家庄市制定《关于实行社区工作准入制度的意见》，确定社区承担和协助政府的106项公共服务事项，"权随责走、费随事转"得到有效落实。保定市印发《关于加强和创新社区社会管理工作的意见》，强化对"人、事、物、组织"的管理服务，社区维稳作用得到发挥。石家庄市动员大中专院校、机关、企事业单位在社区建立志愿服务基地，定期开展志愿服务活动，志愿者人数已达一万余人。

(4) 提升社区管理服务水平。河北省下发《关于转发民政部关于加强全国社区管理和服务创新实验区工作的意见的通知》，开展社区管理服务创新实验工作。唐山市按照"规模适度、方便管理、界定清晰、责任明确、无缝覆盖、动态调整"的原则，建立区、街道、社区三级网格体系，组建网格化服务队伍，规范社区服务管理职能。承德市双桥区探索推行"八九十"工作模式，被民政部确定为首批"全国社区治理和服务创新实验区"。承德市双滦区被民政部确定为第二批"全国社区治理和服务创新实验区"。

(5) 扎实推进农村社区建设。适应新农村建设和公共服务延伸需要，河北省明确农村社区建设发展目标和重点建设任务。保定、石家庄、唐山等市印发了开展农村社区建设试点的实施方案，邯郸市峰峰矿区建立区、镇财政专项投入机制，投入资金7000多万元用于农村社区建设。全省49066个行政村中，6659个村开展了农村社区建设，其中5760个村建有社区服务中心，在加强农村社会管理、服务农民群众等方面发挥了重要作用。河北省经过多年的不断探索，逐步摸索出了符合本地特点的社区治理路径，一些市（区）跨入全国社区治理先进行列。

4. 京津冀社区治理比较分析

社会治理指在社会领域中，从个人到公共或私人机构等各种多元主体，对与其利益攸关的社会事务，通过互动和协调而采取一致行动的过程，其目标是维持社会的正常运行及满足个人和社会的基本需要。随着京津冀一体化的推进，社区作为基层民主建设、社会治理的基本单元，其重要地位和作用日益凸显。京津冀三地不同类型城市的经济、社会、文化发展水平不同，社区治理采取的治理模式也存在较大差异。

表5 京津冀社区治理基本状况比较

	北京	天津	河北
居民自治组织数量（个）	6869	5273	52471
社会组织数量（个）	9083	4729	17642
公共管理和社会组织（个）	17187	10959	81924
社会工作专业人才（人）	17963	3370	2951
社会服务业专业人才（人）	12461	616	672
流浪乞讨人员救助单位补助水平（元/年）	1561409	1104153	492571
调解各类纠纷案件数（万件）	228500	75909	360000

注：根据《中国统计年鉴》（2014）、《中国民政统计年鉴》（2014）、《天津统计年鉴》（2014）、《河北年鉴》（2014）整理

京津冀三地社区治理各具特色，但差距明显。京津冀社区治理起步阶段不同，历史经验与发展现状也存在较大差异。从城市类型维度看，北京、天津同属于综合型第三产业城市，经济发达，基础设施和教育、医疗等公共服务完善，居民收入和学历水平较高，居民自治、社会参与等具有较好基础。

北京市社会建设位于全国前列，不仅在居民自治组织、社会组织、社会治理领域专业人才数量上处于三地的前列，而且在社区居委会制度建设和社会治理模式创新上均取得显著成效，特别是网格化社会治理模式在全国产生良好示范效应。因此，在京津冀社会协同治理体系中，北京处于领军地位，充分发挥北京的政策、资源和人才优势，将加快京津冀社会协同治理格局的形成。建立由北京牵头的京津冀网格化社会治理体系具有坚实的基础和可供

借鉴的经验。

天津同属于综合型第三产业城市，人均 GDP 居全国首位，资源、人才优势明显。天津社区治理的突出经验是借助创建"美丽社区""美丽天津"等重大工程建设推动社区治理；以街镇为平台、以创建"美丽社区"为载体，完善社区治理结构，建设公共服务综合信息平台，优化社区工作者队伍，培育社会组织等。但总体上看，天津市社区治理政策支持、法律法规创制较为匮乏，缺乏顶层设计；"美丽社区"建设在内容精细化、流程科学化、社区治理的系统化及可持续性等方面还需进一步完善，如缺乏"纵向到底、横向到边"的体制机制架构；对现有基层经验凝练、理论概括和经验普及推广等有待加强。此外，在社区治理中如何发挥治理主体功能，促进社会组织孵化，中介机构、社区基层组织建设方面仍需有针对性的举措。在京津冀社会协同治理格局中，天津应尽快拉近和北京的距离，并轨发展，发挥出综合型第三产业城市应有的辐射带动作用。

河北省具有第一、第二、第三产业型城市并存的特征，与京津相比，河北省受经济发展水平制约，居民自治组织、社会组织、社会工作专业人才数量明显低于京津两地。尽管河北省在社区队伍建设、制度建设、资金投入、提升治理水平及农村社区建设等方面取得了一定突破，但总体上缺乏突出特色。首先是社区治理缺乏系统性，虽然政府出台了一系列政策、办法和规定，但缺乏统揽全省的社区治理顶层设计，以及面对不同类型城市并存，社会结构、居民收入水平千差万别的现状的有针对性的方针策略。其次是缺乏社区治理特色和经验模式，政策设计主要针对日常管理和面上工作，一些试点市（区）的经验难以代表社区治理的整体水平。最后是受经济发展水平制约，社会治理的政策支持、资金投入、人才队伍建设等存在不均衡问题。因此，河北省首先应解决自身发展问题，摸清社区治理底数，积极借鉴京津两地经验，尽快赶上京津两地社会治理的步伐。

(三)京津冀社会组织发展现状与比较分析

近年来，随着京津冀各级党政部门积极推动社会组织管理创新和实践，京津冀社会组织作为社会治理日益重要的主体力量，不仅数量上不断增长，而且在生态优化、体制改革、服务购买、社会治理创新等方面取得显著成效。从政策制度层面看，十八届四中全会提出加强社会组织立法，出台了相关社会组织参与环保诉讼、规范慈善组织发展、加强监管及预防和惩治腐败等政策，为社会组织发展提供了政策保障；从社会组织培育扶植看，三地先后出台政府购买服务的实施意见、办法或指导目录，加强社会组织管理培训及志愿服务制度化等，社会组织体系建设逐步走上正轨；从综合监管看，不断完善社会组织监管政策，推进行业协会组织与行政机关脱钩，社会问责引入第三方机构等。这些政策措施为社会组织参与社会治理指明了方向。

1. 北京市社会组织现状

北京社会组织无论是在数量上还是在管理水平上在三地中均处于领先地位，社区社会组织在激活社区自治、提升社区服务、繁荣社区文化、维护社区稳定、弘扬社区志愿服务精神等方面发挥了积极作用。2010年北京社区社会组织为7289家，2011年北京市社区社会组织数量增长到8742家，2012年为10059家。2013年社区社会组织开始呈现爆发式增长，增长到13346家，同比上年增加了32.7%，万人社区社会组织平均拥有量为6.31家。门头沟区、西城区、东城区万人社区社会组织平均拥有量名列三甲，分别为19.37家、18.53家、15.07家。① 这些社会组织业务类型情况如图1所示：

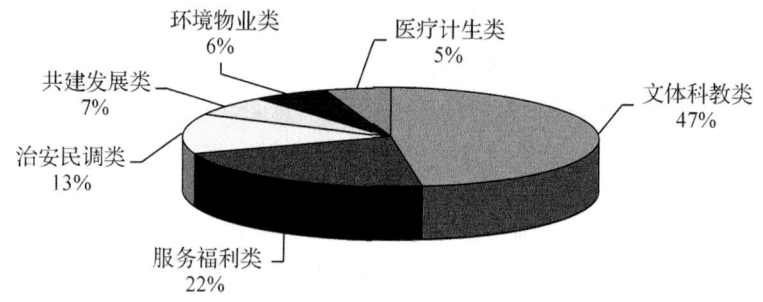

图1　北京市社区社会组织业务类型

（1）加强"枢纽型"社会组织建设。"枢纽型"社会组织目前已成为联结政府、社会组织、企事业单位和民众的重要纽带。政治上起到"桥梁纽带"作用，业务上起到"龙头"带动作用。全市18个区均已认定区级"枢纽型"社会组织，并通过在街道建立分会的形式，探索街道层面的"枢纽型"社会组织建设。如东城区成立社会组织指导服务中心、西城区成立社会组织服务中心、朝阳区成立社会组织培育基地、顺义区成立社会组织服务中心；石景山区为"枢纽型"社会组织配备专职人员，加强基层力量；海淀区社会组织联合会除广泛联系区属相关社会组织以外，还突破"层级"和"隶属"关系，积极与数十家驻区的

---

① 杨丽：《北京市社区社会组织的基本情况》，《社团管理研究》，2011年第12期。

表6 北京市社会组织参与社会治理的方法与路径

序号	社区治理方法	路径
1	加强"枢纽型"社会组织建设	以工、青、妇等群团组织为骨干和主要依托,将全市社会组织分类、分批、分级逐步联合起来,建立"枢纽型"社会组织体系。力推政分开,管办分离:适合社会组织承办的政府事项,应通过政府购买服务等形式委托社会组织办理;社会组织提供有效服务的领域。
2	开展公益慈善活动	以慈善组织为骨干,慈善事业参与主体逐步多元化;由原来传统的单一形式,发展为"文化娱乐慈善""体育慈善""科技慈善""环保慈善"等多种形式;建立经常性社会捐赠站、点,接受群众的集中捐赠和日常捐赠。
3	志愿者活动	截至2015年年底,北京市实名注册志愿者约320万人,注册志愿团体超过5万个①,初步形成了以志愿服务"枢纽型"社会组织为中心、不同社会领域和人群共同参与的志愿服务组织体系。
4	推进社会参与	如发挥"枢纽型"社会组织和专业团体的作用,通过创新形式、扩展内容推进各阶层人士广泛参与。在维护妇女、儿童、残疾人权益,普及科技、法律知识,推进流动人口城市融入、社会融合等方面发挥重要作用。

行业协会建立工作联系;密云区古楼街道在加强"两新"组织管理过程中探索建立"商管协会"模式,在街道成立商户管理协会总会,在每个社区成立商管协会,从而在辖区各类商户间建立协调会商、风险评估、矛盾调处、服务保障等工作机制。②

(2)开展公益慈善活动。近年来,北京市参与慈善事业的有社团组织、国际性人道主义组织、基金会组织、事业单位、社区性慈善组织、志愿者活动以及单位附属性慈善组织七大类组织同时并存。全市登记注册的慈善类民间组织共有4630个(在市级登记的1302个),基金会共有61家。各类慈善组织

---

① 数据来源:http://news.ynet.com/3.1/1512/06/10592702.html。
② 杨丽:《"枢纽型"社会组织研究——以北京市为例》,《学会》,2012年第3期。

在各自领域开展了形式多样的慈善活动。慈善组织的募捐数目得到了大幅度提高，救助效果也不断增强。通过民政系统接受的款物已达23亿多元，支援了全国近20个省、市、自治区的贫困地区；社会捐赠站、点700余个，"爱心家园"近60家，形成了北京独特的社会大慈善格局。

（3）志愿者活动。在社会服务治理中，基层社会服务管理机构是志愿服务的直接组织者和参与者，不同主体根据区域特征有针对性地开展志愿服务。如有的街道办事处成立"社会资源共享平台"，通过区、街两级奖励和支持，鼓励社会单位和社区发挥志愿精神，实现资源的开放和共享；社区服务站发挥"一刻钟社区服务圈"和"六小门店党组织"的优势，引导社区服务商和个体工商户参与到社区服务中。商务楼宇工作站目前基本实现了党建、社工站、工青妇工作站等"五站合一"全覆盖，并开始推广志愿者服务站，通过为楼宇企业提供服务，引导企业参与志愿服务工作。截至2015年年底，在全市1297家商务楼宇工作站中，已经有304家建立起志愿者服务站[1]。

（4）推进社会参与。共青团北京市委通过举办"青年社团文化季"等形式，吸引"草根"组织参与，实现与全市8000家青少年社团、近百万人次社会领域青年的互联互动。市妇联将61个市级妇女社会组织纳入服务管理范围，对区级层面1547家妇女社会组织进行分类指导；在全市建立6590个"妇女之家"，实现了对2646个社区和3944个村的全覆盖。市残联与160余家民办残疾人康复机构建立工作联系，通过人员培训、项目补助等形式提供支持。市红十字会将民间"草根"组织"蓝天救援队"改造为"北京红十字应急救援队"，共同协商开展工作。市总工会建立解决劳动争议的六方联动机制，化解矛盾纠纷。市妇联、市总工会、团市委联合打造"婚之恋"婚恋公益品牌。市科协、市社科联组织所属学会、研究会，举办"科普进社区"等品牌活动。市律师协会建立法律咨询中心，为群众提供法律服务。市民办教育协会组织民办学校开展义务支教，组织民办高校诚信自律签约活动，为民办高校营造良好环境。

2. 天津市社会组织现状

近年来，天津把培育社会组织发展作为推进社区治理的重要任务进行了积极探索。天津的主要做法包括加强社会组织培育和管理，重点培育和优先发展行业协会商会类、科技类、公益慈善类、城乡社区服务类社会组织，支持发展志愿服务组织，推进社会组织明确权责、依法自治。截至2016年2月

---

[1] 数据来源：《北京市社会建设年鉴（2015）》，中共北京市委社会工委编。

底,全市社会组织突破 3 万家,其中登记注册的达到 5199 家,区(县)社会组织达到 3748 家,占全市社会组织总量的 72.1%。各区(县)备案社区社会组织达到 2.6 万家,比 2012 年年底的 1.2 万家翻了一番。区(县)社会组织工作在全市社会组织中的权重不断攀升。① 经过不懈努力,至 2015 年年底,社区社会组织构建起"1+N+X"的社区社会组织组建模式,市、区(县)、街(乡镇)三级"枢纽型"社会组织,为承接政府购买服务、推动三社联动与平安社区建设发挥作用奠定了坚实基础。

表 7　天津市社会组织参与社会治理的方法与路径

序号	社区治理方法	路径
1	加强组织建设	成立社会组织孵化服务中心,具有社会组织孵化、能力建设培训、组织管理咨询、社会资源对接、项目交流展示、项目建设评估等功能,旨在搭建政府、企业、社会组织之间的交流平台;通过"阳光工作室""馨缘义工社""乐龄幸福家园"等开展社会服务。
2	开展社会服务	通过社会组织服务网搭建起社会组织与群众间的桥梁,实现社会组织服务透明化、居民享受服务便利化,促进社会服务发展;采用"纵向到底、横向到边"的思路,对社会组织实施全过程管理、综合性服务。
3	开展志愿者活动	培育社区志愿者队伍,发挥天津作为社区志愿服务发源地的品牌作用;以志愿者组织为载体,组织志愿者开展慰老、助困、助残、环保、文体、维护社会治安、农业科技服务等志愿活动。
4	推进社会参与	以培育社区民间组织为切入点,全市经正式备案的各类社区社会组织 6506 个,涉及文化、体育、教育、法律、卫生、科普、社会救助、老年服务、青少年服务、中介服务等十几个领域,成为社会参与的主要载体。

---

① 资料来源:天津北方网,http://www.enorth.com.cn。

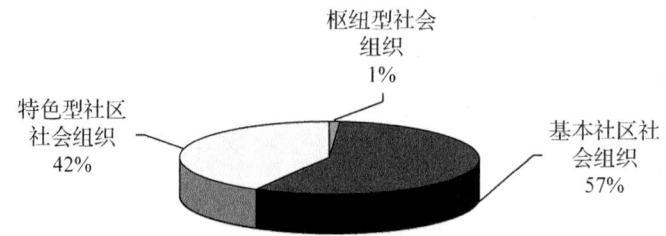

图 2　天津市社区社会组织类型

(1)加强组织建设。如河北区通过社会组织孵化服务中心凝聚资源。孵化服务中心依托专业团队作为技术支撑,为"入壳孵化"的社会组织、承接运营的典型示范项目提供系统性、专业性指导;引入社会组织专业服务人才,有步骤地推动入驻项目成长。本着"立足居民需求,创新社会治理"的理念,中心筛选一批符合区情发展、与百姓生活相关的"枢纽"社会组织"入壳孵化"。调动10个街道114个社区居委会服务中心的社会组织力量,重点向社会效益大、生存能力强、辐射面广的组织倾斜,选择一批服务性为主的组织,不仅为百姓打造贴心服务,这些活跃的组织还会把一些"沉睡"的组织"唤醒",让这些组织有意识地参与其中。①

(2)开展社会服务。如河北区民政局研发了社会组织服务网,这是集社会组织信息查询、活动展示、服务介绍于一体的信息交互平台,实现社会组织服务透明化、居民享受服务便利化。纵向开展对社会组织全链条管理,开通登记备案、信息审核、活动监管、服务评估等功能,每一个在社会组织网注册的组织都会获得统一编码,作为跟踪管理、服务评估的依据,增强了社会组织的公信力。横向对社会资源多渠道互联,不仅组织与组织之间可互相发布信息,而且开放的网络平台让百姓可不出家门就能了解到相关信息动态,实现了多方资源联动。

(3)开展志愿者活动。目前全市志愿服务协会已发展到19个,志愿服务分会249个,服务站4295个,志愿服务团队6295个。如河西区团委重点打造的"活力空间"志愿服务项目,目前共建设了122个社区活动空间;每周使用"活力河西青年"微信公众号发布数十场活动预告,开展"活动托管班""七彩课堂""阳光助残"等志愿服务活动,每周定时服务社区居民,累计组织活动超

---

① 赵首蕊:《河北区打造社会组织"孵化器"提供贴心服务》,http://news.enorth.com.cn/system/2016/05/23/030981298.shtml。

过万场,服务居民超过 20 万人次。武清区青年志愿者协会实施了一批重点项目,建立了较为完善的组织体系。全区现有青年志愿者服务站 30 多个,长期结对服务达 1200 多对,注册青年志愿者 1492 人,在所有乡镇街道建立了青年志愿者服务站。如协会组织"外来务工青年志愿者"治安巡逻队、开展关爱农民工子女行动、围绕"撤村建居"和"新农村建设"开展青年志愿者宣传活动等,取得了较好效果。

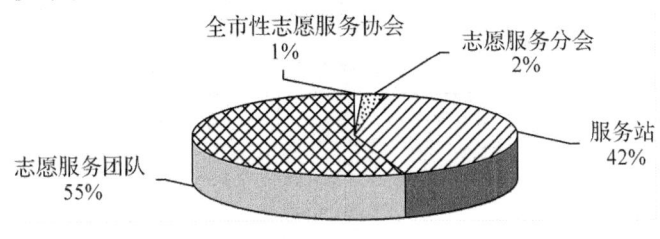

图 3　天津市志愿者组织类型

(4)推进社会参与。以社会组织为载体,推动各类群体参与社区服务和公共事务,在重点发展救助、优抚、养老、家政等基础保障服务,协调推进便民商业进社区、便民服务进家庭、菜市场建设进街道等工作的同时,带动社会组织参与公共服务、公共决策。和平区加强社区"十大服务体系"建设,达到社区社会救助及时到位、养老服务模式多样、就业服务扎实有效、卫生服务优质便利、便民服务就近便捷、志愿服务氛围浓厚、社区标准化服务统一高效、物业服务优质到位等目标。在此过程中,社会组织和公众参与发挥了不可取代的作用。

3. 河北省社会组织现状

河北省在社会组织建设过程中,充分发挥社会组织非营利性、专业性、公益和互益性的特点,在提供多样化公共服务、引导群众理性有序协商解决矛盾冲突等方面发挥了重要作用,成为协助政府开展社会治理的主要力量,是促进社会协商的"润滑剂"和调解社会矛盾的"减压阀"。截至 2014 年年底,河北省直接登记社会组织 3324 家,备案登记社区社会组织 709 家;在全省范围内实行行业协会组织、科技类、公益慈善类、城乡社区服务类社会组织直接到民政部门登记。

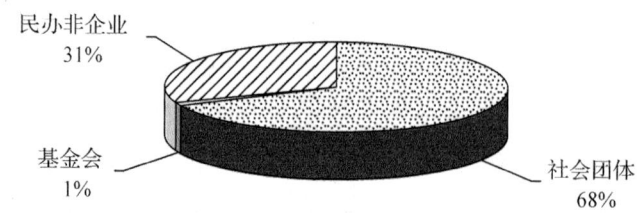

图 4　河北省社会组织主要类型

表 8　河北省社会组织参与社会治理的方法与路径

序号	社区治理方法	路径
1	加强社会组织管理	社会组织登记工作稳步开展，登记制度取得突破性进展；优化行业协会、商会的发展环境；开展社会组织评估工作；通过政府职能转变和购买公共服务，推进社会组织健康发展。
2	化解社会矛盾	通过法律手段为农民工追讨工资及工伤赔偿款；避免群体性矛盾冲突；有效地解决医患纠纷，探索第三方调解模式；建立专业化的调解队伍，疏通快速化解矛盾纠纷的绿色通道。
3	推进法治社会建设	通过法律宣传、普法，传播法律知识，营造依法守法的社会氛围；保护农民工的权益，促进法治社会的建设；社会组织通过立法听证、论坛、咨询等形式有序参与立法，推动立法民主化。
4	志愿者活动	如成立的河北老年事业促进会阳光车队，开展敬老、助残、助学、助困、义务献血等各种社会公益活动的志愿服务团队；"好人后援会"等群众性后援保障组织，"为奉献者奉献"；捐赠款物，传递志愿精神。
5	弘扬慈善文化	社会组织通过对弱势群体、儿童、老年人、贫困人口进行关怀和救助，传递爱心和公益慈善的精神，推动了良好社会氛围的形成。

（1）加强社会组织管理。截至 2014 年年底，河北省民间组织管理局共办理注册登记各类业务 367 件，登记合法率 100%，政策解读和业务咨询 1000 多人次。出台了《河北省公益性、服务性社会组织注册登记管理办法》，进一

步优化了行业协会、商会的发展环境，促进了公益慈善事业的发展。开展社会组织评估检查工作，2013年全省共有582家社会组织自愿参加评估，共评出5A级43家、4A级24家、3A级20家。推进政府职能转变和购买公共服务工作。至2013年年底，河北省政府投入购买社会组织服务资金2000多万元。河北省民政厅下发《万家社会组织下基层进革命老区帮扶活动实施方案》，在帮扶救助、送科技文化、送医送药、法律援助、为农民服务、为企业服务等方面开展活动，受益群众468万人次。

（2）化解社会矛盾。社会组织通过提供专业服务，在调节社会矛盾、促进社会和谐方面发挥了重要作用。如2006年1月成立的石家庄市农民工法律援助中心，为5万名农民工追回工资及工伤赔偿款3668万元，避免群体性矛盾冲突200余次。石家庄市医疗纠纷人民调解委员会成立于2011年，截至2015年年底共受理医患纠纷356件，调解成功302件。医院共赔偿、补偿、减免患者各种费用2900余万元，调解协议的履约率达到100%。唐山市丰南区，由152名人民调解员组成的专业化调解队伍，成功调处各类社会矛盾纠纷6470起，调解成功率达到98.6%。

（3）推进法治社会建设。近年来，河北省社会组织通过立法听证、论坛、咨询等形式，有序参与立法，推动立法民主化。同时，社会组织发挥调查研究及学术研究优势，及时调查了解法律制度是否适应社会发展的需求，哪些法律需要调整。社会组织在普法过程中也发挥了积极作用，从而提高公民的法治意识，推动法治社会建设。社会组织结合自身的草根性特点，进行普法宣传，如石家庄市农民工法律援助中心通过法律手段，保护农民工的权益。河北省快递行业协会通过向全省快递行业发出倡议，倡导快递行业诚实守信、服务立业。

（4）志愿者活动。截至2014年年初，河北省各类志愿者总数超过500万人，志愿服务组织2.4万个。越来越多的民间组织自觉参与到志愿服务中来，把参与志愿服务、热心公益事业作为组织及其成员价值的重要体现。如成立河北老年事业促进会阳光车队，车队车辆均为私家车，全部利用业余时间开展各种志愿服务活动。该组织在2012年获得"善行河北优秀团体"荣誉称号。2012年9月，以"为奉献者奉献"为宗旨的沧州好人后援会成立，目前"好人后援会"已发展会员单位180多个、个人会员6000余人，累计为"沧州好人"办实事350多件，捐赠款物总价值超过560万元，真正成了好人们的坚强后盾。①

(5)弘扬慈善文化。弘扬慈善文化的宗旨是在全社会营造人文关怀氛围，减少冲突，调和矛盾，使社会呈现稳定和谐的状态。河北省社会组织用慈善项目弘扬慈善文化，凝聚爱心，运用包括微信、微博、网络、手机等新媒体手段，传播慈善文化。社会组织通过建设自己的慈善品牌项目提升社会组织的形象，强化了公众的慈善意识，也引导慈善资源的合理流向，提高了公益慈善文化的传播效果。

4. 京津冀社会组织建设比较

随着京津冀一体化的发展，京津冀三地社会组织加快管理体系、组织体系、服务体系建设，进入了快速发展阶段，但一些问题也逐渐显现。由于制度设计、管理水平、居民认同度不同，三地社会组织的发展速度、自治功能和社会服务功能的发挥也存在较大差距。北京市社会组织建设处于三地领先地位，特别是"枢纽型"社会组织在社会服务治理中凭借行业优势、专业优势和社会公信力发挥了巨大作用。而津冀两地社会组织还存在一些问题，主要表现在组织化程度较低、组织间相互协调程度不高、社会服务治理目标和任务尚难有效落实。

(1)从城市类型维度看，社会组织发育程度和产业结构、职业结构、社会结构密切相关。第三产业型城市拥有巨大的经济实力和人口规模，产业结构高度分化，健康、信息、房地产、金融、科技服务、养老、体育等第三产业高度发达，这些特质为社会组织发育奠定了基础。一是产业结构、职业结构分化催生出大量专业型社会组织，如行业协会、学会、工会等社会组织；二是人口的大量聚集和分化导致满足居民生活、文化娱乐、体育健身类需求的社会组织快速发展；三是第三产业型城市的文化特质与文化模式为社会组织发育创造了条件，使社会组织凭借文化载体得以发展。北京、天津同属第三产业型城市，社会组织高度发达，河北省属第一、第二、第三产业并存型城市，其社会组织发展呈现以产业类型为依托，或依靠血缘、地缘、职缘为纽带的特点，在社会组织数量、质量上明显落后于京津两地。

(2)北京市社会组织建设处于领先地位。从京津两地社会组织数量看，北京市登记社会组织8438个，备案社区社会组织1.4万余个，其中87%纳入市

---

① 李妙然：《河北省社会组织公共服务功能研究》，石家庄：河北人民出版社，2015年版。

总工会、团委、妇联等"枢纽型"社会组织服务管理范围，平均每万人拥有登记备案社会组织 11.1 个。天津市现有各类社会组织 4247 家，每万人拥有社会组织 3.28 个，备案的社区社会组织已经超过了 8000 个。京津同属于第三产业型城市，但社会组织数量存在较大差别，主要原因在于，北京"枢纽型"社会组织发达，是大量全国性社会组织总部所在地，形成了庞大的组织体系和运营体系，如工、青、妇、残联、协会类组织等。此外，北京社会建设起步较早，具有完善的政策支持体系和资源供给体系，具有得天独厚的条件。天津人均 GDP 已处于全国领先位置，但经济发展与社会治理、社会组织建设依然未能实现同步。对比国外数据，日本 2008 年每万人拥有 97 个社会组织，美国 63 个，新加坡 13 个。可以看出，三地社会组织发展仍处于较低水平，北京尽管处于三地领先地位，但社会组织无论在数量还是质量上都难以和建设世界城市的目标相匹配。

(3)河北省与京津两地社会组织发展水平差距较大。目前，河北省社会组织发展水平和能力水平相对较低，每万人拥有社会组织 1.4 个，社会组织发育尚处于起步阶段。就正式组织而言，各级党委、政府、人大、社区(村)党支部、社区(村)委员会等组织作用发挥得基本正常；就非正式组织而言，各类行业协会、慈善组织、社区社会组织发挥的作用还远远不够。尽管在改革社会组织登记制度、加大资金支持力度、承接政府购买公共服务项目等方面政府部门做了大量工作，但仍存在诸如社会组织目标不明、热情和活跃度不高、从业人员受教育程度不高、专业人才匮乏、管理水平低、专业化发展能力较弱等问题。因此，在京津冀社会协同治理格局中，需要三地相互借鉴，优势互补，使三地社会组织真正成为社会治理的载体和中坚力量。

(四)社会服务

社会服务是指为整个社会的正常运行和协调发展提供的服务，社会服务的功能在于为社会治理各项目标的实现提供手段和措施。此外，社会服务发展能够使社会综合功能、社会协调功能的水平得到提升，从而提高社会生活质量和社会便利程度，让居民享有更好的、效率更高的公共服务。

1. 北京市公共服务现状

近年来，北京公共服务总体水平不断提高，布局进一步均衡。政府各部门加快推进社会服务体系全覆盖，全面实施《北京市基本公共服务体系行动计划(2013—2015)》；加快社会服务方式转变，深化行政审批制度改革，取消和下放行政审批项目；深化公共服务体制改革，加大政府向社会力量购买公共服务力度。

表 9　北京市社区基本公共服务指导目录("1060"工程)①

序号	服务类型(10类)	服务项目(60项)
1	社区就业服务	社区劳动就业咨询服务、社区职业介绍服务、社区就业困难人员再就业服务、社区"零就业家庭"就业帮扶服务、社区自主创业就业服务。
2	社区社会保障服务	社区老年人(残疾人)居家养老服务、就餐送餐服务、出行服务、精神关怀服务、电子辅助服务、优待服务、社区残疾人温馨家园服务、残疾人无障碍设施建设服务、社区老年人信息档案服务、社区企业退休人员服务、社区托老(残)服务。
3	社区社会救助服务	社区低保人员救助服务、社区特殊群体帮扶服务、社区临时救助服务。
4	社区卫生计划生育服务	社区公共卫生和基本医疗服务、社区居民健康档案服务、社区居民转诊服务、社区计划生育服务、社区独生子女家庭服务、社区急救和保健服务。
5	社区文化教育体育服务	社区群众文化服务、社区教育培训服务、社区早教服务、社区中小学生社会实践服务、社区科普服务、社区居民阅览服务、社区体育设施建设服务、社区群众性体育组织建设服务、社区群众体育健身服务、社区居民体质测试服务、社区健身宣传培训服务。
6	社区流动人口和出租房屋服务	社区流动人口服务、社区出租房屋相关服务。
7	社区安全服务	社区治安状况告知服务、社区治安服务、社区矫正服务、社区帮教安置服务、社区禁毒宣传服务、社区青少年保护和不良青少年帮教服务、社区法律服务、社区消防安全服务、社区安全稳定服务、社区应急服务、社区警务设施和警力配备服务、社区物防技防设施建设服务。
8	社区环境美化服务	社区环境综合治理服务、社区绿化美化服务、社区环境保护服务(绿色社区创建)、社区节能服务、社区市政公共设施建设服务。
9	社区便利服务	社区便民商业服务、社区家政服务、社区代收代缴服务。
10	其他服务	社区心理咨询服务、社区网络信息服务。

① 资料来源:中央政府门户网站,www.gov.cn,2010 年 9 月 28 日。

表 10　北京市社区服务方法与路径

序号	服务方法	路径
1	社区基本公共服务	2010年启动社区基本公共服务全覆盖("1060"工程)建设试点，城市社区基本实现全覆盖。组织协调36个部门，围绕10个方面、60大项、180小项进行填平补齐。
2	一刻钟社区服务圈	2011年启动"一刻钟社区服务圈"建设试点，建成822个"一刻钟社区服务圈"示范点，覆盖1558个社区，覆盖社区的居民满意度达97%。
3	网格化服务管理	在试点基础上，推广网格化社会服务管理体系建设。在244个街道(乡镇)和4724个社区(村)开展试点工作，覆盖全市75.3%的街道(乡镇)、70.4%的社区(村)。
4	老旧小区改造	在首批34个社区开展老旧小区自我服务管理试点基础上，北京再推出第二批82个试点，发挥社区居民自治作用，基本形成依法自治、作用明显的小区服务管理组织体系。推广物业自主式服务管理模式、社区自治式服务管理模式、单位自助式服务管理模式。

(1)社区基本公共服务。十大服务类型包括：就业服务、社会保障服务、社会救助服务、卫生计划生育服务、文化教育体育服务、流动人口和出租房屋服务、安全服务、环境美化服务、便利服务和其他服务。十大类服务体现了保基本、广覆盖、多层次、可持续的特点。朝阳区根据"1060"工程和180个服务项目，细化、丰富为245项公共服务内容，实现了多圈融合，如体育深入社区、卫生服务社区、养老服务社区、便民利民生活服务等。朝阳区还采用信息化的手段，建设"一网一线一平台"，使居民服务更加便捷，不出家门就能享受到更加便捷的服务；基于245项公共服务项目，建设以服务商为主体、政府为主导、社会化服务为补充的基本公共服务的整体网络，每个街道、社区开通一条为民服务热线，搭建一个为民服务信息化平台。

(2)"一刻钟社区服务圈"。"一刻钟社区服务圈"是指社区居民从居住地出发，在步行15分钟范围内，能够享受到方便、快捷、舒适的社区服务，主要包括由政府提供的基本公共服务、社会力量和居民个人提供的志愿互助服务、市场机制提供的便民利民服务以及特色服务等。2015年北京市加快推进"一刻钟社区服务圈"示范点建设，建设207个示范点，累计已建成1236个，惠及1454万人，覆盖率达80%。如朝阳区结合地域广、人口多、结构复杂、需求多的特点，打造了193个"一刻钟社区服务圈"，使朝阳区"1060"工程基本公共服务实现全覆盖。东城区建成"一刻钟社区服务圈"90个，实现187个社区全覆盖。通过"一刻钟社区服务圈"的建设，有效提高社区服务管理水平，社区居民对社区服务的满意度也明显提升。[1]

(3)"网格化"服务治理。截至2015年，各区"网格化"信息系统共立案410万件，结案率92%。2016年年底，基本实现各区社会服务网、城市管理网、社会治安网的"三网"融合，在全市建设50个街道（乡镇）示范点，在信息系统、网格划分、基础数据、热线系统等方面的融合发展、一体化运行方面实现突破。同时正在研制"网格化+"行动计划，将社会服务、城市管理、治安维稳等各项经常性工作纳入"网格化"体系，将养老服务、拆违打非、治理"大城市病"、疏解非首都功能、推进京津冀协同发展等重点工作及时纳入"网格化"体系。预计到2017年基本实现全市城市服务治理"网格化"体系一体化运行。

(4)老旧小区改造。老旧小区主要指建设标准设施设备、功能配套明显低于现行标准，且没有建立长效管理机制的小区。目前，1990年以前建成的住宅约6950万平方米、128万套住房；1990年以后建成的约44300万平方米、436万套住房。"十二五"期间，北京市政府将老旧小区确定为1990年之前建成的小区，共完成建筑面积6562万平方米市属老旧小区综合整治，涉及小区1678个，1.37万栋楼，惠及居民81.9万户。同时，对小区公共部分进行整治，包括进行绿化补建、修补破损道路、完善公共照明、更新补建信报箱及进行无障碍设施改造、补建停车位、建设文化体育设施、推广"海绵城市"建设等。老旧小区改造对于改善社区居民生活条件，提高居民生活满意度起到良好效果。

2. 天津市社会服务现状

天津市近年来围绕"美丽天津"建设的总体部署，深化社区"十大服务体系"建设，创新社区治理模式，提升社区服务功能，加强基础设施建设，完善民主自治机制，优化社区环境秩序，努力建设管理有序、服务完善的新型社区，为提升居民群众幸福感，促进改革发展稳定做出探索。

---

[1] 资料来源：中央政府门户网站，www.gov.cn，2016年2月25日。

表 11 天津市社区服务方法与路径

序号	服务方法	路径
1	优化社区服务供给	加强社区标准化建设、社区综合服务设施建设、志愿服务等重点领域创新;"一支队伍管执法、一个中心管服务",构建卫生医联体、推进"捆绑式"物业服务、引入社会组织为老服务、搭建三级综合信息平台等重点工作,在实验中进行体制机制创新。
2	创新社区服务方式	一是双向互动服务。社区居民既是服务者又是受益者,通过该项服务实现互助互济,利益共享。二是单向服务。服务重点是孤老户、军烈属、双残户和困难户。三是协同包户服务。居委会、邻里、亲友分工,为孤老和军烈属、伤残军人和残疾人提供服务。四是设点服务。定期设立网点为居民提供服务。五是挂牌服务。六是电话网络服务。通过电话传递服务需求和提供服务信息。
3	突出环境建设重点	健全社区配套设施,完善社区居住环境,提升居民生活质量;集中力量完善社区配套和市政基础设施建设,解决"最后一公里"问题;美化居住环境;制定导则,形成 6 大类 23 项规范性图集,涵盖了教育设施、市政公用设施、社区医疗设施、文化体育、社区服务、行政管理等方面。
4	社区"十大服务体系"建设	包括社区长效救助服务体系、养老服务体系、再就业保障服务体系、卫生服务体系、便民智能服务体系、志愿服务体系、精神文化服务体系、网格化服务体系、标准化服务体系、物业管理服务体系等内容。

(1) 优化社区服务供给。实施惠民服务优化工程,坚持政府引导与居民自治相结合、政府保障与社会承接相结合、专业服务与志愿互助相结合,健全社区公共服务、志愿互助服务、便民利民服务相衔接的社区服务体系。如和平区是天津市首批"全国社区治理和服务创新实验区",该区着重在社区综合服务设施建设、志愿服务等工作中进行方式方法创新;引入社会组织加强为老服务、搭建三级综合信息平台等,在社区服务实践中进行体制机制创新。"十大服务体系"建设日趋完善,社区治理和服务能力提升明显。

(2) 创新社区服务方式。开展服务群众联系社区活动,组织全市机关、企事业单位1000名干部深入500个基础相对薄弱的社区，开展结对帮扶活动，搜集居民建议6000余条；以解民忧、惠民生为重点，解决就业、救助、旧楼改造提升、社区软件硬件投入等居民反映的热点难点问题3000余项。在社区服务方式创新上，开展双向互动服务、单向服务、协同包户服务、设点服务、挂牌服务和电话网络服务，使社区服务实现精准化。

（3）突出环境建设重点，把社区服务拓展到新境界。天津贯彻"美丽中国"和"美丽天津"发展方针，引入"永续发展"理念，丰富社区治理内涵，把社区服务从传统的民生保障、社会建设领域拓展到环境保护、生态涵养领域，实现了居民与环境的协同发展。把环境建设列为社区治理的首要议题，把物业服务摆上社区服务的首要位置，在积极推动政务服务信息化、公益服务市场化、为老服务连锁化的同时，发展社区物业服务，形成了专业服务、准专业服务和自我服务三种模式，促动了社区服务的转型升级。

（4）社区"十大服务体系"建设。如和平区通过区、街、社区三级救助平台，发挥"温暖济困""阳光助学""博爱助医"等服务品牌作用，开展大病救助等14个救助活动，构建了社区长效救助服务体系。在社区网格化管理基础上，建立以信息查询云、社区治理云、社区服务云为主体的区、街、社区三级综合信息平台。引入社会组织管理，发挥日间照料中心功能，依托养老机构，扩大虚拟养老服务范围，推行"菜单式供应，私人定制式服务"，并建立智能养老服务系统。此外，在完善单向服务、互动服务等服务模式基础上，开展"关爱新市民""关爱空巢老人"等项目化运作，弘扬志愿服务精神，构建社区志愿服务体系。

3. 河北省社会服务现状

河北省近年来强化社区自治和服务功能，健全完善社区服务设施建设，组织开展民主议事、纠纷调解、公益慈善、残疾康复、志愿服务等活动，为推动社区服务企业、服务项目发展提供支撑。建立社区老年人、残疾人以及全体居民的呼叫保障系统，确保电话呼叫服务良性运转；推动社区网络和信息资源整合，鼓励建立覆盖区（市）或更大范围的社区综合信息管理和服务平台，实现数据一次采集、资源多方共享，取得明显成效。

（1）政府购买社会服务。2014年，河北省向社会力量购买服务共涉及教育、就业等13个领域，直接向社会力量购买服务事项48项，主要包括公共医疗卫生、政策研究、福利机构事故责任评估等服务，加强城乡防灾减灾能力建设。市、县（区）政府向社会力量购买的服务40项，主要包括社区服务、

表12 河北省社区服务方法与路径

序号	服务方法	路径
1	政府购买社会服务	开展政府向社会力量购买服务工作试点,选择公共性、公益性较强的公共服务领域开展试点工作,涵盖教育、就业、社会保障、医疗卫生等13个领域;市、县(区)政府向社会力量购买的服务内容涵盖社区服务、交通协管等基本公共服务领域。
2	城乡基本公共服务均等化	围绕提高农村地区的经济活力、城乡居民平等共享公共服务产品、城乡基础设施共建共享这三个城乡统筹热点推进,包括加快土地流转、提升农村人居环境、促进城乡基础设施的对接与共享等。
3	提升社区服务质量	开展"四有一创"社区建设活动,提升社区服务质量;实现有人干事、有钱办事、有场所议事、有章理事,创建文明和谐社区;秉承"民本、民建、民治、民享"思想,将创先争优与城市社区建设紧密结合,变"行政社区"为"公民社区",形成"党支部、居委会、服务站三位一体"的新型社区治理架构。
4	创建文明和谐社区	当居民贴心人,变"管字当头"为"服务在先";实行"四有一创";变政府部门"单一职能"为"三位一体"融合发展。

保洁等基本公共服务,以及低收入家庭认定、救助款物管理、政府保障性住房后期运营与维护、物业管理、供暖设施维护等。河北省通过政府购买社会服务的政策和实践拓展了社会服务空间,使社会服务整体水平得以提升。

(2)推进城乡基本公共服务均等化。如石家庄市以"激发农村经济活力、促进城乡公共服务均等化、搞好城乡基础设施延伸对接"为核心,加快土地流转,健全以市场为基础性配置作用的城乡经济协调发展格局;构建"四位一体"的公共服务新体系,鼓励和引导社会事业向农村延伸;提升农村人居环境,促进城乡基础设施的对接与共享。提出分阶段推进基础设施网络向农村地区延伸,构建完善的路网联系系统,为城乡经济交流、人员交流、农村地区居民生活现代化提供物质保障。计划到2020年城乡经济社会发展一体化体制机制基本建立,城乡基本公共服务均等化明显推进,形成城乡社会发展一体化新格局。

(3)提升社区服务质量。如承德市从社会治理创新与加快推进国际旅游城市建设的需要出发,实施了社区建设"四有一创"的工作机制,实现创建文明和谐社区的目标,探索出了一条经济欠发达地区城市基层社会治理的新路子。以社区组织建设和队伍建设为根本,以社区基础建设和制度建设为保障,着重解决社区服务中的重点、难点问题。

(4)创建文明和谐社区。承德市为突出社区服务内涵,建立就业、社保、救助、计生、调解等一站式服务大厅,开通"96096"服务热线,开展居家养老"一键通"服务,建立了一站式缴费平台。社区治理与社区服务有效提升了市民的责任感和文明素质,创建了一批文明和谐社区样板。如双桥社区被评为"全国和谐社区示范区"与"全国社区管理和服务创新社区"。开展"四有一创"活动,变"行政社区"为"公民社区",形成"党支部、居委会、服务站三位一体"的新型社区管理架构①。

4. 京津冀社会服务水平比较分析

社会服务是以社区服务为主体,在以人为本理念的指导下,为了满足社区的公共需求,为全体社区居民提供的社会公共服务。社区服务是履行政府公共服务职责,满足居民公共需求的重要方面。京津冀社会服务协同发展要求消除制约三地社会服务均衡发展的体制机制障碍,实现三地区域内公共服务一体化协同发展。但由于历史和现实的原因,目前京津冀三地公共资源配置尚不均衡,河北与京津的公共服务差距明显。

(1)从城市类型维度看,社会服务和经济发展水平、财政能力、资金投入水平及居民参与程度密切相关。北京市社会服务总体水平处于领先地位,公共服务布局趋于均衡。政府各部门加快推进社会服务体系全覆盖,全面实施《北京市基本公共服务体系行动计划(2013—2015)》;覆盖社区的居民满意度达97%,如"一刻钟社区服务圈"建设、"网格化"社会服务治理模式等取得显著成效。天津市在社会服务领域具有良好的历史基础,可以说得益于"美丽社区"建设等专项工程的推动。充分利用重大工程开展的机遇,是天津市社会服务的主要经验之一。此外,天津和北京一样,充分重视社区服务设施、机构建设,不仅提高了政策执行效率,也为社会服务资源提供了发挥效用的空间,

---

① 孙震、陈阳:《承德市加强社区管理假设提升社区服务质量》,中国经济网,2012年10月28日。

为满足社会服务潜在需求奠定了基础。河北省由于区域内经济社会发展不平衡,各市财政能力、资金投入水平及居民参与程度各异,一定程度上制约了社会服务的发展。

(2)京津冀三地社会服务政策尚未接轨。由于三地社会服务制度设计及相关政策存在较大差距,教育培训、医疗、养老助残等领域存在制度和政策障碍。如三地教育资源配置不均衡,京津两地集中了区域内绝大多数优质资源,而河北省教育资源相对不足;在医疗保险方面,目前三地定点医疗机构无法互认,绝大部分地市不能在区域外实现实时结算,统筹水平不一;在养老保险方面,河北省内尚未实现省内统筹,京津两市也只在市内统筹,各地市之间的信息系统和标准不一,难以顺畅对接。在人才制度方面,三地社会服务人力资源市场不统一,就业信息不互通,职业技能培训供需不匹配,人才政策相互分割。因此,河北省社会服务水平相对落后的局面应加大力度彻底改变。

(3)三地社会服务资源配置管理尚难统筹。在政府政策方面,尽管三地都制定了各自区域内的基本公共服务方案,但三地相互统筹、协调、合作等缺乏实践基础,许多先进经验模式难以借鉴共享。如"网格化"社会服务治理模式已积累了丰富经验,各地也都开展了试点工作,但在精细化服务管理、三网融合、信息互联共享等方面尚未取得实质性进展。在规划方面,三地的经济社会发展缺乏整体谋划,规划对接不充分,天津与河北在承接北京社会事业和公共服务转移的功能定位上有同质化倾向,错位发展不够。在工作对接方面,京津冀社会事业和公共服务的一体化内涵尚不明确,工作中三地各自为政、竞争大于合作的情况仍然存在。因此,建立京津冀一体化公共服务供给标准和制度,均衡配置公共服务资源对于推进京津冀协同发展具有重要意义。

四、推进京津冀社会协同治理的建议

加强京津冀社会协同治理体制机制建设是创新社会治理方式,提高社会治理现代化水平,有效治理"大城市病"和周边"农村病"的重要途径之一。本研究通过对京津冀不同类型城市社会治理现状的调查发现,京津冀社会治理水平呈现高度分化、异质性强的特征,在社区治理、社会组织、社会服务和采取的治理模式上也存在较大差异。因此,需要根据不同的城市类型制定不同的政策,做到因地制宜。

(一)北京市推进社会协同治理的建议

重点是优化社会治理模式,在更高层次、更高水准上创新社会治理方式,将现有社会治理成功经验推广至京津冀全域。网格化社会服务治理模式是北京市社会治理的突出特色之一,也是推进京津冀社会协同治理的主要途径。随着京津冀协同发展的推进,三地经济、社会、文化联系日益紧密,将网格化社会治理模式推广覆盖到京津冀地区,建立资源整合、高效快捷的社会治理格局,有助于疏解北京非首都功能。

1. 建立京津冀互联互通的社会治理信息系统

发挥北京市"网格化"社会服务治理的经验,以疏解非首都功能为切入点,建立实有人口信息系统。北京流动人口中80%来自河北、河南等六省,京津冀农村地区是其主要来源,流动性强,基本底数不清。为此,建立京津冀流动人口管理信息系统,促进流出源与流入地互联互通,信息共享,使各种服务资源在统一信息平台上找到衔接点。如以"网格"为单位,实时、动态掌握流动人口就业、就学、居住、社会保障等信息,做到流出有登记、流动有痕迹,进一步提供个性化社会服务。改变"以房管人"和"以业控人",缺乏中间流动环节,缺乏信息衔接的做法,尝试流动人口"多证合一"制度。运用信息平台先进的信息采集技术,建立覆盖京津冀全域的流动人口基础数据库,实现北京与天津、河北流动人口基础数据库的对接和资源共享。

2. 建立综合协调的"网格化"社会服务治理体系

建立京津冀"网格化"社会治理组织体系和工作框架,统筹京津冀三地进行顶层设计,包括组织领导、机构设置、工作体系、信息采集、服务项目、工作标准、监督评价等。将三地社会治理融入京津冀"网格化"社会治理总体部署中,提高社会治理总体效能。京津冀三地经济社会基础不同,需要整合社会治理资源,以强扶弱,以城带乡,协调发展。依托北京市先进的信息技术、人才优势,通过多种途径,建立资源共享、统筹协调的社会治理组织框架和运行体系。以"网格"为基础,统筹搭建三地省市、区县、街(乡)和社区"网格化"社会治理平台,形成整体合力。在北京市"三级平台、四级管理"和"多网融合"等经验基础上,构建符合三地特色的社会治理平台,站在更高起点上创新社会治理方式。

3. 拓展社会治理途径

建立京津冀"网格化"社会治理体系既有经验可循,也面临新问题,需要拓展社会治理途径。科学划分网格是"网格化"社会治理的基础,京津冀各地区"网格"划分应因地制宜，在综合协调基础上保持差异性、地域性。从"单一治理"向"多元治理，立体运行"转变，在北京市"多网融合"基础上，建立覆盖京津冀三地的城市管理网、社会服务网和社会治安网，在维稳、环保等领域寻求重点突破。如将京津冀环评监督系统纳入该系统，从信息采集到监督评价相结合，环境治理与社会治理相结合。创新"网格化"社会治理方式，将北京"全响应""全模式""精细化服务管理"等模式和"云计算""物联网""4G"等技术推广到京津冀三地，带动京津冀社会治理体系建设向更高水准发展。

(二)天津市推进社会协同治理的建议

天津市推进京津冀社会协同治理的重点是提升社会治理能力和治理水平，发挥社会力量在管理社会事务中的作用，健全党委领导、政府负责、社会协同、公众参与的社会管理体制，实现政府治理和社会自我调节、居民自治良性互动，多方共治共创的社会治理新格局。

1. 深化"美丽社区"建设实践

以社区为载体，把"美丽社区"建设放到全面深化社会治理总目标、"美丽天津"建设中去推动，与建设服务民生工程相融合。在完善社区治理结构、发展社区物业管理、建设社区公共服务综合信息平台、优化社区工作者队伍结构、培育发展社区社会组织等方面进行探索，为社区治理创新提供先进经验，打造管理有序、服务完善、生态宜居、人际和谐、可持续发展的社会生活共同体。

2. 实施居民自治工程，完善社区民主自治

健全居民民主选举、民主管理、民主决策、民主监督机制，深化居委会改革成果。完善社区听证会、民事协商会等议事制度，推进"两评三会一公开"民主管理模式(居民代表评议社区居委会、社区居委会成员评议街道办事处干部，居民代表大会、社区议事协调会、社区事务听证会，居务公开等)。通过社区民主自治，促进社区居民参与到社区治理与服务之中，做到决策民主、重点公开、程序规范，为基层民主政治建设，转变政府职能开辟新的路径。

3. 积极培育发展社区社会组织

完善社区社会组织"1+N+X"组建模式，实行社区社会组织统一备案管理。壮大社区工作者队伍，推进社区工作者职业化建设，建立社区工作者地方职业资格标准和岗位分级管理制度。培育社区志愿者队伍，充分发挥天津市作为社区志愿服务发源地的品牌作用，强化社会组织参与社区治理和社区服务，加大社会组织孵化培育力度，提升社会组织依法自治、健康成长能力。

(三)河北省推进社会协同治理的建议

河北省社会治理的重点是解决自身发展问题，转变发展理念，持续改善民

生，扎实办好惠民实事，让人民群众共享改革发展成果。在京津冀一体化进程中，将发展理念贯穿到社会治理各个领域，在京津冀协同发展中推进社会治理。

1. 提高社区治理水平，建立社区综合治理体系

从与居民利益相关的领域出发，服务与治理相结合，通过治理群众普遍关心的难点问题，保障社会稳定与和谐。针对不同类型居民开展个性化、人性化服务；建立居民择业、创业信息指导系统，引导弱势群体尽快融入城市社会。在完善信息平台的基础上，丰富服务保障形式，针对特殊人群创新服务保障模式。政府与社会力量合作，增加公共产品供给，丰富居民文化生活，通过文娱体育、终身教育等密切居民的联系，以社区党员、居民代表、志愿者为骨干，以养老、助残、特殊人群照顾为重点开展社会服务；培养居民邻里关爱、守望相助、自助互助的社区文化，动员居民参与社会治理。

2. 加强社会组织建设

从社会组织数量看，河北与京津两地差异较大，京津冀社会协同治理关键也在于社会组织的有序发展，鼓励和培育服务于中小企业、民营经济的商会、行会、协会等社会组织，承担起第三方责任。首先，引导社会组织持续发展，围绕京津冀发展中的社会服务与社会治理问题，通过政府采购、建立专项基金等方式支持社会组织发展。其次，规范和提升社会组织的能力建设。河北省的社会组织发展水平和能力水平相对较低，应注重社会组织骨干人员的培养和培训，加强领军人才、社会组织骨干培训等人才选拔和教育培训的力度。建立社会组织大数据平台和数据管理中心，推进实现社会组织的创新发展。第三，规范和完善社会组织的合格准入、备案管理、动态审核、评价评级等监管机制，保持其正确的目标和宗旨，督促其诚信水平和运行效率的提高；抓好社会组织的党建工作，发挥党组织在社会组织建设、社会治理中的引领协调作用，确保社会组织坚持正确发展方向。

3. 建立城乡一体化的基本公共服务供给标准和制度

优先发展群众关切的基本公共服务事业，保障居民享受基本公共服务的权益。发挥政府和市场的主体作用，提高供给效率，强化政府在提供公共服务中的主体地位和主导作用，健全政府投入保障机制；制定科学合理的基本公共服务均等化标准、指标体系和评价机制，使公共服务供给与发展水平衔接协调；支持和引导社会力量参与各类公共服务项目，拓宽社会服务发展途径；优化公共服务空间布局，加强薄弱领域和地区的公共服务资源配置，构建与人口变化和城市发展相匹配的资源配置格局。

参考文献

[1] 宋贵伦, 鲍宗豪. 北京社会建设报告[M]. 北京: 中国社会科学出版社, 2014.

[2] 龚维斌. 中国社会体制改革报告(2015)[M]. 北京: 社会科学文献出版社, 2015.

[3] 李妙然. 河北省社会组织公共服务功能研究[M]. 石家庄: 河北人民出版社, 2015.

[4] 郭金平. 河北经济社会发展报告(2016)[M]. 北京: 社会科学文献出版社, 2016.

[5] 丁元竹. 社区的基本理论与方法[M]. 北京: 北京师范大学出版社, 2009.

[6] 于显洋. 社区概论[M]. 北京: 中国人民大学出版社, 2006.

[7] 天津市人民政府. 天津市国民经济和社会发展第十二个五年规划纲要.

[8] 李伟东. 北京社会发展报告(2014—2015)[M]. 北京: 社会科学文献出版社, 2015.

[9] 潘家华, 魏后凯. 中国城市发展报告[M]. 北京: 社会科学文献出版社, 2014.

[10] 北京市社会建设工作办公室. 北京市"十三五"时期社会治理规划, 2016.

[11] 文魁, 祝尔娟. 京津冀发展报告[M]. 北京: 社会科学文献出版社, 2015.

[12] 任强. 公共服务均等化问题研究[M]. 北京: 经济科学出版社, 2009.

[13] 李国平, 席强敏. 京津冀协同发展下北京人口有序疏解的对策研究[J]. 人口与发展, 2015(2).

[14] 席强敏, 孙瑜康. 京津冀服务业空间分布特征与优化对策研究[J]. 河北学刊, 2016(1).

[15] 颜廷标. 基于中观视角的京津冀协同创新模式研究[J]. 河北学刊, 2016(2).

[16] 张可云. 京津冀都市圈合作思路与政府作用重点研究[J]. 地理与地理信息科学, 2004(4).

以信息化助推京津冀产业转型升级与产业协同发展

课题负责人：文晓灵（北京师范大学马克思主义学院　副教授）
课题组成员：李　利、卢晨阳

2014年2月26日，习近平总书记在北京主持召开座谈会时强调：实现京津冀协同发展是一个重大国家战略。推动京津冀协同发展已成为当前及今后三地的重要任务。京津冀协同发展是供给侧改革的先声。虽然供给侧改革是在2015年年底提出的，但早在两年前京津冀协同发展战略提出之后，后者的改革便带有强烈的供给侧改革色彩。供给侧结构性改革旨在调整经济结构，使要素实现最优配置，提升经济增长的质量和数量，包括劳动力、土地、资本、制度创造、创新等要素。我国的供给侧改革有五大"歼灭战"，即去产能、去杠杆、去库存、降成本和补短板。京津冀协同发展也面临着类似的"歼灭战"，目标是提升全要素生产率，降低市场的制度性成本，形成京津冀大市场，优势互补，互利共赢。对于中央和三地政府而言，协同发展向前迈出的每一步，都是先解决供给问题，然后敞开大门，推动需求被激活。

其中，以信息化促进三地智慧城市建设无疑成为京津冀一体化进程的重要支撑和立足点。同时，引领经济发展新常态、推动新的经济增长极和实施新型城镇化发展战略也使信息化建设的作用和地位更加凸显。

一、信息化是推动经济社会发展的新引擎

信息化是指利用信息技术，开发利用信息资源，促进信息交流和知识共享，提高经济增长质量，推动经济社会发展转型的历史进程。信息化的本质在于促进信息、数据的广泛流动、分享和使用。在进入信息时代后，我们必须用信息化思维来看待其对经济社会发展的作用。

（一）信息化已成为推动国家各领域发展的重要驱动力

目前人类社会已经历了以电子计算机为核心的第一次信息技术革命、以互联网为核心的第二次信息技术革命，正迎来以物联网、云计算、移动互联

网、大数据①等新一代信息技术为核心的第三次信息技术革命。正如中央网络安全和信息化领导小组第一次会议所指出的：当今世界，信息技术革命日新月异，对国际政治、经济、文化、社会、军事等领域的发展产生了深刻影响。信息化和经济全球化相互促进，互联网已经融入社会生活的方方面面，深刻改变了人们的生产和生活方式。我国正处于这个大潮之中，受到的影响越来越深。2015年7月国务院印发的《关于积极推进"互联网＋"行动的指导意见》也强调："互联网＋"是把互联网的创新成果与经济社会各领域深度融合，推动技术进步、效率提升和组织变革，提升实体经济创新力和生产力，形成更广泛的以互联网为基础设施和创新要素的经济社会发展新形态。在全球新一轮科技革命和产业变革中，互联网与各领域的融合发展具有广阔的前景和无限的潜力，已成为不可阻挡的时代潮流，正对各国经济社会发展产生着战略性和全局性的影响。

具体来说，信息化是促进工业转型升级、城镇化健康发展、实现农业现代化的重要手段；信息化不仅是国家治理体系和治理能力现代化的重要内容，同时也是加快推进国家治理的重要手段；信息化对社会生活产生多方面影响。以上作用在我国近年来经济社会发展的现实中已得到充分体现。

据《中国信息化发展水平评估蓝皮书（2014年）》披露②，截至2014年，我国信息化发展已呈现积极态势：第一，信息化成为国民经济发展的重要驱动力量。"十二五"期间，我国利用信息技术在推动工业转型升级、农业现代化、服务业和战略新兴产业方面进行了积极探索和广泛实践，并取得显著成效。第二，社会事业信息化取得新进展。各地各部门依据云计算、大数据、移动互联网等新一代信息技术积极推动教育、医疗、社保、就业、文化等社会各领域信息化建设。第三，社会管理信息化水平明显提升。各地各部门通过信息化手段创新社会管理，探索出了多种有效途径和模式，在城市管理、公共安全、应急救灾、交通运输、住房保障、环境保护、食药监管、社区管理等领域取得显著成效。第四，公共服务信息化取得积极进展。政府网上服务渠道呈现多元化发展，公共服务水平明显提高，等等。未来五年，我国将呈现

---

① 云计算：一种可以随时随地方便地、按需地通过网络访问可配置的计算资源（网络、服务器、存储、应用程序和服务）共享池的模式，可快速配置和释放资源。大数据：无法在一定时间内用常规软件工具对其内容进行抓取、管理和处理的数据集合。

② 中国电子信息产业发展研究院编著，樊会文主编：《中国信息化发展水平评估蓝皮书（2014年）》，北京：人民出版社，2015年版，第493页。

信息化应用基础设施演进升级步伐加快、信息技术产业生态体系加速形成、产业互联网与智能制造成为变革生产方式的重要驱动力、信息资源成为国家提高软实力和竞争力的关键要素等趋势。以上积极作用和发展趋势，为我们提高对信息化助力京津冀协同发展重要性的认识和加以实践性应用无疑提供了宏观社会背景。

(二)京津冀信息化发展总体水平与加强区域信息化合作的必要性

对京津冀当前信息化发展水平进行客观评价和分析，有助于摸清情况，发现问题，制定具体有力的推进措施。在国家相关部门和各地工信主管部门支持下编撰的《中国信息化发展水平评估蓝皮书(2014年)》反映了当前京津冀三地信息化发展的客观情况。[①]

1. 北京市信息化水平及分析

总体而言，"十二五"以来北京市信息化实现了快速发展。2013—2014年信息化发展总指数从83.61提升到91.54；网络就绪度指数从73.35提升到86.65；信息通信技术应用指数从84.78提升到88.85；信息化应用效益指数从101.79上升到106.68。综合上述指标，北京市在2014年全国各省市信息化发展指数排名中位居第二，仅次于上海。

北京市信息化发展的特点是：加快建设下一代信息基础设施；"两化"(工业化与信息化)深度融合促进产业转型提升；通信设备制造与信息服务领域创新活跃；智慧城市建设进入实质推进期；信息消费拉动内需作用凸显；电子政务建设稳步推进。

北京市信息化发展的优势有：第一，坚实的经济社会基础为信息化发展提供了良好条件；第二，信息基础设施发展状况明显改善，尤其是2013年《宽带北京行动计划(2013—2015年)》出台以来，信息基础设施建设明显加速；第三，良好的互联网普及应用环境为网络经济发展提供了保障；第四，战略性新兴产业快速发展，对提升信息化水平的需求迫切。劣势方面：第一，信息化领域自主创新还未完全发挥潜力，投入总量和结构有待优化，核心关键技术成果少；第二，智慧城市建设还面临许多问题和挑战。

2. 天津市信息化水平及分析

"十二五"以来，天津市信息化实现了稳步发展。2013—2014年信息化发

---

① 中国电子信息产业发展研究院编著，樊会文主编：《中国信息化发展水平评估蓝皮书(2014年)》，北京：人民出版社，2015年版，第69页、80页、94页。

展总指数从 74.49 提升到 78.78；网络就绪度指数从 64.03 提升到 71.03；信息通信技术应用指数从 65.42 提升到 66.49；信息化应用效益指数从 113.55 提升到 118.85。天津市在 2014 年全国信息化发展水平评估中位居第七。

天津市信息化发展的特点是：信息化基础设施进一步惠及城乡；"两化"融合创造智慧企业，推进产业结构调整；率先着力智慧电网，打造智慧生活；借力农业物联网创造农村新气象；大数据助力电子政务，云平台构建服务型政府。

天津市信息化发展的优势方面是：第一，通信基础设施日趋完善，为城市信息化发展奠定良好基础。如已基本形成光纤与无线相结合、覆盖全市的高性能宽带通信网络和双向化数字广播电视网络；第二，信息化在社会领域应用广泛；第三，电子信息产业总体水平位居全国前列。天津是全国重要的电子信息产业基地，多项指标名列前茅，产业集聚效应明显。劣势方面：第一，电子信息产业自主创新能力有待提高，信息产业急需转型升级，缺乏核心技术，电子信息制造业在全球产业链中仍处于低端水平；第二，电子政务建设有待加快，政务信息资源共享不足；第三，中小企业信息化集成应用水平偏低。

3. 河北省信息化水平及分析

河北省信息化同样稳步发展。2013—2014 年信息化发展总指数从 55.06 提升到 60.86；网络就绪度指数从 52.47 提升到 63.25；信息通信技术应用指数从 54.59 提升到 57；信息化应用效益指数从 61.19 提升到 63.81。河北省在 2014 年全国信息化发展水平评估中位居第 21 位（总数 31）。

河北省信息化发展的特点是：加快信息基础设施普及进程；以龙头企业示范带动，促进行业和区域"两化"深度融合；以社会信息化惠民生，促和谐；强化农业信息资源的开发利用，积极推进农业生产智能化；完善电子政务建设，促进信息共享和管理优化。

河北省信息化发展水平的优势方面包括：第一，网络信息基础设施建设处在全国上游水平；第二，多项信息通信技术应用均有不同程度提高，包括移动电话普及率、有线电视入户率、移动宽带普及率、企业 ERP 普及率、政府信息公开上网率、互联网普及率等。劣势方面包括：第一，信息通信技术应用仍处在全国中下游水平，如企业电子商务交易额占比、政务事项网上办事率、人均信息消费支出、人均在线零售额占比等；第二，地区创新水平处在全国下游水平；第三，单位地区生产总值能耗较高，节能减排压力非常大，产业结构偏重。

4. 加强京津冀信息化合作的必要性

区域信息化合作是京津冀协同发展的重要基础和重点领域，是加速一体化发展的重大举措，具有内在的迫切要求。

首先，京津冀一体化对区域信息化合作提出要求。京津冀在空间上相邻，自然环境相似，京津冀经济圈建设已呈现优势互补、资源有效配置、各项事业相辅相成的局面。发挥信息化合作的积极作用，将推进三地一体化早日实现。

其次，产业转型升级和互补转移对区域信息化合作提出要求。当前，三地在产业结构和水平方面各有特点和优势，具有互补性和连带性。信息化建设恰恰是实现产业调整与发展的巨大推动力。

再次，京津冀全方位合作对信息化合作提出要求。三地间的一体化表现在方方面面，要实现各种资源和信息的互联互通、合作共享，离不开信息化建设的作用。

最后，三地信息化发展水平各有优势和劣势，需要扬长避短，实现跨越式发展。这也离不开三省市在信息化建设方面的合作。

二、信息化助推京津冀产业转型升级与产业协同发展若干领域的现状

京津冀产业一体化是京津冀协同发展的实体内容和关键支撑。此前，京津冀三地的产业发展与协同发展存在三大主要问题：一是产业发展总体上仍属于粗放型，能源资源消耗过度，生态环境损害严重，积累了结构不合理、产能过剩、经济质量和效益低等不少问题。产业发展模式难以为继，产业转型升级迫在眉睫。二是以行政区划为单位形成的各自为政的产业布局，造成无序竞争、重复建设，找不准自己的产业定位，资源和生产要素流动与配置高度不合理。这种趋同的、分割的产业结构势必造成区域整体资源浪费和效益低下。三是虽然拥有丰富的科技与人才资源，但自主创新的潜力尚未充分发挥，创新驱动的、可持续发展的经济发展模式有待加速形成。

为此，实现京津冀产业的高质、高效发展和产业一体化面临着三重任务：一是通过产业转型升级即产业结构高级化，从低附加值、高能耗、高污染向高附加值、低能耗、低污染升级，从粗放型向集约型转型；二是基于三地功能定位，有序疏解北京非首都功能，通过产业转移对接和优势产业集聚，形

成合理的区域产业布局；三是实现创新驱动发展，在更高层面上整合京津冀产业发展。北京市经信委主任张伯旭将完成上述任务的路径概括为"三转"，即：转型升级、转移协同、转换动力。转型升级可加大产业疏解推力，加速产业升级步伐；转移协同可提升承接引力，加强北京与周边地区的功能合作，形成以功能链引导产业链，以产业链引导资源链的发展逻辑；转换动力可提升产业发展层级，以创新驱动为本，充分发挥首都创新资源集中的辐射带动优势，优化产业布局，带动京津冀产业整体"增能量"和协同发展。按照国家部委和三地共同的战略研究，将按三条主线开展工作：第一，产业对接；第二，共建园区；第三，实现京津冀区域内的联网智能制造。

信息化在推进上述进程中正在发挥积极作用。信息资源如今已经成为与物质资源、能源同等重要的经济资源，其驱动土地、劳动力、能源、资本、技术等要素的配置更富效率，成为引领经济社会发展的关键生产要素，加速推进我国以物质生产、物质服务为主的经济发展模式向以信息生产、信息服务为主的经济发展模式转变。正如习近平总书记2016年4月19日在网络安全和信息化工作座谈会上所说："我国经济发展进入新常态，新常态要有新动力，互联网在这方面可以大有作为……要着力推动互联网和实体经济深度融合发展，以信息流带动技术流、资金流、人才流、物资流，促进资源配置优化，促进全要素生产率提升，为推动创新发展、转变经济发展方式、调整经济结构发挥积极作用。"因而，考察当前信息化助推京津冀产业发展的现状即举措、成效和问题，很有必要。以下围绕信息化促进三地产业转型升级、转移协同、转换动力三个路径，加上区域产业协同发展的环境建设共四个方面，进行现状梳理和分析。

（一）信息化推动京津冀产业转型升级

加快产业转型升级，是经济发展新常态的倒逼。在经济新常态下，我国产业转型升级面临着许多新趋势、新机遇和新矛盾、新挑战，进入了一个新的阶段。从国际环境看，新一轮科技革命和产业变革孕育兴起，世界各国都开始加快新技术的研究开发，加快新产业的战略布局，一系列新技术、新业态、新商业模式正在涌现，产业结构调整的力度前所未有，步伐明显加快。目前比较一致的看法是，21世纪上半叶出现新科技革命的可能性较大，至于具体发生在哪些领域，哪些技术会率先突破，各国的判断还不尽相同。新技术的多点突破和融合互动必然会推动新兴产业的兴起，给产业转型升级带来新的重大机遇。正是看到了这一点，世界主要国家都在加强战略部署，加快新兴产业布局和传统产业改造，优化产业结构。2015年10月召开的十八届五中全会明确提出了"构建产业新体系"的目标和任务。产业新体系就是能够适应新一轮全球产业革命和技术进步的方向，充分发挥现阶段我国的比较优势，结构合理、层次明确，具有较强国际竞争力的现代产业体系。首先要利用《中国制造2025》的机遇，全面提升制造业的整体技术能力和生产水平；其次要推动制造业和服务业的深度融合；最后要探索建立和完善以创新引领产业转型升级的生态环境。

产业转型升级是产业从价值链的中低端向中高端的上升过程，是产业结构向经济社会所需方向的发展。要把提高发展的质量和效益作为转型升级的中心任务，把自主创新和技术进步作为转型升级的关键环节，把"两化"深度融合作为转型升级的重要支撑。为此，要充分发挥信息化在产业转型升级中的支撑和牵引作用。

1. 信息化推动京津冀向现代农业迈进

农业信息化的实质是运用互联开放、共享共赢、平等合作的思维，应用移动端、物联网、大数据、云平台等技术工具，改造提升传统农业产业，加快转变农业发展方式、经营方式、服务方式、管理方式，提高农业现代化水平。近几年京津冀三地都加大了农业信息化建设力度。

北京市在农业信息资源建设方面，涉农单位已形成80余个信息资源类别或数据库，涵盖农业生产信息资源、农业农村管理信息资源、惠农服务信息资源、GIS地图信息资源、专题信息、农业科技资源等。在利用信息化手段提升现代农业水平方面，一是农业物联网应用具有特色，如设施蔬菜生产基地启动了八大生态农业物联网建设；二是产品装备在农业领域集成应用，如农机北斗终端为农机专业合作社提供了管理"机、地、人"的信息化手段，实现了高效作业与精准调度；三是气象现代化助力"三农"，建立了农业气象监测预报技术服务系统。在提升农业农村管理信息化效能方面，大数据发挥了核心作用。如北京"221信息平台"实现了地图展示与数据分析同步，使市园林绿化共享信息资源实现突破。在农业经营信息化提升农业经营网络化水平方面，社会企业创新了农产品电商发展模式；打造了大宗农产品电子商务新模式，如北京新发地农贸市场启动农产品电子挂牌交易平台，2014年实现交易量约60万吨；拓展了生产领域的电商直销渠道，已有200多家农业企业和农民专业合作社开展了电子商务实践，进行特色农产品网上销售；开展休闲农业信息化建设，实现了消费者与乡村旅游经营者的良性互动。在2016年1月召开的北京市"互联网+农业"大会上，北京农业互联网联盟正式宣告成立。北京市为推动"互联网+农业"发展，重点开展了三项工作：一是63家农业互联网企业组成北京农业互联网联盟；二是53家企业被认定为北京市农业信息化龙头企业；三是拟定《关于推进"互联网+农业"的实施意见》。

天津市2013年被农业部确定为农业物联网区域试验工程试验区，随即启动了农业物联网"12345"工程。目前已建成农业物联网技术应用核心示范基地30个，带动应用单位150余家，辐射面积超过1.8万亩。2016年天津市将大力推进"互联网+"现代农业，实施"互联网+农业""电商网+农业""信息网+农业"三大工程，新建10个物联网核心试验基地、10个生产经营管理智能化基地，建设农业物联网平台大数据处理中心，进而提升天津农业信息化水平。通过"智慧农业"建设，实施了光纤进村、信息入户等试点工程，扩大各种终端的覆盖面。在实施农业物联网技术应用示范工程方面，通过物联网技术发展高效智能农业方式，并对农产品产业链的生产、流通、检验检疫等各环节建立全程的闭环追溯，确保食品安全。在实施农村信息服务推进工程方面，农信通、农技通、农校通、农商通、一站通等相继上线，建立800个信息服务站和1700个信息服务点，并探索出了"三电合一"的农业信息化服务平台，即利用电脑网络丰富农业信息资源数据库；再利用电话语音为农业生产经营者提供语音咨询和专家解答服务；最后利用电视传播渠道，提高信息服务入户率。在发展农产品电子商务方面，2015年新增市级农产品电子商务示范企业18家，新增网上销售农业企业、合作社400余家，新增品类300余种，创造经济效益近千万元。以把天津建设成京津冀农产品电子商务中心为重点，推进农村区域电商试点示范和企业电商化，力争农业企业、农业合作社、有一定规模的农业大户的农产品网上销售实现三年全覆盖，促进农产品销售配送体系建设。①

河北省近年来深入实施农业信息化"114"工程，即建立1个全省农业数据中心、1个河北农业信息网站群、4个平台（全省农业视频指挥、农业政务、农业科技服务、农业市场信息平台），有力提升了现代农业的发展水平。表现在：一是全省农业信息网络升级改造完成。农业信息网络进一步健全，覆盖全省2000个乡镇、5万个行政村和40个大中型农产品批发市场。开通了部、省、市、县四级视频会议系统。二是信息化成果应用广泛。石家庄等市实现

---

① 《天津加快农业信息化建设，一减三增调整结构》，天津新视窗，2016年3月3日。

奶站网络化视频监控全市联网；全省渔业动态管理系统已录入 6730 艘渔船信息，秦皇岛市年均免费为渔民发送各种短信 97 万条；唐山等地与运营商合作建立了远程农业生产经营管理信息平台等；开展"3S"技术大田作物应用，对小麦关键生产时期实现了遥感监测和灾情预警，指导了精准化生产管理。三是农业信息网站功能日益完善。河北农业信息网整合了 12 个涉农部门，建立了农经、农情、农价三级共建共享数据库，设立服务栏目近万个，实现全省信息一站式发布。11 个设区市共报送信息 612 条。四是 12316"三农"热线和"千万农民短信服务工程"平台作用凸显。与电信运营商共同打造 12316 热线中心和农业专家咨询团，提供农业信息咨询服务。①

三地在开展农业信息合作方面也有进展。如 2015 年 8 月京津冀三地农业园借助微信、微站等移动互联网实现即时互动，开启农业休闲产业进入"微"时代，共同创造价值。

显而易见，农业信息化具有广阔前景，能解决农业信息不对称问题，创新商业模式，优化资源配置，提高智能化程度。但三地也存在共性困难和问题：农业资源优化配置受制于行政分割和地方利益，统筹协调力度不够，信息孤岛现象严重；农业产业链不尽合理，发展不平衡；农业信息技术创新能力不足，产业化程度低，适合于农业生产经营的多功能、低成本、易推广、见实效的信息技术和设备严重不足等。

2. 信息化促进京津冀发展先进制造业，走"两化"深度融合道路

制造业是国民经济的主体，是立国之本、兴国之器、强国之基。当前，我国制造业与世界先进水平相比还存在明显差距，提质增效升级的任务紧迫而艰巨。而推动信息化与工业化"两化"融合，是工业（包括制造业）转型升级的重要途径，不仅促进技术、产品、管理等各个层面的"两化"融合，还能催生出新的业态和新的模式。李克强总理在 2015 年 10 月 14 日召开的国务院常务会议上指出，互联网＋双创＋中国制造 2025，彼此结合起来进行工业创新，将催生一场新工业革命。2016 年 5 月 20 日国务院印发的《关于深化制造业与互联网融合发展的指导意见》指出，制造业是国民经济的主体，是实施"互联网＋"行动的主战场。推动制造业与互联网融合，有利于形成叠加效应、聚合效应、倍增效应，加快新旧发展动能和生产体系转换。要以激发制造企业创新活力、发展潜力和转型动力为主线，以建设制造业与互联网融合"双创"平

---

① 《河北省农业信息化发展规划（2014—2017 年）》。

台为抓手，围绕制造业与互联网融合关键环节，积极培育新模式、新业态，强化信息技术产业支撑，完善信息安全保障，夯实融合发展基础，营造融合发展新生态，充分释放"互联网＋"的力量，发展新经济，加快推动"中国制造"提质增效升级。今后产业发展的方向就是智能制造，就是把不在一地的工厂，包括研发制造以及销售和服务环节，全部用网络连起来，通过网络实现零距离。京津冀协同正好可以利用这一技术优势。

北京市制造业转型升级已聚集五类高精尖产业，以智能制造为主攻方向，加快推进"两化"深度融合。2015年12月发布的《〈中国制造2025〉北京行动纲要》明确指出，北京将全面实施"3458"战略部署，促进制造业创新发展，使北京成为京津冀协同发展的增长引擎、引领中国制造由大变强的先行区域和制造业创新发展的战略高地。"3"指三转调整，通过关停淘汰一批、转移疏解一批、改造升级一批，推动存量产业转领域、转空间、转动力，再造产业发展新势能。"4"是四维创新，指强化以新技术、新工艺、新模式、新业态为主要内容的"四位一体"的全面创新。"5"指发展五类高精尖产品，包括代表产业制高点的创新前沿产品、满足国家战略需求的关键核心产品、体现制造业服务化的集成服务产品、推动产业轻资产化的设计创意产品和保障基础民生需求的名优民生产品。"8"是指实施八个新产业生态专项，包括新能源智能汽车、集成电路、智能制造系统和服务、自主可控信息系统、云计算与大数据、新一代移动互联网、新一代健康诊疗与服务、通用航空与卫星应用。

仅以利用信息化实现制造业向生产性服务业转型为例，近年来北京已形成如下典型模式，有力地助推了非首都功能的有序疏解。[①]

模式一，用信息化剥离产品设计与制造环节，推动留京企业由制造业向工业设计类生产性服务业转型。该模式主要利用信息化手段统筹企业产品设计与制造环节，将制造环节疏解出京，留下产品设计、研发等环节，形成个性化设计等新的服务业态。如江河创建集团股份有限公司作为集产品研发、工程设计、精密制造、安装施工、咨询服务、成品出口于一体的建筑装饰系统整体解决方案提供商，致力于构建以节能减碳为核心的绿色建筑体系，将制造环节疏解出京、将产品设计留京后形成了新的盈利点。

模式二，利用信息技术实现智能监控与调度，推动建设类企业向运维类

---

① 工信部电子科学技术情报研究所：《信息化推动制造业向生产性服务业转型，助力非首都功能有序疏解的建议》，北京经信委网站，2015年9月18日。

生产性服务业转型。该模式通过应用物联网技术，形成设备监控、物资管理、维修管理、资产管理、生产管理、办公自动化等智能运维体系，利用建设过程的市场拓展运维服务外包业务，向运维类企业转型。例如，北京京仪绿能公司以光伏电站建设项目起家，但由于光伏产业存在着产能过剩瓶颈，其适时进行了战略调整，将电站运营作为公司未来的业务中心。运维工作需大量工作人员进行巡检，目前公司仅146人，京仪绿能公司通过应用物联网技术在关键问题点实时监测，大大降低了巡检成本，提高了效率。

模式三，依托自主产品形成整体解决方案，由传统制造业向整体方案咨询、设计等服务业转型，利用云计算技术形成云服务体系。该模式通过信息化改造传统制造业，以自主产品为依托，利用大数据分析及云存储，建立整体解决方案云服务体系，提供给用户。例如，燕开电气股份有限公司是集数控钣金、焊接、表面喷涂、数控母线加工、非金属箱体压制、电气设备成套组装于一体的高新技术型企业。目前企业年产值为2.5亿元，已接近生产能力极限。随着产能的逐渐饱和，燕开公司积极由传统制造业向生产性服务业转型，以自主产品为依托，通过为非电力中小企业提供节能降耗整体解决方案并组织实施，开发新的业务领域，创新生产经营模式，获得了较好的回报，新业务开展两个月以来，已实现产值超过100万元。公司计划进一步利用大数据分析及云存储来推动制造业与服务业的结合，实现企业由专业的设备制造提供商向融设备供应、安装实施、故障处理、运行维护为一体的专业电力服务提供商转型。

3. 信息化促进信息消费等新兴产业崛起

"两化"融合催生出新业态。目前各国纷纷抢占战略性新兴产业制高点，包括节能环保产业、新一代信息技术产业、生物产业、高端装备制造产业、新能源产业、新材料产业、新能源汽车产业等。以发展信息消费新业态与新一代信息技术产业（含手机、集成电路、大数据、云计算）为例，可以看到京津冀目前高度重视发展战略性新兴产业，并开展了区域合作。

虽然在很多人看来，信息消费还是一个比较陌生、新鲜的概念，但绝大多数人都已经成为信息消费的参与者、提供者和享受者。信息消费是指以信息产品为对象的消费活动。一部4G手机，从购买开始，再到使用4G网络产生的流量费用及利用通过4G网络下载的应用程序进行的网购、订票等产生的花销，都是信息消费中的环节。除了常用的手机、电脑等传统的信息产品外，网络游戏、电子支付、通信服务、影视传媒等细分领域均可划入"信息消费"

概念中。随着智能手机、平板电脑用户的迅速增加,近年来我国信息消费市场风生水起。工信部的数据显示,2012年我国信息消费市场规模达到1.7万亿元,较上年增长29%,带动相关行业新增产出近9300亿元。它不仅具有效益功能,而且具有福利功能。但与发达国家相比,我国的信息消费水平还不高,仍有很大的发展空间。就硬件水平来说,在宽带普及率、网速、价格等方面都存在差距。信息消费制度建设的相对落后与数字内容产业发展的相对滞后,也在一定程度上制约了信息消费。就京津冀而言,同样存在信息消费不足的问题:基础设施支撑能力有待提升、产品和服务创新能力弱、市场准入门槛高、配套政策不健全、行业壁垒严重、体制机制不适应等。

2016年5月,北京市政府常务会议审议通过《北京市大数据和云计算发展行动计划(2016—2020年)》。该行动计划提出,到2020年,要建成全市大数据汇聚中心,实现公共数据开放单位覆盖率超过90%,数据开放率超过60%。届时,以数据服务为代表的相关业态将成为经济增长新引擎,力争实现收入1000亿元,将本市打造为国内领先、国际一流的大数据和云计算创新中心、应用中心和产业高地。

新一代信息技术是引领生产生活各领域提高效率不可或缺的驱动力量和支撑保障。近年来京津冀在发展信息消费业、新一代信息技术产业方面的合作已迈出实质性步伐。

一是2015年8月京津冀实现了三地手机通信的一体化。中国移动、中国联通、中国电信均宣布,自即日起取消三地间手机长途、漫游费,三地移动用户将默认开通生效,将手机原属地/原套餐的市话收费标准扩大到京津冀范围。

二是河北京津冀大数据交易中心于2015年12月3日成立,并与中关村大数据资源打通,提供京津冀区域数据资产登记、数据资产证券化等服务。大数据将为区域协作创新带来新动力。三地正形成以"中关村数据研发服务—承德、张家口数据存储—天津数据装备制造"为主线的"京津冀大数据走廊"。围绕大数据资源,京津冀区域正形成新的产业分工、经济动能,并推动三地产业结构升级转型,形成具有国际影响力的全球大数据、云计算产业城市群。大数据将成为京津冀中长期投资的热点领域,也将为区域带来"绿色产值"。随着河北京津冀大数据交易中心的启动,京津冀区域五年内能建成全国最大的大数据交易市场,总交易规模超过千亿元。《北京市大数据和云计算发展行动计划(2016—2020年)》提出,在上述基础上,要打造京津冀大数据综合试验区，建成面向北京与津冀重点大数据中心的高速直连宽带网络。

三是 2015 年 9 月 18 日，北京市经信委、河北省工信厅与张家口市政府共同宣布，合作推进张北云计算产业基地建设。张北将建成"中国数坝"，即中国数据高地。它也是京津冀协同发展产业转移的重要载体，当北京禁止在城六区新建和扩建任何形式的数据中心之际，这里将推动北京新增、扩建的数据中心企业与之对接，引导和推动北京、河北的政务、企业的云计算业务向张北等云计算基地迁移。张北云计算阿里云业务建设负责人说，北京与张北可以形成全球大数据通用的"前店后厂"格局，即核心数据和关键应用留在北京，海量数据存储、耗电的云计算应用放到张北的机房。这样不仅为北京疏解人口，也让张北的丰富清洁能源得到高效利用。云基地最早诞生在北京，但做大云基地需要消耗更多的能源。考虑到它的行业特点，就放在了河北张北。这里全年平均气温只有 2.6℃，风电和光伏发电等新能源电力充足，有利于降低成本。北京支持张北建立云基地，落地了很多项目，至 2016 年中期投资已超过 800 亿元，通过光纤可直接服务于北京和全国。不过业内人士普遍认为，真正建成京津冀大数据走廊及产业聚集区将是个漫长的过程，唯有突破专业人才、产业应用及资产数据化等关键问题，才能有效促进京津冀大数据产业链做大做强。

以上举措有助于京津冀走新型工业化道路，以信息化带动工业化，以工业化促进信息化，建立"两化"融合的绿色、循环、低碳的现代产业体系。三地将优化资源配置，实现优势互补。但同我国其他地方一样，京津冀在"两化"深度融合发展中仍面临若干突出问题：企业缺乏对生产方式和管理模式创新的认识；缺乏支撑"两化"融合的核心技术和自主知识产权产品，产学研协同、以企业为主体的制造业创新体系尚不健全；数据资源开发利用水平不高，数据共享安全隐患问题突出，跨区域、跨部门的开放、应用缺少统一规定；"两化"融合的支持环境如金融投资、政策制度、人才支持环境需要进一步改善。

4. 信息化促进电商、物流业向现代服务业转型升级

加快发展服务业特别是现代服务业，对于支撑产业升级、扩大就业、满足消费需求、减轻资源环境压力具有重要战略意义。电子商务、现代物流是当前重点发展的现代服务产业。作为互联网与实体经济融合的互联网经济催生了新型生产型服务业——电子商务服务业。电子商务又与其他产业不断融合，发展了农村电商、行业电商和跨境电商等。近年来一个引人注目的现象

是，电子商务的迅速发展直接带动了物流快递业的爆发式增长，促进传统物流业转型升级。

京津冀三地正在推动电子商务和现代物流业的发展。仅农村电子商务就形成了产地直采模式、预售模式、农场直供模式、单一农产品模式、线上线下模式、农产品宅配模式、农产品网上超市模式等。它们可以提高农产品流通效率，节约社会成本；改变农民弱势地位，提高农民收入；提升食品安全水平和满足个性化需求；提高农业生产市场化程度，促进现代农业服务体系的发展。而天津市作为国家电子商务示范城市，2014年电商交易已超过5234亿元，一批大宗商品商务平台投入运营，武清区等电子商务产业园区集聚效应初显，全国知名电商20强聚集天津。

京津冀一体化发展需要物流服务市场一体化做支撑。2014年财政部、商务部、国家标准委等在北上广开展了物流标准化试点，2015年又确定了11个城市做试点，其中就包括天津市和石家庄市。试点将促使物流标准在更大范围内实施，提高标准应用的通用性、协同性、一贯性，提升区域物流标准化水平，降低物流成本，提高流通效率。据悉，物流互联网的飞速发展正在进一步将信息技术应用于物流业，推进现代物流进入"4.0时代"，未来任何社会资源都可以成为社会物流载体的一部分。这也为京津冀物流业的转型升级和一体化展现了光明前景。

但电商物流业目前还面临着若干问题与挑战。从根本上说，是工业化滞后于信息化，基础设施难以支撑信息经济。中国电子商务与现代物流发展几乎没有时间差，规划跟不上市场发展。就京津冀而言，一是区域经济发展不平衡，阻碍了顺畅物流。二是物流标准化和信息化水平尚低。三是物流的基础设施协调性不强，体现在物流线路设施、物流结点设施和物流服务设施方面。四是一些重大物流设施建设发展不均衡，突出表现在交通、港口、机场建设上。

（二）信息化促进京津冀产业一体化发展

推动京津冀协同发展，需要打破行政壁垒和地区分割，实现优势互补。在产业协同发展方面，主要通过产业转移对接和产业集聚，加快产业一体化进程。

1. 基于三地功能定位和产业定位，通过疏解转移产业调整区域产业布局

京津冀协同发展战略的核心之一是有序疏解北京非首都功能，通过研发、设计、物流、生产、配套服务等不同功能在京津冀地区的合理布局，将区域建成生态系统健全、配套体系完善、比较优势突出的产业发展高地。推进京津冀产业转移对接，不是寻求低成本发展空间，不是圈地，不是对单方有好处，而是共同探索建立创新创业生态系统。作为京津冀地区的龙头，北京深入谋划供给侧结构性发展，正将疏解非首都功能作为当前最重要的结构调整，坚持一手疏，一手促，即一方面加快疏解非首都功能，另一方面积极促进京津冀协同发展。

目前，根据京津冀功能定位，三地的产业定位和方向已经明确：北京将主要发挥科技创新中心作用；天津优先发展高端装备、电子信息等先进制造业；河北积极承接首都产业功能转移和京津科技成果转化。2015年由工信部等制定的《京津冀产业转移指导目录》已经发布，大致有8类重点产业需要天津、河北来承接，分别是信息技术、装备制造、商贸物流、教育培训、健康养老、金融后台、文化创意、体育休闲。确立此8类产业是立足于从源头疏解北京非首都功能的考虑，也与三地产业发展基础和优势相结合。其中许多产业的转移承接都要考虑到津冀两地的信息化水平与能力。

如已建立的京津冀大数据融合中心有利于用互联网思维和技术推动产业转型升级，摸清什么产业能融合，什么产业可以转移到周边地区，服务于产业的联动合理分布。又如，信息产业、装备制造、商贸物流这些高度依赖于信息技术的产业，在天津和河北已经形成一定基础。天津是我国制造业最为发达的区域之一，产业定位于发展高端装备、电子信息等先进制造业。河北已有四大电子信息产业基地等来对接京津的产业转移。阿里巴巴、当当网、凡客、亚马逊、京东、唯品会等电商也已先行转移到天津武清。天津准备做大商贸物流，大力培育依托天津产业优势的电商企业，加快商品交易市场改造升级。基于以上基础，2015年三地政府通过产业转移系列对接活动已促成约150个合作项目，总投资达4500多亿元。但目前三地由于经济水平和发展实力所限，产业结构模式相似，还未形成有效发挥"二传"作用的中间层次城市，产业缺失转移龙头，使产业分工协作和转移的方向存在混乱不清现象。另一个突出问题是三地之间还未形成有效的生产要素流动与共享机制，使自然资源、劳动力、资金、技术、信息、管理等方面都存在共享与流动的障碍。

在2016年12月召开的北京市委十一届十二次全会上，代市长蔡奇向全会报告全市经济社会发展工作时说："今年以来，全市上下牢固树立新发展理念，坚持稳中求进工作总基调，认真落实首都城市战略定位，加快疏功能、转方式、治环境、补短板、促协同，首都经济稳中提质，经济运行保持在合理区间，京津冀协同发展取得新成效，四类重点领域功能疏解全面推进，供给侧结构性改革全面发力，一批重点领域改革取得突破性进展，城市治理纵深推进，社会民生持续改善，较好完成了全年主要目标任务，实现了'十三五'良好开局。新的一年，我们要很好地把握稳中求进工作总基调，稳与进，都要求我们紧紧围绕以疏解非首都功能为重点的京津冀协同发展战略来发力。京津冀协同发展是国家发展大战略，是中央的决策，对首都发展是个极好契机，我们要紧紧抓住，重点就是疏解非首都功能。疏解非首都功能实际上就是供给侧结构性改革，就是调结构、转方式，就是腾笼换鸟，就是提升城市发展和人居环境质量，就是缓解人口资源环境突出矛盾，就是更好履行首都职责。要把握好稳增长与抓疏解的关系，认识到稳增长与抓疏解是一致的、同向的、相互协同的。坚持以疏解非首都功能为工作导向，以提升首都核心功能、建设国际一流的和谐宜居之都为目标方向，以首善标准扎实推进各项工作，切实做好疏解功能谋发展这篇大文章。"

2016年4月，冀东水泥、冀东装备、金隅股份及河北宣工集体发布停牌公告称，为积极响应中央关于加强供给侧结构性改革、大气污染防治、促进产业优化升级的精神，几家上市公司正筹划战略合作。此次停牌或与水泥产能整合有关。以水泥为代表的产能过剩行业目前已经进入供给侧改革的攻坚阶段，上市公司层面是改革的主要平台，预计未来京津冀一体化和供给侧改革的操作会在上市公司层面不断涌现出来。

2. 通过产业集群形成产业链，促进优势产业集中发展

一直以来，京津冀优势产业各有所长，产业梯度差异很大，难以分工协作。近年来出现的一个重要变化，就是产业集群的兴起。在初始阶段，其特点主要包括：一是产业集群以园区为载体，如中关村高科技产业园区、天津经济技术开发区、廊坊经济开发区等；二是产业集群仍局限于既有的行政边界。但目前已出现跨区域产业转移和集聚的可喜现象，产业链、创新链、园区链正拉紧、筑起京津冀协同创新的"一盘棋"。在高端装备制造业、电子信息产业、新能源产业等领域，环渤海地区都是全国重要的产业集聚区。一条贯穿京津冀的科技新干线正在形成。武清区、宝坻区、北辰区、东丽区、滨海新区5个协同创新区破壳而出，已与北京市签订一系列合作协议。

京津冀多个产业园区正成为跨区域产业集群的载体，其中中关村的基石作用尤为突出。中关村已在河北设立1029家分支机构，在天津设立503家分支机构，在三地推动了一批科技园区和产业基地建设，促成重大科技创新成

果在京唐秦、京保石、京廊津塘三大交通干线周边落地转化，打造了"大数据走廊""现代装备制造业走廊"等一批战略性新兴产业走廊，力争用五年时间打造一批百亿级的战略性新兴产业集群。

产业集群的发展过程是各种资源集聚整合在某个特定地理区域的过程，没有资源的集聚与整合，集群不可能发展，也形不成产业一体化。其中，发挥信息资源的作用十分重要，尤其在产业集群的空间结构形成阶段，以信息网络共享资源为基础的建设就成为重点。"互联网＋"的一个重要作用就是把区域创新网络搬到互联网上去。在网上不仅可以提供各种服务，还可以创造虚拟的、专业化的园区和孵化器，本身就形成一个产业集群。在发达国家，传统产业集群将向"在线产业带"转型，这对京津冀产业一体化的实现路径提供了新视角。

其实，相关的实践正在推进。在"2015中关村大数据日"活动上，中关村首次发布大数据产业发展路线图和企业分布图。它收录了157家中关村大数据企业，展示了大数据采集、存储、处理、分析、可视化等产业链各环节，以及农业、工业、商业、金融、健康、环保等多个应用领域的大数据企业分布情况。在这些企业中，金山云、中科曙光等53家企业着眼于大数据底层的创新，大北农、广联达、数字绿土等81家企业主要着眼于应用，今日头条、小桔科技、软通动力等23家企业则基于大数据催生出了共享经济及以"众创、众帮、众筹、众扶"为特色的双创平台等大数据新兴业态。京津冀大数据产业布局图也首次亮相，它展示了三地共427家大数据企业布局情况。从行业细分来看，京津冀地区大数据相关的数据存储企业65家、数据技术企业130家、数据应用企业232家。从三地的区域定位和功能细分来看，京津冀大数据产业已初步形成"中关村技术研发—天津装备制造—张家口、承德数据存储"的区域定位，"京津冀大数据走廊"也已初步形成，成为创新驱动三地协同发展的重要途径。据了解，下一步京津冀三地将重点支持中关村企业在北京布局研发中心，在天津建设大数据、云计算、物联网等设备生产基地，在河北廊坊、承德、张家口等地建设大体量数据中心和电子商务等产业大数据规模化应用服务项目。①

在产业集群发展方面存在的障碍有：三地产业发展不平衡，难以形成以产业链为纽带的区域性产业集群；受行政壁垒和地方利益影响，区域内要素

---

① 《中关村首发大数据产业发展路线图》，《北京商报》，2015年12月15日。

市场发展滞后,使各要素流动不畅;区域关联性较弱,产业融合程度较低,产业链断裂等。

(三)信息化为创新驱动京津冀产业协同发展注入活力

京津冀协同发展从根本上讲要靠创新驱动,这既包括科技创新,也包括体制、机制、政策、市场等方面的创新。中央有关部门已编制完成京津冀创新驱动发展的指导意见。依据2015年9月国办印发的《关于在部分区域系统推进全面创新改革试验的总体方案》,京津冀是改革试验区域,担负着先行先试的重任。

1. 制定创新驱动发展规划和方案

北京市已全面实施创新驱动发展战略,"十二五"时期首都科技创新发展指数从79.77增长到88.72①,在全国率先实现了由要素和投资驱动向创新驱动发展动力的转换,并努力发挥辐射引领作用。中关村通过六方面开展区域创新合作②:一是健全京津冀创新合作推进机制。将探索建立京津冀创新发展协调机制,做好创新合作的顶层设计。参照中关村企业家顾问委员会的模式,设立由京津冀三地企业、高校院所、社会组织、专业机构参与的区域合作顾问议事机构;二是编制京津冀创新合作中关村实施方案。开展中关村企业区域辐射情况与需求调研及京津冀区域创新资源与合作需求调研,编制《京津冀创新合作中关村实施方案》,作为中关村参与京津冀创新合作的指导性文件和落实首都经济圈发展规划的具体举措;三是在传统产业升级和环境治理方面有所作为。针对河北唐山、沧州、石家庄,天津南港工业区等传统工业密集区域,开展集成化、定制化服务,形成行业性、系统性技术改造与节能服务解决方案。引导中关村企业面向津冀制造业企业提供行业信息化解决方案,推动移动互联网、云计算、物联网等先进信息技术在津冀装备工业、钢铁、石化、纺织、食品加工业等传统制造业的推广应用;四是重点产业、重点领域区域合作取得突破性进展。加强与重点合作区域的对接,率先启动一批重大合作项目,把区域创新合作不断推向深入。同时将重点围绕新一代信息技术、生物技术、新能源、高端装备等产业领域,推动重大科技创新成果在京唐秦、京保石、京廊津塘三大交通干线周边的落地转化,打造"大数据走廊""现代装备制造业走廊"等一批区域共同打造的战略性新兴产业走廊,力争

---

① 《北京创新型经济发展格局初显》,《经济日报》,2016年2月26日。
② 《中关村:探索京津冀协同发展新路》,大公网,2014年4月14日。

用五年时间打造一批百亿级的战略性新兴产业集群；五是推动多方资源集成。争取国家资金支持，采取政府引导和市场化运作的方式，三省市共同发起设立"京津冀创新合作专项资金"及分领域的子基金，加强对三地各类创新资源的引导，支持京津冀企业、高校、科研院所、孵化器、科技园、科技中介服务机构、社会组织等各类创新主体积极参与区域创新合作；六是加强创新合作政策研究。争取国家及相关部委的支持，将中关村实施的"先行先试"政策推广至津冀合作区域，调动中关村各类创新创业主体参与区域合作的积极性。天津则加强京津冀创新共同体建设，推动五大创新社区发展，拓宽协同创新渠道，打造我国自主创新重要源头和原始创新主要策源地，培育巨人企业等创新主体。

信息化是实现创新驱动产业发展不可或缺的推动力量。2015年5月，时任北京市副市长林克庆在"京津冀产业创新协同发展高端会议"上指出，京津冀要加强区域联动，打造协同创新的共同体。充分发挥北京全国科技创新中心的作用，鼓励高校、科研院所和企业在河北、天津共建产业技术研究院、企业研发中心等创新平台，共同开展关键的共性技术研发合作。通过"互联网＋"促进三地科技资源的共建共享，携手河北、天津在科技体制机制、金融服务、投资贸易便利化等方面进行改革创新，推动现有政策先行先试，交叉覆盖，叠加发力。同时，大力支持高新技术企业在河北、天津发展。目前用友软件等900多家中关村企业在河北设立了子公司或分支机构1600多家，神州数码等800多家中关村企业在天津设立子公司或分支机构超过1000家。要着力将产业创新协同发展提升到新的更高的水平。

天津市副市长何树山则强调，京津冀三地，山同脉，水同源，文同根。在科技合作方面，应通过"互联网＋"推动三省市科技资源开放共享。三省市科技部门已签署了一揽子科技合作框架协议，深入推进科技资源开放共享，积极搭建国际科技合作交流平台，共同打造京津冀科技新干线，沿线科技产业园区加速建设，创新活力逐步释放。

北京大学中国区域经济研究中心主任杨开忠认为，信息技术的应用已进入一个蓬勃发展的阶段，一个高度信息化、网络化的新社会正在到来，"互联网＋"就是迈向这个新社会的一个非常重要的创新过程。在京津冀一体化协同发展过程中，应通过创新来解决北京非首都核心功能疏解与区域协同发展的问题。所谓创新，其一，通过"互联网＋"把北京优势的、高质量的公共服务向河北延伸，如"互联网＋医疗"等。其二，京津冀之所以发展不协同，其中重要的原因在于条块分割,通过"互联网+"正好可以规避和克服这种条块分割,把京津冀各个地区的优势和潜力更好、更有效地整合起来,提升竞争力。其三,通过"互联网+",使京津冀的创新体系得到拓展和提升。一方面,北京的创新正走向高端;另一方面,很多企业、园区开始创建孵化器、科技园,由于受到北京土地、场地的限制,正在向天津和河北拓展。在这个过程中,"互联网+"的一个重要作用就是能够把提升和拓展中的区域创新体系、区域创新网络搬到互联网上去。

在互联网上,"互联网+"本身不仅是个引擎,而且会成为创新平台。在互联网上可以提供创新的金融服务、人才服务以及各种其他的技术性服务,还可以在互联网上创造一些虚拟的、专业化的园区和孵化器。由于"互联网+"能够突破京津冀的条块分割,它将为打造京津冀具有全球竞争力的区域创新功能做出不可替代的贡献。在互联网时代,京津冀在产业创新中是这样的关系:一方面,"互联网+"本身就能够形成一个产业集群,但这要在空间上重新配置;另一方面,京津冀的环境问题根源在于传统产业过多,河北的很多传统产业都可以通过"互联网+"进行技术升级和市场模式的创新,未来很多要素会在这个平台上融合。

故此,北京市科委制定的《关于建设京津冀协同创新共同体的工作方案(2015—2017年)》指出,到2017年,使"京津冀协同创新共同体"的建设成效显现,要完成三项重点任务,即完善协同创新机制、建设协同创新平台、实施协同创新工程。在协同创新的三个机制中,就有"资源共享机制"建设。具体到信息资源,要整合三地科技信息资源,促进科技项目库、成果库、专家库、人才库等信息资源互动共享,进一步提高科学数据平台、科技文献、知识产权和标准等各类科技资源的共享和服务能力。在建设协同创新的三类平台中,有"创新资源平台"建设,要共建科技大市场,加速成果转移转化、信息咨询、数据共享等资源要素在京津冀地区对接共享,集中示范。可见,信息化将为创新驱动三地产业协同发展注入活力。

2. 发挥中关村的辐射带动作用

2016年4月,据中关村管委会副主任宣鸿透露,《中关村国家自主创新示范区京津冀协同创新共同体建设行动计划(2016—2018年)》已经编制完成。三地将推动各类创新主体合力建设以科技创新园区链为骨干,以协同发展产业带为载体,以创新社区为支撑的"一链三带多社区"协同创新共同体。届时,京津冀将出现多个类中关村创新社区,在此基础上进一步打造京津冀创新城市群。为实现这一目标，2013年11月，中关村管委会、中关村发展集团、天津市宝坻区人民政府就签署了战略合作框架协议，决定共同建设京津中关村科技城。根据计划，到2020年科技城将建设成为京津双城联动的协同枢纽、京津冀创新创业的产业集聚区、京津冀协同发展的示范区。这还只是中关村在京津冀协同发展布局中的一步棋，为加快建设"一链三带多社区"协同创新共同体，三地的产业将实现跨区域优化布局。未来将重点沿京津—张承廊布局京津冀大数据走廊，沿京保石布局集成电路、智能硬件和生物医药产业带，沿京唐秦布局节能环保、智能制造和新材料产业带，通过市场机制跨区域布局协同发展产业带，培育战略性新兴产业集群。到那时，在天津与河北，也将建设多个类中关村的创新社区，三地有望形成创新城市群的新格局。

以"创新驱动产业未来"为主题的"北京市产业创新中心政策发布会暨北京工业大数据创新中心成立大会"于2016年9月10日在中关村举行。会上正式发布了《北京市产业创新中心实施方案》及《2016工业大数据行业白皮书》。今后，北京市将从智能制造系统和服务、自主可控信息系统、云计算与大数据等八大专项领域扶持培育一批创新中心。计划到2020年北京市将建设10—20个覆盖重点领域的创新中心，并积极争取其中模式先进、辐射面广、影响力大的成为国家制造业创新中心。北京工业大数据创新中心的成员单位包括清华大学、三一集团、中国软件测评中心等19家企业、科研院所及高校，集聚数据科学顶级专家和工业领域精锐之师，致力于打造中国乃至全球的工业大数据创新基地。这无疑会使京津冀产业协同创新发展受益。

不可否认，就总体而言，京津冀同我国各地产业创新发展一样，仍面临不少突出困难。从创新意愿看，企业创新的意愿、能力和环境有待提高；从创新能力看，大多数企业仍以模仿性、渐进性创新为主，原创性、突破性创新偏少；从创新环境看，财政金融支持政策、知识产权保护等方面还需加强；从创新体制和政策看，既有市场机制作用发挥不够，也有政府不能更好发挥作用的问题。一方面存在典型的政府部门主导的特点，另一方面实体经济的创新要素严重流失；京津冀区域内的创新分工格局尚未形成，创新资源共享不足，创新链与产业链对接融合不充分。

(四)信息化打造产业协同发展的良好环境

产业的发展应以企业为主体，更多地依靠市场调节，但在扶持新兴产业、促进产业一体化、鼓励创新驱动方面离不开营造良好的环境，包括政府发挥宏观调控与政策支持作用、建设必要的基础设施、促进市场要素流动配置等。

信息化对打造产业发展良好环境无疑具有积极作用。为了发挥信息化在经济、产业发展中的作用，近年来国务院已出台《工业转型升级规划（2011—2015年）》《关于大力推进信息化发展和切实保障信息安全的若干意见》《关于推进物联网有序健康发展的指导意见》《"宽带中国"战略及实施方案》《中国制造2025》《关于深化制造业与互联网融合发展的指导意见》等一系列文件，对"两化"深度融合重点工作做出部署。目前推动"两化"深度融合战略部署的顶层设计、政策体系、组织保障和工作机制已初步形成。各地区、各部门围绕网络基础设施、信息通信技术产业、制造业信息化、电子商务等制定并组织实施了一系列专项规划和实施方案，京津冀也不例外。这就营造了良好的宏观环境。下面从政府宏观调控、交通一体化、市场一体化建设方面梳理一下三地以信息化助力环境营造的若干现状。

1. 信息化助推三地政府促进区域协同发展

首先，由于京津冀之间存在着行政壁垒，为了优化区域之间的资源配置，先要克服信息孤岛和信息不对称的缺陷。现阶段，由于京津冀资源禀赋等多种因素的差异，各地区之间客观上存在着通过相互依托、互利合作来实现利益最大化的需要。只要能进行良好的信息沟通，建立双边或多边协商机制，降低交易费用，在一个相对规模较小的组织中，实现集体行动完全是可能的。这就要求三地的经济政策和相关措施等政务信息尽可能公开透明，最大限度地增加区域经济合作中的可预测性，减少由于相互信息封锁而导致的区域合作风险。因此，京津冀协同发展的实现，首先要建立政务信息共享机制，打破发展决策中的信息壁垒。如今我国政务信息化建设已取得实质性进展，政务信息共享成为政务部门有效规范经济社会秩序，加强和创新社会管理，优化公共资源配置，促进经济社会健康发展的紧迫任务。京津冀政务信息共享意味着对不同职能部门政务信息互联的及时掌握，跨部门政务信息共享有助于各职能部门之间进行流水线型的交互与合作的协同办公，提高各组织、各部门行政效率，节约公众和企业时间，提高地方政府的服务效能；通过政府信息的有效整合，避免多方采集、存储信息资源而产生的人力资源及软硬件成本支出费用的损失与浪费，构建和谐型、节约型社会，带来良好的经济效益；政务信息的高度共享还能及时、有效地为政府进行决策提供充分的、集成的信息储备，从而提高政府的决策水平，为建设服务型政府打下良好基础。总之，电子政务可以提高行政效能，促进财税增收，强化市场监管，创新社会管理，降低行政成本，提高公共服务水平。三地近年来在电子政务建设方面已取得长足发展,加上刚刚组建的京津冀大数据交易中心、张北云计算产业基地建设等,为整合各类信息资源,建立政府间工作信息沟通机制奠定了基础。

其次,为推动京津冀协同发展,三地近年来出台多项规划、协议和政策,为经济社会协同发展提供制度、政策环境。如北京构建了"1＋N"创新政策体系,"1"是市委、市政府发布实施的《关于进一步创新体制机制加快全国科技创新中心建设的意见》,以探索放开科技成果管理权限为突破口,围绕科技成果转化、构建高精尖经济结构等8个方面,提出了20条重大改革举措。"N"是在高等学校、科研机构、财政税收、金融、人才、知识产权、工商、国资国企改革等领域出台的多个配套政策,促进科技体制改革和经济社会领域改革协同推进。同时,发布实施《北京市促进中小企业发展条例》《北京市专利保护与促进条例》《关于全面深化市属国资国企改革的意见》等,进一步完善激励创新的政策环境;还发布实施《北京技术创新行动计划(2014—2017年)》,发挥技术创新对高精尖经济结构的关键支撑作用,启动实施两类12个重大专项;出台《〈中国制造2025〉北京行动纲要》等。2016年8月19日,北京市政府新闻办与经信委举办《北京市大数据和云计算发展行动计划(2016—2020年)》发布会,全面推进大数据和云计算技术及服务业态快速发展。该计划提出到2020年北京要成为全国大数据和云计算创新中心、应用中心和产业高地的战略目标;明确了建设"两网、三平台、一中心",夯实大数据和云计算发展基础的工作任务;推动体系机制并行,推动公共大数据融合开放;要求政企协同,全面深化大数据和云计算的创新应用。在京津冀协同发展方面,立足各自特点和比较优势,创建京津冀大数据综合试验区,深化三地大数据产业对外开放,强调重点领域和各环节把控,提供大数据和云计算的安全保障。最后提出了四方面的保障措施:一是建立组织推进机制和工作机制,发挥信息化专家咨询委员会的作用;二是加大政策支持力度,充分发挥财政资金的引导作用;三是培养高端专业人才,建立人才激励机制;四是加快制度标准的建设,推动《北京市信息化促进条例》的修订,制定相关标准及行业规范,完善相关制度,形成配套的标准规范体系。

天津以信息技术推动企业转型升级的主要做法,一是建立全市协同的"两化"融合推进机制,建立了由市工信委牵头,各相关政府部门、区县、工业集团分工合作的"两化"融合协同机制,上下一盘棋,并纳入"全市万企转型升级计划"的子路径。二是加大扶持力度,利用市信息化、工业发展、技术改造、节能、软件等专项资金，加大支持"两化"融合试点示范工程项目建设。市发改委、科委等利用各自专项资金加强对制造业信息化、电子商务、物流信息化、农业信息化等项目的支持。三是不断完善"两化"融合的政策环境，相继出台《关于促进天津市信息消费扩大内需的实施意见》《天津市推进智慧城市建设行动计划（2015—2017年）》《天津市新一代信息服务产业发展行动方案》《"宽带天津"实施方案》《天津市推动电子商务发展三年行动计划（2014—2016年）》等一系列文件。四是推进企业"两化"融合水平全面提升，围绕天津优势支柱产业，以解决制约企业发展的共性问题和瓶颈为切入点，加快应用信息技术促进产业能级的提升，指导企业在研发设计、生产过程、生产装备、经营管理、节能减排等关键环节的信息化改造，鼓励和支持信息服务企业和行业龙头企业积极探索新业态、新模式。

河北省出台《关于促进云计算创新发展 培育信息产业新业态的实施意见》，提出到2017年，云计算基础设施基本完善，云计算数据中心布局较为合理。云计算在全省社会管理、重点领域和重点行业中的应用全面展开，产业链条不断完善，探索形成安全保障有力，服务创新、技术创新和管理创新协同推进的云计算发展格局。其中，一是要求服务能力大幅提升，建设"云上河北"应用系统，打造"9+N"云服务平台，提供高效的云计算服务。引进和培育云计算企业500家以上；创新能力明显增强，依托省内外高等学校、科研机构及相关工程技术中心、企业技术中心、重点实验室等优势资源，在云计算平台软件、数据存储与处理、运行监控与信息安全、大数据挖掘分析等领域研发应用取得进展，京津冀协同创新机制初步建立，原始创新能力明显增强。二是应用示范成效显著，在社会效益明显、产业带动性强、示范作用突出的重点领域推动公共数据开放、信息技术资源整合和政府采购服务改革，充分利用公共云计算服务资源开展云计算和大数据应用示范工程，政府自建数据中心数量减少30%以上。三是基础设施不断完善，"宽带中国"战略深入实施，初步建成适应全省云计算发展需要的宽带网络，具备承接京津相关产业转移的网络承载能力。到2020年，云计算应用在全省基本普及，张北云计算产业基地成为京津冀云存储主基地和国家示范绿色数据中心。引进和培育云计算相关企业1000家以上，基于云计算的信息产业新型业态快速发展，形成若干家在全国具有较强竞争力的云计算研发和服务企业。为此，要组织实施八项重点工程，即：（1）云计算服务能力促进工程。支持信息技术企业加快向云计算产品和服务提供商转型，大力发展计算、存储资源租用和应用软件开发服务，以及企业经营管理、产品研发设计等在线应用服务。(2)云计算创新能力提升工程。坚持自主创新与协同创新并举，发挥省内科研机构、高等学校、骨干企业的技术和人力资源优势，推进云计算相关技术研发重点实验室、工程技术(研究)中心和企业技术中心建设，提升云计算自主创新能力。(3)云计算服务应用示范工程。面向全省政务服务和行业转型升级需求，在政务、工业、交通等重点领域，组织实施云计算应用示范工程。(4)电子政务集约化建设工程。创新电子政务云计算发展新模式。(5)数据资源开发共享工程。充分发挥云计算对数据资源的集聚作用，促进数据资源融合共享。(6)云计算产业链发展培育工程。引进和培育云计算设备制造厂商，发展服务器、存储设备、网络设备等云端硬件和支持云计算应用的智能手机、平板电脑、车联网终端、可穿戴设备等终端硬件，开展云计算硬件设备研发和产业化；鼓励相关园区和企业加强与京津冀高等学校、科研机构和国内外知名云计算企业合作，促进科研成果产业化。(7)云计算基础设施建设工程。加强京津冀产业协同，统筹布局云计算基础设施，共同建设以"中关村数据研发——张北、承德、廊坊数据存储——天津数据装备制造"为主线的"京津冀大数据走廊"。(8)云计算安全保障建设工程。完善云计算服务、网络安全防护和信息安全等级保护等相关制度，突出云计算、大数据环境下的数据安全管理，制定信息收集、存储、转移、删除、跨境流动等管理规则。

河北石家庄、唐山等市也印发了《推动"互联网＋制造"指导意见(2015—2020年)》《唐山市"互联网＋"工业创新发展实施意见》等文件。2015年河北省"两化"融合整体水平快速提升，全省关键生产工序数控化率达到32.58%，数字化研发设计工具普及率达到49.74%，均达到国家平均水平。"两化"融合处于起步建设阶段的企业占45.18%，达到单项覆盖阶段的企业占47.40%，达到集成提升阶段的企业占6.18%，达到创新突破阶段的企业占1.24%，说明河北省大部分企业正在从单项覆盖阶段向集成提升阶段迈进。河北省还召开了全省"互联网＋工业"融合创新专题研讨推进会，印发了《河北省信息化与工业化融合创新服务示范单位评审管理办法》等，以培育和完善"两化"融合支撑体系。①

以上各种规划、意见、方案都强调要做好信息化应用于产业发展的大文章，进行了地区顶层设计，制定了政策措施，为以信息技术推动产业转型升

---

① 河北省信息化推进处2016年2月18日发布。

级和协同发展提供了政策环境。但这方面还任重道远，并将影响全局。

再次，为促进产业协同发展，正在形成三地政府联动机制。2015年工信部和三地政府共同举行了产业转移系列对接活动，共促成150个合作项目。北京市经信委2014年以来已累计组织50余次产业对接活动，下一步将面向组建大数据等领域的产业联盟，优化产业布局；实施4项协同创新工程，如围绕新一代信息技术等的高端产业培育工程，促进以创新驱动为主导的高端产业在京津冀地区逐步形成。北京市科委正推动成立由三地政府引导、市场力量主导的京津冀协同创新研究院，以解决区域协同创新的大问题。此前，2014年在北京市科委、海淀区的推动下，中科院、北大、清华等14家科研院所和商飞、潍柴等100多家行业龙头企业联合成立了北京协同创新研究院。它组建了18个协同创新中心，每个中心通过共同出资设立协同创新基金，以市场化机制配置资源，促进成果转化率达到75％以上。研究院的协同机制解决了区域的大问题，比如，河北是工业大省，节能减排是企业升级改造的迫切需求。协同创新研究院成立不久，便促进首都"相变储能材料研发与产业化项目"整体落地河北邯郸，发挥节能减排作用。协同创新研究院就是让院校的"科研基因"与企业的"市场基因"匹配，实现从院校到企业再到产业链的目标一致、责任共担、利益共享、行动同步的协同机制。现在，由北京市科委推动成立的京津冀协同创新研究院，就是将北京模式推广到三地，既发挥政府引导作用，也有利于发挥市场力量主导作用。

近年来，三地政府愈发认识到信息化建设对经济社会发展所营造的良好环境，认识到信息化协同发展对贯彻落实京津冀全面协同发展的重要作用。2016年4月21日，为加快推进京津冀协同发展，北京市、天津市、河北省三地信息化主管部门共同签署了《京津冀信息化协同发展合作协议》，打造区域信息化协同发展示范区。三地将协同推动提速降费、交通一体、生态环境、产业协同等领域信息系统对接互通，支持发展互联网环境下的医疗、教育和养老等应用创新和平台建设，共同推进5G网络在2022年冬奥会北京和张家口赛区先行启动建设等一系列惠企利民举措。签约仪式上，京津冀三地确定了8个重点合作方向，即加强信息化顶层设计协调发展、推动信息基础设施共建共享、促进信息数据共享和利用、支撑产业协同创新发展、支撑区域服务管理协同、加强信息消费环境保障协作、加强信息网络安全防护协作、加强冬奥信息服务保障协作等。其中，在推进信息化顶层设计协调发展方面，三地将加强信息化法规、政策等方面的协同，加强发展规划衔接，做好标准规范的对接统一，促进创新协同，增强区域信息化发展协调性，共同打造京津冀信息化协同发展的良好环境；在推动信息基础设施共建共享方面，三地将统筹布局区域大型数据中心，提高省际电子政务外网互通性，支持建设大数据云计算中心跨省直连光纤通道，携手通信部门，共同推动三地提速降费，提高服务质量；在促进信息数据共享和利用方面，将探索建立三地政务数据共享目录和支撑平台，推进政务信息共享，推动数据开放对接，提高公共大数据开发利用程度，推动行业大数据应用，联合共建京津冀大数据综合试验区；在加强信息消费环境保障协作方面，将共同构建安全可信的信息消费基础环境，促进新型信息消费终端的普及，联合推动数据交易服务，建立数据资源的资产化和数据流通交换体系，促进形成京津冀一体化的数据资产交易市场；在加强信息网络安全防护协作方面，推动京津冀电子认证体系实现认证结果、认证证书的信息共享和互认，支持信息安全容灾备份资源三地互换合作，推动信息网络安全应急联动体系建设，提高区域信息安全防护水平；在加强冬奥信息服务保障协作方面，共同完善2022年冬奥会信息基础设施建设，统筹首都新机场、冬奥会赛事举办场所等重点区域的信息基础设施规划和建设，重点保障公用移动通信网和无线政务专网的信号覆盖，共同推进5G网络在北京和张家口赛区先行启动建设，共同推进时空信息等新技术应用，深化"智慧冬奥"内涵，打造示范应用。作为首先推进的一批合作内容，当日三地还签署了4个细项合作协议，包括《京津冀协同制造工业云战略合作框架协议》《京津冀共同推进信息资源共享利用合作协议》《京津冀电子认证战略合作协议》《京津冀北斗应用示范战略合作协议》。与此同时，还将进一步建立完善工作机制、人才交流、资源投入等保障机制，合力推进"十三五"时期信息化建设迈上新台阶。据河北省工信厅副厅长童腾飞介绍，此次签约将在三个方面产生良好效果。第一，管理更加协同。信息化系统的打通，将会使京津冀三地的城市管理更加协同，更加高效。第二，民生福利更多。现在已经在三地取消了长途漫游费，交通一体化也在加速实施，下一步将从吃、穿、住、行、游、娱、购各个方面进行打通。第三，生产要素流动更加一体化。比如这次提出的"工业云合作"，将解决生产过程中需要的各种工具、各种生产资料、各种资源的互联互通，京津冀产业界都可以从中获益。

2. 智能交通为产业协同发展提供基础设施

交通一体化对于促进京津冀的资源流动配置十分重要，已成为近期区域协同发展的三个重点领域之一。实现交通一体化，提升交通智能化水平有积极作用。针对京津冀一体化发展中的交通信息化和智能化发展,北京智能交通协会、北京交通信息中心与中国智能交通协会联合开展了"京津冀一体化背景下交通信息化智能化建设工作"课题研究,多次对京津冀交通"三化"(信息化、智能化、一体化)工作进行了深入的调查研究。中国智能交通协会理事长吴忠泽考察三地后认为:"京津冀交通信息化、智能化及其一体化的关键是信息化。京津冀一体化协同发展战略中,交通信息化要先行。"要力争到2020年建成与京津冀一体化相适应的、互联互通的、开放共享的智能化交通应用系统并形成可持续的发展模式,打造智能交通的国家样板,为建设安全畅通、快速便捷的区域交通运输网和公平、开放、统一的区域交通运输服务市场提供技术支撑。具体来说,就是要形成一张图、一张网、一张卡和一个平台的发展格局,即:顶层设计要基于"一张图",以统一的交通地理信息平台为基础,推动京津冀区域交通基础设施状况与运行监测、应急处理、运输服务一体化;监管应急要基于"一张网",打破地域和行政管理界限,实现京津冀交通企业诚信、交通执法、突发事件处置等方面的信息共享和协调联动,形成跨省市联动、高效运行的交通运输监管和应急体系;运输服务要基于"一张卡",围绕京津冀跨区域运输服务需求,整合公交、ETC、停车、运输证等IC卡资源,实现三地交通"一卡通"互信互认,推进电子支付和出行信息服务一体化;打造"一个开放的数据共享交换平台",建成京津冀交通信息交换平台,实现三地交通数据的互联互通和资源共享。京津冀交通信息化、智能化可以依据不同阶段划分成四个类型:业务流程自动化的"部门型",跨部门、跨地区业务协同的"整合型"(以网上办事、办事大厅、一站式服务为特征),多元数据汇集到同一个数据平台的"平台型"(集中资源、快速响应、节约成本、方便互动),基于移动互联网、云计算和大数据技术的"智慧型"(快速响应民意诉求、社会参与公共治理、数据驱动科学决策)。①

"十二五"期间,北京就已开始提升交通智能化服务体系建设。2014年以构建国内领先的"车联网"为目标,全面提升了车辆的智能化管理水平,实现了公共交通和重点运营车辆的动态管理;建立了综合交通检测调度指挥体系,全面推广了电子化缴费,市政交通一卡通覆盖北京市全部公交车辆、轨道交通线路和部分出租车及停车场;交通出行信息服务实现多渠道提供,整体发展水平全国领先。当一体化区域交通运输服务体系建设成为京津冀协同发展

---

① 《京津冀一体化交通信息化要先行》,《科技日报》,2015年5月24日。

的重要基础支撑后，2015年12月，北京139条京津冀一卡通互联互通试点公交线路已投入试运营，有待向津冀扩展。京津冀交通一卡通互联互通卡（简称"互通卡"）是指依照交通运输部互联互通标准要求，在京津冀交通领域互联互通使用，且卡面标有"交通联合"标识的IC卡。先期使用的北京互通卡的应用范围为139条京津冀一卡通互联互通试点线路，包括69条由4座火车站始发的公交线路、39条进入河北省的八方达公交线路、2条观光线路、29条"运通"路号的公交线路，还包括天津和河北的京津冀一卡通互联互通试点线路。2016年年底将适用于所有公交线路。2017年，互通卡将可以在地铁上使用。

2016年1月，"基于宽带移动互联网的智能汽车与智慧交通应用示范"合作框架协议签约会在北京亦庄举行，由北京市、河北省、工信部三方共同签署协议，提出了绿色用车、智慧路网、智能驾驶、便捷停车、快乐车生活、智慧管理六大应用示范内容，并发布了"基于宽带移动互联网的智能汽车与智慧交通应用示范"北京市2016—2020年行动计划。北京市副市长隋振江指出："三方聚集一个专业领域共同签署合作协议是工作的第一次重大创新，表明我们在车联网领域的应用示范、科技创新、产业创新方面，搭建了政府服务平台、区域协作平台以及资金政策支撑平台。"工信部副部长怀进鹏则提出："三方选择车联网领域进行深入合作有着深远的历史意义。一是车联网产业是汽车、通信、集成电路与电子信息三个万亿级产业融合、创新的交汇点，是建设创新国家、制造业强国的重要支撑；二是京津冀协同发展、中国制造2025和'互联网＋'行动三大国家战略为我们提供了广泛的市场基础和政策条件，是我们提升产业发展的重大契机，也是推动京津冀协同发展以及面向举办2022年冬奥会提供新手段和支撑模式的示范验证；三是政府部门牵头合作引导、车联网创新中心跨界合作、金融与产业融合基金是我们工作三个方面的机制创新，也是我们推进工作重点和实施保障。我们将汇集各方力量，共同将此次智能汽车和智慧交通应用示范打造为我国产业创新的示范平台，成为国际化、品牌化的交流平台。"①

目前京津冀交通信息化中存在的主要问题，一是不同地区与部门间存在信息壁垒；二是信息共享还缺少顶层设计；三是区域交通信息资源共享机制和交通信息服务市场机制还没有形成。专家建议，首先要建设京津冀交通数

---

① 北京经信委电子信息处：《工信部、北京市、河北省签订"基于宽带移动互联网的智能汽车与智慧交通应用示范"合作框架协议》，2016年1月22日发布。

据共享交换平台,为区域交通信息查询与拥堵情况预测提供数据支撑。其次,要围绕跨区域客运与货运需求,打破地域和行政管理界限,推动三地交通管理部门、服务部门与运输企业间的信息共享与联动机制建设。同时,全面整合三地交通资源,加快公共交通卡系统技术标准统一与互联互认建设,打通三地交通服务信息大动脉,推动京津冀区域经济社会协同发展。

3. 信息技术促进市场要素的配置,优化市场环境

京津冀协同发展从一个角度讲主要是推动要素市场一体化,包括金融市场一体化、技术和信息市场一体化、土地要素市场一体化等。随着要素市场的建立和资源配置的优化,将有助于形成以产业链为纽带的产业集群,促进区域内资金、人才、技术和信息等要素的自由流动。目前这方面的明显进展体现在:

一是共建信用体系。市场经济是信用经济,互信才能协作。虽然近年来全国社会信用体系建设在加快推进,但仍然遇到了一些难题:地方政府信用信息公开度不够、公开数据标准不统一等。这些难题主要针对信用市场,由于信息的缺失和含糊,市场、机构和个人、企业对"守信、失信"的判断难免不尽准确,进而导致奖惩标准也不易统一。所以,要加强信用基础设施建设,建立以信用为核心的新兴市场监管机制,并建立京津冀统一的信用体系。2015年11月16日,三地共同发表《京津冀社会信用体系合作共建宣言》,并签署《京津冀社会信用体系合作共建框架协议》,推动三地政府部门公共数据资源互联互通和开放共享,建设统一的市场主体信用信息平台和信用体系。今后,三地将依照一个信用数据库,根据统一的立法和制度,对企业进行本地区乃至跨地区信用奖惩,为全国提供可参考、可复制的样本。据悉,中关村信用促进会、京津冀大数据研究中心、龙信数据、企嘉科技等机构运用大数据技术共建了"京津冀企信平台"。"京津冀企信平台"归集了包括工商、税务、发改委、人社局、人民法院等20个政府部门的公开数据及社会舆情信息,旨在创建企业全景数据库。目前已登陆苹果App Store及安卓各应用市场,用户搜索"京津冀企信"便可实现下载安装和体验。此举为构建社会信用管理体系提供了技术支持。未来社会的信用管理将发生根本性改变,从个人信用、企业信用到政府信用都需要大数据的支撑。传统上的信用管理模式主要是以政府为主导的,多数的信用信息资源是在整个政府监管过程中保留下来的。而未来数据开放是非常重要的,随着政府信息的公开、社会服务中介机构和互联网企业的参与,信用体系将呈现互动的局面,是所有公众参与

的事。

二是促进技术市场一体化。近年来三地技术要素流动呈现活跃之势，为技术转移和科技成果转化发挥了积极作用。据统计，2015年仅北京市技术市场合同交易额就达3452.6亿元，年均复合增长率16.3%，占全国的比重达35.1%，其中80%输出到国内其他省区市和国外。① 对津冀来说，这是巨大的技术资源。如能尽早建成京津冀一体化的技术市场，将大大发挥创新驱动协同发展的引领作用。为此，北京市科委在《关于建设京津冀协同创新共同体的工作方案》中提出，要建立统一的京津冀技术交易市场，得到了津冀的积极响应。河北省科技厅副厅长伍建民对此提出：首先是共享，主要做好技术需求供给、技术交易网络、人才专家资源开放共享，通过北京技术市场网，发挥技术市场实时监测体系作用。依据石家庄科技大市场发布京冀两地技术交易信息、技术供需信息及交易动态，实现资源共享。此项建设正依托信息平台不断推动，尚在雏形之中。

三是推进金融一体化服务。尽管推动三地金融合作已达成共识，但一直存在金融市场建设竞争大于合作、结算渠道不畅和金融创新滞后、区域金融发展严重不平衡、尚无大的突破的困境。金融行业本质上是数字行业，近年来互联网技术及社会信息数字化水平的提高，给"互联网＋金融"提供了良好的发展机会，开创了普惠金融新模式，这在京津冀协同发展中亦有所体现。

如2014年11月7日，作为国内首张为支持京津冀协同发展而专门发行的银行卡——"华夏京津冀协同卡"发行，短短50天发行量已突破2万张。它可以实现如下功能：一是一卡三地用，免交手续费。首钢外迁到津冀的职工原来使用的仍是北京属地的工资卡，在河北消费有很多麻烦。现在持新卡在华夏银行柜台和ATM机上存取款都没有手续费。二是不出一星期贷款买了房。华夏银行京津冀三地分行获得授信的房地产项目将一视同仁，异地按揭贷款和普通市内按揭项目没有太大区别。三是2015年实现了异地解挂。对于往来于三地或外迁人员来说，通过一台台设备、一个个网点的连接，用一张卡便串起了三地的生活。京津冀协同卡已实现异地改密、挂失功能。这些功能为人员的流动和资金的跨地区配置提供了便利条件。扎根北京的华夏银行由于在京津冀地区积累了良好的业务关系，具备资源整合的先天优势，通过具有创新特色的金融服务，为京津冀企业迁移输送资金流，实现了助力实业

---

① 《北京市创新驱动发展格局形成》，《经济日报》，2016年2月16日。

转型升级的目标。第一,"授信+供应链金融",助力产业升级。首钢搬迁,可视作京津冀一体化产业迁移的标志性工程之一。将企业总部和研发实体落户北京园区、生产制造环节放在曹妃甸园区成为首都钢铁公司实现"前店后厂"、打造河北产业发展延伸腹地的优化升级举措。但另一方面,搬迁未动,资金需先行,迁安、曹妃甸等项目的实施涉及厂房建设、生产线安装以及技术升级等一系列工程,资金难题成为项目实施的拦路虎。华夏银行了解到项目需求后,对首钢北京地区制造线外迁的项目给予了有力支持。截至2015年9月,该行已为首钢总公司配置授信总额70.6亿元,根本上保障了首钢的产业转移和结构升级。不可否认,其金融的异地配置离不开信息化手段。第二,"输血+特色服务",拉动三地经济。按照京津冀协同发展的定位,河北省作为全国现代商贸物流重要基地,将成为商品市场新的集聚发展地区。廊坊、高碑店、保定、石家庄等多个商贸城、批发城项目都已陆续开工。北京新发地批发市场的河北高碑店外迁项目,是北京新发地外埠投资项目中规模最大、综合服务最为完善的农副产品物流园。为保证该项目的顺利落实,华夏银行给予北京新发地农副产品批发市场中心授信支持3亿元,催化了新发地项目的顺利落地及投入使用,为激活当地经济,建立特色产业区夯实了资金基础。还为北京锦绣大地农副产品批发市场通过开辟专项额度,发放了7亿元的固定资产贷款,保证了类似项目的如期搬迁与异地重建安置。除了资金支持,针对搬迁市场中的商户,华夏银行还研究制定了包括租金贷、TPOS、发行联名卡在内的综合金融服务方案,以个性化、灵活的金融服务助力大商圈,用产品服务小商户。其中,先进的信息技术功不可没。

此外,北京市科委联合天津市科委、河北省科技厅、中国人民银行营管部,共同推动平安银行、北京银行、中国建设银行三家银行制定了多种绿色金融支持方案,为京津冀钢铁行业节能减排产业技术创新联盟企业提供共计300亿元的资金授信额度,为解决钢铁行业转型升级面临的融资难、融资慢等问题提供有力支撑。此举的目的是以钢铁产业优化升级为突破口,三地科技部门共同推动成立京津冀钢铁行业节能减排产业技术创新联盟,整合70余家机构,涵盖京津冀钢铁生产企业、节能减排机构、高校院所及金融机构。基于信息化的金融支持举措为打造共同体奠定了体制机制基础。下一步北京市将参照此举,在京津冀地区布局更多的协同创新共同体试点,进一步集聚资本、人才、技术、成果等各种创新资源在试点内应用示范,形成以北京为创新源头,辐射带动京津冀协同发展的共同体建设模式。重点有五大项目:一是支持中科院纳米材料绿色制版技术在京津冀布局应用。2016年北京市科委将在河北重点推广纳米材料绿色制版技术，解决印刷行业的环境污染和资源浪费问题，形成"北京技术研发，河北示范应用"的产业协同模式。二是打造京津冀钢铁联盟（迁安）协同创新研究院。依托钢铁联盟，以"企业化运营，市场化运作"模式，打造迁安市钢铁节能减排与转型升级科技示范区。三是鼓励纳通医疗集团、精雕公司等单位的技术研发成果在河北、天津转移转化，为京津冀区域协同发展提供服务；推进北京服装学院与保定市深化合作；支持北京金隅集团在河北承德推广废旧建材回收技术。四是环首都现代农业示范带建设。与中国农业大学等科研机构共同建立高端农业协同创新研究院，推动京津冀现代农业协同发展。以毗邻北京的14个县（市、区）为核心区，到2020年建成京津冀农业科技协同创新共同体。五是建立张家口创新创业孵化中心。发挥首都创新创业资源优势，在张家口地区打造京津冀众创示范基地试点，同时结合冬奥主题，培育孵化一批为承办冬奥服务的创新型企业。①

但目前在金融服务环境方面还存在薄弱环节，三地目前能享受上述金融服务的范围还有限，需要在改革体制机制和健全法规政策基础上，组建三地之间金融协同发展的权威机构，制定相关的规划和金融产业政策，推动和完善信用信息平台及管理机构建设等。

三、进一步发挥信息化在京津冀产业转型升级与协同发展中作用的建议

通过上述梳理与分析我们可以看到，作为京津冀协同发展的实体内容和关键支撑的京津冀产业转型升级与产业一体化正加速推进，在某些领域已显现出初步成效。同时，发挥信息化在这一进程中的作用不仅已形成共识，而且在实践中相继结出硕果，但在充分发挥信息化助推三地产业发展方面还存在若干障碍和问题。宏观层面，尚缺乏统筹协调的顶层设计与体制机制保障；在具体领域，信息化的应用尚处于初期阶段，信息化应用能力欠缺问题普遍存在。如何通过加强管理与服务，营造良好环境，使相关试点的示范效应在更广范围内推广，尽早实现京津冀产业的协同发展，是摆在我们面前的紧迫任务。

---

① 《津采两会 京津冀协同发展：三地共话协同创新》，天津网，2016年3月6日。

(一)加强顶层设计，整体协调区域产业布局

1. 进行京津冀协同发展制度保障方面的顶层设计

协同发展要有制度保障，以消除隐形壁垒，破解限制生产要素自由流动和优化配置的各种体制机制障碍。当前要重点推动以下方面的改革设计：一是推动要素市场一体化改革，包括金融市场、技术和信息市场一体化改革等；二是构建协同发展的体制机制，包括建立行政管理协同机制、基础设施互联互通机制、产业协同发展机制、科技协同创新机制等；三是加快公共服务一体化改革，建立优势互补、互利共赢的区域一体化发展服务体系；四是制定促进"两化"融合的政策法规、总体规划、技术路线图等，引导产业向智能化方向发展。这些改革、完善举措有的需要中央层面的统筹推进，有的则需要三地政府的协同沟通，共同做好改革这篇大文章。

2. 合理布局京津冀产业结构

以贯彻十八届五中全会"五大发展理念"为指导思想，即把"创新"作为京津冀产业对接发展的第一动力、把"协调"作为内在要求、把"绿色"作为战略方向、把"开放"作为根本途径、把"共享"作为最终目的，落实国家区域发展总体战略和主体功能区规划，综合考虑资源能源、环境容量、市场空间等因素，制定和实施重点行业布局规划，调整优化重大生产力布局，完善产业转移目录，建设产业转移信息服务平台，创建承接产业转移的示范园区，引导产业合理有序转移和布局。按照"布局合理、特色鲜明、集约高效、生态环保"的原则，推动以产业链为纽带，资源要素集聚的产业集群建设，培育关联度大、带动性强的龙头企业，制定跨省市投资、产业转移对接、科技成果落地项目的收益分配政策，尽快建立起产业协同发展的长效机制。

要牢牢把握供给侧结构性改革这条主线，用改革的办法推进结构调整，矫正要素配置扭曲的现象，扩大有效供给，提高供给结构对需求变化的适应性和灵活性。用增量改革促存量调整，在增加投资的过程中优化投资结构、产业结构，开源疏流。深入调整供给结构，加快推进关键性改革，加快构建高精尖经济结构，确保供给侧结构性改革取得实效。

(二)提升信息化应用能力

当前京津冀应用信息化技术和成果推动产业协同发展还处于初期阶段，其作用尚未得到充分发挥。这里既有基础和环境方面的影响因素，也有信息化应用能力较低的问题。为了提升信息化应用水平，建议：

1. 夯实基础，营造良好环境

在中央支持下，建立京津冀区域信息化合作联席会议制度，下设日常工作机构。以此为工作平台，制定三地信息化协同的法律法规和政策制度，使信息化合作法制化、规范化。具体工作可包括：构建统一的信息平台，整合发布各方面的动态信息，交流合作经验，开展电子商务应用；布局跨区域的信息基础设施建设，使三地目前独自运作的信息基础设施互联互通，统筹建设，覆盖产业各个领域；联合制定短期和长期信息化合作的专项规划，使三地信息化合作逐年落到实处；支持新技术、新业务、新模式的创新应用，加快制定"两化"融合和信息安全方面的技术标准。

2. 促进信息消费业的健康发展

鉴于我国信息消费快速增长、供给不足的问题，要丰富信息产品和信息消费内容。鼓励智能终端产品的研发，通过创新供给引导消费，拓展新兴服务业态。通过国家层面的资金、财税等政策扶持，加快信息消费中内容生产创作的基础设施建设，通过数字文化资源的共享，推动数字内容产业的发展。实际上，加快信息消费业这一新兴产业的发展，需要一系列促进措施：一是加快信息基础设施演进升级，包括完善宽带网络基础设施、推进移动通信发展、推进三网融合；二是增强信息产品供给能力，包括鼓励智能终端产品创新发展、增强电子基础产业创新能力、提升软件业支撑服务水平；三是培育信息消费需求，如拓展新兴信息服务业态、丰富信息消费内容、拓宽电子商务发展空间；四是提升公共服务信息化水平；五是加强信息消费环境建设，包括构建安全可信的信息消费环境基础、提升信息安全保障能力、加强个人信息保护、规范信息消费市场秩序等。

3. 壮大信息人才队伍，提高社会公民的信息应用能力

优化京津冀信息化人才的培育、吸引、流动的环境；建立信息人才队伍资源库；统一京津冀信息人才的优惠政策，发挥北京信息人才优势，构建起区域信息人才高地。同时要提高党政干部的信息应用素养，促使他们确立现代信息化思维，开展决策与管理；加强企业和员工运用信息技术的培训，向社会公众普及互联网应用知识和技能。

(三) 强化管理与服务

在信息化加速发展的时代，不仅要运用信息化思维审视产业发展，而且要改革相关的管理方式，创新服务模式。

1. 强化与改革管理方式

首先，要利用信息技术提升行政管理与服务的能力。适应政府职能转变和机关标准化管理要求，加快无纸化办公步伐。完善管理的公共服务平台，

实现各方面管理事项网上受理、网上公开、网上监督，推动行政审批和公共服务事项在线办理和业务协同。

其次，重视信用管理。加强信用基础设施建设，建立以信用为核心的新兴市场监管机制，推动政府部门公共数据互联互通和开放共享，构筑京津冀统一的市场主体信用信息平台和信用管理体系。

再次，营造创新发展的环境。树立底线思维、红线管理理念，营造支持创新、宽容失败的发展环境，支持新技术、新业务、新模式的健康发展。加强对信息通信、互联网等市场竞争秩序的监管，确保市场公平竞争和信息安全。完善物联网、云计算、智能制造等新兴战略性产业的标准体系，优化产业发展环境。

2. 为产业协同发展提供更好的服务

一是构建智慧化区域互联互通综合服务网络，服务于产业发展。二是创新财税金融支持方式，加大财政对"两化"融合、产业转型升级、技术改造的支持力度。适应互联网创新发展的需求，健全多层次的资本市场和融资工具，出台支持政策，形成相关的风险补偿机制。三是健全多层次的人才培养体系。打破体制壁垒，扫除身份障碍，完善股权和期权等激励机制，创新风险共担和收益共享的机制。围绕战略性新兴产业急需人才，创造有利于人才引进、流动的环境。四是加大科技交流合作。通过建立分支机构、科技成果交易机构和科技园区等，发挥京津地区科技资源的引领作用。

（四）试点先行，示范引导

试点先行是我国推动改革和建设事业的基本思路和方式，有助于发挥从试点到推广、从局部到整体、从分区到跨区、从单一到多样的辐射作用。根据中央有关文件的规定，京津冀是我国全面创新改革的试验区域，故其以信息化助推协同发展的经验将对全国具有积极的引导作用。今后一个时期，应重点发挥好以下试点和示范区的辐射作用：

1. 充分发挥中关村高科技产业园区的带动作用

中关村是北京科技创新的主战场，进行着各项先行先试的改革探索。根据《中关村京津冀协同创新共同体建设行动计划（2016—2018年）》，中关村将承担起推动三地建立"一链三带多社区"协同创新共同体，在京津冀形成多个类中关村创新社区，进一步打造京津冀创新城市群的重任。

2. 将曹妃甸打造成现代产业发展试验区

2015年中央政治局通过的《京津冀协同发展规划纲要》对曹妃甸提出了明

确定位,要将其打造成京津冀协同发展示范区、现代产业发展试验区。北京市已与河北省签署了《共同打造曹妃甸协同发展示范区框架协议》,决定在产业合作中首先聚焦曹妃甸,作为落实协同发展战略的重要突破口。要重点发展四大产业方向:提升基础产业发展质量、推动高端制造业规模发展、布局发展战略性新兴产业、培育发展信息产业等生产性服务业。

3. 河北省应在前期试点基础上继续开展"互联网+"工业融合创新试点

河北省要促进基于互联网的研发模式、生产模式、服务模式和商业模式发挥示范带动作用,引导企业通过信息化全面提升生产和管理水平,缩小与京津的差距。

参考文献

[1] 董志良,陆刚. 网络经济背景下京津冀产业协同发展研究[M]. 北京:经济科学出版社,2015.

[2]《京津冀协同发展的展望与思考》编委会. 京津冀协同发展的展望与思考[M]. 北京:首都经济贸易大学出版社,2014.

[3] 金江军. 网络安全和信息化党政领导干部读本[M]. 北京:中央党校出版社,2015.

[4] 罗文. 2014—2015年中国战略性新兴产业发展蓝皮书[M]. 北京:人民出版社,2015.

[5] 樊会文. 中国信息化发展水平评估蓝皮书(2014年)[M]. 北京,人民出版社,2015.

京津冀大气污染协同治理与绿色低碳发展研究

课题负责人： 程世勇（首都师范大学管理学院 副教授）
课题组成员： 李 春（副教授）、吴文妍、李 娜

大气污染治理，已经成为上至国家领导人下至普通群众普遍关心的重大社会议题，它既关系到广大人民群众的身体健康和幸福指数，也影响着中国经济社会发展模式变革，还关乎中国的国际形象。工业化浪潮以来，世界经济总量快速增长，同时也伴随着能源的大量消耗和二氧化碳排放量的剧增，引发了温室效应与全球性的气候变化。如何降低碳排放，发展低碳经济，成为当前每一个国家都必然要面对的转型选择。相较于长三角和珠三角，京津冀地区大气污染治理问题因主客观条件不佳而显得更为严峻。根据环保部统计，2013—2014 年，京津冀地区是全国大气污染最重的区域，全国空气质量相对较差的前 10 个城市中京津冀地区占了 7 个，区域内城市 PM2.5 超标倍数在 0.14—3.6 倍之间。不仅如此，正反面经验教训表明，京津冀区域大气污染具有显著传输性特征，各地区均无法"独善其身"，只有"同呼吸，共命运"才是出路。但是，如何从自上而下的强制型跨区域联防联控模式走向自发自主的跨区域自主合作型治理模式，是需要着力研究的重大理论问题，也是重大实践议题。

一、京津冀区域性大气污染现状及治理难题

京津冀大气污染问题由于区位联动，近年来十分严重。京津冀地区的经济总量在我国城市群中并不算太高，大气污染却很严重。京津冀的大气污染治理，关系我国未来城市群发展战略。

（一）北京地区大气污染状况[①]

根据北京市环保局发布的《2015 年北京市环境状况公报》，2015 年，北京

---

① 《〈2015 年北京市环境状况公报〉发布》，http：//www.bjepb.gov.cn/bjepb/413526/413663/413763/413975/4387663/index.html。

市 PM2.5 年平均浓度值比 2014 年下降了 6.2%，PM2.5 达到一级优的天数为 105 天，比上年增加 12 天；达到五级及以上重污染的天数为 42 天，比上年减少 3 天。但是大气污染问题依然严重，2015 年，北京市空气中 6 项污染物中仍然有 4 项显著超标。细颗粒物（PM2.5）年平均浓度值为 80.6 微克/立方米，超过国家标准 1.3 倍；二氧化氮（NO_2）年平均浓度值为 50.0 微克/立方米，超过国家标准 0.25 倍；可吸入颗粒物（PM10）年平均浓度值为 101.5 微克/立方米，超过国家标准 0.45 倍；臭氧（O_3）日最大 8 小时滑动平均第 90 百分位浓度值为 202.6 微克/立方米，超过国家标准 0.27 倍。

本课题具体以丰台区为检测样本：2015 年，丰台区 PM2.5 年均浓度值为 86.7 微克/立方米，超过国家环境空气质量二级标准的 1.5 倍。PM10 年均浓度值为 115.6 微克/立方米，超过国家环境空气质量二级标准的 0.7 倍，比全市 PM10 年均浓度（101.5 微克/立方米）高出 13.9%。2015 年 11 月和 12 月 PM2.5 浓度较前一年显著上升，导致采暖期 PM2.5 浓度同比有所上升，而非采暖期同比明显下降，总体趋势与全市相同。

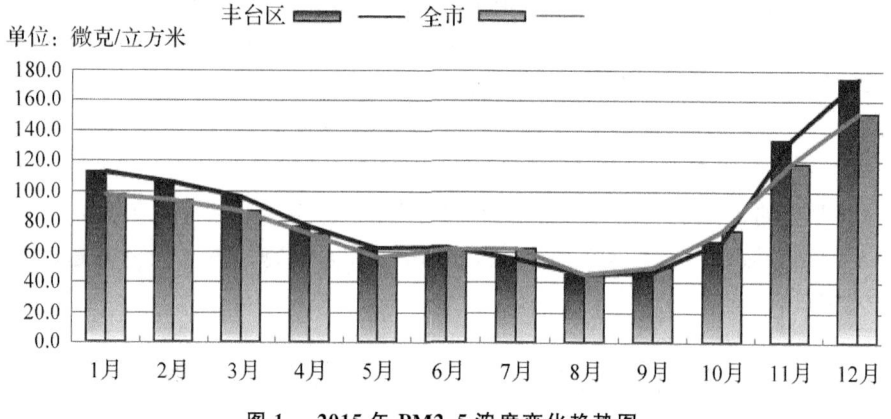

图 1　2015 年 PM2.5 浓度变化趋势图

（二）天津地区大气污染状况

2015 年，天津市的环境质量也有进一步的改善，环境空气质量达标天数为 220 天，同比增加 45 天，全年的 PM2.5、PM10 平均浓度分别同比下降 15.7% 和 12.8%。但另一方面，总体的空气污染状况仍然超过了国家规定的年平均浓度标准。其中，PM2.5 年均浓度值 70 微克/立方米，是国家平均标准（35 微克/立方米）的 2 倍。PM10 年均浓度值 116 微克/立方米，超过国家年平均浓度标准（70 微克/立方米）0.66 倍。从季节变化看，各项污染物浓度随季节的不同呈现波动变化。污染物浓度均呈现冬季高、夏秋季节低的特点。受极端不利气象条件影响，冬季京津冀及周边地区重污染天气频发，PM2.5浓度骤升。受春季风沙影响，PM10浓度较高。2015年，天津地区的空气质量达标天数为220天，占全年天数的60.3%，较2014年增加45天，其中一级优的天数增加36天；2015年重度以上污染共26天，较2014年减少8天。

（三）河北省大气污染状况①

河北省作为北京近郊，2015年河北全省11个设区市环境空气质量优良天数平均为190天，与2014年相比增加38天，与2013年相比增加61天。重度污染以上天数平均为36天，与2014年相比减少30天，与2013年相比减少44天。张家口、承德和秦皇岛三个设区市的优良天数在250天以上。全省化学需氧量、氨氮、二氧化硫和氮氧化物排放总量同比分别削减4.77%、5.29%、6.85%和10.68%。河北省2015年出台了《大气污染深入治理三年（2015—2017）行动方案》。2015年，河北省完成燃煤机组超低排放改造252台，关停取缔实心黏土砖瓦窑2780座，拆除废弃烟囱351根，淘汰建成区燃煤锅炉3829台、11958蒸吨；大力推广洁净型煤，全省投运洁净型煤生产配送中心105家，生产能力1500万吨，推广高效清洁燃烧炉具53.2万台。利用微煤雾化等技术改造燃煤工业锅炉1016台。全省PM2.5平均浓度为77微克/立方米，比2014年下降18.9%，高于全国首批实施新空气质量标准的74个城市下降14.1%的水平，降幅居京津冀及周边七省区市首位；比2013年下降28.7%，提前两年达到国家要求河北省2017年下降25%的目标。超标天数中，各市以PM2.5和PM10为首要污染物的较多，全省日均值平均超标率分别为39.6%和34.3%。根据环保部公布的全国74个重点城市空气质量监测数据，在2016年10月的空气质量监测中，全国十大空气污染城市中河北省占了7个，而石家庄成为空气污染最严重的城市。全市所有钢铁、水泥、焦化、铸造、玻璃、陶瓷、钙镁行业将全部停产，制药、化工、包装印刷、家具等行业则实行清单式管理。

（四）我国二氧化碳年排放量的国际比较

依据美国能源部二氧化碳信息中心（CDIAC）数据，通过比较我国与美国、英国、欧盟、印度在1980—2010年的二氧化碳年排放量（图2）可以发现，美

---

① 《2015年河北省环境状况公报》，http://www.hb12369.net/hjzlzkgb/。

国、英国和欧盟等发达国家和地区的年碳排放量在2000年后趋于稳定甚至降低，而印度与我国碳排放量持续攀升，尤其是我国2002年以来碳放排量急速增长，并于2007年超过美国成为世界第一大碳排放国。2005—2010年，我国二氧化碳排放增长速度达6.73%，远超出了国际能源机构（IEA）给出的2.03%的世界二氧化碳排放平均增长速度。

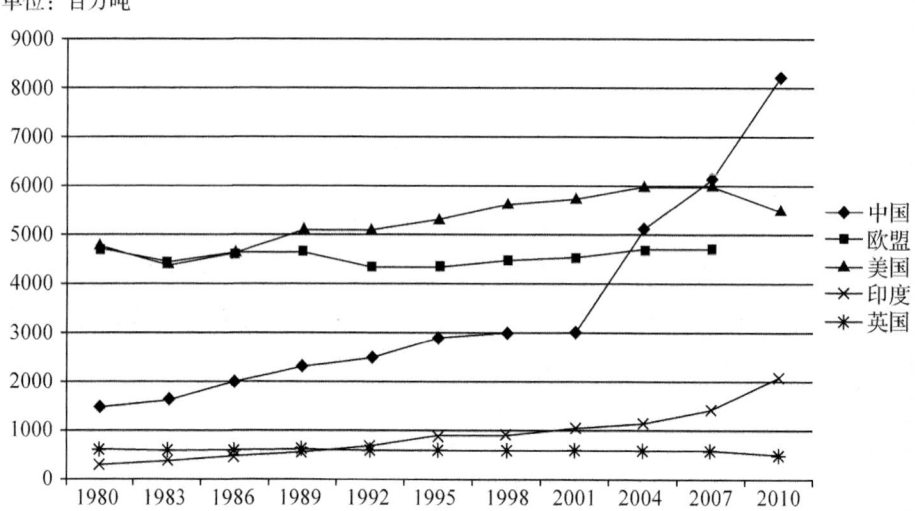

数据来源：美国能源部二氧化碳信息中心（CDIAC）

图2　1980—2010年世界部分国家年碳排放量

（五）我国碳排放强度的国际比较

国际上把单位GDP增长所带来的二氧化碳排放量称为碳排放强度。一国的工业化进程开始的时间越早，其碳排放强度的峰值年出现得就越早，且碳排放强度的峰值较大（表1）。虽然新兴国家达到碳排放强度峰值年的时间较发达国家晚，但其碳排放强度下降最快十年的年均降幅在1.80%—5.09%之间，并不低于发达国家降幅。1992—2002年，中国碳排放强度年均降幅达3.53%。虽是如此，我国的碳排放强度也仍高于主要发达国家，这使我国成为国际舆论减排针对的焦点。

表1 不同国家碳排放强度对比表

	国家	碳排放强度峰值年	碳排放强度峰值 /(kgCO$_2$/IntGK＄)	碳排放强度峰值对应的人均GDP /(IntGK＄)	碳排放强度下降最快的十年	碳排放强度下降最快十年的年均降幅(%)
工业化国家	美国	1917	3.06	5.247	1934—1944	3.58
	英国	1883	2.54	3.643	1916—1926	4.20
	法国	1930	1.32	4.532	1979—1989	4.17
	德国	1917	2.70	2.952	1990—2000	3.37
	日本	1914	0.84	1.326	1977—1987	3.20
	意大利	1973	0.61	10.634	1976—1986	2.33
	加拿大	1921	2.66	3.357	1921—1931	3.31
新兴经济体国家	中国	1996	1.77	6.620	1992—2002	3.53
	印度	1992	0.67	1.345	1997—2007	2.07
	巴西	1997	0.36	5.485	1908—1918	5.09
	墨西哥	1982	0.76	6.514	1992—2002	2.63
	南非	1986	2.41	3.912	1992—2002	1.80

资料来源：张志强等，《世界主要国家碳排放强度历史变化趋势及相关关系研究》

二、京津冀大气污染的成因分析

工业化浪潮以来，世界经济总量快速增长，同时也伴随着能源的大量消耗和二氧化碳排放量的剧增，引发了温室效应与全球性的气候变化。如何找到大气污染的成因进而降低碳排放，发展低碳经济，成为当前每一个国家都必然要面对的转型选择。

（一）产业结构仍然不尽合理，高能耗产值比重过大

产业结构是决定二氧化碳排放量与能源消耗的关键性因素。如图3所示，20世纪90年代以来，我国第一产业占经济总量的比重持续下降，其比值从1990年的27.12%下降为2012年的10.09%；第三产业比重波动上升，2012年占比达44%；而第二产业总量一直较为稳定，20年来其占经济总量的比重一直在43%左右。这说明，中国的产业结构得到一定优化，但重工业的主导地位并没有发生根本变化，第三产业虽然增幅最大，但与国外发达国家第三产业将近70%的比重相比还相距甚远。

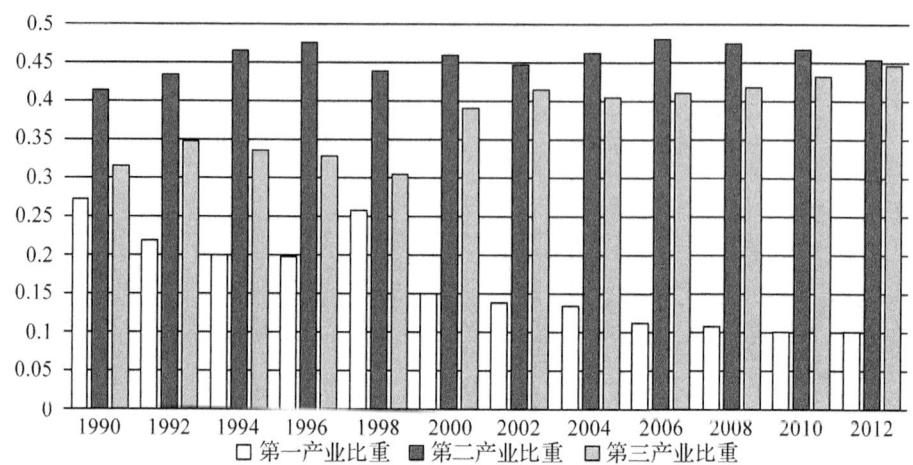

数据来源：由《新中国六十年统计资料汇编》和《2012年中国统计年鉴》整理而来

图3　中国产业结构的变化

二氧化碳排放的主要来源就是第二产业。中国的产业结构中，第二产业二氧化碳排放量所占比重最高，2005—2010年一直保持在80%以上。当前中国优化产业结构的重点便是减少第二产业占经济总量的比重，提高第三产业特别是金融服务业在经济活动中的比值，以改变我国高能耗、高污染、高消费的"三高型"经济增长之路，转向集约式经济发展，走低碳经济之路。

能源结构较长一个时期仍然以"高碳化"为主。我国能源消费以煤炭为主，煤炭能源消费量由2003年的834.7百万吨油当量，上升至2012年的1873.3百万吨油当量①。如图4，2012年中国一次能源消费结构中，煤炭占68%，原油和天然气分别占18%和5%，油气使用量明显低于世界平均水平（36%和24%）。

据国家能源局发布的《煤炭工业发展"十二五"规划》显示，"十二五"期间新开工煤炭建设规模7.4亿吨/年，建成投产规模7.5亿吨/年；形成10个亿吨级、10个5000万吨级大型煤炭企业，煤炭产量占全国的六成以上。由此看出，"十二五"期间，煤炭行业仍将保持高位运行，若要在较短时间内大幅度降低煤炭消费比重似乎是很难做到的，因而在未来很长一段时间内以煤为主

---

① 《2012年国民经济和社会发展统计公报》，http：//www.stats.gov.cn/statsinfo/auto2074/201310/t20131030_450316.html。

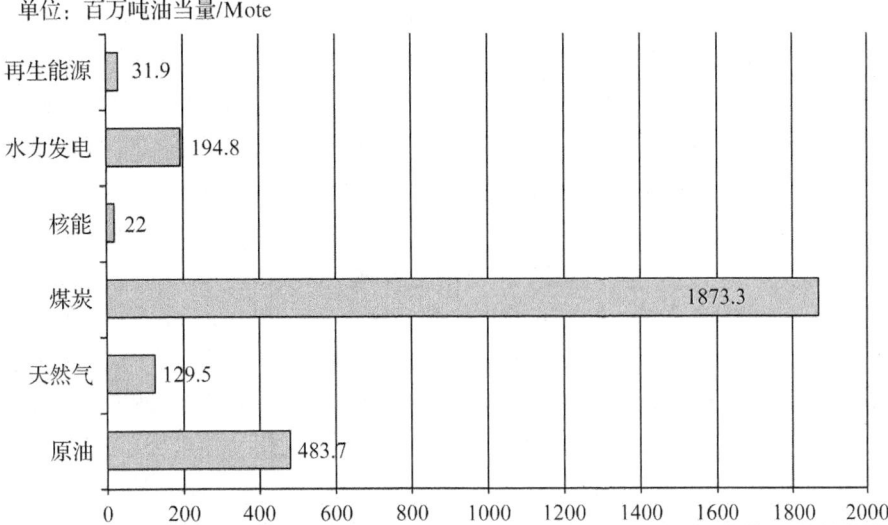

数据来源:国家统计局《中国统计年鉴2013》。

图4 2012年我国一次能源消费结构

的能源结构难以有根本性改变。

(二)京津冀区域性城镇化的加速发展客观上使碳排放呈现刚性特征

农业社会中,人类的主要能源是植物燃烧产生的生物能源及少量的煤;工业革命后,煤成为主要的能源;二战后,随着科技的发展,石油、天然气在生产生活中发挥主导作用。我国当前的城镇化建设对"发展型碳排放"有刚性需求,原因是城市化建设中,大量农业人口进入城市从事第二产业和第三产业,这些居民的消费模式发生了显著变化,人均能源消费和水泥消费都远远超过农村居民,从而推动了人均碳排放量的持续增长[①]。

改革开放以来,随着居民生活水平的不断提高,具备一定生活水准的民众尤其是富人阶层在生活方式、消费方式上没有形成好的低碳表率。随着以攀比性和炫耀性为特征的消费主义向中国蔓延,国内以消耗大量能源、排放大量温室气体为代价的"面子消费"在不断升级。

以机动车增长为例,其数量的快速增长引发了严重的环境污染。据环保部发布的《2013中国机动车污染防治年报》显示,我国机动车保有量持续增长。

---

① 杨朝峰等:《主要国家低碳经济发展战略》,《全球科技经济瞭望》,2013年第12期。

与2011年相比，2013年全国机动车保有量增加了7.8%，达到22382.8万辆；其中，汽车10837.8万辆，低速汽车1145.0万辆，摩托车10400.0万辆。我国已连续四年成为世界机动车产销第一大国。统计数据表明，私家小汽车百公里人均能耗约为公共汽车的12倍、电车的29倍，是地铁的20倍[①]，机动车污染已成为温室气体的重要来源。以北京市机动车增长为例，1949年2300辆，1966年2.8万辆，1978年7.7万辆，1997年100万辆，2003年200万辆，2008年400万辆，2011年500万辆，2016年600万辆。北京市机动车保有量从400万到500万，用时不到3年，要不是实施"摇号"政策限购，500万辆大关很可能一年就被突破。有人这样比喻过500万辆车给北京交通带来的影响，如果以车长4.5米的普通轿车为例，500万辆车首尾相连，长度是2.25万公里，可以绕二环路（长约33公里）大概681圈。

依据"环境库兹涅茨曲线"，只有经济发展到一定水平，人均能源消费量才能保持稳定并逐步下降。如图5所示，美国在20世纪70年代初完成了城市化，其人均碳排放量也在1970年达到了21.11吨的峰值，此后人均碳排放量有所下降。我国2013年城镇化率为53.73%，发展程度尚未到达"环境库兹涅茨曲线"中的拐点（图6），"发展型碳排放"难以避免。

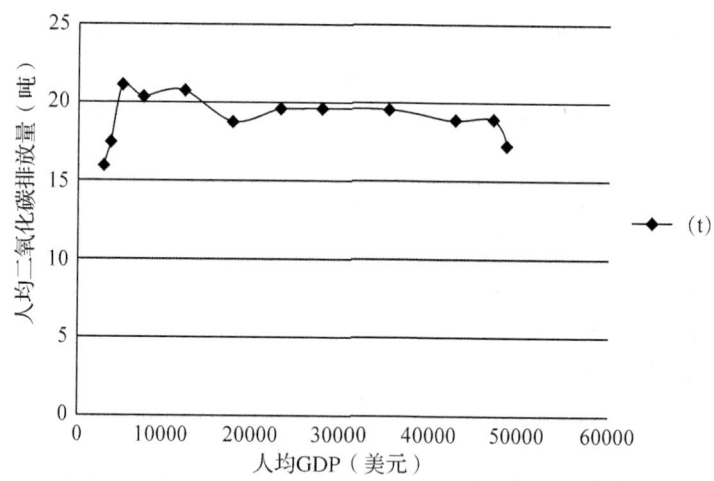

数据来源：美国能源部二氧化碳信息中心（CDIAC）

图5 美国1950—2011年碳排放库兹涅茨曲线

① 熊焰：《低碳之路——重新定义世界和我们的生活》，北京：中国经济出版社，2010年版。

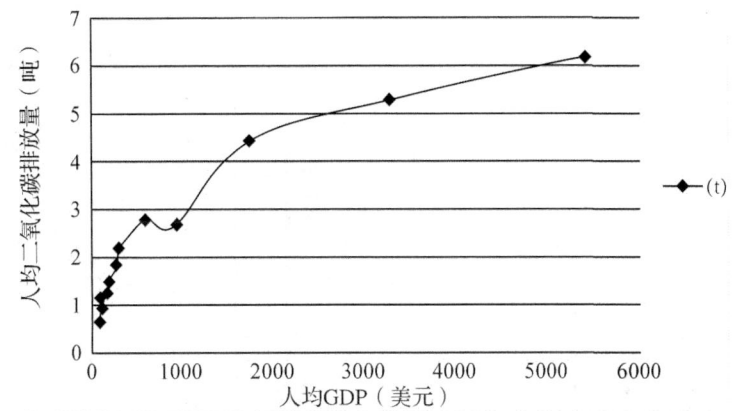

数据来源：美国能源部二氧化碳信息中心（CDIAC）

图6　中国1950—2011年碳排放库兹涅茨曲线

（三）京津冀区域性的人口集聚客观上也增加了"生存型碳排放"

根据"十二五"规划，我国的城市化率在2030年将达到65%，意味着每年将有2000万农村人口涌入城市，并产生大量住房和基础设施需求。数据显示，2014年，京津冀地区常住人口1.11亿，占全国的8.1%。其中，北京、天津人口高度聚集，人口密度分别为1311.1人/平方公里和1289.8人/平方公里，均为河北省393.4人/平方公里的3倍以上，是全国平均水平142.1人/平方公里的9倍以上。从目前的经济发展状况来看，我国城市化和工业化至少还需要20年时间，能源大量消耗还要持续较长时间。

据第六次人口普查数据，截至2010年年底，中国的总人口数为13.4亿，约占全世界人口总数的19.8%。如图7所示，虽然中华人民共和国成立以来我国人口总数占世界人口比重呈下降趋势，但我国人口基数大，人口总数持续增长。人口增长、经济增长是矿物能源消耗增长的原因，是促进碳排放总量增长的"放大因子"[①]。此外，中国人均能源量均低于世界平均水平，煤、石油分别为世界平均水平的70%、11%。不断攀升的人口总量开始向生态环境、大气污染提出了挑战，不仅导致各类生活污染物排放的增加，还使得能源消费量不断增加。在中国目前以煤炭为主的能源消费结构下，人口持续增长必将导致"生存型碳排放"的持续增加，使碳排放总量居高不下。

---

① 李江苏等：《中国碳排放增长机理分析》，《资源科学》，2010年第11期。

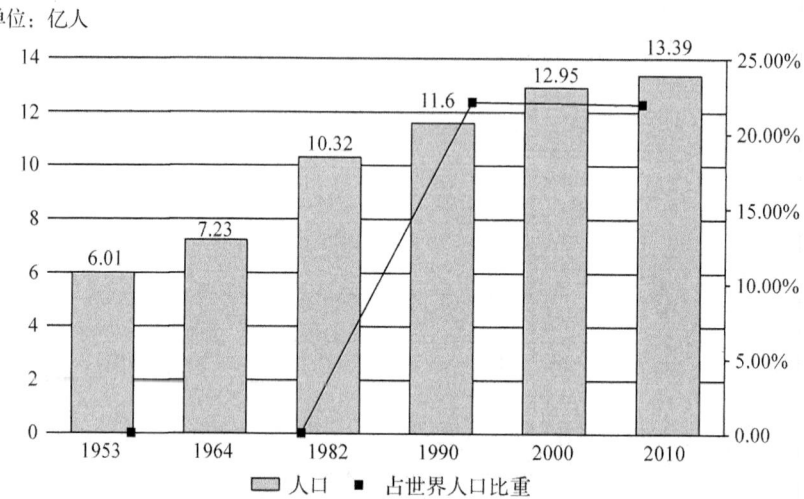

数据来源：六次人口普查数据与世界银行网站

图7　中华人民共和国成立以来中国人口变动与占世界人口比重变动趋势图

从北京、上海人口密度的国际比较看，北京市人口今后依然有较大的增长空间。目前，上海市的人口密度是3535人/平方公里，北京市城六区的人口密度是2583人/平方公里，分别在国际比较中位居第三和第八位。根据土地面积来衡量，北京和上海都市区的人口密度上限低值可参照东京都市区，上限高值则介于东京都市区、首尔都市区与孟买都市区之间，上限大约在4200—4600人/平方公里。据此推算北京都市区的人口增长空间为1239—1413万人，上海的人口增长空间为455—464万人，仍有一定上涨空间。截至2015年年末，天津市常住人口总量为1546.95万人，与2010年年末相比增加247.66万人，五年间年均增加49.53万人。其中，外来常住人口500.35万人，与2010年年末相比增加199.91万人，占常住人口增量的比重为80.19%，五年间年均增加39.98万人。

（四）传统产业改造提升与产业低碳化发展的相对滞后

保定市是河北省传统工业基地，但近年来保定市产业结构优化升级进展较为缓慢。"十一五"期间，第三产业增加值占国内生产总值的比重低于预期目标，重工业占工业总产值比重继续上升，高耗能、高排放产业增长过快。工业增长过于依赖高耗能行业的发展。以2012年为例，2012年全部工业完成增加值1259.4亿元，比上年增长12.9%。汽车、新能源、纺织、食品和建材五大主导行业完成增加值550.2亿元，比上年增长9.3%。六大高耗能行业完成增加值148.6亿元，比上年增长17.9%。其中，电力、热力的生产和供应业完成增加值55.6亿元，比上年增长1.5%；非金属矿物制品业完成增加值25.9亿元，比上年增长25.4%；化学原料及化学制品制造业完成增加值25.7亿元，比上年增长22.7%；黑色金属冶炼及压延加工业完成增加值23.8亿元，比上年增长15.8%；石油加工、炼焦及核燃料加工业完成增加值18.1亿元，比上年增长94.9%。

在河北省11个设区市中，保定市虽然不像唐山市、邯郸市、邢台市、石家庄市、张家口市等设区市那样拥有规模较大的钢铁、化工、制药等重化工产业，但由于保定市财政经济发展水平相对较低，导致粗放型的传统产业改造相对滞后。目前，全市印染、机械制造、造纸、建材、塑料加工、铸造、化工等行业的工业燃煤消耗量较大，占到了全市燃煤总量的70%左右。

由于市区内的传统产业数量多、企业规模小，改造提升进程缓慢，基本上还处于高消耗、高排放的粗放经营状态，再加上分布在市区周边的县域内的数量众多的土小企业（国家称为"十五小企业""五小企业""新六小企业"），增加了能源消耗和碳排放的治理难度，影响了全市节能减排效果。同时，保定市企业存在"小、散、弱"的状况，部分行业中还存在着一些工艺、装备落后及资源利用率低的中小企业。2008年全市中小企业达25800家，而国家级龙头企业仅有1家，省级企业34家，市级企业有203家，规模以上企业的比重约为5%。全市纺织服装业企业达到1.2万余家，但规模以上企业仅有291家；汽车零部件企业达到300多家，规模以上企业仅有106家。由于这些企业受到地方利益的保护，难以及时地关停并转，因此致使纺织业、汽车零部件业等行业仍然存在着高消耗、高投入、低效率的问题，也导致这些产业的发展资源分散，造成资源浪费，不利于建立低碳产业体系。

(五)低碳产品成本偏高，企业竞争力不足，赢利能力有限

以河北省保定市的太阳能光伏产业为例，原料方面，硅是太阳能光伏产业中的重要原材料，而由于国内的硅提纯技术不过关，现在大部分硅要靠进口。硅的价格在四年里从20多美元1公斤涨到400多美元1公斤，企业生产成本提高很多。目前大多数多晶硅生产电耗在180千瓦时/千克以上，单位成本并不具备很强的市场竞争力。硅锭、硅片产业对上游多晶硅的依赖，导致部分企业开工不足。上述问题都可以归结为一个原因——缺乏自主核心技术。中国在光伏研发领域的落后状况从2008年中国企业申请的专利数便可见一斑。中国公司的研发投入占营业额的比例远远落后于发达国家。中国的专利申请更多地集中在硅片、硅锭的制造上面。日本及欧美国家的太阳能专利一半以上集中在太阳能光伏材料领域，而我国专利在相关技术领域只占1/3。中国在高纯硅领域的专利申请远远落后于发达国家，很难占据技术领先地位。

同样的问题出现在风力发电产业。中航惠腾在国产叶片市场的占有率超过80%，但由于风场购买价压得低，企业利润很低，既影响了企业生产的积极性，又不利于企业积累资金进行技术改造和创新。风场方面，火电的平均电价不到0.4元，风电价格却在0.5—0.53元，而且风电的前期造价比火电要高一倍，建设1万千瓦火电要投资4500万元，建设1万千瓦的风电要投资8000万元到1亿元。从投入的角度来看，投资风电没有利润，甚至还会亏损，所以风场的投资和建造也存在困难。但如果把风电上网电价上调后，电网公司又不愿收购了，所以新能源电力在应用方面成本高，普及困难。

在市场方面，2010年，中国太阳能光伏产品90%都是出口，只有10%是国内市场需求。市场的缺失直接导致我国光伏企业无法参与国际规则、标准的制定。受欧债危机、光伏产业的"双反调查"等国际市场因素影响，保定市低碳战略企业普遍面临国际市场收缩的情况，应收账款的回款周期也不断延长。这一方面加大了企业的资金成本、汇率变动等经营风险，另一方面也影响到了企业的融资能力。如保定市各银行出于保全资产的需要，开始从光伏企业撤资。据调查，中国银行明确表示对英利集团只存不贷；中国工商银行上收审批权限；中国建设银行停止全部授信业务，只办理保函业务等。而保定市低碳企业普遍存在融资渠道单一的现象，银行融资是企业融资的主要渠道。国际市场不景气、国内融资不顺畅，使2012—2013年度保定市低碳企业出现收益下降、资金吃紧的情况。资金周转不畅，在一定程度上也影响了低碳企业的革新与发展。

伴随着国家政策对新能源产业发展扶持力度的不断加大，各地方政府也逐步把发展新能源产业和打造新能源产业基地作为本地区的战略目标。据不完全统计，目前我国有二十几个省、市都明确提出以发展新能源产业为重点，加快新产业体系建设的设想，这必将导致区域之间新能源产业同质化局面的出现，相互之间的竞争加剧，影响新能源产业健康有序发展。如全国投资风电整机制造的已有60多家，大都是引进一个技术，分散采购零部件进行拼装，真正具备产业配套能力的整机企业十分有限。光伏电池也因为其巨大的市场需求和利润空间，吸引着各种资金和投资者盲目进入。

由于入行门槛低、缺乏核心技术，我国新能源行业已经明显呈现出"低水平重复建设""打价格战、拼出口"的恶性竞争态势。中国整个太阳能光伏产业核心技术的缺失是造成产业链发展不平衡、产品附加值低等问题的直接原因。除少数几家拥有核心技术和专业能力以外，在这个行业里滋生的企业大都集中在产业链的中间环节，缺乏足够的竞争优势和抗风险能力。地方政府争上项目各自为战，企业同质化发展现象普遍存在。目前光伏产业的恶性竞争主要集中在产业链的低端。低附加值再加上恶性竞争，使得这些环节的利润迅速减少，在高端多晶硅生产环节利润率仍有30%的情况下，光伏组件企业的利润率不足10%，而且还在持续走低，惨烈的价格战不断升级。

此外，国际市场上多晶硅价格的起伏、风机叶片材料的国产化进程等已经成为保定市乃至全国新能源设备制造业未来发展的主要不确定性因素。2011年以来，光伏产品价格一路下跌。据调查，目前多晶硅的价格为18.5美元/公斤，较2008年年初的346.43美元/公斤，跌幅达94.66%。目前，英利集团旗下的"六九硅业"生产成本为28美元/公斤，众多中小多晶硅厂商的生产成本在40—50美元/公斤之间。受此影响，全市硅料生产企业全部停产，光伏组件价格也大幅跳水，从2008年的每瓦4.2美元，下降到目前的0.75美元，降幅达82%。

三、京津冀大气污染协同治理的设计与改革举措

(一)京津冀大气污染协同治理的理论设计

1. 大气污染区域协同治理研究

由于西方发达国家在工业化的进程中，走的是一条"先污染、后治理、后恢复"的道路，至20世纪中期，集中爆发了重大的大气污染事件，付出了惨痛的代价。在这样的背景下，发达国家纷纷开始重视大气污染协同治理的研究工作，强调以转变经济发展观念为前提，完善相关法律制度，划定治理区域，并且明确各治理主体的职责，鼓励社会、公民、企业积极地参与到大气污染治理中来。而我国有关区域大气污染协同治理的研究起步较晚，研究成果较少，并多集中于近几年，其研究内容主要可归纳为：王金南等(2012)探讨了区域大气污染联防联控的理论基础，并着重研究了我国实施区域联防联控的技术与方法；赵新峰等(2014)结合实例，研究了京津冀、长三角等区域大气污染联防联控联治中存在的问题；崔晶等(2014)则着重研究了区域大气污染协同治理视角下的府际事权划分问题；曹锦秋等(2014)集中探讨了区域

协同治理中的法律制度建设问题；汪伟全等（2014）总结研究了区域空气污染中的协同治理模式；李国平（2012）、马海龙等（2014）对京津冀区域治理进行了探索，但是，其研究成果更多地侧重于区域经济治理，并未聚焦于大气污染协同治理；任孟君（2014）从协同治理理论的视角探讨了我国区域大气污染的协同治理，探究内容较为全面，但深度不够。

2. 将整体性治理理论引入跨区域政府间协调研究

作为21世纪政府治理的大理论——整体性治理，是在反思新公共管理理论导致的碎片化和顺应信息化的基础上形成的，其在区域合作、协调和整合等方面具有科学性和可行性。作为理论的首倡者，Perri确立了整体性治理理论的研究范围和理论框架，但并没有完全确定整体性治理理论的具体内涵；Patrick Dunleavy则介绍了这一理论产生的背景以及可资利用的工具——信息技术，更多体现为对Perri观点的补充；Tom Christensen和Tom Ling分别讨论分析了整体性治理理论的适用性和具体结构；最终由Christoppher Pollit阐明了其内涵。

对于运用整体性治理理论去研究跨区域政府组织间协调的文献还相对较少。高建华（2010）研究认为，在区域政府合作治理中，应在整体性政府构建、整体性治理模式、整体性治理协调机制、信任机制和承诺机制以及监控机制等方面加强努力。王建平（2011）强调，尽管区域整体性治理模式是在我国现有体制下，推动地方政府加强合作的有效途径，但要以建立科学的利益协调机制为前提条件。任维德和乔德中（2011）则以整体性治理理论为基点，深入研究了城市群内府际关系协调的治理逻辑。在整体性治理视角下，崔晶（2012）、王洁（2011）和赵宇（2010）等人分别结合京津冀、长三角和西三角等区域实例，进行了区域政府间协调体制和机制的创新研究。

3. 政策协调研究

关于政策协调的研究，最早起源于国际经济学界，而后才逐步向公共行政领域发展。针对政策协调的概念界定，John认为政策协调就是两种以上政策得以融合演进，并取得共同的目标政策，协调的目的是为防止政策出现冲突；海帕认为政策协调，一方面是不同部门政策制定过程中的协调，另一方面是不同的政策建议演进成为一项共识；Malford和Rodgers把政策协调界定为两个以上的组织创造新规则或利用现有决策规则，共同应对相似的任务环境。针对政策协调产生的原因，Lampton解释为，政策决策单位相信集体行动和建立制度的收益能够超过单独行动的收益。相较于国外，国内学界对政策协调的研究，起步时间较晚,缺乏专门、系统的理论研究,主要集中在以下几个方面:介绍西方政策协调理论和实践的研究(周志忍,2010);中央与地方政府间政策协调问题的研究(贾宝林,2009);具体政策间协调的研究(谢菊,2007);区域政府间政策协调的研究(杨宏山,2005;吴燕,2009;王鹏远,2012)。

国内外围绕区域大气污染协同治理已展开了一些研究,如针对跨域大气污染治理,Michelle S. Bergin(2005)认为要克服政治、经济和文化的差异,并加强多个司法管辖区之间的合作;Peter H. Sand(1974)则提出防治跨境大气污染,需要国际法做支撑;陈瑞莲(2014)从国家治理的层面建构了大气污染区域联动防治体系;冯贵霞(2014)则深入研究了中国大气污染防治政策的变迁。但总体而言,现有研究或宏观宽泛,或片面零碎,缺乏运用整体性的视角系统研究具体的政策协调问题。

通过上述文献综述可以发现,整体性治理理论已得到国内外公共管理学界的重点关注,并已在国内逐步被探索用于指导区域政府组织间的协调合作;政策协调的相关研究虽然多集中于经济领域,但也已经逐步向公共行政领域发展;区域大气污染协同治理的研究在国外不仅成果丰硕,而且已应用于实践,并取得了良好的效果,而我国相关方面的研究则还处于起步阶段,其关于区域大气污染治理的研究过于宏观宽泛,具体的实证研究相对薄弱。最值得注意的是,现有研究较少关注这三个研究领域的融合和交叉,鉴于此,从整体性治理的视角分析区域大气污染治理政策协调的影响因素和达成模式,将是一个崭新的研究视角和理论创新。

(二)京津冀协同发展国家战略的形成与实施

2013—2014年习近平总书记连续提出京津冀"协同发展",反对属地主义、区域分割、各自为战的发展模式,京津冀"协同发展"上升为国家战略。2015年国务院出台《京津冀协同发展规划纲要》。

《纲要》提出,京津冀协同发展战略的核心是有序疏解北京非首都功能,调整经济结构和空间结构,走出一条内涵集约发展的新路子,探索出一种人口经济密集地区优化开发的模式,促进区域协调发展,形成新增长极。同时,推动这一国家战略要坚持协同发展、重点突破、深化改革、有序推进。

京津冀协同发展,具体而言:一是要着力加强顶层设计,要打破区域分割的藩篱,编制首都经济圈一体化发展的相关规划,明确三地功能定位、产业分工、城市布局、设施配套、综合交通体系等重大问题,并从财政政策、投资政策、项目安排等方面形成具体措施;二是要着力加大对协同发展的推动，自觉打破属地主义、区域分割、各自为战的思维定势，充分发挥环渤海地区经济合作发展协调机制的作用；三是要着力加快推进产业对接协作，理顺三地产业发展链条，形成区域间产业合理分布和上下游联动机制，对接产业规划，不搞同构性、同质化发展；四是要着力调整优化城市布局和空间结构，促进城市分工协作，提高城市群一体化水平，提高其综合承载能力和内涵发展水平；五是要着力扩大环境容量生态空间，加强生态环境保护合作，在已经启动大气污染防治协作机制的基础上，完善防护林建设、水资源保护、水环境治理、清洁能源使用等领域合作机制；六是要着力构建现代化交通网络系统，把交通一体化作为先行领域，加快构建快速、便捷、高效、安全、大容量、低成本的互联互通综合交通网络；七是要着力加快推进市场一体化进程，下决心破除限制资本、技术、产权、人才、劳动力等生产要素自由流动和优化配置的各种体制机制障碍，推动各种要素按照市场规律在区域内自由流动和优化配置。

(三) 京津冀大气污染协同治理公共政策

在京津冀区域协同发展的大背景下，鉴于京津冀及周边地区（包括北京市、天津市、河北省、山西省、内蒙古自治区、山东省）目前已成为我国大气污染最严重的区域，因而要加快京津冀及周边地区大气污染协同治理。2013年9月，环保部等六部委联合发布了《京津冀及周边地区落实大气污染防治行动计划实施细则》。2015年12月，京津冀三地环保局正式签署了《京津冀区域环境保护率先突破合作框架协议》，确定联合立法、统一规划、统一标准、统一监测、协同治理区域生态环境。

1. 以燃煤为主的工业污染源协同减排

一是全面淘汰燃煤小锅炉。加快热力和燃气管网建设，通过集中供热和清洁能源替代，加快淘汰供暖和工业燃煤小锅炉。二是深化面源污染治理。强化施工工地扬尘环境监管，积极推进绿色施工，建设工程施工现场应全封闭设置围挡墙，严禁敞开式作业。将施工扬尘污染控制情况纳入建筑企业信用管理系统。

2. 防治机动车污染

一是实施公交优先战略，加强步行、自行车交通系统建设，提高绿色交通出行比例。计划到2017年年底，北京市、天津市公共交通占机动化出行比例达到60%以上。优化京津冀及周边地区城际综合交通体系，推进区域性公路网、铁路网建设，合理调配人流、物流及其他运输方式。二是控制城市机动车保有量。北京市要严格限制机动车保有量,天津市、石家庄市要严格限制机动车保有量增长速度,通过采取鼓励绿色出行、增加使用成本等措施,降低机动车使用强度。三是大力推广新能源汽车。公交、环卫等行业和政府机关率先推广使用新能源汽车。北京、天津、石家庄等城市每年新增或更新的公交车中新能源和清洁燃料车的比例达到60%左右。采取直接上牌、财政补贴等综合措施鼓励个人购买新能源汽车。

3. 调整产业结构,优化京津冀区域产业布局

一是严格产业和环境准入。京津冀及周边地区不得审批钢铁、水泥、电解铝、平板玻璃、船舶等产能严重过剩行业新增产能项目。北京市、天津市、河北省不再审批炼焦、有色、电石、铁合金等新增产能项目,北京市将不再审批劳动密集型的一般制造业新增产能项目,现有的逐步向外转移。二是加快淘汰落后产能。京津冀及周边地区要提前一年完成国家下达的"十二五"落后产能淘汰任务,未按期完成淘汰任务的地区,暂停对该地区重点行业建设项目办理核准、审批手续。

4. 控制煤炭消费总量,推动能源利用清洁化

一是削减煤炭消费总量。其中,北京市净削减原煤1300万吨,天津市净削减1000万吨,河北省净削减4000万吨。二是实施清洁能源替代。加大天然气、液化石油气、煤制天然气、太阳能等清洁能源的供应和推广力度,逐步提高城市清洁能源使用比重。

5. 健全京津冀大气污染监测预警和应急体系

目前,北京市、天津市、河北省已经形成地级及以上城市细颗粒物监测能力全覆盖;2015年,北京市、天津市已经建设3个国家直管监测点,河北石家庄等城市各建设2个国家直管监测点,逐步建成统一的国家空气质量监测网。二是建立重污染天气监测预警体系。目前已经初步建成京津冀区域以及北京市、天津市、河北省省级重污染天气监测预警系统。环保部门要加强与气象部门的合作,抓紧建立重污染天气监测预警体系。

(四)京津冀大气污染协同治理的政策目标

京津冀大气污染协同治理的政策目标:经过五年努力,京津冀及周边地区空气质量明显好转,重污染天气较大幅度减少。力争再用五年或更长时间,逐步消除重污染天气,空气质量全面改善。具体指标:到2017年,北京市、天津市、河北省PM2.5浓度在2012年基础上下降25%左右,山西省、山东省下降20%,内蒙古自治区下降10%。其中,北京市PM2.5年均浓度控制

在 60 微克/立方米左右。

四、北京地区大气污染与公众认知随机抽样

"十二五"期间,北京地区各部门联动,大力削减污染物排放总量,积极开展专项行动,空气质量得到进一步改善,但是除二氧化硫年均浓度达到国家空气质量二级标准外,PM2.5、PM10 及 NO_2 年均浓度仍超过国家空气质量二级标准。如何从公众认知的微观视角分析京津冀大气污染与环境问题,课题组在北京市城六区进行了随机问卷发放。共发放问卷 400 份,回收问卷 381 份,问卷的有效回收率为 95%。

(一)问卷的结构设计

表 2 问卷的指标与结构设计

维度	指标	指标解释
人口学指标	一级指标	问卷对象性别
	一级指标	问卷对象年龄特征
大气污染状况认知	一级指标	京津冀大气污染现状满意度
	一级指标	京津冀大气污染与首都形象
	一级指标	京津冀大气污染与健康忧虑
大气污染相关因素	一级指标	京津冀大气污染的污染源
	一级指标	京津冀大气污染治理成效
	一级指标	京津冀大气污染与政府公共投入
	一级指标	您的日常工作及通勤距离
大气污染治理措施认知	一级指标	您对城市推广电动汽车、电动公交的看法
	一级指标	您对收取城市拥堵费的看法
	一级指标	您对进一步可能针对燃油汽车的限行、限购措施的看法
	一级指标	您对城市煤改气供暖的看法
	一级指标	京津冀大气污染多方治理措施认可度

(二)问卷的人口学基本特征

问卷对象的年龄与性别分布方面,此次参与调查的人群一共有 381 人,其中男性 195 人、女性 186 人,男女比例基本相等,进而可以考察性别因素对

大气污染认知状况的影响。在年龄分布方面，参与调查的人群集中在20—50岁的区间范围。参与调查人群的年龄分布较为合理，能够照顾到各个年龄阶段人群对气候变化的评价。

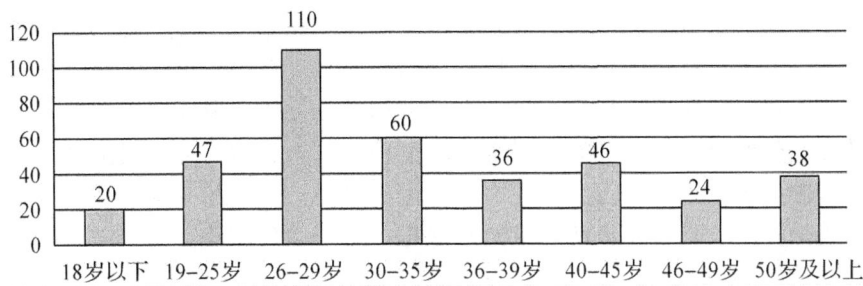

图8　参与调查人群年龄分布

(三)京津冀污染状况的总体满意度及评价

参与调查的人群中只有6%的人对京津冀污染状况表示满意，绝大多数人对京津冀的污染状况表示不满意，这与当前所有关于大气污染的研究和政策需求相契合。在结构分布方面，有41%的被调查者对目前京津冀大气污染问题造成的生活环境状况表示不满意，有26%的人表示非常不满意。同时，通过性别与满意度的交叉表分析，女性受访者对京津冀大气污染的不满意程度要显著高于男性群体。

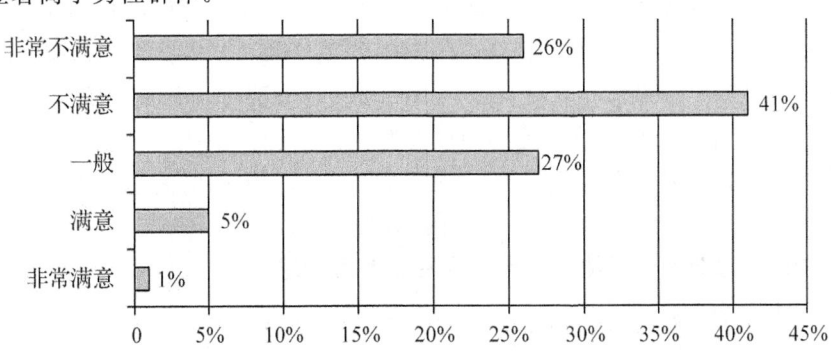

图9　关于京津冀污染状况的满意度

对于"污染状况是否影响首都形象"这一问题，有79%的被调查者认为污染状况已经影响到了首都形象，其中48%的被调查者认为非常受影响。而认为不影响的被调查者仅占16%。北京市通过30年的发展，已经逐步发展成为世界瞩目的国际大都市。我们能够明显地感受到空气污染已经越来越成为不和谐的因素,我们常常因为空气的污浊而不能外出,也因为空气不好而影响着我们城市的形象。

(四)对于京津冀大气污染是否影响身体健康或具有防护性措施

尽管努力防治空气污染,但北京的空气质量仍不容乐观。在被调查者当中,32%的被调查者都会选择在 PM2.5 超标时戴上防护口罩等。有被访者回应,原定的出行计划不想推,要是没有外出计划就不出来了。42%的被调查者认为,他们会在空气污染较严重的时候戴上防护口罩。几乎没有或者没有防护措施的被调查者仅占 1/4 左右。极端天气下,人们纷纷减少出行,即使出行也选择戴上口罩。因而,在北京地区,由于空气污染,防尘口罩已经成为最紧俏的商品。

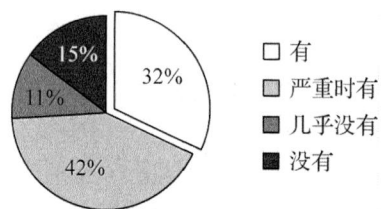

图 10 关于是否具有防护措施

对于"北京地区的城市大气污染是否会影响您的健康"有 46%的被调查者认为,自己非常担忧大气污染对健康的影响,担心大气污染影响健康的人占到了总数的 93%。近年来,北京市的空气污染严重,各大医院呼吸科门诊人满为患。最新全国城市儿童流行病学调查显示,我国哮喘儿童人数 10 年间增加了 60%。哮喘发作的最常见诱因就是呼吸道感染和空气重污染。随着空气污染的加重,被调查者普遍反映近些年孩子感冒持续的时间越来越长,感冒的次数也越来越多,其实这与环境因素密切相关。

(五)京津冀大气污染的区域传导特征及污染源

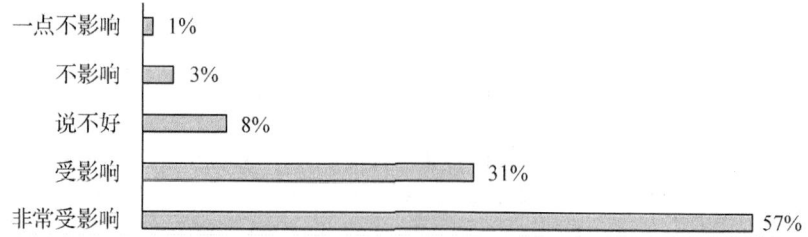

图 11 北京是否受周边区域影响

对于"北京地区大气污染状况是否受周边区域影响",将近90%的被调查者认为北京的大气污染受到了周边区域的影响。其中,高达57%的受访者认为周边污染传输对北京影响显著①。以周边区域的天津市和河北省的耗能总量为例:天津市和河北省水泥、钢铁、炼油石化等高污染企业数量多、规模大,区域燃煤总量约3.5亿吨。其中,河北省燃煤量现状约2.8亿吨,天津市燃煤量现状约4700万吨,北京市燃煤量现状仅2330万吨。当然,北京自身因素也是一部分原因:北京市常住人口、经济总量、能源消耗、机动车保有量、建设规模不断扩大。相关资料显示,1998—2012年,北京市的经济总量增长6.5倍,人口增长66%,机动车增长2.8倍,能耗增长90%。在此背景下,北京市大气污染物排放量居高不下,远超环境容量。

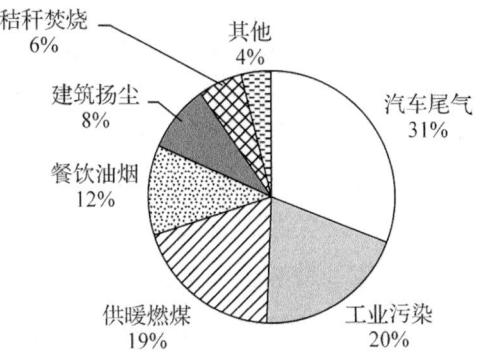

图12 目前京津冀大气污染的污染源

关于京津冀大气污染源,大部分人认为来源于汽车尾气、工业污染、供暖燃煤这三个选项,共占到70%。31%的被调查者认为汽车尾气是最重要的污染源,20%的被调查者认为企业排放的工业污染的危害最大,19%的被调查者认为供暖燃煤对大气的污染更甚。如果我们将微观的数据信息与京津冀推进区域大气污染联防联控的政策相对照,两者的呼应程度还是很高的。作为京津冀协同发展的重点领域,2015—2016年区域大气污染联防联控涉及三个重点领域:一是治理散煤。燃煤污染是京津冀地区最突出的污染,在北京、天津等清洁能源比重较高的地区,争取用清洁能源替代煤;在河北、山东等相对清洁能源改造难度大、散煤能源较多的地区,逐步用优质煤替代劣质煤。二是机动车治理。目前京津区域已率先建立了机动车联防联控机制,近期争

---

① 《北京环科院副院长:周边污染传输对北京影响显著》,http://www.chinanews.com/gn/2014/03-18/5965604.shtml。

取在异地处罚、信息共享方面有所进展。三是整治秸秆焚烧。对于这个在特定时段影响区域环境的重要因素，将通过推动秸秆的综合利用、禁止焚烧等方式进行治理。同时，2015年京津冀大气污染治理的六大领域分别是机动车污染、燃煤污染、秸秆综合利用、化解过剩产能、治理挥发性有机物、治理港口及船舶污染。

（六）京津冀大气污染治理信心指数与治理主体

对于京津冀大气污染治理信心指数，如："您觉得大气治理能在多久见效？"大部分人认为大气治理只能在中长期过程中见效，持短期见效观点的人群的比例还是较少的。只有15%的被调查者坚信短期可以见成效，18%的被调查者认为3—5年可以见成效，近2/3的被调查者认为大气污染治理是一个长期的过程。这也表明，各个阶层的被访者，在对待大气污染治理难度这一问题上的态度还是非常理性的。历史也证明，发达国家几百年的工业化进程中，污染问题始终伴随其左右，只是在近些年才得到较好的治理。在我国这样一个人口众多的国家，同时又面临紧迫的城市化、工业化进程，要短期有效治理大气污染，难度不可谓不大。

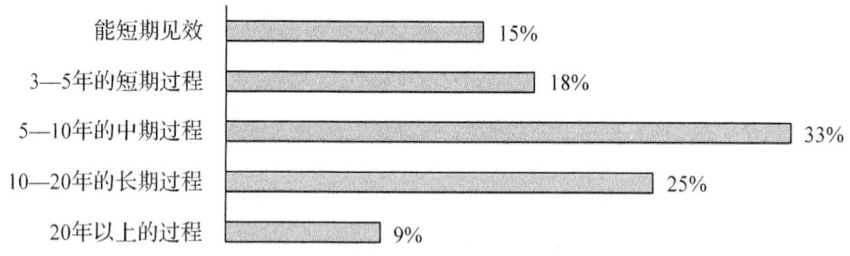

图13　您觉得大气治理能在多久见效

一方面，很长一段时间以来，京津冀地区的大气治理属于属地主义、区域分割、各自为战的单方治理模式，三地的公共财力差异导致治理力度的差异；另一方面，北京市主要是消费性碳排放治理，而河北省主要是生产性碳排放治理，三地分别从属于生存性排放、改善性排放与奢侈性排放的不同层次。此外，地方政府的民生保障压力、就业压力、地方财税压力差异度较大。针对"与单方治理相比，您对目前的多方治理的信心度如何"的问题，绝大多数被调查者对多方治理大气污染充满信心，占被调查者总数的53%。其中，非常有信心的占到16%，37%的被调查者选择有信心。这主要得益于京津冀一体化的国家战略。2015年12月，京津冀三地环保局正式签署了《京津冀区域环境保护率先突破合作框架协议》，确定联合立法、统一规划、统一标准、统一监测、协同治理区域生态环境。大气污染协同治理已经成为一种政策共识。2015年，中央政府宣布，未来三年将再拿出约8200亿元人民币来治理京津冀大气污染问题。

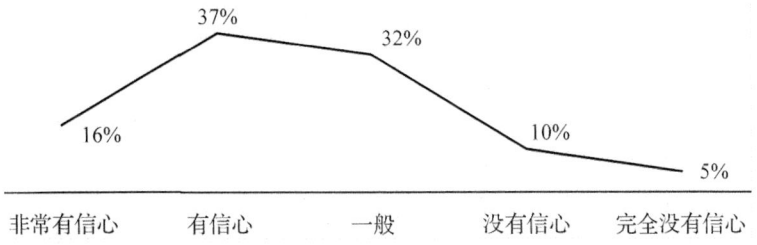

图14　与单方治理相比，您对目前的多方治理的信心度如何

（七）京津冀大气污染多方治理偏好

正如上文所说的，政府公共投入对治理京津冀大气污染是非常重要的。在问卷调查中，"您对继续加大力气增加公共投入治理大气污染的态度"，大部分被调查者非常支持增加大气治理的公共投入，占到所有被调查者的78%。2013年，中央财政安排50亿元资金，全部用于京津冀及周边地区（具体包括京、津、冀、蒙、晋、鲁六个省份）大气污染治理工作。2015年，中央政府的支持力度继续加大，未来三年将累计拿出约8200亿元人民币来治理京津冀大气污染。

从公共领域转向个人，这种对大气污染治理的偏好差异明显地显示出来，如图15。对于收取城市拥堵费，被调查者对城市收取拥堵费的态度相对分散，但是，抱有不支持态度的比支持态度的高18%。其中明确表示不支持的占到36%，表示非常不支持的占到12%；支持和非常支持的仅占30%。这表明，公众一方面重视环境问题及公共投入，另一方面也特别关注自身权益。2014年，京津冀及周边地区大气污染防治协作小组办公室印发《京津冀及周边地区大气污染联防联控重点工作》，明确大气环境承载能力红线。同时，研究控制机动车使用强度的经济政策。这意味着交通拥堵费和排污费等控制机动车的经济政策可能在区域内研究实施。

据了解，国际上有一个通行指标，人均交通成本占人均可支配收入的比重不超过8%。参照北京市的收入水平来算，在北京的用车成本约为每年4000元，以在北京东北二环上班为例，一周可以有4天开车上班，按一天30元的停车费计算，一年开车上班的停车费就是5760元。仅这一项，已经远远超出平均用车成本。大部分被调查者的日常工作通勤距离集中在10—20公里，该距离比例占所有被调查者的68%，说明大部分人的通勤距离比较远。被调查者中有78%的人认为应该增加公共投入，48%的被调查者不支持收取城市拥堵费。

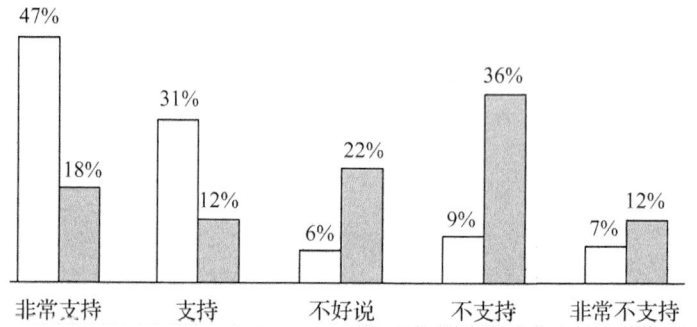

图 15　您对继续增加公共投入治理大气污染与收取城市拥堵费的态度

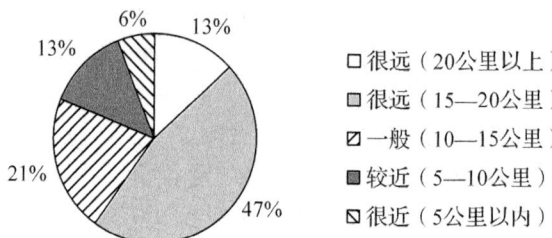

图 16　您的日常工作及通勤距离

(八) 京津冀大气污染与清洁能源方案

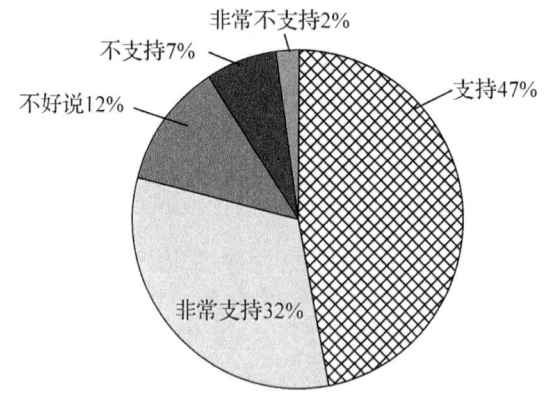

图 17　您对城市推广电动汽车、电动公交的看法

就"您对城市推广电动汽车、电动公交的看法"绝大多数被调查者持支持

态度，占79%，仅有9%不支持。截至2015年9月，北京已经累计推广2.32万辆新能源车①。到2017年年底，北京市将力争新能源和清洁能源汽车应用规模达到20万辆。按照2013年11月出台的《北京市小客车数量调控暂行规定实施细则》，从2014年到2017年的四年间，北京市增量小客车指标额度共60万个，年度配置指标总量由此前的24万个减少到每年15万个，从而使机动车保有量到2017年年底不超过600万辆。在指标的分配上，普通小客车从2014年到2017年分别是13万辆、12万辆、9万辆、9万辆；相应的，新能源车指标分别为2万辆、3万辆、6万辆、6万辆。

关于"您对城市煤改气供暖的看法"，被调查者中有81%的人对城市煤改气供暖持支持态度，非常支持的占41%，不支持的总人数仅占被调查者总人数的14%。说明大部分人对煤改气供暖非常支持。

关于"您对进一步对燃油汽车限行、限购的看法"，绝大多数被调查者持不支持态度，大概占所有被调查者的64%，支持的被调查者占24%。而同时，79%的被调查者支持城市推广电动汽车、电动公交。可以看出，居民的物权意识在觉醒。根据《物权法》的规定，所有权人（包括国家、集体、私人）对其依法享有所有权的机动车享有占有、使用、收益和处分的权利，任何单位和个人不得侵犯。即便每周限行一天，也限制了所有权人对机动车使用权、收益权的完全行使，继而使所有权人的所有权产生瑕疵，并导致机动车使用价值的贬损或降低。

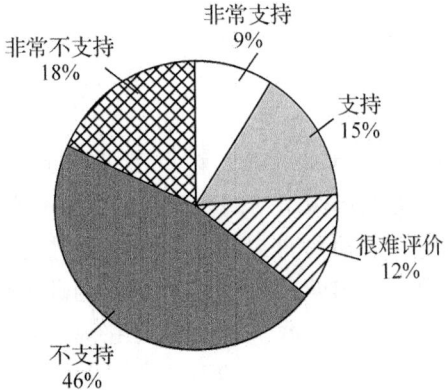

图18　您对进一步对燃油车汽车限行、限购的看法

---

① 《北京给新能源汽车让路 燃油车指标再降》，http://www.evtimes.cn/html/2015 11/62468.html。

五、碳排放与大气污染治理：三地实践案例

(一)深圳市低碳发展模式

1. 以国际低碳城为载体

2010年6月以来，深圳市联合日本、德国、美国、荷兰等国家开展广泛多元合作，在龙岗区坪地建设国际低碳城，拟建设成为全球标杆性低碳发展综合示范区。2012年，深圳国际低碳城核心区项目正式启动。在规划上，低碳城将打造国际低碳技术集成应用示范中心、低碳产业与人才聚集中心、低碳技术创新研发中心、低碳技术博览交易中心、低碳发展技术和服务输出中心，并集成先进的"低碳规划"与"绿色建筑"技术形成"一核四区"的"项目群落"布局。此外，国际低碳城在道路与基础设施建设上，充分考量能源减碳，构建区域一体、低碳出行的道路网系统；在绿色建筑设计上，强调生产、生活、生态三合一。①

2. 以产业结构优化为先导

深圳市低碳发展以产业结构优化为先导。2011年深圳市便已进入"无农业"时代，到2013年，其第三产业增加值占GDP比重达56.6%，比上年提高1.0个百分点②。2013年战略性新兴产业增加值达5002.50亿元，增长20.5%，六大战略性新兴产业中，生物产业增加值228.28亿元，互联网产业增加值590.59亿元，新能源产业增加值335.97亿元，新材料产业增加值310.36亿元，新一代信息技术产业增加值2180.30亿元，文化创意产业增加值1357.00亿元，相关低碳产业呈现良好发展态势。

3. 以"碳排放权交易"试点为突破口

2013年6月，深圳市碳排放权交易试点正式运行，这是我国首个正式运行的强制碳市场，标志着我国碳市场的建设迈出关键性的一步。在2015年的启动阶段，深圳排放权交易所将重点企业和大型公共建筑作为碳排放管控单位，管控单位碳排放总量约占全市总量的40%。与此同时，深圳排放权交易所创设公益会员的会员形式，公民和社会团体在降低自身碳排放的同时，对于无法避免的碳排放通过购买配额的方式进行抵消，培养公众低碳意识，为深圳低碳发展打下坚实基础。

---

① 《深圳开建国际低碳城》，《深圳商报》，2012年8月22日。
② 《深圳统计年鉴(2013)》，http://www.sztj.gov.cn/nj2013/indexce.htm。

(二)杭州市低碳发展模式

1. 依托自然优势,提升"生态碳汇"能力

杭州市具有天然的生态优势,依托有江、有河、有湖、有海、有溪(湿地)的自然禀赋,打造"五水共导"的"生活品质之城",充分发挥水资源的减碳功能。2012年,杭州市区空气质量优良天数336天,优良率为91.8%。市区人均公园绿地面积达15.5平方米,建成区绿化覆盖率为40.1%。森林覆盖率达到64.77%,全市森林吸收二氧化碳921.08万吨,释放氧气672.45万吨,产生固碳效益97.39亿元;森林滞尘量2079.34万吨,净化大气效益32.61亿元。

2. "低碳化"的城市公共交通

构筑"六位一体"的大公交系统,即由轨道交通(快速公交)、公共汽车、出租汽车、"水上巴士"、"水上的士"、免费单车共同组成的公共交通服务体系。2011年年底杭州市拥有7200辆公交车,2012年新增386辆。至2012年年底,已具有2962个公共自行车服务点、69750辆公共自行车的规模,日均租用量达到25.76万余人次,免费使用率超过96%。[①]

3. 低碳建筑

为了打造杭州低碳城市,杭州市积极推进低碳经济、低碳建筑、低碳交通、低碳生活、低碳环境、低碳社会"六位一体"的低碳城市建设。杭州市实施"阳光屋顶示范工程",充分利用公共建筑、工业建筑等各类建筑和构筑物表面,加装太阳能光伏电池组件、电能控制系统和并网系统,实现光伏发电在建筑领域的推广应用;实施城市"绿屋顶"计划,积极探索立体绿化和垂直绿化的新方法、新品种,继续做好见缝插绿、破墙透绿、合理播绿、全民植绿,提高城市立体空间的绿色浓度,降低城市热岛效应。

(三)保定市低碳发展的多中心合作治理模式

1. 政府主导低碳发展

2008年,世界自然基金会(WWF)与中华人民共和国建设部把保定市确定为低碳城市项目建设城市。以此为契机,保定市政府以全面建设低碳城市为目标,制定了低碳城市实施方案,成为低碳发展的主导者和践行者。保定市政府的主导作用体现在三个方面:其一,对低碳产业发展实施了激励性财政政策,如对低碳产业领域新注册企业所缴纳的"四税"的市分享部分全额返还。

---

① 王春华:《我国城市自行车发展分析》,《交通与运输》,2014年第4期。

其二，出台了《保定市太阳能之城建设专项资金管理办法(试行)》等地方法规，全面推动保定市低碳产业发展。其三，加大财政对低碳产业投入，发挥财政资金的"乘数效应"，壮大低碳产业规模。从保定市能源强度指标看，近年来单位GDP耗能量呈现了不断降低的趋势。"十二五"期间，单位GDP能耗累计下降了20.38%，保定市确定了8个重点县(市、区)和13家重点企业，作为节能减排的主战场和改善环境的重要突破口。

低碳发展的历程回顾。2002年保定市筹建了新能源及能源设备产业基地，成为我国第一个国家级新能源及能源设备特色产业基地。2006年保定市在建设国家级新能源与能源设备产业基地的基础上，提出了"中国电谷"发展战略，把教育、研发、生产、观光、物流结合起来统筹发展，欲把保定市打造成为中国可再生能源产业的科研生产平台和世界级的新能源及电力技术创新与产业基地。目前，保定市在光伏发电、风力发电、新型储能、高效节能、输变电、电力自动化六大产业领域保持集聚优势，相关企业170多家；英利、国电联合动力、天威、中航惠腾等光电、风电、输变电知名企业保持同行业领先地位，并带动形成光电、风电两大完整产业链条。2012年，保定市新能源和能源设备制造业销售收入达到420亿元，形成了光电、风电、节电、储电、输变电和电力电子六大产业体系；电子信息产业工业增加值35亿元，产品科技含量和附加值明显提高。新能源及能源设备企业成为推进保定市低碳发展的战略企业。

2. 低碳产业集聚与企业发展

测定某个产业集群的集聚程度，常用的指标是区位熵LQ系数，即特定区域中目标产业占有的份额与整个经济中该产业占有的份额的比值。其公式为：$LQ=(E_{ij}/E_i)/(E_{kj}/E_k)$。$E_{ij}$指$i$地区$j$产业的产值，$E_i$指$i$地区总产值，$E_{kj}$指国家或区域$k$产业$j$的总产值，$E_k$指国家或区域$k$的总产值。公式里总产值可以选择企业数量、增加值、销售收入、从业人员等各种指标。LQ系数的比值小于或等于1则表明i地区j产业的专业化水平小于或者与全国平均水平持平，j产业在i地区无明显的集聚趋向；如果LQ数值大于1，则表明i地区j产业的专业化水平高于全国平均水平，j产业在i地区有明显的集聚现象。我们选取了2005—2009年保定市、河北省和全国的新能源及能源设备制造业的相关工业产值数据进行分析得出，无论是以全国还是河北省为基准计算出的保定市低碳产业LQ值都是不断上升的，这说明保定市低碳产业的集聚趋势越来越明显，且产业优势不断增强。

表3　河北省保定市新能源产业集聚效应趋势图

参数＼年份	2005	2006	2007	2008	2009
LQ值（以全国为基数）	0.92	1.06	1.28	1.44	1.60
LQ值（以河北为基数）	2.24	2.27	2.58	2.74	2.78

保定市低碳产业的发展始于2002年筹建的保定市新能源及能源设备产业基地，2003年被科技部批准为国家"火炬计划"特色产业基地，成为我国第一个国家级新能源及能源设备特色产业基地。2006年开始打造"保定—中国电谷"，通过建设"中国电谷"和"太阳能之城"促进保定的低碳经济发展。依靠英利、中航惠腾、天威、风帆等知名龙头企业，形成了光伏、风电、输变电、储电、节电、电力自动化六大产业体系。

法国经济学家佩鲁的增长极理论认为，在经济增长中，由于某些主导部门或者有创新能力的行业在一些区域聚集，从而形成一种资本、技术高度集中，具有规模经济效益，自身增长速度较快，并且能对周围区域产生辐射推动作用的增长极，这种增长极吸引经济活动向一个地区靠近，最终形成一种集聚效应。保定市企业低碳发展的模式正是这种要素和产业的集聚效应所推动的。

3. 低碳企业集聚形成产业集群发展的优势

所谓产业集聚是指某一特殊产业在空间上的集中分布。这种特殊的空间分布并不仅仅是一种孤立的地理经济现象，它对于地区经济的增长产生了不可忽视的推动作用，这种推动作用就是通过产业集聚所产生的集聚效应表现出来的。

(1)产业集聚的分工效应。分工效应是指由于集聚而给区域经济活动主体带来的分工与专业化方面的影响。首先，分工与专业化是导致产业集聚的直接原因。它使得与某种产品的生产相关的上游企业与下游企业密切联系在一起，形成了一条密切关联的产业链。其次，产业集聚进一步促进了分工与专业化的程度。同一产业的众多企业的空间集聚，扩大了中间产品在一定空间区域内的市场规模，加剧了企业之间的竞争，进而要求分工的深化和专业化水平的提高。因此可以说，产业集聚与分工专业化之间是一种互动的关系，二者互为前提，互相促进，并成为区域经济增长的重要一环。

(2)产业集聚的规模经济效应。规模经济效应是指由于产业集聚导致经济规模增加而给区域经济活动主体带来的利益影响。内部规模经济效应的产生来源于因规模扩大而形成的生产、销售、管理等方面效率的提高。首先，随着生产规模的扩大，劳动分工的专业化、生产线的一贯作业将随之加强，个人技术积累也随之提高，为适应产品需求及原料供应的随机变动所需的产品与原料的存货也因之而降低，从而使企业的生产力得到提高；其次，随着企业规模的扩大，广告宣传、产品运输和储藏等销售活动也形成了规模经济，单位产品所分摊的销售费用也随之降低；再次，随着企业规模的扩大，管理的专业化和管理功能的规范化也随之加强，从而使得管理技能和管理水平随之提高。

(3)产业集聚的外部经济效应。外部经济效应是指由于产业集聚而给区域内的经济活动主体带来的外部规模经济（外部性）方面的利益。首先，外部性的产生与人类社会经济活动的相互作用有关，各种外部经济效应的存在既是产业集聚产生的重要原因，也是产业集聚所产生的结果。这种外部经济效应主要表现在企业与企业之间的关联效应。而企业在做区位选择时，必然会考虑到这种关联效应。其次，外部性的另一种表现是共享的劳动力市场。劳动力共享市场可以被看作产业集聚的地方化经济的一个重要的内生源泉。这种外部性对于集聚的产业而言仍然是一种规模经济效应，只不过这种规模经济源于产业集聚带来的人口与劳动力，尤其是那些掌握了相同专门劳动技能的熟练劳动力的地理上的集中，并形成区域性共享的劳动力市场所带来的成本节约和报酬递增。最后，外部性的第三种表现在于知识溢出效应。整个产业区内新的思想、知识、生产技术等信息的流动也比较快，进而使得产业集聚区内技术创新与技术扩散的速度特别快，这种技术外溢效应又在一定程度上吸引更多的企业为了获得技术外溢收益而趋于集中。

(4)产业集聚的市场效应。市场效应是指区域产业集聚而给区域内的各个经济主体带来的市场效率提高的利益。产业集聚所带来的市场效率的提高是显而易见的。首先，产业集聚于某一地区后，伴随着企业内部规模经济和外部规模经济的产生，人口与劳动力的集聚，必将导致相关产业、辅助产业、配套产业及服务性行业的产生和集聚，这使得市场空间范围内的经济活动主体之间的经济联系增多。其次，产业集聚导致了市场需求的增大。产业集聚所带动的区域内大量人口的集聚，带来了巨大的市场需求，这种需求一方面表现为消费者个体的需求，另一方面表现为企业为了保证其生产和扩大再生产所需的原材料、劳动力、能源和相关设备的需求。再次，产业集聚导致了市场供给能力的增强，同类厂商的集聚，将直接导致某种产品市场供给量的增加，而不同类型厂商的集聚，将导致市场上供给产品种类的增多。最后，各类经济活动主体在区域空间的集聚，使生产者与消费者、原材料生产商与厂商，以及具有内在经济联系的经济活动主体之间的空间距离拉近，在发生经济联系或进行交易时可以有效地节约时间和交易成本。同时，产业的空间集聚又导致了市场竞争的加剧，为了在竞争中取得有利地位，各个经济活动主体都必须努力提高工作效率和生产效率，改善产品的质量，规范市场行为，从而导致了市场运行效率的提高。

六、京津冀大气污染的对策建议

(一)低碳出行，节能减排，大力发展城市公共交通

提高城市圈地铁密度，加强交通堵点治理力度，使公共交通更加便民、快捷。大力发展城市轨道交通，引导城市空间沿轨道交通走廊聚集发展，并极大地提高居民的公交出行率。大力发展公共交通，大量增加公共交通运力，提高公共交通的舒适性和便利性，同时做好公交线路和地铁的有效衔接，加大乘坐地铁的便利程度。早晚高峰期间配备最大运力，确保市民能够乘坐公共交通顺畅出行。借鉴北京市定制公交的举措，定制公交面向工作地点和居住地相对集中，以自驾和打车为上下班主要出行方式的群体。根据市民在专门的网站提出的需求，公交集团根据需求和客流情况设计出公交线路。定制公交旨在倡导绿色低碳出行，节能减排。建设自行车专用车道，改善公共交通环境，满足人民的出行需要。进行环保法律法规和环保知识的宣传，倡导节约、绿色消费方式和生活习惯，让环保理念深入人心，积极提倡绿色、低碳出行，鼓励步行、自行车出行、公共交通出行等低碳出行方式。

(二)大力发展清洁能源交通工具，大力发展电动汽车产业，加快充电桩建设，推动公务用车、公共汽车、出租车、城市物流车、港口车船的电气化、清洁化

通过减免停车费用和车船使用税以及高额返利等措施，大力推广新能源汽车，有效控制机动车尾气污染。鼓励天津市等具有汽车工业基础、电池技术领先的地区，在产业布局及发展模式等方面先行先试，为进一步推动新能源汽车发展积累有益经验。北京市通过严格控制污染排放处理能力差的黄标车及高排量汽车来降低污染物的排放取得显著成效。截至2016年10月底，北京市共淘汰高排放老旧机动车34万辆，减排污染物4万吨。北京市从提高新车标准、加快老旧车淘汰、加强在用车监管、改善油品质量、强化油气污染监管和开展非道路柴油机动力机械污染控制等几方面着手，制定并实施严格的污染控制措施，全面加强流动源污染控制工作，以末位淘汰原则开始对黄标车采取限行和淘汰经济补助政策。老旧车更新补贴政策的末班车效应、报废车提高补助措施，以旧换新、以废换新方式积累了置换资源，实现了老旧车、高排量车的置换消费升级，值得津冀地区学习借鉴。

(三)改善职住分离状况，减少通勤距离

职住分离的现象使得居民通勤距离和时间增加、交通压力增加。倡导以"近业择居"为原则，促进多中心城市空间结构的形成，依托商业活动区规划形成相对独立的就业主中心，集中发展金融商贸、行政办公、科教文化、信息咨询、旅游休闲等生产性服务业，提高资本密度，增加商务用地容积率；同时依托产业特色，扩大行业规模，增加行业类型，延长产业链，形成外围集聚经济，打造功能各异的次级中心，疏解首都非核心功能。积极培育主城区的就业副中心，促进主城区各综合组团居住规模化、就业专业化发展。同时，轨道交通走廊的建立能够将城市空间发展与扩张的方式向着一种可持续的、低碳的方向引导。但是地铁的建造无法有效减少外围大型居住社区职住分离现象。所以相比于建造昂贵的地铁，可以增强地面公交线路的打造，做好小区到站点之间的衔接，以方便居民的出行。应在大型居住社区周边多设立工作岗位，解决其周边居民的工作需求。

(四)提升企业创新力，持续开发低碳技术和产品

创新是企业发展的关键。新能源产业的发展除了要依托于政府的大环境之外，还要依托于企业自身的自主创新，只有创新才能不断地推进新能源产业的稳步前进。自主创新是企业发展的基础，应该包括两方面的内容：一是企业管理模式的创新。由于企业的自身情况不同，各个企业依据自身的发展状况研发出适合于自身的发展模式，不能照抄照搬成功的例子，应该是在借鉴的基础之上去创新发展适合于自己企业发展的模式。二是企业技术方面的创新。新能源产业的发展必须要依托于技术的不断创新，技术创新是不断提高能源利用率的关键，新能源产业的发展也是在技术创新的基础上发展起来的。所以，企业不断地自主创新是新能源产业发展的基础。

1. 强化企业技术中心建设

促进新能源产业发展的一个关键环节就是加强对企业技术中心的建设。企业是技术创新的受益者，同样也是技术创新的核心。新能源产业的发展必

须要依托于企业技术的不断创新，企业必须要在内部形成有利于企业自主创新的体系和运行机制，鼓励企业内部的自主创新，研发企业自己的主导产品和核心技术，增强企业的核心竞争能力。同时，企业的发展也需要伙伴和竞争，没有竞争就容易失去企业生存下去的动力，所以，企业的技术创新要面向市场，服务扶持中小企业的发展，在市场的引导下，形成技术研发创新的统一链条，加大对科研开发的资金注入，促进科研项目的发展。

2. 完善企业产学研合作机制

先进技术的创新发展与企业的生产脱节，这一点严重制约了企业的发展，这是我国建立龙头企业需要克服的一个重要问题。国家要在以市场为主导的同时，弥补市场调节的缺陷，必须要在关键技术领域给予企业最大的帮助，既包括研发资金的支持，也应在政策上给予一定的优惠，推动技术研发部门与企业生产的直接联系，形成企业为主体、技术合作为载体，鼓励高等院校、科研机构与企业相结合，推动技术方面的不断创新，为企业的可持续发展提供充足的人力资源，提升企业的科技创新能力。

3. 加强区域合作，构建企业战略联盟

低碳经济是一个新兴的经济增长点，并不意味着有大规模的产业集群和企业就能实现，在未来发展中应加强合作，协调发展。各城市各有其所长，在辐射上形成一个优势互补的格局，这样才能使区域协调发展。保定市可以借助低碳经济，将新能源打造为主导产业，大力促进"中国电谷"的建设，融入区域共同发展。可以利用北京市人才聚集、科技机构众多、技术先进的优势在北京设置企业研发机构。同时，低碳企业发展应以比较优势理论为前提，借鉴欧盟的成功经验，构建低碳企业战略联盟。联盟内部大市场在成员企业之间实行人员、物资、资本和服务相互融通，建立明确的总体目标：致力于通过实施积极的联盟政策以达到缩小企业间差距的目的，使联盟范围内各个企业会员达到最大程度的聚合；同时，也进一步促进了低碳企业的差异化发展。企业战略联盟的合作模式可以归纳为"共同稳定、同步发展的企业联盟模式"和"可持续发展模式"。低碳企业发展的国际化越来越明确，尤其是各国资源的彼此需求。通过建立区域经济联盟，促进中小低碳企业发展，更重要的是低碳企业的投融资渠道打开，区域经济联盟间的资金链要远远大于单个企业的资金流量。建立企业战略联盟或区域经济联盟是加快低碳企业资金流动的有效途径。

(五) 调整和优化能源消费结构，促进传统制造业绿色升级

京津冀区域冬季采暖过程中，分散用煤的比重约占50%，不经处理就直接排放严重污染大气环境。京津冀三地要大力推进气、电代煤工程，解决散煤燃烧问题。居民生活更多地利用天然气，减少直接用煤数量。在有条件的地方推广集中式电采暖。特别是在张北地区等清洁能源较为丰富的地方要更加重视以电代煤。同时要加强统筹、兼顾城乡，新建与改造并举，提升清洁供暖立体化保障能力。进一步推进燃煤锅炉改燃工作。针对燃煤锅炉改燃工作，有针对性地为供暖企业提出改用天然气、LNG、醇基燃料、电、地热、生物质等清洁能源或采取并网、园区分布式能源等技术方案，推进燃气锅炉低氮燃烧技术改造。降低燃煤锅炉的使用率，转变集中供暖的"大锅炉"，使用清洁能源，改善冬季重污染的大气状况。

1. 促进传统产业优化升级

运用高新技术和先进适用技术改造提升传统产业，促进信息化和工业化深度融合，促进企业节能减排。一是需要加大企业技术改造力度，重点支持对产业升级带动作用大的重点项目，支持重污染企业通过搬迁改造，实现节能减排的产业提升目标。二是在提升产品节能环保性能，打造绿色低碳品牌，发展新能源及能源装备制造、节能产品制造等低碳产业的过程中，注重解决低碳产品加工生产过程中的产业自身低碳化发展问题，培育符合节能环保要求，具有自主创新能力和核心竞争力的企业。

2. 继续淘汰落后产能，抑制高耗能、高排放行业增长

合理控制电力、钢铁、水泥、造纸、印染等重点行业发展规模，把能源消费强度、能源消费总量、污染物排放强度、污染物排放总量指标作为能评和环评审批的重要依据，对电力、钢铁、造纸、印染行业实行主要污染物排放强度和排放总量控制，对新建、扩建项目实施能源消耗量、排污量等量或减量置换。在承接首都搬迁改造产业转移项目方面，坚持严格的能评和环评标准，严禁高污染产业和落后产能不经过节能减排改造而直接转移到该区域的现象。

（六）有序疏解人口，形成均衡发展与良性互动的城市化格局

"十三五"期间，北京市东、西城疏解人口33万，有序疏解非首都功能，实现京津冀协同发展。非首都功能疏解，目的在于引导人口向外转移。合理编制京津冀地区人口发展功能区规划，疏解北京的外来人口流入压力，引导人口呈现多中心分布格局，通过产业集聚、公共交通导向、公共基础设施跟进等措施，引导人口在京津冀区域内合理分布、协调布局。设计分阶段的人口调控政策，处理好"总量规模"与"结构分布"的关系，在人口规模调控的过

程中，优化人口结构及其空间分布，推进京津冀人口规模、结构、分布与京津冀各地区经济社会发展要求相适应；结合京津冀地区各城市功能定位的要求，着力做好分人群、分地区的人口疏解与吸引工作，坚持"以疏为主，调控结合"的理念，强化"疏"和"调"的作用，进一步弱化"堵"和"控"的功能，促进京津冀地区人口均衡发展；重点调控盲目性的人口增长，实现人口的科学、平稳发展，做到"总量平稳，结构合理，分布均衡"，实现京津冀地区人口分布与资源环境承载、产业布局的全面协调均衡发展。合理引导北京人口疏解，北京人口的疏解首先应该在城市内部进行由中心城区向外围地区的再布局调整，在中心城区外围的东北部郊区和南部郊区重点建设具有较大规模的郊区新城，承担中心城区人口的疏解任务，以郊区规模化的城市化地区承载新的人口集聚，促进北京城市多中心空间格局的形成，以此缓解中心城区的人口压力。

（七）促进京津冀三地低碳交易政策联动，共担责任

京津冀三地共同享有区域大气容量资源，共同承担京津冀大气污染治理的责任，并根据各自治理责任的承担情况完成相应的治理任务。三地在边际污染治理成本上呈现一定差距，河北的治理成本最低，天津次之，北京最高。基于治理效率考虑，河北应当承担更多的治理任务。常态化的机制建立统筹考虑京津冀区域的大气环境承载力、排污总量、污染物相互影响以及三地的经济发展状况、民众的大气质量需求等因素，科学、合理、公平、公正确定协同治理的总目标、阶段性目标，确保三地在治理目标上的协同一致性。目前京津冀已经开展了诸如夏秋秸秆禁烧、机动车排放控制等协同执法行动，但从总体上看，协同执法的领域偏少，在锅炉、钢铁冶金、水泥建材、炼油石化等重污染领域的协同执法有待拓展。此外，在执法标准方面，京津冀也存在很大的协同空间。以机动车污染治理为例，北京市已更换"京Ⅴ"标准燃油并实施"国Ⅴ"新车排放标准，而河北和天津仍在执行"国Ⅲ"新车及燃油标准，执法标准不协同，执法的效果就难以保障。须不断扩大京津冀协同执法领域，注重执法标准的协同性。

探索建立区域性的"碳交易"平台。虽然我国在北京、上海和天津都已经成立了环境交易所，但是还处于起步和摸索阶段，未能成为真正的金融交易平台。构建国家碳交易制度要依据"碳源—碳汇"平衡规则，使生态受益地区在享受生态效益的同时，拿出合理份额，对于生态保护地区进行补偿。其补偿原则是碳源大于碳汇的省份按照一定的价格（双方协商或国家定价）向碳源小于碳汇的省份购买碳排放额,以此保证三地经济利益和生态利益总和的相对平衡。此外,要大力开发碳金融交易产品,促进低碳产业与资本的良性互动。

加快生态系统建设,发挥"森林碳汇"潜力。森林碳汇指通过树木的光合作用,降低空气中温室气体浓度的过程。由于我国仍处于城镇化与工业化发展阶段,当前对冶炼、钢铁、建筑等传统"高碳"产业的改造和升级不可能一蹴而就,在这种情况下应加快生态系统建设,充分发挥森林碳汇的潜力。据测算,每公顷森林每年可吸收20—40吨的二氧化碳①。这种方法对处于经济快速增长中的中国来说,具有较强的可行性和操作性。第八次全国森林资源清查数据显示,截至2013年,我国森林覆盖率为21.63%,仍远低于全球31.7%的平均水平,中国森林碳汇建设任重道远。

(八)完善京津冀三地低碳发展的人才与金融支持政策

人才是高新技术产业发展的核心因素。首先要加强校企合作,针对企业的工作需求培养技术人才。其次,积极引进人才,与科研院所开展深度合作。政府部门则要制定适当的人才工作制度,出台适当的人才政策,为企业引进人才提供便利条件,为企业可以留住人才提供外部大环境。

1. 建立并完善以银行为主导的"低碳间接融资"体系

一是要求政府建立有持续性的低碳间接融资的配套政策和激励机制,通过税收减免、财政贴息等政策措施,降低银行投放低碳信贷的风险,调动银行推进低碳信贷的积极性。二是政策性银行要成为支持低碳产业的先导,通过为低碳项目提供长期稳定的信贷资金和相关金融服务,为低碳产业发展提供基本的金融支持,降低其金融风险,从而诱导商业银行跟进互动。三是商业银行积极成为与低碳产业互动的"践行者",在大力支持改善环境资源状况、减少温室气体排放的低碳企业和低碳项目的同时,还要创新金融支持方式,提高金融服务水平。以银行为主体的金融机构应当与政府部门合作建立低碳间接融资的长效机制,在促进低碳产业发展的同时,实现银行等金融机构自身的发展。

2. 加快推进"低碳资本市场"的建设

资本市场是促进低碳产业发展的加速器,低碳要素的加入也给资本市场

---

① 高建良、欧雪银:《能源安全约束下中国低碳经济问题探讨》,《兰州商学院学报》,2010年第2期。

带来绿色的活力。首先，建立督促国内企业进行低碳化运作的绿色资本市场准入制度、增发和配股制度、环境信息披露制度以及低碳资本市场退出制度，通过严格执行这些制度，可以有效切断不符合低碳标准的企业的资金链，限制其过度扩张，而对节能减排政策执行较好的低碳型企业上市则实行优惠政策，鼓励其借助资本市场发展壮大。其次，促进资本市场上低碳板块上市公司的成型与发展，进一步扩大资本市场上低碳企业的数量与融资规模，有效平衡低碳板块上市公司地区分布的差异性。再次，净化绿色资本市场的投资环境，建立起一整套针对效益差的低碳企业的退市标准及兼并收购管理制度，以此来减少相关投资者的损失，控制市场风险。最后，积极加入低碳产业和金融领域的国际合作，充分利用国际市场资金来加强低碳产业的资金投入。一是要积极争取国际金融机构的低碳贷款、政府间贷款及"赤道银行"等国际银行组织的专项贷款；二是积极推进低碳企业在国际资本市场上发行股票、债券、信托等金融工具为低碳项目融资；三是要按照国家产业导向目录的要求，大力支持外资以独资、参股、并购等方式投资国内低碳企业和低碳项目，带来先进的低碳产品和技术，共同培育低碳产业的成长。

（九）凝聚低碳发展社会共识，实现家园共治

受传统消费方式路径依赖的影响，低碳产品对公众而言在短期内未必是实惠便捷的选择，这就需要政府的政策引导与财政支持。其一是政府通过行政手段干预各级政府采购行为，以"低碳采购"为低碳消费做出表率；其二是制定低碳产品的鼓励性消费政策，对低碳产品的厂家和销售商给予一定税收优惠，从而降低单位产品的使用能耗；其三是鼓励居民绿色出行，继续对公交和地铁实施补贴，切实为公民出行提供便利。建设以公众参与为依托的低碳社区。低碳社区实质是一个完整的环保节能系统，与传统居民社区相比，低碳社区具有规划设计低碳化、能源结构低碳化、建筑材料低碳化、社区消费低碳化四点特征。借鉴英国"贝丁顿——零能耗社区"的建设经验，公民参与应是低碳社区构建的核心。低碳社区的实施不仅要求自上而下的政府发动，也要求自下而上的社会公众参与。唯有在公民参与的模式下，居民通过参与低碳社区建设规划、社区低碳实践、社区低碳文化，才能使居民意志转化为公民意识，进而演化为公众自觉参与低碳社区建设的动力。

参考文献

[1]张志强，曾静静，曲建升.世界主要国家碳排放强度历史变化趋势及相关

关系研究［J］.地球科学进展，2011(8).

［2］薛进军，赵忠秀，戴彦德.中国低碳经济发展报告2011［M］.北京：社会科学文献出版社，2011.

［3］冷雪.碳排放与我国经济发展关系研究［D］.复旦大学博士学位论文，2012.

［4］金乐琴，刘端.低碳经济与中国经济发展模式转型［J］.经济问题探索，2009(1).

［5］吴宝华.循环经济发展的影响因素研究［J］.天津师范大学学报(社会科学版)，2011(3).

［6］李建明，闻竞.低碳城市发展的路径研究——以河北省保定市为例［J］.理论界，2011(7).

［7］毕安平，朱鹤健.基于PSR模型的水土流失区生态经济系统耦合研究——以朱溪河流域为例［J］.中国生态农业学报，2013(8).

［8］彭靓宇，徐鹤.基于PSR模型的区域环境绩效评估研究——以天津市为例［J］.生态经济(学术版)，2013(1).

［9］赵文昌，程金平，陈颖，王文华.Degradation of Selected Indoor Air Pollutants：Comparison, Study of Photocatalytic, Ozone-Assisted Photocatalytic and Amine Adsorption Processes［J］.Journal of Shanghai Jiaotong University(Science)，2012(1).

［10］许妍，周启星.天津城市交通道路扬尘排放特征及空间分布研究［J］.中国环境科学，2012(12).

［11］魏欣，毕晓辉，董海燕，等.天津市夏季灰霾与非灰霾天气下颗粒物污染特征与来源解析［J］.环境科学研究，2012(11).

［12］张国文，陈义珍，刘厚凤，等.Nina J. Schleicher, Stefan Norra.北京PM2.5污染特征的分析［J］.江西农业学报，2012(8).

［13］晏青青，王晓丰，崔咏军.抑尘剂在城市建设中的作用与应用［J］.建筑安全，2012(4).

［14］Judith C. Chow, John G. Watson. Seasonal variations and sources of mass and chemical composition for PM10 aerosol in Hangzhou, China［J］.Particuology，2009(3).

推进京津冀基本公共服务共建共享研究

课题负责人：聂月岩（首都师范大学政法学院 教授）
课题组成员：曹媛媛、刘丹丹、刘坤丽、李 玥、赵小羽

实现基本公共服务共建共享是我国政府解决城乡发展不平衡、省际发展差异的重要途径。2014年2月26日，习近平总书记在听取京津冀协同发展专题汇报后，强调京津冀"完全能够融合"，推进京津冀协同发展是一个"重大国家战略"；3月下旬，中共中央发布了《国家新型城镇化规划2014—2020》，指出要将京津冀与长三角、珠三角并列建设成为我国"经济最具活力、开放程度最高、创新能力最强、吸纳外来人口最多的地区"，并确立了将京津冀建设成"世界级城市群"的宏伟目标。2015年4月30日，中共中央政治局通过的《京津冀协同发展规划纲要》再次强调指出，"推动京津冀协同发展是一个重大国家战略"，并提出了区域公共服务发展的中远期目标，即：到2020年公共服务共建共享要取得积极成效，区域内发展差距趋于缩小；到2030年公共服务水平趋于均衡。基本公共服务是人们对公共服务中最基本、最广泛和最迫切的需求部分，区域经济协同发展离不开优质、高效、均等的基本公共服务。本课题将从以下四个方面展开论述：一是京津冀基本公共服务共建共享的基本概念的阐述；二是京津冀基本公共服务取得初步成效的分析；三是京津冀基本公共服务共建共享存在的问题及其成因分析；四是推进京津冀基本公共服务共建共享的对策分析。在课题的开始部分，我们有必要先探讨几个核心概念，什么是基本公共服务？该如何界定京津冀的内涵呢？又该如何理解共建共享呢？对于这三个概念的科学把握是本课题顺利进行的基本前提。

一、基本概念的阐述

对于一个事物的理性认知，通常应从其核心概念的界定开始，本课题涉及的核心概念有三：一是如何界定基本公共服务；二是如何界定京津冀；三是如何界定共建共享。对于这三个核心概念的科学认知，将为后续的理性分析奠定认知框架和分析工具。

(一)基本公共服务

公共服务能够满足社会公共需要,与民生息息相关。公共服务以合作为基础,包括加强城乡公共设施建设,发展教育、科技、文化、卫生、社保等公共事业,强调政府的服务性和公民的权利。公共服务具备一般公共产品所具有的三个特点:一是效用的不可分割性;二是消费的非竞争性;三是受益的非排他性。因此,很多学者认为公共服务等同于公共产品,本课题的分析是建立在基本公共服务是公共产品的基础上而形成的。基本公共服务是人们对公共服务中最基础、最广泛和最迫切的需求部分,是指建立在一定社会共识基础上,根据一国经济社会发展阶段和总体水平,为维持本国经济社会的稳定、基本的社会正义和凝聚力,保护个人最基本的生存权和发展权,实现人的全面发展所需要的基本社会条件①。根据《京津冀协同发展规划纲要》中"基本公共服务共建共享"的目的来分析,基本公共服务应包括城乡公共设施建设,教育、文化、卫生以及社会保障等公共事业。

(二)对于京津冀的内涵分析

京津冀的概念,有着不同的内涵:首先,从地域的角度分析,京津冀的概念就是相当于长三角、珠三角的概念;其次,从行政区划的角度分析,用省市的简称概括北京、天津、河北三地。

与其他经济区域的命名不同的是,京津冀以行政区划的称谓代替了经济区域的命名。长三角与"沪、苏、浙"虽然指的是同一地区,但内涵显然不同,同理,"京津冀"也有着双重内涵。本课题将会把"京津冀"的概念定义在地域的角度,这样一来,提到"京津冀",就是指相当于长三角、珠三角的经济区域,而"京、津、冀"则特指北京市、天津市和河北省的统称。"京津冀"是一个整体,不可分割。

在现实中,京津冀地区作为我国参与全球竞争、率先实现现代化的正在崛起的巨型都市圈,是我国政治、经济、文化和科技中心,是我国北方连接"海洋经济"和"大陆经济"的重要枢纽。当前,京津冀都市圈正处于创新驱动、经济转型与协同发展的关键时期,但协同发展水平却低于其他经济圈。其原因在于本地区市场化水平和协同程度偏低,始终没有走出"行政区"掣肘,导致逐渐形成结构锁定和利益固化,然而,造成这一问题的深层根源就是三地基

---

① 郭晓聪、刘述良:《中国基本公共服务均等化:困境与出路》,《中山大学学报》,2010年第5期,第150—158页。

本公共服务严重非均等化。目前,北京集中了过多的教育、文化和医疗等公共服务资源,使其拥有河北和天津无法企及的优势,资源过度集中使北京的人口、交通、环境问题日益恶化。为此,实现京津冀协同发展必须推动北京基本公共服务资源向周边地区转移,努力实现公共服务"底线公平"和缩小基本公共服务地域差距,解决制约基本公共服务均等化的瓶颈问题。

(三)对于共建共享的界定

2006年,中国共产党第十六届中央委员会第六次全体会议通过了《中共中央关于构建社会主义和谐社会若干重大问题的决定》,《决定》指出:"我们要构建的社会主义和谐社会,是在中国特色社会主义道路上,中国共产党领导全体人民共同建设、共同享有的和谐社会。"[①]这是在官方文件中第一次提到"共建共享",在中国共产党的领导下,人民群众是改革发展成果的创造者,也是改革发展成果的享有者。共同建设是全体社会成员的共同责任,共享发展成果是人民群众的应有权利,"共建"是"共享"的前提,"共享"是"共建"的目的,两者之间存在着辩证关系。共同建设、共同享有和谐社会贯穿于和谐社会建设的全过程,真正做到在"共建"中"共享",在"共享"中"共建",阐明了"共建"与"共享"的辩证关系。共建共享,是构建社会主义和谐社会的基本原则和基本特征。共建共享,不仅符合国际国内发展大势和客观规律,同时也带有鲜明的价值导向,是一个目的性与规律性相统一、带有鲜明时代特色的中国话语。

二、京津冀基本公共服务共建共享取得的初步成效

京津冀作为我国经济发展最活跃但公共服务差距较大的地区之一,实现基本公共服务共建共享,是探索完善城市群布局和空间产业格局,为优化开发整体性区域发展提供示范和样板的需要;是探索生态文明建设有效路径,促进人口、经济、资源环境相协调的需要;是实现京津冀三地优势互补,促进环渤海经济区发展,带动北方腹地发展的迫切需要。课题在本部分针对在推进基本公共服务共建共享方面已取得的初步成效进行分析并总结。

(一)京津冀三地教育投入不断增加,促进教育资源共享

北京市作为首都,是全国的政治中心、文化中心和国际交往中心,尤其重视教育领域的发展,始终走在全国各城市的前列。自中华人民共和国成立

---

① 《中共中央关于构建社会主义和谐社会若干重大问题的决定》,http://www.china.com.cn/policy/txt/2006-10/18/content_7252336_4.htm。

以来，首都北京首先实现了教育大众化、普及化的历史性跨越。进入21世纪以来，北京市率先全面实施首都教育发展战略，用于教育领域的投入持续增加，市内各学校的办学条件显著改善，教育普及程度大幅度提高。作为我国直辖市之一的天津市自进入21世纪以来，通过大力实施科教兴市和人才强市战略，使得天津市的教育改革和发展取得了巨大的成就，主要表现在：基础教育得到优质协调发展，义务教育在全市范围内更加均衡普惠。河北省自20世纪80年代以来，教育事业也取得了显著成就：在全省范围内全面实施了免费义务教育，教育的均衡发展取得明显成效。主要表现在高中阶段的教育得到基本普及，职业教育得到快速发展，各阶段教育质量不断提高，教育投入日益增长，办学条件得到显著改善，办学水平不断提高。此外，三地公共教育支出差距有缩小趋势。2013年，北京、天津人均公共财政教育支出分别为3305.94元、3134.81元，而同期河北仅为1049.19元，也低于全国的平均值1573.10元，说明三地在公共财政教育支出方面存在明显的梯度，同时也折射出三地的财力、政策以及对教育重视程度的落差。从发展潜力看，2013年北京、天津、河北公共财政教育支出比例的增长率分别为15.58％、25.04％、33.82％，其中，河北的增长率最高，其次是天津，而北京的增长率最低，不难看出河北在教育支出上正"迎头追赶"。从公共教育支出比例看，2013年河北公共财政教育支出占公共财政支出比例的增长率为2.70％，高于全国1.35个百分点，而同期北京、天津分别低于全国1.03个百分点、0.54个百分点，充分反映出河北在公共教育方面开始"发力"，三地公共教育差距有缩小的趋势。目前，河北的6所交通职业学校正式加入北京交通职教集团，首次打通京津冀交通人才培养的地域限制，共享教育资源。2015年9月，70名河北中专新生成为首批先行军，未来他们将在京冀两地完成学业。北京交通职业技术学院隶属于北京市交通委，是北京交通职教集团的核心学校。学校召开研讨会，积极探索异地办学计划，河北涿州职教中心、石家庄第三职业中专等加入"京籍"职教集团的学校也派代表参加，共商京津冀未来交通人才的培训计划，破除了京津冀交通人才培养的地域限制。此外，还成立了京津冀卫生职业教育协同发展联盟。

同时，京津冀基础教育教师互派培养项目大力实施，京津与河北省基础教育交流项目目前已经超过了500个，京津冀"互联网＋"等职业教育联盟组建，河北省58所职业学校与京津两市225家企业开展校企合作。高等教育同城化试点加快推进，师范、轻工、医学等各类高等联盟相继组建。人才培养、学科建设、教育科研资源共享合作不断深化,京冀实现了国家层面专业技术人员职称的资格互认。

(二)京津冀三地加强医疗卫生的协作,促进医疗资源共享

2010—2014年京津冀每万人医疗卫生资源拥有量呈现出逐年增加的趋势。"其中每万人护士数量增长速度最快,2010—2014年年均增长6.35%,其次是每万人床位数,年均增长4.51%,卫生机构床位数的快速增加带动了卫生技术人员、护士需求量的增大。从不同区域来看,河北省每万人拥有的卫生资源量增长速度最快,其中每万人护士数年均增长7.96%,每万人床位数年均增长5.95%,每万人医师数年均增长3.48%"①。目前,北京市与河北省就燕达国际医院合作项目签署协议,以合作办医和专科扶植的方式,由北京朝阳医院对河北燕达国际医院医疗管理和学科建设进行整体支持,签署了《燕达国际健康城投资管理有限公司与首都医科大学附属北京朝阳医院共建河北燕达医院协议书》,双方共同探索解决医师异地执业、医保结算等难题。《共建协议书》的签署,标志着隶属于燕达国际健康城的河北燕达医院与北京朝阳医院正式进入全面共管共建阶段,双方将充分整合各自优势资源,以提升燕达医院的管理水平及医疗、教学和科研能力。河北燕达医院作为北京朝阳医院首家异地医疗联盟医院,已有来自北京朝阳医院13个科室的15名专家从事定期出诊及指导医疗等工作。今后,随着协议内容逐步落地,生活在燕郊地区的近六十万百姓,将成为京津冀一体化协同发展、医疗提速先行的最为直接的受益者,将在家门口享受到北京三甲医院的优质医疗服务。

目前,北京市五十多家医院,已与天津市、河北省一百五十余家医疗机构开展合作。京冀在燕郊、张家口、曹妃甸、承德等地共同实施重点医疗合作项目,累计派出医师一万余人,接诊患者约七万人次。

(三)京津冀三地基本公共文化服务各具特色,加快文化旅游共建

在京津冀三地协同发展的公共文化服务体系建设中,截至2014年,北京市人均文化事业费达到115.91元,居全国前列,四级公共文化服务网络基本建成,基层公共文化服务水平和服务能力显著增强。天津市近年来举办了"和平杯"全国京剧票友大赛、"天穆杯"全国农村题材小品征集与展演、"文化杯"全国小说评选活动、2011年喜迎建党90周年的全市红歌比赛、妈祖文化旅游

---

① 杨胜利、段胜江:《京津冀医疗卫生资源配置的公平性》,《河北大学学报(哲学社会科学版)》,2016年第2期。

节、啤酒节，主办夏季达沃斯论坛、联合国环境气候大会。这些活动突出了天津本土文化资源优势，吸引了世人的眼光，达到了展示天津、影响全国、波及海外的效果。而河北省公共文化服务体系建设虽然在整体上与京津地区还存在差距，但也不乏一些亮点，主要表现在：根据河北省统计公报，2010年河北省对文化、体育和娱乐业固定资产的投资为119.7亿元，比上年增长49.2%，占固定资产总投资的0.92%；2011年投资额为154.9亿元，比上年增长29.4%，占固定资产总投资的0.98%；2012年投资额为213.6亿元，比上年增长37.9%，占固定资产总投资的1.12%；2013年投资额为329.3亿元，比上年增长54.2%，占固定资产总投资的1.46%；2014年投资额为336.3亿元，比上年增长2.1%，占固定资产总投资的1.39%。由此可见，2010年到2013年是河北省对文化、体育、娱乐等行业投资大发展的几年，不管是投资额还是占固定资产的投资比例都在逐年增长，且增长速度迅猛。2015年，京津冀共同推进旅游"一本书、一张图、一张网"合作项目。2015年6月，京津冀三地旅游部门在北京鸟巢成功举办京津冀旅游投融资项目推介会，对200个旅游投融资项目进行现场推介。与此同时，由北京市旅游委携手北京产权交易所和天津市、河北省旅游局共同培育打造、覆盖京津冀区域的旅游投融资服务平台也正式启动运营，促进三地旅游资源与社会资本的有效对接，加快三地旅游产业协同发展。北京国家文化产业创新试验区和动漫产业综合示范区、天津国家数字出版基地、河北廊坊国家级印装产业园加快建设，三地旅游行业管理信息实现共享。京津冀文化遗产保护传承协同推进，河北兴隆、遵化、三河与北京平谷区、天津蓟州区共同打造"京东休闲旅游示范区"，京冀共同做好冬奥会筹办工作，张家口、承德与延庆、密云联手打造"京北生态旅游圈"。

（四）京津冀三地逐步实现社会保障对接

京津冀在推动三地社会保障有序衔接方面已取得初步成效。以养老、医疗、失业保险为重点，逐步实现三地社会保险关系对接。推进建设京津冀社会保障一卡通。进一步完善基本医疗保险管理措施，推动京津冀医疗保险定点机构互认。目前北京、天津已经实现了省级统筹，故并不存在省内异地就医的问题，河北省为贯彻中央异地就医省内直接结算的相关政策，于2014年1月1日起开始实行省内异地就医直接结算，规范了各统筹地区的医保信息系统及医保目录，且建立了省级的医保异地就医结算信息系统，出台了河北省省内异地医保直接结算的具体经办准则。可以看出，参保人与异地定点医疗机构之间是直接进行结算的，定点医院在发生医疗费用之后，不但要把医疗费用录入河北省基本医疗保险异地就医结算信息系统，同时还要把相关信息报送给就医地及参保地的医保经办机构及省医保中心。定点医疗机构与参保地和就医地之间对于医疗费用的结算，主要是以省医保中心及"异地系统"为纽带进行医疗费用的结转。京津冀医师职业注册电子证照管理系统启动，医师在京津冀区域注册制正在探索实行。天津市、河北省在全国率先实现退休人员住院医疗费用跨省、市即时结算。京津冀三地民政部门将在区划地名管理、养老服务、社会救助、区域防灾减灾等方面开展合作。三方将通过做好社会保障、养老保险、救助补贴等方面政策制度对接，协同规划养老机构等措施，共同推动养老服务业融合发展，发挥有序疏解北京非首都功能的作用。目前，京津冀三地60岁以上老年人口已超过1630万，其中北京市达到300万，天津市达到215万，养老服务业市场空间广阔。河北张家口、承德、廊坊、保定毗邻京津，交通便捷，生态环境良好，有望成为承接首都养老服务业转移的基地。然而，目前京津冀养老服务业协同发展还面临多重体制机制障碍，主要包括三地医保标准差距大、政策范围内报销没有实现互联互认、养老机构取得医保及医疗定点资格困难等。《北京市民政局、天津市民政局、河北省民政厅共同推动京津冀民政事业协同发展合作框架协议（2015—2020年）》提出，三地将协同规划布局养老机构，引导鼓励养老服务业积极向北京之外疏散转移，探索跨区域养老新模式，开展跨区域购买养老服务试点。

同时，加强老年福利和养老制度创制，合力破解跨区域老年福利和养老服务方面的身份和户籍障碍，特别在社会保障、养老保险、救助补贴等方面做好政策制度对接，促进制度体系渐进融合和基本公共服务均等化发展，三地合力撬动社会资本和资源，支持探索政府和社会资本合作模式，围绕京津冀打造互补互利的养老服务集群，鼓励实力强的养老企业走跨区域的品牌化、连锁化发展道路，聚力打造养老服务新模式、新业态。同时，助推三地养老服务产业协同发展，谋划建设养老服务产业园区，推动相关产业融合发展，打造完整产业链和产业集群。加强区域劳动就业服务。推动建立开放、有序的公共就业服务体系，推动区域人力资源信息共享。完善人力资源流动政策，建立区域相互衔接的劳动用工政策和人才政策。

三、京津冀基本公共服务共建共享存在的问题与原因

当前，京津冀协同发展已进入全面落实区域规划的实际操作阶段，在推进基本公共服务共建共享方面已取得初步成效，但京津冀基本公共服务一体

化建设尚处于发展阶段,各方面还很不成熟,受经济发展水平和行政区划壁垒等方面的制约,在京津冀协同发展战略布局中积极推进基本公共服务共建共享还存在一定的问题,而这些问题的形成既有客观原因又有主观原因,需要结合实际对其进行综合分析,才能为促进京津冀基本公共服务共建共享建言献策。

(一)京津冀基本公共服务水平差距较大

京津冀三地基本公共服务水平差异较大。在公共教育资源方面,以高等教育为例,京津冀三地的教育资源在全国教育资源中居于领先地位,共有普通高校262所,占全国普通高校总数的10.36%。反观京津冀三地高等院校的分布,在2014年,北京市有普通高校89所,占京津冀区域高校资源的34%,其中具有优势教育资源的"211""985"高校34所。天津市普通高校数量为55所,占京津冀区域高校资源的21%,其中具有优势教育资源的"211""985"高校5所。河北省有普通高校118所,占京津冀区域高校资源总量的45%,其中具有优势教育资源的"211"高校仅1所,并且校舍设置在天津市行政区划内,而在河北省的普通高校中普通本科仅占到34%,另外有48%是高职院校,14%是独立院校。河北省是我国的人口大省,河北省人口是北京市人口的3.4倍,是天津市人口的4.8倍,而享有的优质教育资源却是北京的1/34,是天津的1/5,差距巨大。2014年北京市、天津市和河北省每百万人拥有普通高校数分别为4.14所、3.29所、1.57所,从高等学校教师资源占有量看,2013年北京市每百名学生拥有教师数为7.89人,高于天津市的1.97人、河北省的2.31人。在教育经费上,2014年京津冀三地的国家财政性教育经费分别为8941899万元、4986021万元、8523960万元。① 高等教育教职员工的数量在三地之间也有较大的差异。

在医疗保障方面,根据统计,2013年北京市人均卫生费用支出居全国之首,为4841.29元,天津市为3034.87元,而河北省仅为1461.53元,远低于京津两市。2014年北京市常住人口每千人拥有执业医师3.7人、护士4.2人、床位5.0张;天津市每千人拥有执业医师2.3人、护士2.1人、床位4.1张;河北省最低,每千人仅拥有执业医师2.1人、护士1.7人、床位3.5张。和京津相比,河北省医疗资源供需非常紧张,京津冀医疗服务分布明显不均。2014年河北省每百万人拥有三级甲等医院数仅为0.9家,只占北京的29%、

---

① 《中国统计年鉴(2015)》,http://www.stats.gov.cn/tjsj/ndsj/2015/indexch.htm。

天津的 36%，三地优质医疗资源差距明显。2014 年北京市医疗机构为全社会提供 2.21 亿人次的门诊服务，超过 300 万的车辆服务，其中二级以上医疗机构门诊总量中，外地患者占近 34%，而外地来京就医人口中，河北省就占据了三分之一以上。

在公共文化教育方面，2013 年北京、天津、河北人均拥有公共图书馆藏书数量分别为 0.98 册、1.00 册、0.26 册，河北不仅与京津差距较大，也低于全国 0.29 册的平均水平，反映出京津冀公共文化资源布局的不均衡。从出版物发行机构看，2013 年北京每万人拥有出版物发行机构 4.37 处，天津每万人拥有出版物发行机构 1.59 处，河北最低，仅 0.99 处，三地差异较大。2014 年北京每百万人拥有表演艺术团体机构数为 14.31 个，天津为 3.46 个，河北在三地中最低，为 1.38 个，仅占北京的 9.6%。总体上讲，京津冀三地公共文化资源配置不均衡，文化事业发展不平衡，文化服务供需失衡。

在社会保障方面，主要体现为三地之间的社会保险项目及待遇不均衡。社会保险的主要项目包括养老保险、医疗保险、失业保险、工伤保险、生育保险。2014 年北京城镇基本养老保险参保人数占常住人口的比例最高，达到了 64.7%，天津、河北分别为 35% 和 17.1%。从医疗保险看，2014 年北京、天津城镇基本医疗保险人数占常住人口的比例分别为 66.5%、34.6%，高于全国 43.8% 的平均水平，而河北仅为 23.0%。从失业保险看，2013 年北京参加失业保险人数占常住人口的比例为 49.1%，其参保比例分别是天津、河北的 2.5 倍和 7.1 倍。此外，在工伤保险和生育保险方面，北京的参保比例在三地中仍旧是最高的，表明北京的社保体系相对完善，覆盖面较广。三地社会保险参保比例严重失衡，又未建立统一的社保结算平台和相互匹配的政策措施，导致区域社会保险发展极不平衡。

（二）京津冀三地经济发展水平差异较大

《国家基本公共服务体系"十二五"规划》指出：基本公共服务，指建立在一定社会共识基础之上，由各级政府主导提供的，与经济社会发展水平和阶段相适应，旨在保障全体公民生存和发展基本需求的公共服务。因此，地方经济发展水平会直接影响到公共服务水平。而京津冀三地之间的经济发展水平差距较大，因此导致了地方政府在提升公共服务水平方面的财政投入也有一定的差距。

根据实际情况，北京的经济发展水平要好于天津和河北，而且基本公共服务水平也相对较高。相关统计资料显示，京津地区目前的人均 GDP、人均收入水平位于全国前列，然而其周边的河北2013年年底却拥有着512万贫困人口、7366个贫困村，河北省2013年的人均GDP仅为天津的37.96%、北京的41.41%。2014年，天津人均GDP达到11万元，北京为10万元，而河北只有4万元，三地经济发展差距悬殊。主要原因在于经济结构的差异，即京津地区经济以现代化工业和高附加值服务业为主，河北省经济以基础工业和低附加值服务业为主，这种经济结构的差异不但导致了经济发展水平的差距，还导致了三地之间公共服务水平不均衡发展，影响基本公共服务供给的数量和质量。

受到经济发展水平的影响，京津冀三地的公共财政能力差距也较大，根据相关资料，从2006年到2014年，北京的财政收入提高了六倍，天津财政收入提高了近五倍，而河北发展较慢，财政收入仅增长三倍。北京和天津人均财政收入明显高于河北，高的财政收入带来高的财政支出，京津两地的基础设施、教育、医疗卫生等各个方面的公共服务建设都优于河北。从2014年京津冀三地的财政支出结构看，北京在教育和社保方面支出比例较大，是北京市政府的关注重点；天津教育支出比例占到17.9%，远远超过其他项目；对于河北来说，教育支出占比18.6%、社保占比12.5%、医疗卫生和一般公共服务占比10%，河北在基本公共服务领域财政支出力度很大，但受财政收入总量的制约，支出总金额受到很大限制。

从现实来看，北京和天津人均财政收入明显高于周边城市，较高的财政收入必然会有充裕的财政资金，京津两地的基础设施、教育、医疗卫生等各个方面的建设都优于河北，并能够运用其充足的财政资金不断加大基础设施及其他领域投入，吸引更多优质企业和高端人才流入；而河北财政资金短缺无法有效提高居民社会福利，造成人力资源和其他生产要素的流失，这种恶性循环更不利于京津冀基本公共服务共建共享的实现。

（三）相关制度和法律保障缺失

尽管目前京津冀基本公共服务在制度建设和法律法规完善方面取得了重大进步，但从总体上看，依然缺乏保障各地政府事权和财权匹配的约束性的法律体系，导致基本公共服务差距逐渐拉大。当前京津冀三地都未针对相关基本公共服务共建共享进行立法，也未制定区域公共服务约束性的法律体系，仅有少数政策性文件，使得区域内公民平等地享有公共服务的权利得不到有效保护，各地政府在提供公共服务时的机会主义行为倾向比较明显，使得地区之间公共服务不能相互衔接与匹配。尽管中央政府出台了《京津冀协同发展规划纲要》，对于京津冀协同发展以及京津冀基本公共服务共建共享都做出了提纲挈领式的规定，但是各个地方政府却并没有依照《纲要》的要求颁布相应的法律法规，必然导致以下后果，即："一是产生制度空白，致使公共服务供给程序、标准等不清晰，地区间无法实现有效对接和流转；二是造成政府职能缺位，政策法规明确了政府提供公共服务的权力，更规定了政府提供公共服务的责任和义务，敦促政府保质保量地履行职责。"[1]长远来看，维护京津冀地区整体利益的规章制度还没有系统地建立起来，缺少配套的区域间的约束性协议，缺少京津冀区域一体化有效实施的制度保障，缺少对违反协议地区应该承担的经济或政治责任的界定，由此产生的一个重要结果就是严重缺乏顶层设计。在进行京津冀基本公共服务共建共享工作的过程中缺乏顶层设计，必然导致缺少强有力的协调机构、科学合理的规划。当前，京津冀区域内各地基本公共服务自成体系，供给标准不统一，缺乏保障区域内各地政府事权和财权匹配的顶层设计。尤其是京津冀之间的财税体制。三地之间财源和财政收入的竞争，实质上是京津对河北的"虹吸效应"的不平等的利益争夺，三地之间横向财政转移支付制度不健全，无法实现互联互通，加剧了区域间、城乡间的基本公共服务非均等化水平。因此只有通过建立健全相关制度和法律法规体系，才能加强顶层设计，从宏观上对京津冀基本公共服务共建共享进行总体规划。

（四）基本公共服务供给模式单一

长期以来，我国公共服务基本上是政府主导，政府负责公共服务的投入、建设、分配，集决策者、提供者和监督者于一身，对公众的需求偏好了解不深。这种单一供给模式和治理机制会造成上级决策与基层执行、集中供给与多元化需求的矛盾，削弱公共服务均等化的理念，导致了基本公共服务总体不足与局部浪费并存的局面。此外，该模式排斥其他社会组织和市场力量的介入，影响基本公共服务供给的多元化。从整体上来看，京津冀的基本公共服务供给受我国传统公共服务供给方式的影响，依然是以政府为主导，但三地之间又有一定的区别，尤其是受经济发展水平的影响，相对于河北地区，京津地区的公共服务供给方式要更加多元化一些。当前京津冀基本公共服务的发展主要以行政命令为主导，其市场的决定性作用未能得到充分的发挥。

---

[1] 孔祥利：《京津冀协同发展亟需加快公共服务一体化建设》，《前线》，2016年第3期，第18—20页。

从京津冀协调发展的宏观层面来看,"协同发展的过程也是市场在资源配置中起决定性作用的过程,合作不能仅仅局限于政府层面,只有市场主体活跃起来并积极参与才具有可持续性。"①党的十八届三中全会也提出"建设统一开放、竞争有序的市场体系,是使市场在资源配置中起决定性作用的基础"。所以在未来的基本公共服务供给当中,需要充分发挥市场的基础性作用,实现供给方式多元化,才能符合京津冀协同发展的大局,实现京津冀基本公共服务共建共享。

(五)缺乏健全的绩效评估体系

绩效评估在京津冀公共服务共建共享工作中具有十分重要的意义。绩效考核一般是指政府、社会或专家团体对政府公共部门管理过程中投入与产出的绩效进行评定及等级划分的过程。但在目前的实践中,对于京津冀公共服务建设却缺乏全面的评估指标和科学的评估方式。目前三地仍未建立完善的区域公共服务共建共享的绩效评估体系,缺乏相应的激励和约束机制,没有将基本公共服务共建共享纳入政府绩效考核体系。政府、中介机构、公众(媒体)等未建立多元协调互补的考评机制,对一体化的全过程进行监测评估。在主体责任方面,基本公共服务共建共享服务供给主体的责任意识和服务功能并未明确。在政府政绩考评中未做到突出对基本公共服务共建共享政策过程及结果的综合绩效管理,没有将基本公共服务共建共享的评价结果纳入地方领导干部绩效考核体系,也没有建立激励约束兼容的引导、调节和保障机制,促进基本公共服务共建共享有效推进和健康发展。京津冀公共服务共建共享绩效评估体系的缺失还与行政壁垒有关,有学者就指出由于京津冀的行政区划方式的独特性,对区域间的平等交流和合作形成无形障碍,"相较于较为成熟的长三角、珠三角城市群,京津冀城市群的劣势更为明显。以前京津冀一体化之路曲折与艰难,与'一亩三分地'的思想障碍、'我的地盘我做主'的行政壁垒、'肥水不流外人田'的利益羁绊等密切相关。其中,行政壁垒的存在使得发展尤其困难。"②所以,必须要解决京津冀三地由于沟通不畅而造成的缺乏统一的绩效评估标准和配套的绩效评价体系,从宏观层面出发,推进京津冀基本公共服务共建共享的绩效评估体系的完善。

---

① 周立群、曹知修:《京津冀协同发展开启经济一体化新路径》,《中共天津市委党校学报》,2014年第4期,第100—104页。

② 周柏年:《三十年行政桎梏如何破除——京津冀一体化规划》,《中华建设》,2014年第10期,第31—33页。

四、推进京津冀基本公共服务共建共享的对策分析

京津冀协同发展,是党中央、国务院在新的历史条件下做出的重大决策部署。2015年4月30日,中共中央政治局通过的《京津冀协同发展规划纲要》中指出"推动京津冀协同发展是一个重大国家战略",并明确提出了区域公共服务发展的中远期目标,即:到2020年公共服务共建共享要取得积极成效,区域内发展差距趋于缩小;到2030年公共服务水平趋于均衡。基本公共服务是人们对公共服务中最基本、最广泛和最迫切的需求部分,区域经济协同发展离不开优质、高效、均等的基本公共服务。而基本公共服务作为京津冀协同发展战略中不可或缺的重要组成部分,其重要性不容忽视。对此,一方面要从微观层面入手,加强京津冀教育、文化、医疗、社会保障等基本公共服务具体领域的共建共享;另一方面需要从宏观层面上为京津冀基本公共服务做好财力支撑、法律保障、市场化改革等,逐步推进京津冀基本公共服务共建共享,为京津冀协同发展奠定基础。

(一)从微观层面入手,开展重点领域试点建设,推进京津冀基本公共服务共建共享

从微观层面入手,在基本公共服务重点领域实现突破是有效促进京津冀基本公共服务共建共享的有效途径。《京津冀协同发展规划纲要》指出:"要坚持协同发展、重点突破、深化改革、有序推进。要严控增量、疏解存量、疏堵结合调控北京市人口规模。"为更好地推进京津冀基本公共服务共建共享,促进京津冀一体化有效发展,必须要切实保证公民基本的教育权、健康权、文化权等基本权利,使人民"学有所教、劳有所得、病有所医、住有所居"等,这些基本公共服务的重点领域,是推进京津冀基本公共服务共建共享的重要突破点。

1. 推进京津冀基础教育共建共享

基础教育和公共文化是京津冀基本公共服务体系中的重要组成部分。在我国,基础教育是包括从小学到高中阶段的学校教育,是国民基础教育系列的基础性构成。多年以来,我国基础教育投入不断加大,供给方式也发生了巨大的变化,但是地区间差异仍旧较大;获取公共文化权益是公民享有的基本权利,但京津冀区域内文化资源仍存在文化资源浪费与文化资源紧缺两个偏向的明显差异。这都需要加快推进京津冀基础教育和公共文化的共建共享。基本公共服务教育领域建设的根本目的,就在于构建完善的现代基础教育服

务体系，提高公共教育服务的供给能力和供给水平，满足新时期现代化建设事业和人的全面发展对公共教育事业提出的新要求，从而为经济社会的全面、协调、可持续发展做出更大的贡献。但就京津冀区域而言，基础教育服务领域还面临着基础教育资源不均、各地区投入差距大等诸多挑战。这就需要加大投资力度，统筹城乡合作与发展，均衡配置基础教育资源，全面实施素质教育；规范民办教育管理，提升民办教育质量，支持民办教育适度发展、健康发展，例如鼓励和扶持京津等地的学校通过合作办学、学科共建等多种模式，开展区域教育合作，支持组建"京津冀学校联盟"，促进学校共建，实现科研资源共享。建议设立京津冀高等教育协同发展专项资金，为京津冀高等教育协同发展提供统一的财政支持，用于共享平台的建立、科研项目的经费。共享平台主要包括建立共享优秀师资以及共享数字资源两大平台。三地高校的优质教师资源整合起来，在专门的平台上交流自己在教学和科研中的心得与经验，探讨自己在教学和科研中遇到的问题，形成优质师资平台，并由京津冀高等教育协同发展专项资金提供财力保障。同时，建立三地高校的人才数据库、科研数据库、课程共享平台，在数字资源上做到共建共享。

北京市作为我国的政治中心、文化中心，拥有全国最优质的高等教育资源，拥有"211""985"高校数量位居全国之首，拥有高水平的师资力量、尖端的科研能力，应注重建立高端研究型学校，培养高端研究型人才。2014年，天津市拥有4所国家级重点实验室、9所国家工程技术中心、3所国家大学科技园。同期，北京市拥有35所国家级重点实验室、62所国家工程技术中心、12所国家大学科技园，可见京津两市相差悬殊。这与天津市作为新兴工业产业基地的战略地位不符合。天津市拥有大量的科技密集型企业，需要丰富的科研场所和科研能力，国际级重点实验室、国家工程技术中心、国家大学科技园均应向天津倾斜。这不仅仅是疏解首都高校科研功能的定位需求，也是天津市作为科技密集型产业基地的现实需要。河北省拥有118所高等院校，其中非普通本科高等院校达到了66%，有57所是职业教育学校，数量远高于北京、天津两市。河北省需要深入挖掘自身的积极因素，充分发挥自身优势资源，突出办学特色，由传统学科的培养逐渐转向新兴学科的培养，以适应京津冀产业结构调整的新要求。明确河北省办学定位，注重应用型人才和高级技能人才的培养。2014年，河北省拥有1所国家级重点实验室、4所国家工程技术中心、3所国家大学科技园，不足同期北京的35%、15%、25%，可见两者相去甚远。北京市的科技资源应适当向河北省倾斜，同时，河北省应注重提高高校成果的经济转化率，为河北省地方经济的发展提供智力支持和人才储备。

目前，京津冀基本公共服务共建共享在教育领域已经迈出坚实的一步。2017年2月17日，京津冀三省市在河北廊坊召开京津冀教育协同发展工作推进会，共同发布了《"十三五"时期京津冀教育协同发展专项工作计划》和京津冀教育对口帮扶项目，签署了北京市通州区、天津市武清区、河北省廊坊市《关于开展教育协同发展的合作协议》。同时，确定"十三五"时期京津冀教育协同发展将重点推进诸如京津冀基础教育合作项目、京津冀人才队伍建设项目、京津冀教育对口帮扶项目、京津冀教育统筹协作平台建设项目、京津冀教育协同发展科学研究项目等十大项目，有力地促进了京津冀基础教育服务共建共享进程。

2. 推进京津冀公共文化服务共建共享

公共文化服务是文化建设的有机组成部分，也是京津冀基本公共服务共建共享的重要内容。从公民权利的角度看，享有文化权益是公民的基本权利，具有与其政治权利、经济权利同等重要的地位，必须得到尊重和保障；从公共服务体系建设的意义来看，公共文化服务体系在推进人的全面发展，促进公民的自我实现，确立和弘扬社会主义核心价值和发展方向，建设独立自主、平等自由的社会，乃至使整个国家实现可持续发展等方面，都有不可替代的作用。

当前，京津冀地区群众文体休闲活动不断丰富，文艺精品迭出，文化品牌活动影响力越来越大，公共文化服务呈现出良好的发展势头。但是，公共文化事业发展仍然存在区域间资源配置不均衡、发展不平衡的问题。对此，需要转变政府职能，完善公共文化服务投入机制；全面加强基础文化设施建设，重点建设具有城市特色的文化设施，为文化服务提供强大阵地，推进京津冀公共文化共建；构建多元文化主体，建设文化组织和人才队伍，形成举办主体多元化、组织形式多样化的格局；整合资源，避免重复建设和资源浪费，实现区域文化资源的合理配置，实现公共文化服务共享。

3. 推进京津冀基本医疗服务共建共享

基本医疗是我国社会保障体系的重点。基本医疗是公民健康权的应然诉求。基本医疗共建共享的最终目标是构建全国一体的全民基本医疗卫生服务体系，让不同区域的居民平等地享有基本医疗与公共卫生服务。

目前，京津冀三地医保合作已经处于"步伐加快、协同推进"阶段，但由于三地经济发展水平差距较大、异地结算和待遇互认尚未形成等原因，使得三地的基本医疗卫生共建共享仍然存在诸如医疗资源配置不均衡、医疗资源增长速度滞后、医疗费用持续攀升、医药体制改革滞后等较多问题。对于此类问题，需要做到：第一，加快区域内卫生资源的整合。政府要控制总量、盘活存量、因地制宜、优化结构，打破条块分割、部门界限，通过重组、改造、功能转换等形式，引导医疗资源存量向区域内欠发达地区流动，向社区流动，向农村流动。第二，扶持创新型医药企业，加强新药申报程序的监管力度并适当控制药品流通环节。第三，协同建设区域分级诊疗体系，引导在京医院通过异地开办分院、合作办医、专科协作、组建医疗联合体或医院集团、开展远程医疗、驻派专家、交流进修等多种方式，共同提升区域医疗卫生服务能力和水平，方便群众就近就医，推进基本医疗服务的共享。自京津冀协同发展上升为重大国家战略三年以来，京津冀医疗协同发展正在有条不紊地向前推进。

自2014年以来，北京市与河北省已开展北京—燕达、北京—张家口、北京—曹妃甸3个重点医疗合作项目。统计显示，2016年上半年，在北京市二级以上医疗机构出院患者中，河北患者人数占比从2013年的9.05%降至7.47%，京冀医疗协同发展成效初显。2016年10月底，北京市卫生计生委、河北省卫生计生委和承德市政府共同签订《医疗卫生协同发展框架协议》，在此框架协议下，北京市5家医疗机构分别与承德市5家医疗机构签订医疗合作协议。每家医院重点支持2—4个专科，到2020年年底，通过技术合作、干部挂职、人员进修、远程会诊、绿色转诊、带教讲学等形式，提高受援医院的管理能力，加强重点支持专科建设，带动提高整体医疗服务水平，不断满足当地人民群众的医疗需求。

4. 推进京津冀社会保障服务共建共享

社会保障是公民的基本权利。社会保障作为社会进步的重要推进器，是保证市场经济健康运行的基础性构件；作为社会的稳定器，是经济与社会进步的重要标志；作为社会的调节器，是二次分配中最重要的手段。完善的社会保障制度可以使社会成员有效地应对社会风险，有助于调节贫富差距，营造和谐的社会氛围，促进社会公平正义的实现。

目前，我国社会保障体系不断完善，社会保障法制建设和基础设施建设不断进步，各项社会保障工作也取得了较大进展，例如：京津冀三省市均出台了本地养老保险跨区域转移接续办法实施细则，发行了符合全国统一标准的社会保障卡，为实现区域内社会保障一卡通奠定了基础。目前三省市基本实现了城乡居民养老保险制度名称、政策标准、经办服务、信息系统"四统一"；北京市与河北省就燕达国际医院合作项目签署协议，以合作办医和专科扶植的方式，由北京朝阳医院对河北燕达国际医院医疗管理和学科建设进行整体支持，共同探索解决医师异地执业、医保结算等难题。

  2016年11月初，北京市人力资源和社会保障局与河北省人力资源和社会保障厅签署《推动人力资源和社会保障深化合作协议》，在推动两地就业创业服务一体化、社会保障顺畅衔接、深化区域人才交流、专业技术人员职称资格互认、留学归国人员创业园共建等多方面达成一致。明确了推进京冀人力社保一体化"4＋3"工作目标，从而进一步加快推进两地人力社保一体化进程。"4＋3"工作目标是指京冀两地将从就业创业、社会保障、人才服务、劳动关系4个方面进一步加强省级合作，并确定曹妃甸、新机场、燕郊这3个区域为深化合作、重点突破地区，共同推动两地人力资源合理流动和有效配置，加快京冀人力社保一体化进程。在促进就业创业一体化服务方面，京冀两地的2152家人力资源服务机构将按统一标准，为群众提供职业介绍、职业培训、流动人员人事档案管理等一系列人力资源服务。同时，京津冀三地共同签署了《专业技术人员职称资格互认协议》，明确今后三地专业技术人才取得的职称外语和计算机等考试成绩，以及取得专业技术人员职业资格和专业技术资格等证书的人员，调入另外两个省市时，可由用人单位直接聘任，不再更换职称证书。参加国家设立、地方组织实施的专业技术人员职业资格考试，专业技术资格考试，职称外语、计算机应用能力及专业实务等职称相关考试，由京津冀职称主管部门核发（确认）职称资格或考试合格证书。互认专业技术人员职称评审证书，包括：在国家设定的职称系列、等级范围内，根据地域产业、专业布局，经京津冀人力社保部门批准设立的评委会评审或认定，由京津冀职称主管部门核发（确认）的高、中、初级职称资格证书。其中，专业技术人员职称资格互认，适用于京津冀专业技术人员在三地间流动过程中的职称晋升、岗位聘用、人才引进、培养选拔、服务保障等领域。

  但是，由于我国社会保障制度采取属地化管理，京津冀区域之间仍在一定程度上存在着社会保障水平差异大的问题。这主要表现为：社会保险参保比例失衡、住房保障供需失配等。为此，需要进一步加快两市一省的社会保障制度并轨，全面实现社会保障一体化；进一步加快社会福利建设，率先建立起健全、普惠的社会福利制度；进一步加大公共财政投入力度，不断提高社会保障支出占全部财政支出的比重；进一步加快以改善民生为重点的社会建设，充分发挥社会组织在社会互助活动中的积极功能；进一步加强城乡社保统筹建设力度，将加快建立健全城乡统一的社会保障制度建设作为京津冀一体化建设的重要内容。

（二）从宏观层面入手，在财力、法律、市场化改革等方面为推进京津冀基本公共服务共建共享提供支持

京津冀基本公共服务共建共享的有效推进，需要在基础教育、公共文化、基本医疗、社会保障等基本公共服务的重点领域率先入手、实现突破，在微观层面上实现京津冀基本公共服务共建共享的发展；同时，也需要在继续加大京津冀基本公共服务共建共享的财力支撑、健全基本公共服务法律体系、推进基本公共服务市场化改革、优化政府权责等宏观方面打好基础，以更好地促进京津冀基本公共服务共建共享。

1. 加大京津冀基本公共服务共建共享的财力支撑

基本公共服务共建是实现其共享的前提，这首先就需要由公共财政为京津冀基本公共服务共建提供物质保障。可以说，公共财政是京津冀基本公共服务共建共享的必要条件。从长远来看，为了实现中央提出的深化行政管理体制改革、加快政府职能向公共服务型转变的目标，公共财政势必要从经济建设型财政转向公共服务型财政。要实现公共财政，就必须厘清各级政府的事权和财权，明确各级政府的财政收入和支出责任，并建立健全京津冀区域内公共财政平衡机制。就推进京津冀基本公共服务共建共享而言，其中涉及中央和"两市一省"三地四方的财政关系，在这样一个多主体、高规格的环境中推进京津冀基本公共服务共建进而实现京津冀基本公共服务共享，急需合理调整财政政策，充分发挥京津冀三地政府的作用，不断加强京津冀三地政府对基本公共服务的投入，并在此基础上规范转移支付制度，建立并完善区域基本公共服务共建平衡基金，一方面充分发挥各地政府的主体性作用，另一方面能有效减轻河北等地方政府的财政负担，为推进京津冀基本公共服务共建、实现京津冀基本公共服务共享提供财力保障。

（1）调整财政政策，不断加强京津冀三地对基本公共服务共建的投入

近年来，各地公共服务财政投入总量不断加大，但由于历史欠账较多和政府职能转变尚未完全到位等原因，财政支出中用于基本公共服务的比例仍普遍偏低。在京津冀区域内，由于三地经济发展水平差异、各地政府财政支持的力度不同等原因，三地分别获得的公共财政投入存在着明显落差。这需

要进一步调整各地的财政政策，并不断加强京津冀三地政府对基本公共服务共建的投入且使之相对均衡。

若干国外实践经验也证明，对于各类基本公共服务的特征、作用，虽然不同国家会有不同的认识，这会使中央和地方的基本公共服务在事权划分上存在差异，但各级政府事权划分的界限应该是清晰的，而且，不少国家都以法律的形式具体规定了各级政府的职能边界，也较好地实现了基本公共服务事权与财力的匹配。但是，我国政府尤其是基层政府的事权与财力不匹配的问题尤为突出。在现实生活中，农村税费改革和分税制的推进，使得基层政府的财力被逐级上收，收入锐减，但在实际上却承担着大部分基本公共服务供给责任。为此，必须进一步健全中央政府与三地政府、三地政府与其内部各级政府之间在基本公共服务方面的事权和财权关系，并在此基础上适当调整财政政策，形成事权与财力相匹配的体制机制，并依据各类公共服务具有的不同特征和属性，科学划分各级政府应承担的权利和责任。在京津冀区域内，京津冀三地政府要不断加强基本公共服务共建投入，尤其是河北、天津要重视加强基础教育、基本医疗、社会保障等公共服务"软件"的建设，实现京津冀各地基本公共服务建设整体水平的提升；同时，必须合理配置京津冀三地公共财政投入比例，以基本公共服务均等化为导向，逐渐增加在公共服务领域的投入比重，尤其应加大对河北农村及落后偏远地区的基本公共服务投入力度，使新增教育、卫生、文化等事业经费主要用于农村，建立稳定的公共财政投入增长机制。只有为京津冀基本公共服务共建提供有力的财政政策，才能更好地为实现京津冀基本公共服务共享奠定基础。

(2)规范区域内转移支付制度，建立并完善区域基本公共服务共建平衡基金

财政转移支付是平衡地区间财政收支差异的重要政策工具，是一种财政资金无偿转移的再分配制度设计。京津冀区域作为一个整体，要想实现基本公共服务共建共享，需要京津在促进自身经济发展和提升人民生活质量的同时，也应当给予相对落后的地区尤其是河北省内部分地市一定的帮助。其中重要的方面，就是继续规范京津冀区域内的财政转移支付制度，建立并完善区域基本公共服务共建平衡基金，从而促进京津冀基本公共服务共享。

政府在科学利用财政转移支付手段，实现地区间财力的横向平衡和政府间财力的纵向平衡，推进京津冀基本公共服务共建共享的过程中需要做到：

首先，需要尽快解决转移支付法制化问题，京津冀三地需加快相关问题

立法，明确政府间转移支付界限，为区域内财政转移支付的有效进行提供法律保障。其次，完善基本公共服务均等化的财政转移支付体系，需要纵向转移与横向转移并重，逐步完善公共财政转移制度，强化转移支付对基本公共服务共建共享的保障作用。建议加大中央对地方一般性财政转移支付力度，增加公共服务的专项拨款，增强地方政府提供公共产品的能力。探索京津冀三地之间公共财政横向转移支付制度，加大京津对河北在基本公共服务建设方面的财政支持力度。再次，必须明确转移支付目标，要结合人民群众的切实需求和地方经济发展的实际需要，在加强京津冀基础设施等公共服务"硬件"的同时，进一步加大基础教育、基本医疗、公共卫生、社会保障等公共服务"软件"的建设，不断扩大公共财政的覆盖范围，合理决策转移支付资金的使用，并建立科学的评价体系来评估各项转移支付资金的使用效果，确保转移支付资金的有效利用。最后，要加强对京津冀三地转移支付资金的严格监管，切实提高转移支付资金来源和使用情况的透明度，自觉接受社会各界人士的监督。

在既定的财政体制下，改革和完善转移支付制度，可以有效推进京津冀基本公共服务共建，进而实现其共享。但只有真正保证了转移支付资金的来源稳定，才能使这种转移支付发挥实际作用。为此，笔者建议通过法律途径，建立健全京津冀基本公共服务共建平衡基金，作为政府间转移支付资金的稳定来源。

从国际经验来看，许多国家和区域性组织通过建立基金来保证其用于区域基本公共服务建设所需的资金来源，并随经济发展水平和财政收入的增长而增长。以欧盟为例，其用于区域基本公共服务建设的资金主要有凝聚基金和结构基金等基金拨款。欧盟主要通过预算为这两项基金筹集资金，按五年规划安排，分年度拨款，并在规划期结束后进行评估。同时，欧盟也注意积极引导和激励地方政府或私人投资的参与，既能发挥区域积极性，又能减轻欧盟负担。就推进京津冀区域基本公共服务共建共享而言，有必要借鉴欧盟经验。配合区域基本公共服务共建的各阶段目标，进一步以法律形式明确用于基本公共服务共建的资金来源，以保证转移支付合理增长。同时，通过年度预算分解安排，进一步明确基础教育、基本医疗等基本公共服务各领域共建的建设目标，建立区域基本公共服务平衡基金，保障京津冀基本公共服务共建共享所需的财力。

2. 健全基本公共服务法律体系，为基本公共服务共建共享提供法治保障

在河北大地这一棋盘上，各个城市犹如棋子一样，组成了京津冀城市群这一上演着改革发展大戏的棋局，京津冀区域内的各个城市分别体现着不同棋子的功能。京津冀基本公共服务共建共享最终就表现为城市群内各地的协同发展。要实现这一协同发展战略就必须不断健全京津冀基本公共服务共建共享的法律体系，为京津冀基本公共服务共建共享的有效推进提供法律保障。

京津冀基本公共服务共建共享是首都圈协同发展的重要组成部分，这一方面需要京津冀三地自觉认识到自身在京津冀协同发展战略中的地位与作用，北京要更加自觉，天津要更加主动，河北要更加融入；另一方面京津冀三地必须更加积极地制定京津冀基本公共服务共建共享的顶层设计与规划，积极争取服务于京津冀区域发展的国家项目和国家政策，有效促进京津冀三地真正朝着目标同向、措施一体、作用互补、利益相连的路子前进。

京津冀三地在充分认识自身定位并积极融入区域基本公共服务共建共享这一实践的基础上，促进京津冀基本公共服务共建共享的持续高效推进，还需要以高度法制化为重要保障。促进京津冀基本公共服务共建共享急需做好以下工作：其一，组织制定统一的京津冀基本公共服务共建共享法律法规。这需要中央和京津冀三地四方共同编制基本公共服务共建共享相关的法律法规，制定统一的《京津冀基本公共服务法》或《京津冀基本公共服务共建共享法》，为解决各地之间公共服务水平差异的状况提供法治框架，为各地居民均等地享有基本公共服务的各项权益提供法律保障。其二，处理好基本公共服务法与其他法的关系。基本公共服务共建共享等法作为公法规范，应注重其与其他私法规范相协调，并对其及时进行调整和修正，促进基本公共服务共建共享发展的规范化、常态化。

3. 推进基本公共服务市场化改革，提升基本公共服务供给效率与质量

社会基本公共服务是复杂的、具体的，而政府的能力、资源又是有限的，权威机制也并不总是完美的。这就需要推进基本公共服务市场化改革，充分整合政府、社会等多股力量来保障公民平等地享受基本公共服务的权利。推进京津冀基本公共服务共建共享，需要政府在担负基本公共服务的宏观调控者和"给付责任"的前提下，不断扩展公共服务供给主体，充分发挥各市场组织和经营者的作用，为京津冀基本公共服务共建做好配置与供给，继而为实现京津冀基本公共服务共享奠定基础。在推进京津冀基本公共服务共建共享过程中,在复杂而多元的公共服务需求之下,政府应重新界定政企、政社关系,明确社会公共服务供给的责任不限于政府部门内部,也可以通过授权、委托、购买、外包等各种形式,引入多元供给主体,实现供给主体多元化,促进京津冀基本公共服务共建,同时鼓励各种社会力量参与"合作治理",从而提高京津冀基本公共服务共享的水平。

(1)在京津冀区域内实行多元化的基本公共服务供给模式

多元主体参与的新型供给模式是解决基本公共服务需求与供应不匹配问题的有力举措。在基本公共服务供给方面,由于京津冀等政府部门的垄断性和信息不对称的特征,使得政府无法对公民的需求做出高效、及时的回应;而私营部门由于自利性的特点往往缺乏提供那些成本较高、对自己不能产生较大利益的公共服务的动机,因此必须建立以政府为主导、多元化社会主体广泛参与的京津冀基本公共服务供给模式,以弥补上述缺陷。

在现代开放社会中,政府明确自身定位后,需要培育新的社会组织载体,提升现有社会组织的能力,为各类社会组织活力的释放提供制度保障。为此,政府需要扮演好三个角色:第一,政府应扮演好精明的"购买者"。如果政府不提升其作为精明买主的能力,将会严重影响政府总揽全局、统筹兼顾能力的发挥;第二,政府要做一个合格的"出资者"。在做好服务生产与服务供给角色分离的基础上,政府还需要做一个社会组织的出资者。政府在将自身的应有职能分担出去之时,就应该同时肩负起社会组织的财政重任;第三,政府需要做一个公正的"监督者"。政府是公共利益的代表,是公正的仲裁者,也是最应该对公共服务供给承担全过程监控责任的有效主体和力量。公共服务合作生产并不意味着政府责任的减轻,也不等于政府卸下包袱,而是更加考验政府的责任意识,需要其更加全面地做好各方面的监督与调控工作。

在政府扮演好三个角色的同时,市场、社会提供多元化服务,最大限度地满足公民多样化的公共服务需求。市场组织以追求个人利益最大化为目的,而且具有对市场需求能迅速做出反应的能力,因此,由市场提供诸如公共就业服务、竞争性差的邮政服务等公共服务与产品在一定程度上可以弥补政府部门对社会需求反应性差的缺陷,及时满足社会公众需求。社会组织具有民间性、组织性、非营利性等特征,因而,社会组织作为一个独特的参与主体,也有着自己的优势。首先,社会组织提供的公共产品具有针对性强的特点,因而能有效满足特殊群体的个性化需求;其次,社会组织分布广泛,社会基础较好,具有产生社会信任和向社会各阶层的人提供公共服务的能力;再次,社会组织具有公益性的特点，可以针对市场的自利性起到拾遗补阙的作用，为有着超常需求和特殊需求的大众提供服务，从而最大限度地满足居民的多样化公共服务需求。此外，在社会基本公共服务多元主体供给的模式下，政府、市场和社会在社会福利、教育文化、环境保护等诸多领域协同合作，在一定程度上可以充分发挥社会资源在提供公共服务中的作用，从而有效整合资源，提高服务效率。

(2)鼓励社会力量积极参与京津冀基本公共服务"合作治理"

基本公共服务具有全民共享、普遍受益的政治内涵，这使得政府理所当然地成为其提供者与管理者。但是政府的资源、责任总是有限的，政府权威机制也并不是完美无缺的。基本公共服务的提供与管理，应该将政府、社会参与结合起来，构建"合作治理"的新机制，从而提高京津冀基本公共服务共享的水平。

政府在京津冀基本公共服务"合作治理"中应坚持角色分化与主导。京津冀基本公共服务共建共享的有效推进，需要政府来充当公共服务的"安排者"和"提供者"，承担起财政支持、服务监管、绩效评估等责任，至于具体的基本公共服务的生产与供给，则可以放给社会多元力量来共同承担。当然，由于基本公共服务关系到人民群众的基本权利保障问题，政府仍应承担京津冀基本公共服务的"总责任"，在多元治理结构中发挥主导作用，负责制定和落实地区基本公共服务的发展规划和运作规则，通过政府权威保障京津冀基本公共服务的公益属性和共建共享。

市场在京津冀基本公共服务"合作治理"中应做到适度介入与规制。政府不可能包揽所有的公共事务，政府主导并不能够代替民间力量的参与。政府部门通过合作外包、民营化、业务分担、合作生产等方式将一部分基本公共服务业务分由私营部门来经营，形成了基本公共服务的公私合作机制。这一合作机制的有效运行，需要政府制定出明确的制度来审核公共活动，促使基本公共服务"合作治理"能够吸引私营部门主动参与进来。同时，还可以引入竞争机制，给公立和私立两种服务提供者创造出一种提高绩效的激励机制，以促进京津冀基本公共服务共建共享效率的提升。

公民在京津冀基本公共服务"合作治理"中应积极自主参与。京津冀地区居民是京津冀基本公共服务的基本对象。一切向京津冀地区居民提供的公共产品或服务都是为了满足地区人民群众的需求，因而群众对所提供的基本公共服务的态度就是检验服务好坏的标尺。这就需要充分了解京津冀区域内居民的基本需求,完善居民需求反映渠道,并注意提升居民基本权利保障意识和问题反应能力,在京津冀基本公共服务共建过程中不断增强居民的参与性,也提升京津冀基本公共服务共享的水平。

4. 优化政府权责,为基本公共服务共建共享提供科学的考核评价体系和有效的协调机制

推进京津冀基本公共服务共建共享的实际进程较为缓慢,与政府职能转型尚不到位、政府与社会主体关系不顺畅紧密相关。我国行政管理体制改革经历了从"简政放权"到"转变政府职能"再到"建设服务型政府"三个阶段,构成一个连续的、不断深化的过程。但在现实中仍然在一定程度上存在着服务型政府建设认识不够清晰、政府职能转变不够到位等问题,阻碍了京津冀基本公共服务共建共享的有效推进。而且,京津冀"两市一省"行政地位差距的影响、城乡二元结构造成的自然分隔及建立在行政区划基础上的利益区隔机制的束缚等因素也导致了京津冀区域空间的割裂,带来了区域合作中交流沟通的屏障,对京津冀基本公共服务共建产生阻碍作用,进而影响到京津冀基本公共服务共享的实现。

(1)进一步优化政府权责,推进京津冀基本公共服务共建共享

京津冀基本公共服务作为社会基本服务的一部分,其共建需要政府来组织实施,其共享需要以政府强制力作为保障。但是,需要注意的是,在京津冀基本公共服务共建共享中,强调政府的主体责任,并不等同于要求政府包揽京津冀区域内所有的基本公共服务,而是要建设服务型政府。也就是说,服务型政府要有所为,有所不为,既不能包揽京津冀区域内所有的基本公共服务,也不能对京津冀区域内基本公共服务的落后状况不管不问,任由京津冀三地基本公共服务沟壑变深。

推进京津冀基本公共服务共建共享,必须转变政府职能,从"管制"为主到"服务"为主。政府作为代表人民行使公共服务与管理权力的政治组织,其职能和行为的基本立足点和出发点应该是社会成员的基本需要和利益满足。在推进京津冀基本公共服务共建共享过程中,就要求政府明确划分各级政府事权,并搞好统筹协调,依法规范中央与地方公共服务分工体制。此外,政府必须要收缩权限,强化"看不见的手",弱化"看得见的手",把不该管的事项放出去,把该管的事项切实抓好,真正解决好政府权力越位、错位、缺位的问题。例如:京津冀三地政府加强统筹协调,积极推动落实基本养老保险关系跨区域转移接续、京津两地高校到河北办分校、开展合作办医试点等政

策,力争在社会保障、教育、医疗卫生、文化、社会管理等公共服务领域一体化上不断取得明显进展,让广大群众切实得到实惠,感受到好处。

实现京津冀基本公共服务共建共享,还需建立新型的政府基本公共服务绩效考核体系。政府绩效考核一般是指政府、社会或专家团体对政府公共部门管理过程中投入与产出绩效进行评定及等级划分的过程。当前我国政府绩效评估与考核方面存在着评估指标过于原则化、片面化,评估方式过于单一等问题,迫切需要改变传统的政府绩效考核方式。为此可以从以下两个方面来展开。一是机构绩效评估。通过制定合理的工作考核机制,将基本公共服务纳入政府绩效评估体系,在指标的选择和筛取上,更加注重体现基本公共服务共建共享和服务水平的指标。义务教育、基本医疗和卫生服务、基本社会保障等要进入二级指标体系,并且在三级指标中要比较充分地体现京津冀三地基本公共服务共建共享的要求。同时,需建立有效的考核、奖惩和问责制度,明确相关责任部门和个人,从根本上提高服务效率。二是开放式绩效评估。评估主体多元化,以公民满意度为核心,重视外部主体的构成和参与,提高公民对于政府满意度的比重。评估主体多元化的过程也是京津冀基本公共服务共建共享建设"倒逼"机制的形成过程,有利于疏通政府与公众的对话渠道,充分倾听民意,也有助于提升政府资源使用效率,实现双赢目标。

(2)构建专门的京津冀基本公共服务共建共享协调机制

由于京津冀三地分属于三个不同的行政区且区域内经济发展水平差异较大,使得推进区域内基本公共服务共建共享的领导与协调的难度较大,为此,必须建立专门的京津冀基本公共服务共建共享领导小组,并形成有效推进这一战略的组织协调机制。

在京津冀这样一个规格较高、主体多元的区域内推进基本公共服务共建共享,急需成立基本公共服务这一特定领域的专门领导小组,具体承担起制定区域发展政策、协调区域内各方关系、监督政策执行状况的职责。目前,国务院已经成立了京津冀协同发展领导小组,对区域内协同发展起到一定的作用,但区域内关于基本公共服务这一具体内容的协调机制仍不健全。最显著的便是协同发展领导小组的职权有限,难以将工作重点聚焦于区域内基本公共服务共建共享这一特定领域。如果没有一个强有力的专门领导小组,即使京津冀各地政府都有加强合作与发展的强烈愿望,也很难取得实质性的进展。由中央牵头建立一个强有力的基本公共服务共建共享领导小组,将会为推进京津冀协同发展、推进京津冀基本公共服务共建共享提供组织保障。此外，京津冀地区还应尽快建立起行政首脑定期会议、协调工作办公室、各部门协同合作等制度，这不仅有助于打破三地各自为政、"一亩三分地"的地区保护意识，也有助于制定京津冀基本公共服务均等化中长期规划。有力的领导体制无论是对京津冀基础设施建设，还是协调三地的教育、医疗、卫生、社保等社会公共服务建设，都将产生建设性作用。

京津冀基本公共服务共建共享，还需要构建有力的组织协调机制，这既包括依靠政府"看得见的手"的组织与协调作用，还包括发挥市场这只"看不见的手"的推动与促进作用。京津冀基本公共服务共建共享有效协调机制的构建，在政府层面上，需要国家有关部委以及三个省市的政府共同参与，构建包括基础教育、公共卫生、基本医疗、社会保障、公共基础设施等各个具体领域的跨区域协调联动机制，共同建立各种专业领域的对接平台，统筹推进京津冀区域合作重大事项。在民间层面上，建议在京津冀条件成熟的领域或行业组建区域性民间组织，具体承担直接提供公共服务、构建区域交流与协商平台的功能，从政府和民间两个方面入手合力推进京津冀基本公共服务共建与共享。

总之，京津冀不均衡的经济和政治地位、不同向的利益出发点、迟缓的制度设计、薄弱的非政府力量，这些不利因素的共同作用，造成了京津冀基本公共服务共建共享的推进面对着诸多困难。本课题全面分析了京津冀基本公共服务共建共享的现状，深入剖析问题成因，力争寻找到解决这一问题的最佳路径，使京津冀区域在教育、文化、医疗卫生、社会保障等基本公共服务重点领域协同建设方面不断取得明显进展，并促进京津冀居民在基本公共服务方面实现共享，让广大群众切实得到实惠，感受到好处。因为，这不仅是一个单纯的三地如何加强合作的战术问题，更是一个需要科学、恰当的中央助力、北京解力、天津借力、河北动力的战略问题。

参考文献

[1] 马克思, 恩格斯. 马克思恩格斯文集：第二卷[M]. 北京：人民出版社, 2009.

[2] 习近平. 之江新语[M]. 杭州：浙江人民出版社, 2007.

[3] 曹爱军. 民生政治的事件逻辑——基本公共服务均等化[M]. 北京：知识产权出版社, 2015.

[4] 郭光磊. 北京市城乡基本公共服务均等化研究[M]. 北京：中国言实出版

社，2016.

[5] 张英洪. 北京市城乡基本公共服务发展研究[M]. 北京：中国政法大学出版社，2013.

[6] 鲁继通. 京津冀基本公共服务均等化：症结障碍与对策措施[J]. 地方财政研究，2015(9).

[7] 连玉明. 试论京津冀协同发展的顶层设计[J]. 中国特色社会主义研究，2014(4).

[8] 王红茹. 专家解读京津冀协同发展规划纲要看点[J]. 中国经济周刊，2015(5).

[9] 孔祥利. 京津冀协同发展亟需加快公共服务一体化进程[J]. 前线，2016(3).

[10] 文魁. 京津冀大棋局——京津冀协同发展的战略思考[J]. 经济与管理，2014(6).

[11] 李颖津. 发挥财政职能——创新管理手段推进京津冀协同发展[J]. 中国财政，2015(24).

[12] 韩俊. "十二五"时期推进城乡基本公共服务均等化的政策要点[J]. 理论月刊，2011(7).

[13] 龚世俊，李宁. 城乡基本公共服务均等化理论与农村改革实践探讨[J]. 青海社会科学，2010(6).

[14] 郭晓聪，刘述良. 中国基本公共服务均等化：困境与出路[J]. 中山大学学报，2010(5).

[15] 王玮. 我国公共服务均等化的路径选择[J]. 财贸研究，2009(1).

[16] 叶昌友，张量. 论马克思、恩格斯的城乡融合思想[J]. 求索，2009(12).

[17] 林涛，胡豹. 我国公共物品供给的城乡差异及统筹改革研究[J]. 财经论丛，2007(4).

[18] 李刚，周加来. 共生理论视角下的区域合作研究——以成渝综合试验区为例[J]. 兰州商学院学报，2008(24).

[19] 冷志明，张合平. 基于共生理论的区域经济合作机理研究[J]. 未来与发展，2007(6).

[20] 刘荣增，齐建文. 豫鲁苏城乡统筹度比较研究——基于共生理论的视角[J]. 城市问题，2009(8).

[21] 朱俊成. 长三角地区多中心及其共生与协同发展研究[J]. 公共管理学报，2010(7).

[22] 周柏年. 三十年行政桎梏如何破除——京津冀一体化规划[J]. 中华建设，

2014(10).

[23] 张予,刘某成,白艳莹,张永勋.京津冀生态合作的现状、问题与机制建设[J].资源科学,2015(8).

[24] 祝尔娟.推进京津冀区域协同发展的思路与重点[J].经济与管理,2014(3).

[25] 薄文广,陈飞.京津冀协同发展:挑战与困境[J].南开学报(哲学社会科学版),2015(1).

[26] 周立群,曹知修.京津冀协同发展开启经济一体化新路径[J].中共天津市委党校学报,2014(4).

[27] 周杨波.长三角金融发展与区域经济增长关系研究[J].价格月刊,2009(2).

京津冀"女村干部领导力与家庭"研究

课题负责人：王红旗（首都师范大学中国女性文化研究中心编审、研究员）
课题组成员：艾　尤（首都师范大学文学院副教授）
　　　　　　田美莲（中国社会科学院文学所副研究员）
　　　　　　于玉蓉（中央民族大学预科教育学院讲师）
专题报道记者：刘天虹（中国妇女报社）

近年来，农村妇女参政一直是学者们讨论的热点话题之一，女性参政水平是衡量一个国家民主进程与社会和谐发展程度的重要标准。为此，通过考察分析女村干部群体的参政状况，能够为切实推进性别平等与女性参与农村基层政权，找到一个新的切入点，并且为农村女性参政面临的共性与个性问题，提供有益的启示。

党的十六大界定了我国基层民主建设的战略地位、目标和途径，这意味着中国基层社会治理体制正在发生根本性转变，有学者指出，"今天的中国农村，特别需要一种'治理理念'来指导农村工作，农村社会发展需要治理范式的转换"①。在当下的中国农村，与社会主义市场经济进程相适应的村民自治制度的建立和完善，正顺应了基层社会治理体制的转变趋势，一大批女村干部进入新农村基层管理岗位，是村民自治体制不断完善的一个重要标志。

京津冀农村在"城乡一体化"协调发展的进程中，"男优女劣""男强女弱"的传统文化观念逐步得到改变，女村干部的才华与智慧被广泛认可和尊重。京津冀农村"两委"的女村干部，即女书记与女村委会主任、女支委与女村委，在管理村务方面所积累的实践经验，可以为建设小康型的农村、小康社会提供丰富的、鲜活的现实参照，为积极推动京津冀农村基层组织女性领导力的协调发展提供策略性依据。

本文以京津冀农村为代表性试点，联合北京市妇联、天津市妇联等单位，以三地的优秀女村干部为考察研究对象，共有36位女村干部参加圆桌座谈

---

① 赵树凯：《新农村建设呼唤新的治理》，《中国发展观察》，2006年第1期。

会，各地妇联共提供优秀女村干部的事迹资料 116 份，还采取个人访谈、资料收集、到农村进行调研等多种方式，从女村干部生成的社会环境与政策支持、女村干部领导力的社会作用与风格特征、女村干部的自我参政意识与村民认可、女村干部领导力与家庭协调发展、影响女村干部领导力与家庭协调发展的因素、面临的挑战与解决对策等方面，研究女性参与治理农村与民主治理模式的关系。在更深层次上，梳理民主化村级治理的思想基础及其主要特征，并对民主治理理论进行学术探索与讨论。了解她们如何挑战传统观念对女性领导者的刻板印象与偏见，如何由被动到主动，一步步突破性别"玻璃天花板"，如何协调自我、社会与家庭的角色转换。并且受"家国同构"的影响，把治家之道用在农村"人家"的集体管理与人际关系之中，达到女性领导力与家庭的平衡协调发展。揭示出京津冀农村女村干部基层政权参与"渐变与突围"的图景。在某种意义上，代表一种女性领导力生成的东方之路。

一、女村干部领导力与家庭协调发展现状考察

（一）女村干部的政策支持与构成

改革开放以来，我国政府十分重视发展女性在政界的影响力，积极推动女性参政议政。实现女性全面参政议政是现代社会在经济、政治、文化和社会发展上的必然要求，同时也是社会主义民主的重要体现。现阶段，实现女性积极地参政议政，对提速社会主义政治文明的发展与和谐社会的建设，有着极为重要的理论意义和实践价值。

在我国，广大农村地区所实行的村民自治制度，以及政府的各项有关促进政策，都为农村妇女的政治参与提供了平台和机遇，社会舆论和文化环境也为女性参政创造了有利条件。因此，当前，在改革开放不断深入、传统性别观念逐步改变的情况下，部分农村妇女凭借自身条件优势脱颖而出，离乡经商的女性返回家乡，以及国家培养的部分女大学生村干部，多种渠道进入村级的基层权力部门，女村干部群体就这样应运而生。

1. 从中央到地方的相关政策支持

首先，中央出台了相关的政策法规予以支持。为了保护女性积极行使参政议政的权利，我国在法律政策的不同层级上给予了保障：国家法律有《妇女权益保障法》《选举法》《村民委员会组织法》等；国务院颁布的行政规章有《中国妇女发展纲要》等；部门政策有民政部出台的《关于努力保证农村妇女在村委会成员中适当名额的意见》等；地方法规与政策有各省《妇女权益保障法》实

施办法和妇女发展规划等。这些中央或部门的法律、法规或政策文件中,都包含农村妇女参政议政的内容,成为农村妇女参政的重要法律依据。

国务院在2011年8月印发的《中国妇女发展纲要(2011—2020)》中提出,"依法保障妇女参与经济社会发展的权利,尊重妇女的主体地位,引导和支持妇女在推动社会主义经济建设、政治建设、文化建设、社会建设以及生态文明建设的实践中,实现自身的进步和发展"。《纲要》明确指出了女性参与基层民主政治建设的重要意义,女村干部群体作为其中的必不可少的组成部分,在农村基层自治中势必发挥重要的作用,为妇女参与农村基层管理提供可靠的政策保障和理论支持。

为了保障妇女参与决策和管理,《中国妇女发展纲要(2011—2020)》还提出,县级以上地方政府领导班子中要有1名以上的女干部,并逐步增加;村委会成员中女性比例要达到30%以上,村委会主任中女性比例达到10%以上。为确保这些目标的实现,京津冀地方政府积极制定和完善促进妇女参与决策和管理的相关法规政策,为妇女参与决策和管理创造良好的社会环境。

其次,地方政府为推动中央政策进行了地方配套与政策落实。继2010年10月《村民委员会组织法》修订通过后,京津冀相继修订了《村民委员会组织法》实施办法、村民委员会选举办法等,加入了有利于农村妇女当选的内容。京津冀地方妇联也密切关注《村民委员会组织法》配套地方法规修订工作,总结推广成功做法,推动将《村民委员会组织法》对女性当选的要求,以及把实践证明有效的专职、专选等措施,写入地方新修订的实施办法和选举办法当中。①

再次,京津冀地区建立健全推动妇女进入村"两委"的工作机制。京津冀三地政府充分发挥村级组织换届领导小组成员的作用,来推动健全工作推进机制和指导督导机制。为了激发女性参政议政的热情,参与到村级事务管理上,天津市北辰区小淀镇自2012年村"两委"换届时,为了保障各村必有一名女委员入选,设定"专职专选",将女委员设定在选票候选一栏,确保妇女委员被选进村"两委"班子。北京市门头沟区也有相同的政策,保证女干部在农村换届选举中不低于20%的比例,确保一个村委里面必须有一名女委员,确保支委必须有女性参与领导工作。河北省各市妇联成立专项督导组,妇联领

---

① 《全国妇联系统推动农村妇女进村"两委"工作情况报告及建议》,《中国妇运》,2013年第3期。

导班子成员带队参加农村换届会议、市政协委员视察、市人大代表督导以及换届工作推进会等，及时与当地党政领导协商解决工作中的实际问题。① 河北省迁西县妇联的工作人员积极加入村委会换届领导小组，协助村委班子的选举、改组，并采取逐个走访乡镇领导的方式，取得支持，为妇女参与基层管理和选举创造良好的制度环境②。

除了政策倾斜之外，京津冀三地政府在提高妇女参政意识和政治素养上也有相应举措，采取多种措施提高农村妇女参政能力，而女村干部的模范效应和施政措施，也正在改变农村妇女参与公共事务的态度。小淀镇的女村干部在村里搭建"妇女半边天家园平台"，注重妇女的知识、技能培训。村民拆迁搬入新居后，村委会腾出几间公建房作为妇女活动基地，设置法律讲堂、道德讲堂，组织妇女开展模拟法庭，用鲜活的表演解读法律知识；开展面点、插花、育婴培训，给予妇女一技之长；组织喜欢唱歌、唱戏、跳舞的妇女组建活动队，每天开展活动，活跃村民文化娱乐生活，假日期间为全村送去欢乐。通过加强对妇女进行专业培训和继续教育，使农村妇女纷纷走出家庭，走进社会，融入村级事务的管理，增强参政能力，提升综合素质。

中央出台的各级法律法规以及京津冀地方政策的制定和实施，确保女村干部参与基层民主管理的途径畅通。

2. 女村干部的整体构成情况

从全国以及京津冀的调查数据来看，女村干部构成的情况大致呈现出女性领导占比低、决策层女性少、按传统性别分工多等特点，但也呈现出妇女占比稳中有升、女大学生村干部数量不断增加的新趋势。

据统计："2007 年，我国地（厅）级女干部的比例为 13.7%，比 2005 年的 12.9%提高了 0.8 个百分点；县（处）级女干部的比例为 17.7%，比 2005 年的 17.2%提高了 0.5 个百分点。截至 2008 年，全国女干部的比例达到 39%。"③虽然在国家政策的支持下，大量女性也走向农村基层的领导岗位，女村干部正在成为中国基层民主自治不可或缺的中坚力量，但是女性进入村

---

① 郑彩华：《将社会性别视角纳入农村基层政治改革与发展——以女村干部为例》，《北方文学》，2010 年第 9 期。

② 张永英：《从妇联性质看妇联组织在推动妇女参与村委会选举中的作用——有关迁西妇联经验的个案研究》，全国妇联妇女研究所妇女参政课题组：《中国经济转型期妇女参政研究课题成果》，2013 年。

③ 中国妇女研究会：《"北京＋15"中国非政府妇女组织报告》，2009 年。

"两委"的比例还不能令人十分满意。以天津市北辰区小淀镇为例,目前农村党员 760 人,其中女党员 186 人,占 24%;村民代表 68 人,其中女代表 20 人,占 29%;镇域内 5 个村共有村干部 29 人,每村一名女村干部,占 17%。① 河北省的平均数字也显示进入"两委"的女性仅占"两委"人数的 16%。

由此可以看出,京津冀乃至全国都呈现出女村干部占比较低的特点,但是京津冀农村妇女进村"两委"的比例呈现出不断提高的趋势,尤其是河北省配备村"两委"女干部的行政村,所占比例较上届提高了 52 个百分点,势头可喜。女性村干部在"两委"所占比例基本保持稳定,并逐年增长,调查数据显示京津冀三地村"两委"女干部配备率、村"两委"女性成员比例、村"两委"女性正职比例都有大幅提高。以河北省为代表,三项数据的增幅都在 50 个百分点左右,取得了可喜的成绩。同时,也可以看出,随着京津冀地方政策法规的实施和选举制度的不断完善,农村妇女参政热情得到鼓舞,参政能力得到提升,参政路径得到拓宽。

虽然,女村干部中农村妇女占比较大,但是大学生女村干部数量呈增长趋势。在京津冀地区,女村干部主要是由基层选举产生的当地妇女干部和由上级推选任命的女大学生村干部组成。其中,当地妇女被村民选举为村干部的情况较为普遍,虽然京津冀三地女大学生村干部占女村干部的比重,低于土生土长的本地女村干部,但是,随着国家及地方政策的不断引导和完善,越来越多的女大学生村干部将会来到京津冀的广大农村,为社会主义新农村建设贡献力量。

调查显示,当选书记、村委会主任的这些女村干部们,大多是农村妇女中的政治精英,通过学者们的调查,可以将她们的构成情况总结如下:第一,在年龄层次上以中年为主,40 岁以上所占比例较高;第二,受教育程度相较于一般农村妇女高,有一定的知识文化水平。

女村干部们从政前多从事非农产业,如村办企业管理者、小学教师、个体户(私营企业主、经商)、村医等,善于从事经济活动,是村里的经济能人,具备一定的专业技术素质,具有经营头脑和社会阅历;很多女书记、女村委会主任在担任村内核心要职之前,都担任过类似妇女主任、计生员的职务,或是担任过村"两委"的委员,有了与村民熟识的机会,锻炼了处理公共事务的能力,并赢得了群众的认可与支持。从选举中产生的女村干部一般都具有

---

① 天津市"女村干部领导力与家庭"座谈会会议记录。

一定的社会关系，或者娘家在本村，或者夫家是村中大姓，或者亲属、家族中具有有利的背景，如自己父母或者丈夫的家庭当中有干部、在外挣工资等，都会给女村干部走入基层权力中心积累人脉，铺设道路。

为了增加女大学生村干部的在岗数量，让更多具有高学历的女大学生进入基层管理队伍，京津冀三地政府做出了积极的尝试，不仅通过媒体宣传、举办论坛、组织征文等多种形式，大力宣传优秀女大学生村干部，积极推荐她们担任"两代表一委员"等，还在工作、生活的细节上给予无微不至的关怀，主动帮助女大学生村干部争取小额贴息贷款、项目资源等。北京市妇联甚至为女大学生村干部买电脑、装电话、配自行车，帮助改善女大学生村干部的工作和生活条件。

3. 非农化进程为农村女性领导力建设提供机遇

当前我国农村面对的一个重大事实就是人口的大规模向外流动，以及由流动而带来的组织方式和价值、文化的改变。在传统文化逐渐消弭的区域，迫切需要新的价值和新的规范为其提供指引。

非农化进程可以在两个方面为农村女性的领导力建设提供条件，一是现代组织管理制度的兴起，冲破了传统文化中的家族主义桎梏，为具备领导能力的女性提供了施展影响力的平台。北京市门头沟区的女村干部中正有这样的女性，在村委会打破家族主义传统，而决定起用新生力量进入村级管理机构，为村务管理注入新鲜血液时，部分女性放弃在外务工的高薪而选择回到家乡，为家乡的发展贡献力量。制度保障为其发挥才干提供了契机。二是非农化导致了传统性别秩序的逐步解体，传统性别文化有所松动。女性的"勇敢""刚毅""果断""坚韧"的品质，逐渐得到大众认可。加之女性参与基层政权提高了经济收入，其在家庭中的地位也有所提高，这使得其更容易为家庭所接受。在北京市门头沟区的女村干部中，多数都得到了家庭的全力支持与配合。

对于女性而言，走出了家庭的女性面临着传统价值体系的解体，迫切需要寻找新的定位。女性领导力建设可以成为新型性别文化的有机组成部分，可以为女性寻找价值定位提供参照。领导力建设包含明确的意愿表达、充分有效的沟通策略、和谐的人际关系、清晰的目标导向。领导力建设不仅仅存在于具有一定规模的组织结构中，在微型人际交往圈中也存在。具备领导力的人具有使命感和责任感，具有为达致团队整体利益的奉献精神。这符合现代社会中对公民素质的要求。当女性走出家庭、走向公共领域中时，迫切需要提升自身领导力，在集体协作中建立新的价值体系。

4. 有待完善的权力结构

虽然农村基层自治权力结构中女性占据了一定的比例，而且其地位和影响力也在不断提升，但是在具体选举及治村的实践中，男性干部群体依然是权力结构中的主体，女性领导往往承受很大的压力且缺少后备力量，为了执行国家政策号召，很多基层的女村干部往往任期较长，任务繁重。以天津市为例，天津市西青区大寺镇青凝侯村党支部书记周淑梅，1997年经支部选举进入村"两委"班子，时任党支部委员，在2003—2009年又被选为党支部副书记，2009年至今任党支部书记，总共在"两委"班子中任职将近20年。① 她所在村的"两委"班子共8人，只有一名女性，作为村支书，她负责统筹全面工作。

周雅凤是北京市门头沟区一个小山村的村支书，该村一共有248户，448人，其中女性214人，村委会一共有6个人，支委里面只有一名女性，周雅凤既是村委里面的妇联主任，还要负责管理村工会、筹划监督委员会，以及计划生育和社保大厅的相关工作，很多任务一直都处于代办状态。②

因此，不难发现，女村干部在京津冀的基层民主自治结构中占据了一定的比例，且有逐年上升的趋势，在政策支持和制度保障的基础上，越来越多的优秀女性管理者进入农村基层的领导岗位，发挥着自身的性别优势。但是在基层治理过程中，女村干部也面临着工作压力繁重、后备力量单薄、女性领导结构单一的困惑。女村干部也需要不断提高自身的管理水平和知识储备，以应对新农村更加复杂的发展问题。

（二）女村干部领导力的风格特点

社会基层的治理方式，很明显地受到管理者个人的性别、年龄、受教育程度及其所在地社会人文环境等多种复杂因素的影响，而有所差异。女村干部有别于传统男性政治，女性特征在某种程度上影响了其治理方式、管理手段和领导特色。

整理和研究京津冀女村干部调查报告发现，女性村干部领导力在农村基层社会治理上展现出的基本特色：在治村理念上，更重视民生问题，注重和谐的人际社会和多元的人文指标的实现；在治村过程中，更加节俭自律，重

---

① 天津市"女村干部领导力与家庭"座谈会会议记录。
② 北京市门头沟区"女性领导力与家庭"座谈会会议记录。

视社会公平和领导层的廉洁高效；在治村方式上，更加柔和细腻，在矛盾调和以及纠纷处理的过程中更显稳定与亲和。

1. 以民生为重点的治村理念

在社会治理的过程中，男性更加专注于资源的支配和控制，以男性为主的传统权力结构，也往往在涉及资源支配的时候产生权力斗争和更迭。而女性在参与社会治理时更加倾向于提升个体感受的社会改造，而不再只专注于资源控制和经济利益。村庄的自主空间产生的资源有：村庄有一定的人事权（除村支部书记和村委会主任外，其他村干部的任免一般由村庄自己决定）；村干部拥有一些牟利的机会和权力；与政府进行各种形式的讨价还价的权利和行为，包括村干部通过正式的报告请示渠道，获得上级解决实际困难和减轻负担的非正式机会；拥有一定的财权，村级财物由村民自我管理和支出等。这些自主权决定了村庄要求村干部出于村民信任的激励，为民谋利，治理好村庄。此时，男性领导会倾向于选择利益激励，致使男性治村理念中政府治权更容易僭越村庄自治权；而女性领导则倾向于选择信任激励，这决定了女性治村理念中更注重守护村庄自治权，为村民带来真正的福利保障。

因此，女性自身感性细腻的特质不仅削弱了权力结构中的斗争内耗，还在一定程度上改变了男性政治结构中唯经济、唯政绩的治理目标，从而让更多的村民在民生福祉上体验到女村干部当政带来的切身利益。二者恰恰是一种领导集体的性别互补，相互影响，更容易形成一种公平民主的氛围。

广泛的调查和研究显示，男性村干部的治村目标、绩效反映往往集中在增加农副产品产量、提高村民收入、扩大农村基础设施建设等与农村经济发展紧密相关的生产经济指标上。而女性村干部在着重发展农村经济的同时，把更多的精力投入到农村生活环境的改善、和谐乡邻关系的构建、稳定和谐的农村治安管理、农村贫困人口的扶持补助等与村民生活息息相关的民生建设指标中。

天津市东丽区环境示范区，是天津市首批小城镇建设试点，华明街胡张庄村村委会是杨宝玲主任兼书记，300多位村民作为试点，率先进入示范镇。杨宝玲作为女村干部，首先抓的是小城镇环境建设和农村环境改造等民生服务，她在天津市妇联"女村干部领导力与家庭"座谈会上表示，天津市的全部示范镇面临着居住房舍和工作业态的剧烈变化，在坚持将农业作为全村经济的支柱产业的同时，还计划在传统经营之外打造特色的休闲观光农业，实现新的经济增长点。但是"社区管理和服务与以往的村级管理不太相通，以往主要是搞农村管理，引导着做群众工作，现在群众的思想观念转变了，主要是搞好社区服务，所以现在的管理理念其实就是凝聚民情、搞好服务这个理念，特别是服务居民、方便居民和造福居民，这是我们工作的出发点和落脚点。"①

天津市西青区大寺镇青凝侯村党支部书记周淑梅，在进行工作陈述的时候，民生建设的内容远远超过发展经济的政绩，解决村民外出就医问题、改造农村老化线路、增设村路红绿灯、增加校车数量、拓宽村际公路、免费医疗检查②，等等，事无巨细却都关乎老百姓的日常生活，民生体验的改善比经济数字的增长更贴近老百姓的内心。

河北省平泉县女支书走马上任之后，首先解决的是村民的用水用电问题：兴修水利、保障电路安全使用，甚至利用政府的奖金，修了一个专门供妇女们扭秧歌的场地。在民生问题得到解决之后，她带领大家种植食用菌，饲养蜗牛、兔子，带领村民走上谋求致富的道路。③

在基层治理过程中，以杨宝玲、周淑梅等为代表的女性村干部，非常重视民生建设与发展，在实现经济发展的同时，确保村民享受到发展带来的社会福利和民生改善，积极依靠群众力量，让群众发声，让群众做主，让群众决定自己的事情，像习近平总书记在全国城镇化工作会议上说的一样——"城镇化要让居民看得见山望得见水"。

2. 廉洁自律的治村体系

节俭自律是女村干部"公心"大于"私心"的一个突出表现，也是多数女村干部节省村级公共财政支出的一个主要办法，更是女村干部区别于男村干部的主要特点。在京津冀女村干部的个人访谈中，多位女村干部指出女村干部从不大吃大喝，村里支出少花不少钱，部分男村干部以抽烟喝酒占用村招待费的现象，在女村干部身上很少发生。经济条件不佳的村庄的女村干部，就更加注意节俭，从不铺张浪费。

女性自身的性格特点在权力结构中得到突出表现，除了女村干部自身廉洁自律的努力之外，也暗合了人们对女性身份在权力结构中的诉求：一是对权力行使的道德评价，二是对权力基础的认识。第一个因素要求权力合情合

---

① 天津市"女性领导力与家庭座谈会"会议记录。
② 天津市"女性领导力与家庭座谈会"会议记录。
③ 蒋爱群、曲艳慧、王晓明：《村两委中的女干部——基于全国七十个村庄的调查数据》，《中华女子学院学报》，2010年第6期。

理的使用，即光有权力本身的正规性是不够的，它的行使必须合乎日常生活中的情理。中国传统家庭道德认为：女性比男性更懂得勤俭持家。这种思维泛化到公共生活领域，当村民经历了男性村干部不正当使用村集体资源带来的负面影响后，村民的选择逻辑变成：找个女的也好，女的会管家、会办事，能守住钱，甚至认为女的吃得少，收的钱也少，村民的这种简朴逻辑，为女村干部领导力的合情合理增强了正当性。

就权力认知的基础而言，自古中国百姓的心目中就有"父母官"的概念。这种概念不仅表明了官民之间的不平等关系，同时也有官员应该对子民具有道义责任的含义。在这种传统政治文化的影响下，人们对政府行为的判断是基于其谋求自己利益的目标是否一致，在国家权力深入乡村社会的过程中，村民所起的作用是带着自己的目标参与的。因而女村干部在切实满足村民诉求的同时，也满足了村民对权力基础的认知，进一步稳固了自身在权力结构中的独特地位。

在社会应酬上，女村干部往往能够纠正不良风气，保持廉洁自律的领导特色。在烟酒消费上，女村干部往往能够杜绝不良社会风气，塑造良好的个人形象。天津市北辰区双口镇厦门河村村主任颜士荣，在天津市妇联"女村干部领导力与家庭"座谈会上表示，当初自己之所以当选，是因为村民们对男性领导的普遍不信任，"那时候就是国家管得有点儿松，当干部的男性们上歌厅、喝酒，说这回一定要选个女的"。在某种程度上也反映了男性执政群体在权力结构内部易被诱惑和腐蚀的特点，而女性领导在不良之风面前拥有更高的警惕性。

天津市宝坻区人大代表孙立芬上任后，推销产品的、承揽工程的、寻求合作的纷至沓来，有带礼品的，有送钱物的，有请客吃饭的，她统统拒之门外。在村务开支上常常是自己贴钱，依然坚持不拿村里的一草一木。①

除了个人作风上能够自律廉洁之外，女村干部在村务开支上也做得非常出色。在农业税取消之后，村级提留取消，村财政出现困难。京津冀女村干部个人访谈中很多人均反映，村庄缺少公共积累，资金紧张。而农村义务工的取消，使得村庄在修路建桥、自来水改造等涉及村庄公共产品、公共服务的重大建设事项上，面临着无人出工、无人出力的窘境。天津市北辰区双口

---

① 王晓燕：《铁骨柔情女村干部——记宝坻区人大代表孙立芬》，《天津人大》，2016年第3期。

镇厦门河村村主任颜士荣一上台,就面临着通自来水的重任,连修围墙都要精打细算,组织"两委"班子动员全村最困难的村民一同赶工,用五天时间修好围墙,原本五万元的开支只用两万元就顺利完工。还有一种情况,与男村干部相比,女村干部所在村庄位置更为偏远,村庄经济状况也更差一些,而女村干部在其村庄社会分配时,仍然想方设法克服困难,开源节流,尽可能实现公共产品与公共服务的供给公平分配,充分显示了女村干部群体注重百姓福祉和公平正义的处事原则,以及节俭自律的工作作风。

3. 亲和细腻的治村方式

在谈到女性领导的优势时,"耐心、细心、奉献、善良、沟通,以情理打动人"等词语,被女村干部反复强调;在谈到女性领导者的劣势时,"交际圈子比较小、眼界比较狭窄"的缺陷,多次被提及。

女村干部不仅是在中国基层民主自治不断改革和完善的背景下产生的,而且表现出中国政治结构的调整需要女性亲和细腻、重视沟通的风格,同传统的男权模式进行中和。民主作为一种村庄治理方法,是少数服从多数,由多数人决定村庄事务,决定由谁来具体承担村务的办法。这种治理方法的关键是:村民自我管理、自我教育和自我服务。一方面,民主化治理比过去的村民自治蕴含更多的去性别化色彩;另一方面,民主化村级治理的内在矛盾性因素,更有利于女性性别优势的发挥。如:民主化村级治理作为一种社会治理而非国家治理,"少数服从多数",不可以运用暴力性的强制工具,更需要很强的说服力,来促成大多数人的决策与少数反对者合作。然而传统的权力结构,不能够很好地进行矛盾的调和与解决,女性自身的柔和特质与沟通的非对抗性领导思维方式,在民主自治中更能够高效有序地完成治理。

女村干部的切身经验表明:注重沟通、善于协调和寓情于理的领导方式,在现代社会当政者由"管理者"向"服务者"转变的过程中,颇具时代意义。尤其,对探讨女性领导力生成的社会环境、自我心理与文化机制,提升女性干部的性别自信,更富重要的理论与实践价值。①

天津市宝坻区大白街道小刘坡村的党支部书记石雪廷认为,做好村干部首先要改变观念,当好村民的好管家,用诚心、热心与耐心,为这个"大家"服务。正是这种理念,遇事"不冲动""不莽撞",先倾听大家意见,随后分析

---

① 刘天红:《渐变与突围:女村干部领导力发展的多维度探析——天津市"女村干部领导力与家庭"座谈会侧记》,《中国妇女报》,2016年8月2日。

利弊，动之以情，晓之以理，使得她可以将所有的矛盾都化解在萌芽状态。正是她"亲和柔性的领导策略"，使得村里十几年来无大冲突发生。天津市北辰区小淀镇小淀村的党总支副书记齐远琴，是以大学生村干部的身份参与到村级政权中的，作为村庄里的"外来者"，从解决村民实际生活中的小事入手，运用真诚的"情感沟通"打开局面，迅速赢得了信任。即使在具体工作中有时不被村民理解，然而只要切实从广大村民的利益出发，做耐心细致的思想工作，问题也依然能够迎刃而解。还有另一种情况，尤其是在基层群众组织中，当切身利益受损时，有些村民会不惜以命相搏。天津市西青区大寺镇青凝侯村党支部书记周淑梅认为，获得村民的"认可"是最为重要的，而获得村民的认可则需要在坚持办事原则的基础之上，"用心、用真情实意去打动他们，获得真正理解，用实际行动证明自己的确是为村民办事"。尤其是在大是大非的冲突面前，还要有当机立断的魄力，敢于担当"不怕事儿"。

　　女性的细腻不仅能够巧妙地化解矛盾，也能发现村庄建设潜在的问题。河北省保定市满城县刘家台乡龙居村村主任贾俊乔在刚上任时，看到村庄里的学校修在山顶，天寒地冻的时候，孩子们没有像样的上学路可以走，经常在山路上滑倒，这些孩子为了学校的取暖必须背着煤块上山，让孩子们不堪重负。细腻的贾俊乔都看在眼里，下定决心修好了上学路，并改造了学校的基础设施，让孩子们能够轻松安全地前往学校。①

　　齐远琴同志在"女村干部领导力与家庭"座谈会上的发言，很好地总结了女同志在处理村务上的巨大优势："做事感情细腻，耐心做群众工作，善于组织宣传动员，与男同志做事的理性果敢、心胸宽广形成互补搭档，推动工作开展。比如我当村干部时，去宣传拆迁政策，面对群众的不理解、不配合，我转变思路打感情牌，有一次看到村民家里有学生在写作业，我不谈拆迁，跟他孩子聊，给他补习英语，帮助他学习进步，然后晓之以理、潜移默化地讲政策，'您看孩子现在的学习环境这么差，搬进新居后，可以给孩子提供更好的学习环境，对孩子才是支持。'最后顺利说服了村民搬入新居。在拆迁中，我们宣传动员组每支队伍都由妇女带队，入户动员，一次不行就去两次，白天没人晚上接着去，正面说不通就侧面找话题，正是这种坚持不懈的精神，

---

① 郭安杰：《披荆斩棘开福路，殚精竭虑创未来——女村干部贾俊乔的人生追求》，《农村工作通讯》，2006年第7期。

让我们一次又一次地完成拆迁任务。"①

女村干部除了通过自身的亲和力化解邻里矛盾，促进乡村和谐，还用各种各样丰富的文娱手段充实了农村的文化建设，让村民融入农村集体的大家庭中，共同维护村庄的治安与稳定。在齐远琴刚到任小淀村的时候，村子脏乱差的环境和村民们充满质疑的眼神，让她意识到要想当好村干部先得当好村民。上任之初，正赶上旧村改造，她主动下户动员做宣传工作，鞋子都磨破了也没找到让村民接纳的好办法。后来经过挨家挨户的走访，她才了解到村民抵触旧村改造是因为对老村抱有深厚的情感，很多老屋都是几世同堂，不舍得拆迁。于是，她拿起相机、DV拍下老房子的院子、树、房子里的老人与孩子，拍下街道、胡同，甚至把公共厕所都拍下来，还用本子记录下他们的故事，把拍摄、收集的照片和视频，连同村史和村内的经济、民生、党建的各项成果，做成了40分钟的《百年小淀村》专题片。后来她又利用教村民使用微信的机会，把纪录片转发到朋友圈，让大家住在新区也能随时通过网络观看到自家的老房子。②

女村干部亲和细腻的工作方式以及丰富多彩的文娱手段，不仅巧妙地解决了村民之间的矛盾和农村建设的困难，还拉近了村民之间、村民与干部之间的距离，在村庄中营造了和谐良好的氛围，也消除了村庄治安隐患，构建了良好的村庄社会秩序。而这正是女村干部群体在构建和谐村庄秩序中，所发挥的不同于男性的独特作用。

（三）女村干部领导力的社会作用

在国家政策的大力扶持下，女村干部领导层成长迅速，已成为农村社会治理中不可或缺的角色，她们进入农村基层自治的领导岗位，在农村社会治理中的工作已见成效，在包括加强农村社会建设、化解村民矛盾、促进农村社会公平、解决农村社会问题、加强农村社会保障等方面的工作中，发挥着明显作用。在领导力层面给以男性为主体的权力结构带来了新的活力，并不断发挥自身的性别优势，为基层民主自治制度的完善贡献力量，为实现京津冀协调发展拓宽道路。

1. 农村女性领导力建设是赋权农村女性的重要方式

所谓"领导力"，指的是领导者在其职责范围内凭借科学的决策、卓越的

---

① 天津市"女性领导力与家庭座谈会"会议记录。
② 天津市"女性领导力与家庭座谈会"会议记录。

影响力，充分利用所支配的人、财、物等，以最少的投入来高效地实现组织目标的能力。"领导力"强调领导者的目的性导向和影响他人的能力，与传统女性角色之间存在难以弥合的张力。研究显示，一些被认为是领导者的性格特征大多与传统男性的性格特征相吻合，包括决断、理性、强势领导等个性特征。

虽然，来自性别研究领域的成果也显示出，女性独特的人格特征，包括关爱趋向、温和、细腻等特点也丰富了领导方式，女性可以具备独特的领导风格。但是，突破"玻璃天花板"走到高层领导职位上的女性，仍然是凤毛麟角。即便进入高层，女性也总是面临着对领导者的"男性化"角色预期与其女性身份之间的矛盾，更有很多女性领导者因运用男性化的领导方式进行管理，而遭受指责。

农村女性领导力建设，将对女性领导力建设的关注，由高层、精英女性引入基层，服务于非农化背景下日益增加的参与公共劳动的女性群体，倡导合理平衡家庭和生活关系，掌握高效的时间安排策略，放弃"全能型妈妈"定型，发展新型亲子关系等。农村女性领导力建设是女性主体意识觉醒的重要部分，有助于女性冲破传统性别角色的藩篱，寻求发展的多种可能性，将自下而上、由内而外地改变农村女性的生活轨迹。为农村女性赋权、增能，促进其参与公共事务的热情，激发其改变生活现状的志趣。北京市门头沟区女村干部的实际经验也让笔者意识到，这批基层女干部正在不断突破性别角色定型，工作方式也从传统性别角色中对于女性的"隐忍奉献""默默牺牲"向"目标导向""拥有影响力""果断决策"等方向转变。

2. 农村女性领导力建设是改善农村政治生态的有力举措

农村女性领导力建设，是促进农村女性政治参与的内生力量，提高农村女性领导力将为女性参与基层政治建设提供源源不断的动力，进而优化基层政权的人员构成，丰富基层政权治理文化。

提高女性的政治参与度是提高女性地位、实现男女平等的重要指标之一。我国已在多部法律中规定，保障基层政权中女性领导者占据一定比例。全国妇联将推动"女性进村两委"作为工作重点，经过不懈努力，截至2014年，村委会成员中女性所占比重达到22.8%，村委会主任中女性比例达到12.3%，基层女性参政状况有了显著提高。但是，部分借助扶助性行动计划参与基层管理的女性，仍然存在着政治参与的自主性不高、缺少明确的政治生涯规划等问题。进入基层政权的女性能否具备较强的性别意识，在岗位上为女性谋取福祉则是另外一个疑问。

女性领导力建设可以从根本入手，解决农村女性政治参与热情的"内生性动力不足"问题。女性领导力建设是一个长期而全面的过程，它包括对于女性的人格、态度、品质、能力等多维度的培育和滋养，具备领导力的女性是富有魅力的女性，可以带动女性冲破传统文化桎梏，争取自身社会价值。

北京市门头沟区女村干部的实际经验证明，有自觉自主的政治参与意识的女性在基层自治政权中更可以克服困难，在面对挑战时不退缩，也具有更自觉的服务意识，可以做到将工作视为自身使命和人生价值所在，在领导事务中，体会到自我实现感。农村女性参与政治事务时的工作方法更为多元，柔性策略可以辅助硬性举措，情理并用，在关系协调、弱势群体帮扶等事务中发挥更大作用，这为丰富和完善农村治理文化提供了可能性，有利于促进农村政治生态多元化发展。

3. 女性参政促进和推动基层政权民主制度建设

在现代民主制度发育越来越完善的农村，女性参与基层政权的可能性越大，就越会进一步推动国家民主制度建设的完善。几位女村干部，在谈到自己如何当选时，都谈到干部政策的女性参政机制，为女性施展才华、实现梦想、成为领导者提供了机会。她们谈到自己的管理理念和方法时，都提到注重的是"村里的组织和民主制度建设"，采用"民主"的方式征集村民的意见，才可以使人信服，做好各项管理，成为一个好的当家人、服务者。

天津市西青区杨柳青镇九街村党支部书记兼村委会主任陈翠琴认为，她在实际工作中正是利用召开"两委"班子会议、全体党员会议、村民代表会议来研究工作。通过听取民意、制定工作目标和任务，凝聚"两委"班子的信任度，而获得全体党员、村民的理解支持。天津市北辰区双口镇厦门河村村主任颜士荣，则主要是做好村务公开，通过透明办公，赢得村民信任。将关乎村民切身利益的事，及时张贴在公告栏中征求意见，使得村民心服口服。通过不断完善村民自治管理制度的方式，女村干部优化了女性加入到村务治理中的外在环境，同时完善制度也为其顺利开展工作提供了便利，是一种"以规则服人"的重要方式。

女性政治参与是推进基层民主的重要组成部分。实践证明，推动女性在基层政权中的政治参与，反过来也可以促进村民自治管理的民主化进程。女村干部们在旧房改造、修改《村规民约》的过程中，注入切实符合不同情况的村民利益民主规则，激发村民们识大体、顾大局、思长远、谋发展的个体责任意识，取得良好的治理效果。

总而言之，女村干部领导力的发展，与女性农村基层组织参与者本身、家庭和制度性因素之间，存在着相互作用的复杂关系，需要不断从文化和制度等多方面进行革新，不断丰富和提高女性个体的参政能力。令人鼓舞的是，女村干部们不断以自身的工作经验改变着基层政治环境，也不断挑战和突破传统基层治理的逻辑。

二、影响女村干部领导力与家庭协调发展的因素

在现代化新农村的女性领导范式中，女村干部应该秉持一种怎样的领导风格，这是一门艺术。涉及个体与他人、社会、群体，甚至是对自我的一种对抗与和解，女村干部作为领导者面对复杂的现代社会，还有传统的根深蒂固的性别禁忌，如何超越女性双重角色两难境地，并履行好女村干部的职责和义务，的确需要身体力行，还需要拥有工作智慧。前面从女村干部领导力的社会层面与自身智慧，论述了女性领导力的重要作用与特征。事实上，农村本土女性领导者最初的管理模式，在某种程度上是一种家庭模式、经验的挪用，也可以说是一种简单的"家庭—社会"的辐射、对接，一种家庭拓展式的领导行为。

但是，随着社会经济发展，人们的生活更加丰富多样，人与人之间的交往越来越密切，如何成功有效地介入社会与村落中的公共管理事务，处理好家庭与社会、集体与个人、男性与女性、母亲与妻子、群众与干部之间的矛盾，女村干部需要不断地切换自己的角色，提升、拓展自我多方面的综合能力。而在这种切换中以何为参照，秉持一种怎样的态度，也是本调查报告梳理的重要问题。在与北京市门头沟区妇联、天津市妇联深入基层，召开"女村干部领导力与家庭"座谈会，以及对河北省女村干部的资料收集过程中，从情感、经济、性别、价值、优势等角度做出比较分析，发现影响女村干部领导力与家庭协调发展的因素有多种。

应该说，城乡对流的人口生态，赋予女村干部价值体现的机遇。据国家统计局发布的《2015年农民工监测调查报告》显示，2015年农民工总量为27747万人，其中女性占33.6%。非农化进程带来了农民生活方式和价值观念的巨大变化。出现两种对流，一是进入城市的农民增多，二是农民回潮严重。近日，中国社科院在京发布《中西部工业化、城镇化和农业现代化：处境与对策》一书，其中一项"中西部农民向城镇转移意愿分布"调查显示，"很想"

向城镇转移的农民工占 11.83%,"比较想"的占 21.73%,"一般"的占 17.45%,"不太想"的占 24.82%,"完全不想"的占 24.13%,约一半农民工不想进城,另外 66.1%的农民工认为到了一定年龄就想回乡。(2016 年 4 月 26 日《中国青年报》)城镇户口的诱惑在逐渐降低,非农利益已经并不明显,而农民拥有承包地、宅基地以及集体收益分配权,还可享受诸多惠农政策。

在这种情况下,农民进城主观愿望变得不那么强烈。农村女性领导力建设面临新契机,一方面,随着女性大幅度参与到公共管理事务中,加强自身领导能力建设的需求不断增强;另一方面,不断变革的社会制度和社会文化,为培植女性领导力提供了可能性。相应地,本地女村干部、知识女性回乡乃至女大学生村干部进驻新农村,成为新农村女村干部阵营的坚实力量。而她们承担的女村干部的核心目标、动机乃至内在动力,正是我们在探究中发现的。其中有两种现象非常值得关注。

第一种现象,是知识女性回到农村,被推选为女村干部,参与管理、治理农村发展事务。在北京市门头沟区的调研中,12 名女村干部,有两名为大专学历,其中 1 名为转业女军人(河北籍,丈夫为门头沟人)。

农村文化生态的发展,常常倚仗的是其原生力量,但是在农村现代化的过程中,需要注入新的精神质,而在外经商、办企业的知识女性开阔了眼界、积累了经验,回乡从事基层的领导工作,并不是出自经济收入的考量,而是看到新农村发展前景的希望,在新农村转型过程中自己能够充分施展才华与潜力,能够为自己的家乡建设、乡亲致富奉献智慧,实现自己的梦想。有的是为了家族,自己从小生长在那里,那里的乡里乡亲基本就是一个大家庭,她就是想为整个村庄做一些奉献,"为人民服务"是她们质朴的表达。虽然经济收入微薄但精神是富有的。在新农村的天地里以自己的方式,为改变家乡的面貌做出贡献。有的是因为原来的企业倒闭,曾经做过生意而后来回到乡村发挥自己的优势,并将自己的事业定位在自己出生或生活的农村,比起单纯的女大学生村干部,她们更懂得结合自然环境、伦理乡土环境去处理农村管理事务。因为她们更了解当地的风土人情,而在乡言乡地谋划发展。

第二种现象,是女大学生进驻乡村,被推选为职业女村干部,相较于土生土长、返乡女村干部,女大学生群体进入农村担任村干部的动机,尽管是政府政策倡导与支持,但大多数人还是存在疑惑。那么,通过调研事实可以寻找到真实答案。27 岁的河北"80 后"女大学生村干部刘祎,2008 年通过考试来到迁安市建昌营镇胡庄担任村主任助理。农村的现状与环境,有些出乎刘祎的意料，为了熟悉村情，她主动挨家挨户串门和村民拉家常，通过上网收集资料，向村民传授果品套袋、施缓释肥、树下覆草等技术，带领村民对村里的1000亩老果树实施提质增效，使每家农户年平均增收5000元。2011年刘祎被选聘到建昌营镇鸭河营村当村主任助理。鸭河营村三面环水，村里人每次到城里去都要绕很远的路，想走捷径，就只有冒险下河蹚水过去。刘祎决定修桥并四处筹资，最终获得迁安公益企业家60多万元资助。在2012年鸭河营村党支部换届选举中，刘祎全票当选村党支部书记。她想方设法让村民走上致富路，带领鸭河营村建起了200多亩的核桃园，并致力于村里自然环境的治理。同样，天津市北辰区小淀镇小淀村的党总支副书记、大学生村干部齐远琴，从解决村民实际生活中的小事入手，运用真诚的"情感沟通"打开局面，迅速赢得信任。就在我们调研的时候，她已经调回天津的区里任职，但是仍然兼任某村的副书记。

可见，历史机遇赋予女村干部权力。在城镇化进程中，留守女性与老龄化结构，致使大量的男性劳动力输出到城市，农村女性开始有了觉醒意识，走出家庭，进入农村的公共管理、治理事务。同时，农村也吸引着新生力量走进城乡的交互、对流，成为现阶段中国社会现代化进程的重要特征。但不可避免的是，女村干部仍然存在工作与家庭的矛盾冲突、性别刻板印象与婚姻家庭观的模糊，以及女村干部领导力与家庭的平衡艺术中的交割与冲撞。

（一）工作与家庭的矛盾冲突

在北京市门头沟区以及天津市、河北省的女村干部中，多数都得到了家庭的全力支持与配合，并获得了家庭的尊重与理解。家庭是社会的基本单元，是人类情感的栖息地。家庭自身就是一个系统，是一个由几个子系统或家庭成员个体所组成的系统整体，每一个子系统或个体成员之间是相互联系的，他们之间既相互依赖又相互制约，形成家庭系统的有序运转，以此来实现家庭的教育、生产、休闲等功能。在家庭系统中，每一个家庭成员都有其特定的角色和功能，这些角色和功能规定着他们的权利和责任。每一个个体的成功都离不开其家庭的强大支持力量，尤其是女性的成功。

调查表明，有96.1%的家庭或家族都会理解女村干部的工作，支持鼓励女性参政。在女村干部竞选过程中，是否能获得家庭家族的亲缘性支持，与这些女村干部婚前婚后是否居住在同一个地方有关。调查显示，61.3%的受访者，婚前婚后都居住在一个村，31.3%婚后居住在外村，婚前居住在外县和外省的只有12.4%。因为婚前婚后都居住在同一个地方，更容易获取基于血缘的社会关系网络资源和支持。其在家庭中的地位也有所提高,这使得其更容易为家庭所接受。

其实,女村干部的家庭已经不能构成障碍,但是家族力量却往往成为制衡,也就是说,情感的私人性与公共事务中的职业操守、道德的嫌隙,仍然存在。工作理性、社会理性与私人情感的交互,使得女村干部在行使工作权利与义务的时候,夹杂了私人感情与家族利益等因素。这势必影响到履行工作的公正性、客观性与科学性。其实,综观京津冀地区的优秀女村干部,大多数顾及家族利益、村民整体利益之间的平衡关系,存在有"以私济公"的工作做派,也就是说,她们将私人情感投注于具体公共事务中,并用情感感化、消融矛盾冲突,达到沟通目的,从而解决琐细的现实问题;在宏观的大事件、大问题的决策上,则按照政策、具体现实要求,以一种理性介入,但却不是完全的"一刀切"的做法,彰显其处理问题的能力与灵活性及其特殊的个性和优势。调查表明,80.5%的女村干部认为,自己性格温和,能够以柔克刚,和男性相比,分析处理问题时,她们主观主义少,脾气好,能更多地为别人着想和充分尊重部下的意见;75.7%的女村干部认为,自己才能卓越,主要表现在:具有亲和力,遇到事情能够以情动人、以理服人,感知力强,能够迅速把握现象背后的深层含义;78.4%的女村干部认为,其自我协调能力强于男性,擅于处理人际关系;68.5%的女村干部认为,女性更具有无私精神,更关心民众,在公共事务上表现出更多的利他行为;73.7%的女村干部认为,女性参政可以更好地维护妇女的合法权益;80.3%的女村干部认为,女性参政可以提高妇女在家庭和社会中的地位。

在精神上,她们获得了来自配偶的尊重与理解。但有一点却是不能够回避的,也就是京津冀三地由于区域经济发展的不平衡,导致女村干部收入不均,她们在经济上依然要依附配偶。北京市门头沟区的女村干部,其中有两位是回乡知识女性,其余基本上就是本土女干部,这些女村干部绝大部分是农民身份,从事新农村一线基层管理工作,经济收入水平不高。她们的工作时间是365天,工作内容琐碎,农村日常管理工作都是事无巨细的棘手工作,相比较城市里的白领、事业单位的女性领导者,她们付出的时间成本更多。但从经济收入来看,与她们投入的时间成本不匹配。调查显示,60.6%的女村干部不依靠工资收入,而是主要依靠丈夫的收入,来维持家庭生活费用,而39.4%的女村干部凭着微薄的工资来应对生活支出。

(二)性别刻板印象与婚姻家庭观:来自社会文化的、女性自我的制约

事实上不仅女村干部的经济收入滞后,而且在新农村女村干部的任职环

境中，有时法律、政策的有效助力与性别意识的弱化并存。女性自我觉醒意识的提升，在城乡变革中性别如同双刃剑，一方面显示出女性的柔性力量，具有温和、细腻等特点，能够化解矛盾冲突；另一方面，也显示出由于传统文化带来的性别束缚，女村干部在女"弱"与女"强"的切换中，以男性为参照标准。表现为既与传统女性角色之间存在难以弥合的张力，又与现代意义上的女性角色有疏离。女性也总是面临着对领导者的"男性化"角色预期与其女性身份之间的矛盾，而被诟病。

女村干部的领导力，具有本土性、原始性、乡土性，涉及乡土文化、伦理、道德等固有文化秩序的脉动，更多倾向于以情理执行、实施，以情动人，以理服人。相较于城市女性领导力，女性村干部领导力更为质朴，以一种粗放、率直的个性，介入乡土文化建设，影响与改变农村女性的生活轨迹。为农村女性赋权、增能，促进其参与公共事务的热情、志趣。尽管三个地区存在差异，但是仍然具有共同性，主要在于：在我国，从"男女平等是一项基本国策"到各项涉及妇女权益保护的法律法规，再到专门为促进妇女事业发展而设立的中华全国妇女联合会，都表明我国已经基本形成维护妇女各项权益的社会制度。特别是修改后的《妇女权益保障法》更是明确规定"居民委员会、村民委员会成员中，妇女应当有适当的名额"。这些都有力地保障了农村妇女的政治参与权利和机会。

女村干部领导力是改善农村政治生态建设的主力军，来自于我国现行政策、法律的保障。提高女性的政治参与度是提高女性地位、实现男女平等的重要指标之一。我国已在多部法律中规定，保障基层政权中女性领导者占据一定比例。全国妇联将推动"女性进村两委"作为工作重点，经过不懈努力，截至2014年，村委会成员中女性所占比重达到22.8%，村委会主任中女性比例达到12.3%，基层女性参政状况有了显著提高。但是，部分借助扶助性行动计划参与基层管理的女性，仍然存在着政治参与的自主性不高、性别意识弱化等现象，是在被动担任领导职务。调查结果说明，89.8%的受访者认为自己所在的县或乡妇联，对女村干部的工作给予了极大的支持。对于"在众多支持中，您觉得哪项支持对您此次当选帮助最大"，45.1%的人认为"政策支持"帮助最大，34.2%的人选择了"相关部门的宣传支持"。由此可见，相关社会制度，自上而下地为农村妇女参与政治民主提供了强有力的保障和有效援助。

统计分析结果显示，女村干部之所以能在农村建设中做出杰出贡献，发挥积极作用，是因为她们所拥有的自我支持系统、家庭家族支持系统和社会支持系统。而这三个系统共同有效地支撑着女村干部的工作推进。另一方面，乡土文化伦理、习俗、道德等构成的系统中的权力结构，却是女村干部所要面临的挑战。

目前，农村社会状况不利于女性进入村庄权力中心，如要进入必然要有行政力量的推动。在平衡农村男性权力关系的意图下，行政力量的作用使部分女村干部依然处于农村权力的边缘。有的女村干部必须通过男性化的策略去争取行政力量的保护，才能获得并确保自己女村干部的地位。女村干部在农村权力系统中的行为，仍然受政府行为、村情、族情、家情，以及自身受教育情况等因素的影响，表现出多样化的特征，因而女村干部的权力地位也呈现多种类型。而最为本质的就是：女村干部在农村权力系统中的弱势地位与强势行为，是一种现存的矛盾。

农村行政资源是一种现有资源，如何充分利用和合理调配，需要女村干部有足够的平衡力。女村干部与政府的关系表现为相互依赖，与男性村干部的关系表现为协作与竞争，与村民的关系为由疏离到密切。就政府作用而言，女村干部会采取既能获得政府支持，又能依法抗争获得合法权益的策略，形成相互牵制和依赖关系；就资源占有和决策权而言，通过合法竞争方式上任的女村干部，在竞争过程中已经获得平等占有农村现有资源的权利，竞争获胜决定了她们在决策中占据绝对的主动权。

在这个过程中，出现了男性化的女村干部、女村委会主任，她们拥有强经济后盾、强农村外社会关系、强主体个性、强法律意识。女村干部很容易倾向男性化，以男性的行为标准来塑造自己的形象，来抗衡男权中心。就与村民的关系而言，女性能够当选，必然有坚实的群众基础，但在当选后的村治过程中，因工作关系和一些制度措施的实施，尤其是她们工作、生活重心的转移，以前形成的强人情关系会逐渐的弱化，这与女村干部和村民关系的弱化不同。也就是说，如何强化女村干部领导力是有悖论的：一方面要男性化，获得强有力的形象，获得执行力的最大化，获得村民利益的最大化；另一方面又要在村民中获得持续性的支撑力量，避免村民对曾经信任的女村干部失去信任。

女性领导力场域存有禁忌与诱惑，女村干部是否会遭遇这样的境遇？在女性领导者与男性领导者的工作互动过程中，决策能力、处理能力、公关能力、危机能力等要与男性争锋。但一个微妙的隐性问题，是我们不可回避，并且要大胆地提出来的,那就是女村干部与群体男性领导者一起工作过程中,有没有遭遇性别歧视、性骚扰等情况,有没有冷暴力的事情发生。因为这个问题本身涉及个人隐私,没有列入调查问卷。但有一则消息却使我们触目惊心——《河北女村干部称遭官员性骚扰 出示微信记录为证》:中新网张家口10月29日电(谭地 刘洋)针对媒体报道"河北宣化县一镇官员涉嫌性骚扰女大学生村官"一事,当事女大学生村官28日向中新网记者出示了新的证据,称涉事官员曾发微信给自己,称自己为"媳妇""老婆"。对此,宣化县纪委副书记柴宝瑞称,聊天信息并不完整,还不能说明问题。只有等待证据收集完整,经过公安部门技术鉴定后才能下结论。不得不说,这也是女村干部性别弱势的体现。

可以肯定,女村干部的自身内生力量,一方面需要自身经验的累积,另一方面也要协调诸多关系。就女村干部与男村干部的关系而言:理论上男女村干部都需要充分有效地利用农村资源,实现村民福利最大化。但在具体的农村公共管理与政治事务的决策中,需要公开协商,集体决策,明确责任,执行任务。女村干部要处理各种关系,在农村治理的过程中获得"两委"领导班子的支持。就女村干部与村民关系而言,群众支持是她们获得合法性的根源,要强化这种合法性,就必须为村民管好家、守住钱、办好事。

女村干部对女性特质从理性上认同感不强,存在性别切换中的茫然与无序。性别歧视仍然存在,并且在新农村是一种潜在的存在。平权掩盖下的隐性方式,影响到女村干部的执政能力与施政能力。性别偏见表现出来的主要特征在于:隐形地裹挟在男女平权之下,传统的思维惯性使然,与现代化的平权形成的复杂性,共同体现在女村干部的日常经验中,女村干部承担着多重角色,并在这些角色的切换中,存在多种尴尬处境。

在京津冀农村女村干部领导力的经验中,某种程度上女性功能在淡化,而不是得到了强化。也就是说,女性在承担家庭、社会责任与义务的时候,家庭女性角色是凸显的,因为是妻子、母亲、女人的角色,而在集体、群众、公众面前,女性领导者的性别是被遮蔽的,在以男性为主体的基层组织结构中,女性领导者需要忽视自己的性别,与男性平等,像男性一样去面对现实,处理事务。但其实,大多数基层女干部,基本是书记的搭档,她们以柔性的工作方式影响村委会主任、书记的决策,看似陪衬,其实起着杠杆的作用。

女性领导力,除了要能够充分调动资源和人力,以最低的成本提高组织效率,还需要体现出女性自身的优势来统筹人力、物力。但是女村干部面对更多的困惑，在于她们要在农村领导工作与家庭空间中找到平衡，并有效地协调这几种关系。在以男性为主导的中国传统社会，女性是被动的角色，被规定了角色的功能，也限定了女性在社会中的地位与承担能力。因而性别差异影响了女村干部领导力的发挥，遏制了女村干部的自我发展。而事实上女性领导力有着优于男性领导力的一些特质。

此次调研显示，对2005年年底修正的《妇女权益保护法》，女村干部群体"完全理解"和"一般了解"的，合计占97.6%，说明从政的女村干部有很强的法律意识；对《中国妇女发展纲要》的了解程度，"完全理解"的，只占18.3%，"听说过"与"不很清楚"的占82.7%；对民政部《关于努力保证农村妇女在村委会成员中有适当名额的意见》的了解，"完全了解"的占30%，"不了解"的占10%多一点，说明中央的有关政策尚需加大宣传力度，社会性别意识主流化的理念还需要进一步加强。

调查中对新农村性别觉醒的背景与社会理论资源进行透析：男权为中心的社会，20世纪90年代起，多元化的女性主义/女权主义理论进入中国，其中最受关注和肯定的就是有关"社会性别"的理论。尤其是1995年联合国第四次世界妇女大会召开以后，中国政府签署的《行动纲领》和《北京宣言》这两个文件的精神在国内传播，"把社会性别纳入决策主流"成为各级妇女组织和妇女研究者的热议话题和努力目标，男女平等成为中国的基本国策。

虽然如此，中国妇女解放之路固然不同于西方女权主义的路径，特别是经历了20世纪初"女界钟"的敲响、中国共产党在政治革命与经济建设中广泛动员妇女参与，形式上以及某种实质上的"男女平等"，并未真正解决两性平等的问题，女性特别是农村女性的参政、议政、从政和执政之路，是相当崎岖的。长期以来，在农村，男性占据着所有社会权力体系的领导地位，并构建了乡村以男性为中心的权力结构，但随着社会的进步、女性地位的提升，现在已开始有所松动，乡村女性越来越多地在家庭、乡村公共事务中获得权力。

此次调研涉及家庭权力的分配情况，针对北京市门头沟区、天津市与河北省女村干部的问卷调查显示，家庭权力由男方或女方掌控占17.1%，夫妻共同承担的占82.9%。而女村干部走上工作岗位，通过海选等直接民主方式当选的占79.3%，女村干部的选举方式证明农村社区社会性别偏见的改变，对于女性参与政治治理异常重要。女性对自身权利中相关法规政策的认知，是从政的思想基础，也是改变传统社会性别定型的重要条件。另外，针对北京市门头沟区、天津市与河北省女村干部的问卷调查显示：女村干部认为自身"个人能力强"的占64.6%，认为"群众基础好"的占到90.2%，认为自身"有社会责任感和自信心"的占72%，而女村干部对自身优势认同的有80%。这是女村干部自信心的具体体现，充分说明女村干部能够敢于认同自己，突破女性参政的"天花板现象"。特别值得一提的是，女性参政自信心的拥有，对改变农村男权宗族观念有着重要的现实意义。更说明一个事实：女村干部以自身优势赢得民心，树立自我的强者形象，在农村已具备客观的基础。女村干部以自己的方式，拆解男权文化的压制，以参与治理的实际行动，构建性别平等和谐、互依共存的农村生态文明，具有广阔的发展空间。

（三）女村干部领导力与家庭的平衡艺术

女村干部走出家庭，作为农村觉醒女性，带动农村女性冲破传统文化桎梏，传达出女性参与基层政权、参与公共事务的重要性，并具备一定的社会性别意识。女性领导力建设也逐渐成为先进性别文化的有机组成部分，可以为女性寻找价值定位提供参照。女村干部领导力体现在具有高度的使命感、责任感与奉献精神。如何发挥性别优势，促进女村干部领导力的形成，在新媒体时代面临着机遇与挑战。需要在工作与生活中完善自我，将小我经验扩散成为家庭经验、治理农村经验与社会政治参与经验，进而在领导岗位上有效地推进工作进程，踏实为农民、社会做出贡献，体现出足够的领导智慧，并以成就回馈家庭、农村与社会。

在女村干部领导力与家庭的平衡中，一个显著的特质在于：隐性力量与显性力量的共济。由于经济、文化、政策倾斜等原因，北京市门头沟区以及天津市、河北省女村干部领导行为特点有差异，主要体现在主体性介入姿态以及方式等方面。

比如天津市女村干部主要介入农村建设，体现出与现代化农业发展模式接轨的领导力，这一方面缘于天津市妇联等对女村干部的培训力度，整体知识结构与思想觉悟上体现出了现代化、前卫的一面。天津市女村干部在搞好农业结构调整、增加农民收入、改善农村生存环境等方面彰显力度。如宝坻区新开口镇洛水坨村党支部书记边瑞莲，2007年年底，她积极响应党中央号召，按照上级决策部署，转变农业种植结构，促进群众的收益实现最大化。她带领"两委"领导班子入户宣传，广泛发动群众，从农户手中流转了土地476亩，新建了二代温室大棚130座，使全村人均收入提高了1300元。西青区大寺镇青凝侯村党支部书记、村委会主任周淑梅为了增加种养殖户的收入，加大对全村农业、渔业的投入力度，对全村土地内的沟渠、农业基础设施以及农田道路进行改造，同时，维修置换农田低压线路近万米，及时解决鱼池用水用电问题，使本村的基本生产条件和生态环境得到明显改善，抵御自然灾害的能力明显增强，农业综合生产能力得到较大提高。多方协调向上级部门争取500亩建设用地，为村里打了一眼水井，开展植树育苗工作，为新村建设、农业开发打下基础。现任东丽区华明街道胡张庄村党总支书记、天津市滨湖资产管理有限公司董事长的杨宝玲自2006年上任以来，早早制定了五年发展规划，按她的话说，发展"一村一品"需要科学的目标指引，也要有具体举措，决不能让规划变成"鬼话"。几年来，她到处奔波，协调资金近500万元，不花集体一分钱，修路4条共3000米，将田间道路全部硬化；建设农业生产用房552间、仓储库房16间和冷库100多栋，为进一步发展奠定了坚实基础。

而河北省女村干部则更为保守一些，具体体现为稳中求进，做好扎实的基础工作，在拓展生态文明建设方面，发挥了积极作用。如河北省卢龙经济开发区荷叶庄村党支部副书记、大学生村干部刘金红依靠自身优势，让文化下乡，联系职教中心"送教下乡"，利用远程教育平台播放致富课程，让村民足不出村就能学习种养殖知识。同时，注重农村的文化娱乐，为村内四十多位大姐成立了舞蹈队，主动与开发区、卢龙镇的宣传工作负责人联系，经过多方协调争取到了参赛名额。2014年，在村"两委"的支持和帮助下，刘金红开办了第一期绘画培训班，吸纳村里六十多名孩子前来报名，自费为孩子们购买了绘画用的材料。2015年和2016年，她再接再厉，连续开办了两期免费暑假绘画培训班，课程更加丰富多彩，包括儿童画、线描等内容，荷叶庄、石桥、董各庄、张木庄、赵弓庄等附近村的二百多名儿童受益。

相较于河北省、天津市，北京市乡村的城市化进程速度较快，尤其是门头沟区城镇化改造更为明显，因此凸显出的领导艺术有差异，主体体现在门头沟区女村干部日常主导工作相对弱化，起到辅助作用，但在乡村改造过程中，却是主体强势介入，彰显出她们的质朴性与原乡性。进一步说，就是门头沟区女村干部以乡村传统的道德、人情方式，灵活地介入拆迁、安置等工作，加强民主法制和精神文明建设，为打造和谐的发展环境起到了很好的作用。在门头沟区女村干部的座谈会上，共有基层女性干部12位，除1人为村委会主任、支部书记兼妇女代表，其余皆是妇代委、妇女主任。也就是说，在门头沟调研试点区，女村干部的构成，主要由这两个层面构成，在门头沟区女村干部领导力尚不具备主导性的地位，但在处理农村管理事务具体工作中却发挥着不可或缺的作用。在做好本职工作的前提下，也在以自己的方式影响着村"两委"的决策与政策的落实。这种边际效应的发挥对于女村干部的工作来说，不仅需要面对农村民众，更需要有一种团队协作精神。同时，女村干部逐渐弱化了自己在家庭中的角色，在家庭的支持下心理上处于优势地位，但是，在具体的家庭琐事中又会淡化自己的村干部角色。但是传统女性角色的功能与价值体认，依然影响着她们的行为。比如面对配偶时大多会有愧疚感，相对于男性在家庭、社会中角色的冲突，女村干部有着更为强烈的分裂感。这就是性别意识与处境带给女村干部精神上的自我认同与现实矛盾。虽然能够承担社会意义上的角色职能，但家庭角色的潜在规定始终没有摆脱。这样带来的后果可能是，女村干部只能主动在家庭中示弱，以获得配偶的心理平衡，同时，也消除自己在家庭中产生的愧疚感、疏离感。

　　门头沟区当下正处于城市化进程中，在新农村建设过程中，大多数的乡镇正经历着城镇化的转型，人的思维以及面对城镇化居所的变动，由原初的田园风格向楼群聚集的变化，还有农村交往中的城市化阻隔问题如何化解……面对这些变化和问题，大多数女村干部在乡镇的领导下，采取积极的文化建设。如18—60岁年龄段农民的文化培训（扩展到整个行政村、社区，年龄也从幼童到长者），如电脑、编织、乐器、舞蹈培训等，既丰富了他们的文化生活，也提升了个人的能力，使与新农村改造相匹配的新文化建设取得了显著的成效。虽然大多数农民对现有的生活状况是满足的，但对于一个祖祖辈辈耕作居住在这里的农民来说，居所、物质生活、精神生活的改变，是否真正能够满足其对于未来生活的希望？这是一个很现实的问题，也是一个未来的问题。城镇化带给新农村建设的思索与困境，正是女村干部的工作面临的挑战。

　　女村干部势必要参与农村房屋拆迁的具体工作，不仅仅涉及一个居所的位移、消除，更暗含着一种心灵家园与家族文化的移位，乡间世情、伦理、法则等日常维系起来的乡土立体生态结构的变化。女村干部应该如何处理这种地理与心理的纠葛，并让村民获得经济上的满足与精神上的补缺，这本身就是一种女性领导力的艺术体现，而不能够单纯地以政策的高压来实施拆迁，尤其不能够以暴力手段，激化村民矛盾。同时在整个城镇化过程中重建一种农村新伦理，弥合城市与乡村之间的文化割裂，使村民改变生活观念，才会真正使拆迁为城市化进程发挥积极的作用。

综合北京市门头沟区、天津市与河北省女村干部领导力的案例来看，京津冀三地女村干部领导力艺术集中体现在以下三个方面：

1. 直接经验和间接经验的并存

女村干部群体适应新媒体时代多重角色需要，修身、齐家、爱岗与敬业。一方面凭借已有的日常生活经验投入工作实践中，同时拓展自己，经过读书学习与当下急剧变化的社会接轨，并不局限于原有的农村经验，而是在工作实践中考量城镇化给农村带来的新的文化、经济影响。这样女村干部才能够客观地看待农村生活的表面与深层结构，为农村的变革对人们生活的改变导入一种质朴的、现代的新的农村文化，并且这种直接和间接的经验将会转化为一种新的女性领导力艺术。

京津冀三地女村干部的实际经验证明，有自觉自主的政治参与意识的女村干部，在基层自治政权中能够主动克服困难，面对挑战时决不退缩，具有更自觉的服务意识，可以做到将村委会工作视为自身使命和人生价值所在，在处理农村治理的具体事务中体会到自我实现感。而且女村干部参与政治事务的工作方法是多元的，柔性策略可以辅助硬性举措而情理并用，尤其是在关系协调、弱势群体帮扶等事务中发挥了更大作用。这为丰富和完善农村治理文化提供了可行的经验，有利于促进农村政治生态的多元化发展。

天津市宁河区宁河镇林庄村党支部书记、妇代会主任兼计生专干刘连春，不仅重视乡村的经济发展，也更为重视农村女性的文化培训。她抓住农村基层组织广泛开展"三级"联创活动的有利契机，一鼓作气地把"两委"干部全部送进了镇党校集中培训和学习，组织党员和村民代表到山东寿光等地考察学访，开阔眼界。同时，她把妇代会工作摆在重要位置，定期组织妇女学习《妇女权益保障法》、新《婚姻法》等法律法规，新建妇女学校、"半边天家园"、图书室等活动场所，安装了远程教育终端和电教设备，丰富了妇女的业余文化生活，增强了妇女的致富能力，部分村妇女骨干荣获了"天津市致富女带头人"荣誉证书。"人心齐，泰山移"，她组织的各类教育培训活动，成为该村加速发展的"催化剂"，也由此拉开了林庄村农村建设的序幕。

2. 开放自主的性别意识与推己及人的思维模式

女村干部领导力突破性别局限，警惕、规避把农村管理放置在"家庭—乡村"模板中，也不局限在女性思维模式或男性模式中。因为"平权"下的选择与认同，历来是困惑女性的诱导因素，"平权"给女性以精神上的抚慰与力量支撑，但事实上在实践中却又存在着差异性的、歧视性的对待。建立平等的社会参与机制同样有利于消除偏见,调整社会结构趋于平衡。但更重要的却是自身的观念,来自女村干部自身的心理束缚,是影响其领导力执行的重要因素。

女村干部应意识到,农村伦理中传统观念的女性社会角色定位的局限性,突破自我限定与否定,接受现代化的男女性别平等、互补和谐的先进理念,获得社会与家庭双重功能的实施,体现自我价值,同时也为新农村的女性做出示范。美国学者麦金农的抑制理论认为:"只有突破传统性别角色的束缚,才能产生新的思维和行动。"包容性是女人的天性,助推了女性领导力的培养与形成。研究表明,女性先天的优势之一,就是女性情感表达与感知能力均优于男性,善于收集外界所传达的微小或潜在的信息,有着细致、敏锐的观察力。提升女村干部领导力需要解放自我,充分利用这种性别优势,投入到农村的建设工作实践中,已经取得了显著的成效。

在农村生态建设中,女村干部不仅注重农业基础建设,更重视精神文明建设,通过文化专业培训活动、农村广播课程等多种形式来促进农村发展。调查表明,70.5%的女村干部关心老龄孤寡状况,50.8%的女村干部关注妇女儿童的心理健康。在担任村干部的主要任务的多项选择中,73.9%的女村干部认为是调解纠纷,营造和谐社区;68.4%的女村干部认为要注意保护环境,维护可持续发展;69.7%的女村干部认为计划生育工作已经不是当前的主要任务;45%的女村干部认为刺激农村经济发展,着力打造生态乡村文化,吸引外来旅游客流,是农村建设发展的重要途径之一。

3. 农村实践:经验中的伦理与法理、人情与规矩的调适

刚柔相济的工作方式,是当代女村干部体现领导力的普遍行为方式。女村干部面对新的生态农村,需要的是知行合一,更多的是适应乡村的情、法、理的人文环境。大多采取的是以情入理,以温和、耐心的方式去处理复杂的村政事务。《秋菊打官司》的故事本来很简单,"要一个说法",可是这个说法就是得不到。其实,有时候人际关系就在于一个"理"。在乡土文化经验里,新农村还是一个宗法衍生的社会结构主体,即在乡土经验里容纳了智慧,也存在陋习、陈规。在具体面对的时候,就不能够简单划一地去处理,而是要具体问题具体思考对策,来解决生活与工作实践中的问题。

这就要求女村干部群体,首先持有以人为本的理念,以情动人。刚性的领导力关乎规章制度和权威,而现实中的很多事务却错综复杂,很难完全按规章制度处理;而柔性领导力则是尊重下属、关注下属的心理过程,实行人

性化的管理艺术。因此,在实际的领导活动中要具体问题具体分析,避免生搬硬套,寻找解决问题的最优方案,提高组织的运行效率。包括天津市西青区大寺镇青凝侯村党支部书记周淑梅在内的女村干部认为,增强服务意识与奉献意识,采取原则性与灵活性相结合的办事策略,会获得村民的认可。其次,是多方位的互动体现,包括与上级的请示、汇报互动,与下属的激励、协调互动,能够得到村民的信任,逐步建立平等、互信的机制非常重要。再次,探讨女村干部领导力生成的社会环境、自我心理与文化机制,建立持久的、有效的领导机制与良好秩序。最后,引导村民共建文明,打造适合乡土文化发展,承续乡土质朴、厚实的传统,并兼具现代性的鲜活生机的新农村文化生态。

女村干部群体是伴随农村家族势力逐渐消解而产生的。家族势力重视男性权威,强调血缘关系,推崇家长制,将女性排除在政治之外。随着社会的发展进步,女性逐渐参与到农村基层政治管理中来,而女村干部领导力的丰富性、引领性,关乎女村干部自我、家庭、社会、乡土制度的重建,女村干部以自我的管理实践,推动了乡村双重生态文明的建设,乃至中国社会现代化的进程。

三、女村干部领导力与家庭协调发展面临的挑战与解决对策

(一)政策完善方面:进一步完善政策法规,为女村干部从政提供政策保障

1. 解决基层班子"三多三少"问题,需要政策的细化与落实

我国1998年颁布的《中华人民共和国村民委员会选举法》规定:"村民委员会由主任、副主任和委员共三至七人组成。村民委员会成员中,应当有妇女成员。"由于法律的刚性规定,自2011年村委会换届选举以来,全国农村通过选举基本实现村村班子都有女性。这对于女性从政、参政,加入农村基层权力系统,从事基层管理来讲,无疑是具有里程碑意义的一项政策。

由于新修订的《中华人民共和国村民委员会选举法》中的这一"特殊"条款,导致在实际选举过程中也出现了一些情况。目前农村女干部任职普遍存在"三多三少"现象,即副职多、正职少,虚职多、实职少,闲职多、要职少。也就是说,真正作为"一村之长"、具有话语权的女村委会主任、女书记,在全国而言都是数量极少的。还有很多基层选举在思想上存在性别偏见,只要确保村委会有女性就可以了,从而导致农村"两委"选举中,推选妇女进村委会而

把支部委员名额全部留给男性的情况,普遍存在。男主外、女主内仍是大多数农村家庭的主导观念与生活模式。普遍认为妇女不够"斤两",担不起支部书记、村委会主任这样"手握大权"的重要岗位,没有能力处理复杂的村级治理事务。甚至某偏远落后的农村始终认为一个村里选出了女村干部,是对男人的一种侮辱,直接导致换届选举不选女委员,使选举工作一度出现不能落实组织意图的局面。经过镇政府办公室干部反复宣讲政策,做各方面的工作,才勉强投票选举女委员。一些有能力、想干事的妇女参加村"两委"选举,往往会遇到来自村民和家庭的双重压力。

从对京津冀三地女村干部的走访和调研中了解到,女性担任村支书兼村委会主任或单一正职岗位的,所占比例并不高,更多的则是担任村委会委员,主要从事妇女计生工作。以北京市门头沟区为例:

根据2015年年底的统计数据,门头沟区目前有行政村178个,村委女村干部是154人,支委女村干部是79人。2016年组织部统计,支委中女性所占比例是25.65%(2015年是24%);村委中女性所占比例超过36%,在整个北京市是排在第一位的;其中女村主任所占比例超过16%(按照规定,需要达到10%)。通过以上数据在北京市甚至全国做横向比较,门头沟区无论是女委员所占比例,还是女村主任所占比例在全市都名列第一,不仅在北京市名列前茅,也是全国妇儿工委的示范区。门头沟区妇联主席李秋芳在座谈会上总结道:"我们区从整个局势来说还是比较喜人的,也就是说'两委'里面的女村干部,包括我们区的女大学生村官这块形势是比较好的。"[1]

然而,即便是在门头沟区这样基层女村干部政策形势良好的区域,也依然存在"三多三少"现象。2016年7月27日,参与北京市门头沟区"女性领导力和家庭座谈会"的女村干部共有12名,仅有1名书记。"我从2015年12月开始担任四道泉书记,以前我一直是妇女主任,这次选举,原来的书记岁数已经大了,然后就把我推选为支部书记。"[2]

针对以上情况,为了更好地确保基层女村干部参政议政的权利,解决女村干部在村级班子中"三多三少"的问题,从政策层面,应当及时地做出相应调整。

首先,《村民委员会组织法》第九条明文规定:"村民委员会成员中,妇女

---

[1] 北京市门头沟区"女性领导力和家庭座谈会"会议记录。
[2] 北京市门头沟区"女性领导力和家庭座谈会"会议记录。

应有适当的名额。"如果详细解读的话,就会发现条文中所使用的字眼相对温和,比如说"妇女应有适当的名额",其中"应有""适当"等措辞,更像是一种建议、一种总体的导向,在实际执行过程中的效力就会大打折扣。所以应当将该条女村干部参政的关键性条款进一步细化、明晰化,甚至强制化。比如说把"应当"改为"必须",如果没有女性参政,要有充分的说明材料备案。(比如该村妇女人口极少;或已经选出女村干部,但突发疾病等变故。)

其次,补充、修改相关法律条文,对于没有履行女性参政保障性法律条款的行为,贯彻落实不力、故意推诿阻挠的行为,要有惩戒性措施出台。

再次,明确女性参政名额,提高村委会中女村干部所占比例。绝大多数村委会中女性委员只有一人,"万绿丛中一点红"的现象在全国范围内普遍存在,女村干部往往成为充数的、点缀的、附加的、可有可无的。即便少数女村干部有较强参政的主动性和能力,有不同于男性官员的敏感性和体察力,但在实际工作过程中,仍感"孤立无援""孤掌难鸣""人微言轻",最后只好附和男干部做出的决策或决定,成为一个陪衬的角色。"可见,农村权力结构体系中,权力性别分层现象严重,女村干部处于权力边缘,无法触及权力的中心地带,女村干部实际决策作用难以体现。"①

最后,基层女村干部参政的保障性政策可不断创新,做出新的探索。采纳基层实践做法升格为条例。一些地方在探索妇女参政实践中创造了好做法、好经验。例如,浙江省的"1+X"模式,保障农村妇女参政数量推动效果明显,可以将这种模式补充到《〈中华人民共和国妇女权益保障法〉实施条例》中,上升到国家层面,在全国范围内实施。

"如果妇女参与决策的人数没有达到临界值,宪法赋予她们的平等权利就会受到削弱。只有使更多的具有社会性别和人权导向的妇女参与决策,才能够更好地将妇女的关切和视角纳入发展政策、计划和项目实施过程中,以确保妇女的利益。只有让更多的妇女参与决策,才能促进人类的可持续发展。"②

2. 解决女村干部待遇低、地域差别大问题,需要政策提供保障

《中华人民共和国村民委员会选举法》第十三条阐明了村干部人选的来源。

---

① 毛仙春:《女村干部领导力发展研究——以浙江省三门县为例》,华东政法大学硕士学位论文,2011年。
② 云南省社会科学院社会性别参与性工作室:《妇女参政与善治——21世纪的挑战》,2006年3月。

99%的当选人是户籍在农村的本村村民,其中绝大多数在本村居住。农村家庭收入的主要来源,有家庭种养收入、副业收入、外出务工收入等形式,其中种养收入、副业收入主要由妇女来承担。村干部尤其是女村干部的工资收入,对于农村家庭的重要性不言而喻。京津冀三地的城中村、城乡接合部农村,大多由于旧城拆迁改造、房产开发、商铺出租等方式,集体收入积累雄厚,村干部政治待遇、经济待遇比较好,村民经济富裕,生活质量比较高,农村趋于城市化,村民趋于居民化,与传统意义上的农村已大相径庭。上述农村对于整体研究农村干部的工资待遇,不具备样本性,我们单独针对主要从事农业自然经济,包括主要从事畜牧和水产养殖、林业生产、园艺和蔬菜生产的农村组织,做了考察研究。

比如河北省井陉县某乡镇《村级干部岗位目标管理责任制考核办法》第二项,村干部工资待遇:考核采用百分制,村干部年终总工资由基础工资、目标工资、奖励工资组成。支部书记、村委会主任等正职按考核结果发放,"两委"班子成员兼任会计的,工资应不高于正职工资的95%,聘任会计工资应不高于正职工资的60%。基础工资标准根据农村人口基数从4200—8000元分级考核,以及其他方面的一些补贴收入。通过了解,村干部的平均年收入在5600—18500元不等。自2001年农村税费改革后,村干部工资除转移支付资金规定的比例拨付之外,不足部分由村自行解决,无力解决的,不再计入往来账。

上文已经提到,在对京津冀三地的调研过程中了解到,女村干部的个人工资收入并不高,在北京市门头沟区"女性领导力和家庭"座谈会上,很多女村干部表示自上任以来,每天十元钱的工资状况坚持了数年,如今国家政策保证女村干部能够拿到1200元月薪和年底800元的补助,但是在退休金、养老保险等个人福利方面的保障力度不是很大。天津市妇联"女村干部领导力与家庭"座谈会的会议记录显示,北辰区村支部书记兼主任的月薪都是1000元,委员是700元。工资最少的宝坻区第一任村支书,其每个月的工资是300元,连选连任的,连续两届当选的,一个月是400元,连任三届以上的是600元,交叉任职的每个月给150元,现任的宝坻区村支书的每个月实际工资是750元。女村干部因为女性身份往往比男性村干部承担的工作更多更复杂,一般情况下,女村干部都会身兼数职,同时负责计划生育、社会保障、养老保险、妇联活动等各方面工作,虽然拥有和男性村干部同等的待遇和保障,却要付出更多的工作精力。

近几年来，国家对于"两参"人员群体、民办老师群体、"乡村医生"群体，相继出台一些政策，给予一定的补助。女村干部待遇低、地域差别大的问题同样急需各级政府引起重视，并出台相关法规予以解决，否则将从根本上影响女性参政的热情和动力，最终导致的结果就是年轻女村民大量外流进城打工，即便是中老年女性也宁肯选择更有经济保障的生存方式，而不愿意在村里任职。另外，待遇问题上地域差别大，与男性相比较也有差异。女村干部退职补助问题的现实状况说明了女村干部社会保障与男性的差异，存在不公平性。一般而言，女村干部退休年龄是55岁，而男村干部退休年龄是60岁，男女之间明显差距5年时间，就算同时起步当村干部，退职后，至少要相差5年，导致退职补助、养老待遇等方面，女村干部相对要低。

3. 解决年龄梯队建设不足、老龄化问题，需要政策助力

从京津冀三地优秀女村干部先进事迹中可以看出，她们平均年龄在50岁以上，最年轻的44岁，90%的人任职时间在10年以上，72%的人任职时间超过20年，甚至还有任职时间超过30年的。不可否认，她们都是新时代优秀妇女的杰出代表，是农村集体经济发展的领头羊，是带领村民脱贫致富奔小康的带头人。但女村干部群体中仍然缺少有文化知识、有丰富实践经验的年轻女干部。造成这一难题的原因很复杂。单从政策层面来看，虽然农村干部在同级组织村民中，生活条件相对较好，但仍然不够高，缺乏安全感。国家相关政策是农村干部年龄达到60岁且任职满足一定年限，会有一定数额的农村老党员、老干部补助。虽然各地情况不同，但无一例外补助标准相比在职收入差距太大。《村民委员会选举法》中并没有对农村干部的任职年限和任职年龄提出要求，导致很多农村干部长期高龄任职。这种做法既不利于农村干部队伍梯队建设，也不利于后续干部开展工作。

(二) 家庭支持方面：工作与家庭互相促进是女村干部的努力目标

2007年，利用《农家女》杂志社在北京主办"全国百名女村干部论坛"的机会，我们对来自全国二十多个省、市的近百名女村干部进行了调查①。当问及女村干部的家人对她们的工作是否支持时，结果不是非常乐观。不论是丈夫、子女还是娘家和婆家的老人，都不能给予她们完全的支持。由于女村干部扮演着特殊的社会角色，而一个人的精力毕竟是有限的。在忙于工作的同时可能会对家庭有一些疏忽，对亲人照顾不周。通过访谈我们了解到，有一

---

① 汪力斌：《女村干部参政执政的过程、特点和困难分析》，《农村经济》，2007年第7期。

部分女村干部的丈夫不能忍受自己的妻子被别人认为比自己的能力强，这样他们会觉得在外面没有面子，所以就反对妻子从政。而子女和老人考虑的更多的则是母亲和媳妇能不能好好地照顾他们，女村干部有没有尽到为人妻、为人母的职责。而当遇到这种情况时，女村干部们都只能自己做家人的思想工作，逐步改变家人的看法，争取他们的理解和支持。

近年来，随着社会文化建设的不断发展，舆论氛围更加多元而宽松，女村干部从政、参政越来越多地得到了来自家人的理解与支持。从2016年对京津冀女村干部的走访和调研中，我们欣喜地看到，大部分女村干部在提及家人对自己的工作的看法时，一方面充满自豪，另一方面也提到了家人为自己而自豪。以往一提到女性领导，难免会有"女强人""男人婆""有事业没有家庭"的刻板印象。媒体对女性领导形象的宣传思维定势顽固化，通常侧重于"奉献型""牺牲型""泼辣型"的宣传，随着时代的发展，这样的"脸谱化"形象正在发生改变。

然而性别平等的观念要真正深入人心始终任重而道远。上海市妇联与上海市妇女学学会曾联合举办"社会性别与社会公共政策研讨会"。会上，学者们对社会性别主流化实现途径做了探析，并指出了四条路径①：(1)强化国家和政府的责任，自上而下地从制度上保证将性别意识贯穿在政策的制定、执行、评估的全过程；(2)建立一个可以测定性别平等的指标体系，建立多层次、全方位的性别平等权益促进协调机构，使其实体化、权力化；(3)强化宣传性别平等意识；(4)在政府里设立性别平等监察工作机构。上述四条途径，可以推进两性平等观念社会化、全民化，落实到社会的各个方面、各个层次，最终实现性别平等，促进男女两性和谐发展。

与此同时，要在各级政府、妇联建立女村干部群团组织。前几年中华人民共和国民政部与李嘉诚基金会联合发起"展璞计划"②，取得了良好的成效，值得京津冀地区建立妇女组织借鉴。这种培训可以将各地的女村干部们联结

---

① 沈智：《社会性别主流化的策略与途径——"社会性别与社会公共政策研讨会"综述》，《妇女研究论丛》，2004年第2期。

② 是2010年至2012年由李嘉诚基金会和全国妇联在皖、桂、粤等地实施的村"两委"女干部培训试点项目"启璞计划"的基础上发展而来。由李嘉诚基金会捐资人民币2000万元，民政部按比例配套，实施期限为2013年至2016年。按照计划，项目将对湖南、广东、广西、陕西、新疆5省区的3800名村"两委"正副职女干部和500名基层民政干部进行培训。同时，项目还将以小额资助金方式资助约800个涉及民生、扶贫、教育、环保等领域的农村社区综合发展项目。

起来，共同分享工作经验，增强身份认同。通过与政府、高校的合作，既增加了女村干部的社会资本积累，又能无形中丰富了女村干部们的领导能力、管理方法和决策艺术。

女村干部作为社会中的一个"小众群体"，她们的身份具有多重性，既是村民又是村干部，既是领导又是女性，既是职场人又是家庭主妇，同时接受党的领导，接受村民口碑的检验。总之，她们身处时代洪流的湍急处，接受的考验是多方面的，在工作和生活中难免感到孤立无援，缺乏倾诉对象，所以需要属于女村干部自己的组织和"圈子"。妇联组织应重视女村干部团体组织建设，建立女村干部协会、联谊会等官方、民间团体组织，指导她们开展多方位的经验交流、互帮互助，在前行的道路上不再形单影只。

除此之外，费孝通先生在《乡土中国》中指出："乡土社会中阻碍着共同生活的人充分了解的却是个人生理上的差别，……永远划分着人们生理差别的是男女两性。"①男女生理上的分化是为了生育，生育却又规定了男女的结合。这一种结合基于"异"，并非基于"同"。女村干部要有充分的自觉意识，既能够认清自己性别上的劣势，也能够充分发挥自己性别上的优势，要有将劣势和优势统一的清醒认识。

(三) 自我提升方面：不断学习、提高领导力是一以贯之的努力方式

"非农化背景下，农村女性领导力建设面临新契机。农村女性领导力建设打破既往对女性领导力的关注多针对高层女性的惯例，为在更大范围内开展女性领导力建设提供了借鉴；聚焦变革中的农村社会的女领导者，展示其冲破社会制度和传统性别文化障碍，发挥自身领导潜质的可能性。"②在新的时代背景之下，女村干部必须持续自我充电、自我提升，不断学习以提高领导力，主要从实践、学习与建立经验交流平台三方面入手。

其一，要在实践中不断完善自我，提高领导力。在实践中学习，在实践中摸索，这是个人成长最稳健的路径。这就要求女村干部有较强的自我意识，逐步培养职业规划意识。在萌生参政的想法之后，就要努力朝着该方向努力。根据对京津冀三地的走访和调研发现，虽然目前基层女性"一把手"数目相对较少，但她们的成长有着相似的背景和路径：大多数的女性村干部在担任村

---

① 费孝通：《乡土中国》，北京：北京出版社，2005年版，第63页。
② 刘天红：《非农化进程中农村女性领导力建设面临新契机》，《中国妇女报》，2016年8月2日。

支书和村主任这样的重要领导职务之前，都担任过村"两委"的成员或是做过妇女主任。这实际上就昭示了女村干部自我成长的一条可行性路径，即在实践中由简入难，先从班子的边缘成员开始做起，随着自己执政能力不断提升，自信心不断增强，再转入核心领导岗位，这种模式值得女村干部遵循。

对于当地组织部门而言，也要具有培育女干部的意识，要建立农村女性人才资源库，要提前选拔、储备女村干部的后备力量，将农村那些有文化、有素质、有经济实力、热心公共事务管理的农村妇女重点列入建库对象，为今后村"两委"换届选举储备充足的优秀女性参选人选。

其二，女村干部要树立终身学习理念，通过深造等方式提高自我修养。"在新时期，女性领导者应该积极拓展和提升包括开放经济思维、专业技术、管理实践、沟通技巧、激励与约束艺术等领导方法与艺术的知识和能力，通过创新学习，获得复杂环境下进行组织管理和领导活动所必备的新知识、新思维、新技能、新方法是有效突破女性领导者'玻璃天花板'、持续提升领导能力的必要途径。"①

其三，建立京津冀三地女村干部领导力经验交流平台，在相互学习实践经验、分享家庭幸福的交流中，提升女村干部的领导力。各级地方政府在公共财政体制建设过程中，要把农村女性基础教育和职业技能教育的培训平台的建设支出，纳入财政体系，保障教育培训经费。开展形式多样、内容丰富、针对性强的各类实用知识教育培训，鼓励女村干部通过进修、夜校、成人教育、专升本、读研读博等方式进行知识储备与更新。为京津冀经济文化协同发展，贡献女村干部领导力与家庭平衡发展的新鲜经验，从而促进京津冀社会主义新农村的双重文明建设。

参考文献

[1]北京市门头沟区"女性领导力和家庭"座谈会会议记录.
[2]天津市妇联"女村干部领导力与家庭"座谈会会议记录.
[3]Laurel Bossen. Chinese Women and Rural Development：Sixty Years of Change in Lu Village, Yunnan [M]. Rowman & Littlefield Publishers, 2002.

---

① 李静：《女性领导力提升的非制度性障碍及对策分析》，《妇女研究论丛》，2012年第4期。

[4][加]宝森. 中国妇女与农村发展[M]. 胡玉坤译. 南京：江苏人民出版社，2004.

[5]王金玲、高小贤. 妇女发展蓝皮书中国妇女发展报告之妇女与农村基层治理[M]. 北京：社会科学文献出版社，2012.

[6]宋美娅. 村民自治中妇女政治参与的光荣与困境，女村干部传奇[M]. 西安：西北大学出版社，2008.

[7]李银河. 女性权力的崛起[M]. 北京：文化艺术出版社，2003.

[8]王政. 社会性别研究选择[M]. 北京：生活·读书·新知三联书店，1998.

[9]李小江. 性别与中国[M]. 北京：生活·读书·新知三联书店，2004.

[10]邱仁宗. 女性主义哲学与公共政策[M]. 北京：中国社会科学出版社，2004.

[11]郑彩华. 将性别视角纳入农村基层政治改革与发展——以女村干部为例[J]. 北方文学：下半月，2010(9).

[12]曹荔函，张克云. 当权力遭遇性别——近10年女村干部研究综述与展望[J]. 妇女研究论丛，2013(6).

[13]任杰. 全国百名女村干部调查报告：社会性别的视角[J]. 中国行政管理，2007(4).

[14]李慧英，田晓红. 制约农村妇女政治参与相关因素的分析——村委会直选与妇女参政研究[J]. 中华女子学院学报，2003(2).

[15]郑憬函. 性别视角下的农村妇女领导力研究[J]. 学理论，2009(14).

[16]毛先春. 女村干部领导力发展研究——以浙江省三门县为例[D]. 华东政法大学，2011年硕士论文.

[17]蒋爱群，曲艳慧，王晓明. 村两委中的女干部——基于全国七十个村庄的调查数据[J]. 中华女子学院学报，2010(6).

京津冀产业合理布局及区域增长带动效应分析

课题负责人：孙咏梅（中国人民大学　副教授）
课题组成员：刘亚清、张鲁松、秦　蒙、余　超、张晓明

  京津冀区域是围绕首都经济圈的概念发展而来的，作为环渤海经济圈的核心，京津冀区域是继长三角、珠三角之后的我国第三大增长极，也是中国经济增长的重要引擎之一。由于地处东北亚中国地区环渤海心脏地带，京津冀是中国北方经济规模最大、最具活力的地区。在当今经济发展复杂多变的大背景下，要把京津冀协同发展放在经济新常态的大逻辑下加以认识，把区域发展政策与宏观调控政策有机结合，把空间维度与时间维度有机结合，以产业合理布局带动区域经济增长，是京津冀协同发展的必然要求。

  京津冀地区处于从都市圈向城市群的过渡阶段，受经济发展条块分割及地方保护主义等因素影响，区域产业呈现非均衡发展态势，尤其是产业同质化现象严重，产业发展呈现出非均衡状态。区域的协调发展基于产业的合理分工和布局，就产业协作现状分析而言，京津冀在产业协作中存在产业趋同严重、深层次协作缺乏及中心城市带动不强等问题，阻碍着区域经济的可持续发展。从三次产业分工的角度看，三地的主导产业选择和产业协作的方向直接影响着京津冀协同发展。目前，京津冀以汽车工业、电子工业、机械工业、钢铁工业为主，是全国主要的高新技术基地，同时也是重工业基地，传统产业须借助于三地的政治、文化、国际交往和科技创新优势，加快产业升级和优化步伐，对传统产业及新兴产业进行合理布局，以产业均衡发展带动区域经济良性增长，是京津冀协同发展的必由之路。

  京津冀产业均衡发展、合理布局具有天然优势，尤其是京津冀地域相连、文化相近，具有地域的完整性和较强的人文亲缘性，其中，北京市具有独特的政治、文化、科技和信息优势，经济实力雄厚，具有比较完整的产业体系，处于工业化的高级阶段，是我国重要的政治、文化中心；天津市是我国北方最大的沿海开放城市，是北方重要的经济中心、物流中心和港口城市，天津港是京津冀现代化综合交通网络的重要节点和对外贸易的主要口岸，经济发展潜力巨大；河北省环京津地区的经济发展，拥有自己的特点和优势，错位

发展促进经济,其中保定、廊坊、唐山、承德等地分别提出了建设京津冀经济发展协作区、产业配套合作区和休闲旅游区,精心打造"京津冀电子信息走廊、环渤海休闲商务中心",确立建设"国际旅游城市"等目标,努力促进优势互补,协同发展。"十二五"期间,京津冀区域经济一体化发展上升到国家战略,为京津冀区域经济的发展带来了新的机遇,在机遇与挑战面前,传统产业优化显得尤为迫切和重要。

本研究采用定性与定量、理论与实证相结合的方法,运用产业相关理论对京津冀区域产业结构进行全面分析,并从行业角度来建立 SVAR 模型,对京津冀区域经济溢出进行实证分析,量化分析京津冀地区产业非均衡程度以及存在的问题,探寻京津冀地区产业发展优势,以期确定产业优化的路径,并在此基础上分析区域增长的带动效应,为区域经济协同发展提供科学依据。

一、京津冀经济发展现状及产业发展特点分析

近年来,尽管我国经济发展进入了新常态,但京津冀经济发展总体却保持了较好的势头。2015 年,北京市实现地区生产总值 22968.6 亿元,同比增长 6.9%;天津市实现地区生产总值 16538.19 亿元,同比增长 9.3%;河北省实现地区生产总值 29806.1 亿元,同比增长 6.8%。京津冀区域总共实现区域生产总值 69312.89 亿元,占全国生产总值的 10.5%,为京津冀产业优化奠定了一定的经济基础。

最近十年,京津冀区域经济发展总体趋势并不是平稳的,受内外环境变化影响,2005—2010 年京津冀区域 GDP 呈现加速增长,2010—2014 年京津冀区域 GDP 增速逐渐放缓(如图 1 所示)。

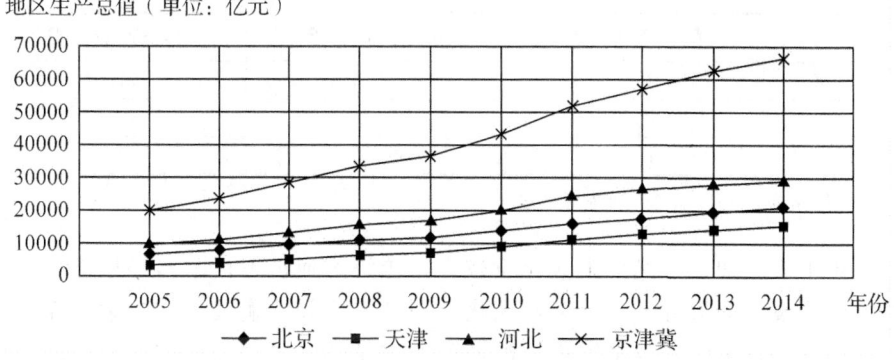

图 1　2005—2014 年京津冀区域 GDP 趋势图

从京津冀区域人均GDP趋势来看，京津冀三省市的人均GDP都呈现出逐年上升的趋势。如图2所示，北京、天津两地人均GDP增长速度明显高于河北省人均GDP的增长速度。并且，河北省的人均GDP远低于京津两地，差距也有所扩大。2010年后，天津的人均GDP已经超过北京，河北省人均GDP与京津两地存在着巨大的落差，这说明河北省人口基数大，人均水平远落后于京津两地，经济实力较为薄弱，这在很大程度上影响了京津冀区域经济一体化进程。

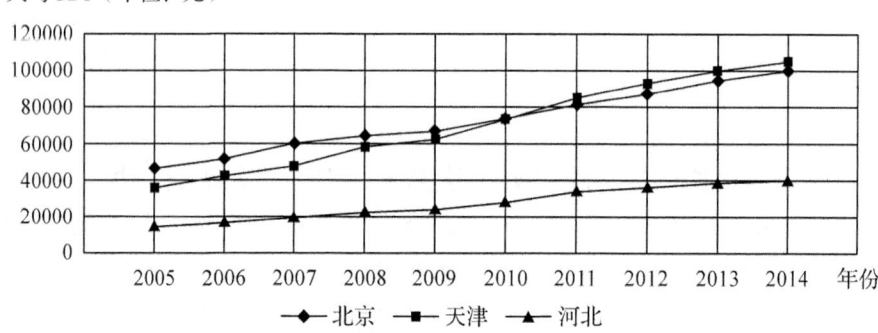

图2 2005—2014年京津冀区域人均GDP趋势图

从整体来看，京津冀区域产业结构不尽合理，二元结构特征过于突出，北京和天津地区所形成的产业规模、所造就的产业链、所出现的产业集聚由于缺乏适宜的生存及发展环境，而无法向河北省相对落后的地区拓展和扩散（如表1所示）。

表1 2014年京津冀区域三次产业比重结构(%)

地区	第一产业比重	第二产业比重	第三产业比重
北京	0.7	21.3	77.9
天津	1.3	49.2	49.6
河北	11.7	51.0	37.3

数据来源：2015年《中国统计年鉴》

由上表可知，京津冀工业比重较大，传统产业已形成了路径依赖，在京津冀协同发展的形势下，以产业优化推动产业之间均衡发展是一个急需面对的现实。根据美国经济学家库兹涅茨的产业结构变动情况研究分析可知，随着经济的发展，第一产业的产值占整个社会总产值的比重是不断下降的。同时，第二、第三产业产值比重不断上升，但是到了一定阶段后，第二产业产值比重呈下降趋势，第三产业产值比重不断上升。

通过大量数据的对比分析我们可以看出，京津冀区域中北京的产业结构为"三二一"结构，天津虽然也达到了"三二一"结构，但第二、第三产业比重相近，而河北的产业结构还处于"二三一"结构，产业结构显然是不合理的。北京第一产业产值比重仅占0.7%，第三产业产值比重达到77.9%，已经成为主导产业，说明北京的产业层次较高。而天津第三产业产值比重略高于第二产业比重，产业层次已提升到合理水平，还需要进一步升级。河北第一产业具有明显优势，第二产业占据主导地位，并将长期发挥关键作用，第三产业发展相对较弱，与京津两地产业层次存在明显差距。

(一)京津冀产业合理布局及区域经济协同发展的必要性

传统产业优化及以新兴产业带动传统产业，形成产业合理布局，是加快城市圈经济发展的必由之路。在当今京津冀协同发展大背景下，各区域要目标明确，产业之间加强协作，积极推进传统产业优化进程，对于产业结构转型升级以及区域经济协调发展来说，是国家经济发展战略的必然要求。

一方面，从区域自身可持续发展来看，京津冀协同发展，核心是京津冀三地作为一个整体协同发展，要以疏解非首都核心功能、解决北京"大城市病"为基本出发点，调整优化城市布局和空间结构，构建现代化交通网络系统，扩大环境容量生态空间，推进产业升级转移，推动公共服务共建共享，加快市场一体化进程，打造现代化新型首都圈，努力形成京津冀目标同向、措施一体、优势互补、互利共赢的协同发展新格局。

京津冀地区同属京畿重地，战略地位十分重要。当前区域面临着城镇体系发展失衡、区域与城乡发展差距不断扩大等突出问题。实现京津冀协同发展、创新驱动，推进区域发展体制机制创新，推动传统产业优化的不断发展，是面向未来打造新型首都经济圈，实现国家发展战略的需要。京津冀空间协同发展、城镇化健康发展对于全国城镇群地区可持续发展具有重要示范意义。

另一方面，从国家战略角度来看，2016年北京市政府工作报告指出，要"坚持把推动京津冀协同发展作为全市工作的头等大事"，这就要求必须破解所面临的新的难题。其中产业层级低、经济贡献少、分工合作淡化是在京津冀经济一体化背景下最为突出的问题。要解决这些问题，当前就应该明确区域发展定位，推进三大产业间的协调与交流合作，进而促进发展方式转变，实现传统产业升级与优化。

总之，在经济全球化与区域经济一体化的背景下，环渤海经济圈逐步成为国家的发展战略，而作为环渤海经济圈的核心之一，京津冀地区产业之间的协调发展十分重要。目前我国已进入经济增长方式转换的关键时期，以高速增长驱动经济发展的阶段已经过去，在新常态背景下，通过大规模投入拉动经济增长的方式显然难以为继，因此，未来最大的挑战就是如何充分发挥资源效率，以促进可持续增长。在这一前提下，充分发挥京津冀产业均衡发展所具有的资源禀赋优势，充分利用周边地区各产业相互间的支撑作用，增强北京作为京津冀地区中心城市的示范效应与辐射效应，对制定京津冀地区协同发展的有关政策和规划，有着极其重要的现实意义。

（二）京津冀各地传统产业与新兴产业发展趋势比较分析

为了客观了解京津冀地区产业发展现状，有必要对各地传统产业与新兴产业进行具体的比较分析。本文利用《中国统计年鉴》近十年来公布的相关资料，分别选取北京、天津、河北2005—2014年度相关数据，对这些地区主要行业发展加以量化分析，主要行业包括农林牧渔业，工业，建筑业，批发和零售业，交通运输、仓储和邮政业等传统行业。同时，为了比较传统产业与新兴产业之间的相关性，我们把住宿和餐饮业、金融业、房地产业等行业也纳入研究范畴。最后，我们将各行业的GDP占比情况绘制成折线图，由于其他行业不具有代表性，故除去该折线。

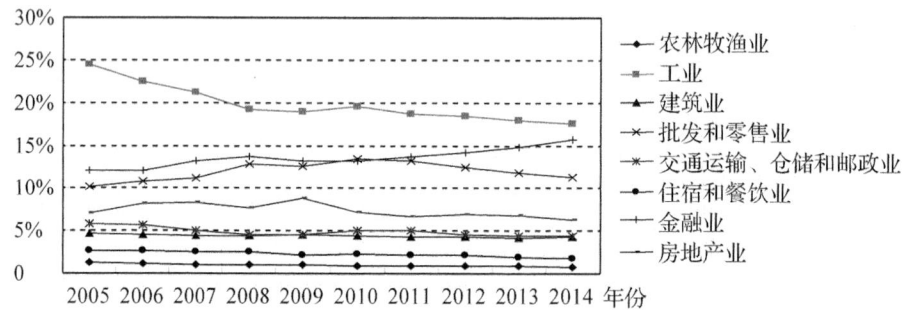

图3　北京各行业占GDP比重图

从图3可以看出，北京的工业比重一直居于首位，不过近10年来发展趋势趋于下降，即从2005年的24.5%下降至2014年的17.6%；金融业呈现上升趋势，从2005年的12.1%上升至2014年的15.7%；批发和零售业也占较大比重。这三个行业对GDP的贡献值占据前三位，其他行业的贡献程度变化不大，一直处于较低水平。

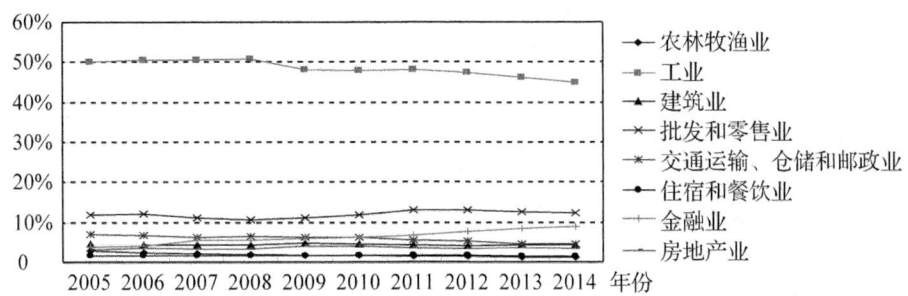

图 4 天津各行业占 GDP 比重图

从图 4 可以看出，天津的 GDP 主要来源于工业增加值，工业占比 50% 左右，从 2011 年的 48% 下降至 2014 年的 45%。与工业相比，其他各行业对天津市的 GDP 贡献程度明显较低，其中，批发和零售业、金融业的贡献程度近 10 年来有所提高，尤其是金融业发展较为迅速，从 2005 年的 3.8% 上升至 2014 年的 9.0%，增长明显。与北京相比，天津传统产业比重相对较大，产业优化任务也是未来发展的一大目标。

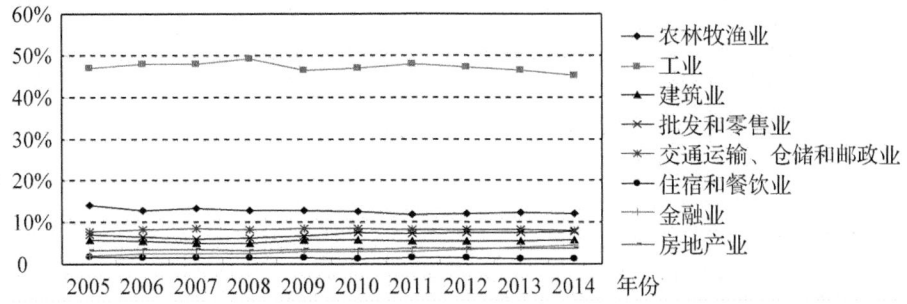

图 5 河北各行业占 GDP 比重图

从图 5 可以看出，河北省的 GDP 主要来源于工业增加值，但是从 2011 年的 48.0% 下降至 2014 年的 45.3%。金融业从 2005 年的 2.1% 上升至 2014 年的 4.6%，增长明显。其他行业的贡献程度近 10 年来维持较低水平。相比于北京、天津的经济增长情况，河北省经济增长对传统产业的依赖程度较高，产业优化压力较大。

通过以上京津冀各行业占 GDP 比重发展变化的比较分析，我们发现，北京、天津、河北三地的 GDP 均主要来源于工业增加值。不过工业占比呈现下降趋势，金融业发展迅速，可见金融业的发展对经济的推动作用日益显著。其中，北京的金融业有望超过工业的贡献程度，然而天津和河北的工业地位依然突出，其他行业对经济的贡献程度与之相比，差距甚远。此外，北京的房地产业、批发和零售业对经济增长起着主要作用，天津的批发和零售业对经济增长起着主要作用，河北的交通运输、仓储和邮政业对经济增长起着主要作用。

(三)京津冀主要行业之间的发展差异性分析

1. 京津冀主要行业的结构状况分析

为了客观评价京津冀地区产业发展状况和发展趋势，以便于比较不同地区行业结构状况，我们选取全国、北京、天津及河北具有代表性的八大行业进行比较分析。从京津冀八大行业结构状况来看，传统行业中的农林牧渔业，工业，建筑业，批发和零售业，交通运输、仓储和邮政业与新兴行业中的金融业、房地产业存在着一定的差异。

表2 2014年京津冀主要行业结构状况

	全国	北京	天津	河北
GDP	636138.70	21330.83	15726.93	29421.15
农林牧渔业占GDP比例	9.46%	0.76%	1.28%	12.16%
工业占GDP比例	35.86%	17.57%	45.01%	45.31%
建筑业占GDP比例	7.04%	4.23%	4.37%	5.79%
批发和零售业占GDP比例	9.78%	11.30%	12.40%	7.66%
交通运输、仓储和邮政业占GDP比例	4.52%	4.44%	4.58%	8.15%
住宿和餐饮业占GDP比例	1.76%	1.71%	1.46%	1.36%
金融业占GDP比例	7.32%	15.74%	9.04%	4.58%
房地产业占GDP比例	6.00%	6.23%	3.50%	3.81%
八个行业总比重	81.74%	61.98%	81.64%	88.82%

数据来源：由《中国统计年鉴(2015)》处理得到

从传统行业与新兴行业的横向比较分析(表2)来看，我们可以分析得出2014年京津冀产业结构状况：①北京(0.76%)和天津(1.28%)的农林牧渔业占GDP比例远远小于全国水平(9.46%)，河北(12.16%)高于全国水平。②北京(17.57%)的工业占GDP比例约为全国水平(35.86%)的一半，而天津

(45.01%)和河北(45.31%)的工业占GDP比例相近且比全国水平要高。③北京(4.23%)、天津(4.37%)和河北(5.79%)三地的建筑业占GDP比例水平相当,不过均低于全国水平(7.04%)。④批发和零售业方面,除了河北(7.66%)稍低于全国水平(9.78%)外,北京(11.30%)和天津(12.40%)均高于全国水平。⑤交通运输、仓储和邮政业方面,北京(4.44%)和天津(4.58%)与全国水平(4.52%)相近,但是河北(8.15%)该行业占GDP比例远超过全国水平。⑥北京(1.71%)、天津(1.46%)和河北(1.36%)在住宿和餐饮业占GDP比例上相近,与全国水平(1.76%)也差不多。⑦北京(15.74%)和天津(9.04%)的金融业占GDP比例水平高于全国水平(7.32%),河北(4.58%)低于全国水平。⑧北京(6.23%)房地产业占GDP比例略高于全国水平(6.00%),天津(3.50%)和河北(3.81%)则低于全国水平。

综合比较来看,北京市的工业、批发和零售业、金融业在GDP中所占比例位居前三,尤其是金融业的发展,相比于天津、河北,北京经济增长中金融业的地位更加重要,其所占GDP比例高于其他两地金融业所占GDP比例的总和,更是全国水平的两倍以上。天津和河北均表现出以工业为主导,两地工业占GDP比例接近一半。此外,天津的批发和零售业位居第二,对GDP的贡献十分重要;河北的农林牧渔业在京津冀区域占据首要地位,更是超过全国水平。

总之,北京、天津和河北三地仍然处于工业化发展阶段,地区之间存在着明显的产业发展差异。同时,通过八大行业占GDP总比例的比较可以看出,北京(61.98%)明显低于天津(81.64%)和河北(88.82%)的集中程度,也低于全国(81.74%)的行业集中程度,表明北京产业升级程度相对较高。

2. 京津冀区域间产业比较优势对比分析

在分析八个行业结构状况时,考虑到区位熵在衡量区域要素的空间分布情况、反映某一产业部门的专业化程度以及在高层次区域的地位和作用等方面,是一个很有意义的指标,因此,我们运用区位熵来判断京津冀地区的特定产业在该区域的专业化程度,同时,我们运用区位熵来衡量京津冀不同行业在区域间的比较优势。

一般区位熵有两种表示方法:①用一个地区某行业的产值在地区总产值中所占的比重,与全国该行业产值在全国总产值中所占比重之间的比值表示。②通过该地区某行业就业人员数在该地区全部就业人员数中的比重,与全国该行业从业人员数在全国所有就业人员数的比重之间的比值表示。如果区位熵大于1,可以认为该行业是本地区具有比较优势的部门;如果区位熵小于或等于 1，则认为该行业是本地区比较优势欠缺的部门。

本文选择第一种计算方法进行测算。其计算公式为：

$$LQ_{ij} = \frac{Y_{ij}/Y_i}{Y_j/Y}, (i=1,2,\cdots m; j=1,2,\cdots,n)$$

式中，LQ_{ij} 代表 i 地区 j 行业区位熵；Y_{ij} 为 i 地区 j 行业产值；Y_i 为 i 地区总产值；Y_j 为全国 j 行业产值；Y 为全国总产值。

表3 2014年京津冀不同地区的分行业区位熵

行业	北京	天津	河北
农林牧渔业(X1)	0.080	0.136	1.285
工业(X2)	0.490	1.255	1.263
建筑业(X3)	0.601	0.620	0.822
批发和零售业(X4)	1.156	1.268	0.784
交通运输、仓储和邮政业(X5)	0.983	1.014	1.802
住宿和餐饮业(X6)	0.969	0.832	0.772
金融业(X7)	2.150	1.235	0.626
房地产业(X8)	1.039	0.584	0.634

数据来源：根据《中国统计年鉴(2015)》计算得出

根据表3中京津冀三省市区位熵的计算结果可以得出如下结论：北京市八个行业中有批发和零售业、金融业和房地产业这三个行业的区位熵大于1；天津市八个行业中有工业，批发和零售业，交通运输、仓储和邮政业与金融业这四个行业的区位熵大于1；河北省八个行业中有农林牧渔业，工业，交通运输、仓储和邮政业这三个行业的区位熵大于1。

通过上述比较分析我们可以看出，京津冀地区行业优势各不相同：北京市的行业优势集中在第三产业方面，其中金融业的区位熵为2.150，在京津冀区域独占鳌头，这在三地各行业的区位熵中是最高的，表明北京地区新兴产业发展势头良好，产业优化程度较高；天津市的行业优势集中在第二、三产业，正处于由第二产业向第三产业升级转化的过程中；河北省的行业优势则集中在第一、二产业，传统产业占比较大，产业优化程度较低。由此看来，京津冀不同地区的行业区位熵在数量和分布上存在明显差距，也表明在京津冀协同发展背景下，产业发展处于非均衡状态。

3. 京津冀产业结构关联度的比较分析

尽管行业的区位熵计算结果表明，京津冀地区产业发展处于非均衡状态，行业发展状况存在着一定的差异性,但不同地区产业发展各有优势,区域间产业增长也存在着一定的关联度,即不同地区间产业结构的相似程度较大,这为京津冀产业合理布局奠定了基础。为了科学测算京津冀地区产业关联度,本文以京津冀各行业的区位熵作为指标,运用灰色关联分析方法来测算京津冀产业结构的关联度,为发展地区带动落后地区经济增长提供政策依据。

我们对京津冀地区产业关系度的测算,分为以下四个步骤:

(1)选取京津冀区域各行业的区位熵作为参考序列,将京津冀各地区各行业的区位熵作为比较序列。

(2)对各变量序列进行初值化处理,并求出比较序列与参考序列的差序列和两极最大差、最小差。差序列的计算公式为:

$$\Delta_{0i}(k) = |X_i(k) - X_0(k)|, (i=1,2,\cdots,n)$$

两极最大差与最小差的计算公式为:

$$\Delta \max = \max |X_i(k) - X_0(k)|$$

$$\Delta \min = \min |X_i(k) - X_0(k)|$$

(3)求各地区各行业的产业结构的灰色关联系数。

灰色关联系数的计算公式为:

$$\xi_{0i}(k) = \frac{\Delta \min + \rho \Delta \max}{\Delta_{0i}(k) + \rho \Delta \max}$$

其中 ρ 为分辨系数,一般在 0—1 之间,通常取 0.5。

(4)求各地区的产业结构关联度。

关联度计算公式为:

$$r_i = \frac{1}{n} \sum_{k}^{n} \xi_{oi}(K)$$

以京津冀区域整体作为参照系,各地区与区域整体产业结构的灰色关联度由大到小的排序为天津、河北、北京。

表4 2014年京津冀区域各地区产业结构的灰色关联度

	天津	河北	北京
关联度	0.943	0.773	0.725

数据来源:根据《中国统计年鉴(2015)》计算得出

由表4可以看出,2014年北京、天津和河北的关联度都在 0.7 以上,总体差异并不大,说明京津冀各地区的产业结构趋同程度较高。

区位熵的测算结果表明,京津冀各地区不同产业具有不同的比较优势。

产业结构关联度的测算结果却表明，各地区的产业结构具有明显的趋同性特征。这一看似矛盾的现象，实际上是由于京津冀长期以来产业发展条块分割，地方保护主义影响较大，产业趋同性明显。各地区为追求自身经济利益开展竞争，不断加大重复建设，形成了严重的资源浪费的不良后果。今后，在京津冀协同发展的过程中，应避免产业趋同现象，注重优势互补、协同发展，制定科学的互利共赢、错位发展的战略思路。

（四）京津冀产业的合理分工与布局

本研究在区域产业结构相关理论的指导下，根据多年来区域经济增长的相关数据，运用客观的量化分析方法，对京津冀三个地区的主要行业的结构状况、行业区位熵和产业结构的关联度进行了测算与分析，针对计算结果，我们认为，京津冀今后产业协同发展的分工与布局，应从以下几个方面入手：

（1）从主要行业的结构状况来看，京津冀地区的产业结构虽有趋同之处，但是整体差异较大。为弥补这种差异，京津冀各地区之间应该加强区域之间的协作，推进整个区域产业结构的优化升级，同时，加大科技创新力度，发挥北京和天津在经济、技术、人才等方面的规模优势，在高新技术方面起到引领作用，以新兴产业带动传统产业。同时，河北也应利用自身优势弥补不足，强化与京津两地产业的关联程度，加快产业转移步伐。

（2）从行业的区位熵来看，京津冀各地区具有不同的比较优势。北京的金融业等第三产业发展优势，应该带领天津、河北从第一、二产业向第三产业升级转变。天津和河北应该充分利用自身的资源优势降低第一、二产业在经济中所占比重，向金融、服务等领域转变，以降低能耗，提高经济增长速率。

（3）从产业结构的相似程度来看，京津冀地区的产业结构趋同化较为严重。这说明京津冀各地区存在着低水平竞争和重复建设的问题。所以，京津冀各地区的产业结构调整要在市场的主导下，充分发挥政府职能作用。在符合经济规律和现实情况的基础上，制定相应产业规划，明确地区间的产业分工和布局，推进产业结构优化升级，以实现地区间优势互补、协同发展的大格局。

二、京津冀产业合理布局对区域经济增长的贡献

2015年国家颁布《京津冀协同发展规划纲要》，标志着京津冀一体化进入了提速期。在中央和京津冀三地政府的推动下，近年来，京津冀成为继珠三角、长三角之后的又一经济增长极，其区域一体化程度的推进对其区域内产业合理分工、缩小经济发展差异，以及促进"新常态"下我国经济建设都有着重大战略意义。

产业均衡发展是适应京津冀协同发展的重要内容。为了实现这一目标，并以此为契机，对区域经济产生带动效应，我们对影响经济增长的几个主要行业进行了溢出效应分析，以期探寻产业合理布局对区域经济增长的贡献。目前对区域之间经济增长溢出效应的研究所用的方法主要有以下几个：

(1) VAR模型方法。Carlino和DeFina(1995)运用VAR模型研究美国八个区域之间的区域溢出效应，得出区域间经济增长的溢出效应呈现地理空间分散特征，且认为理解区域之间的溢出效应对于形成有效的区域经济政策具有重要意义。Brun等(2002)则将中国划分成沿海与内陆地区，通过引入东、中、西地区三个虚拟变量来考察沿海与内陆的相互影响，指出存在着沿海地区向内陆地区的空间溢出效应。李国平等(2004)采用VAR模型，考察了我国东、中、西三大地区经济增长之间的动态关系及其对地区差距的影响。Groenewold等(2007，2008)采用VAR模型考察了经济区域间的溢出效应，通过脉冲响应函数模拟了东、中、西三大经济区域的相互影响，指出存在东部沿海地区向中、西部地区以及中部地区向西部地区的溢出效应，但不存在西部地区向东、中部地区的溢出效应。

(2) 面板数据分析方法。Ramajo，Marquez，Hewings(2007)利用欧盟内部163个区域1981—1996年面板数据进行空间计量分析，结果表明，区域增长的空间溢出效应对区域经济收敛具有重要意义，尤其是资本内聚国家的区域经济收敛更快。李永盛(2015)利用2001—2012年的面板数据研究了长江中游城市经济溢出效应。王美霞等(2016)运用面板数据和空间杜宾模型，研究了FDI的空间溢出效应对东、中、西区域经济发展差距的影响。结果表明FDI溢出效应存在显著的空间相关性，会进一步拉大全国各地区之间的发展差距。

(3) 投入产出方法。黄伟等(2005)利用投入产出方法，分析我国区域间的GDP增长溢出效应。潘文卿(2006)利用投入产出方法解释了我国与世界其他区域的各产业溢出效应的不同。

通过三大方法的测算比较来看，VAR模型较为明确地揭示了数据之间的关系，但是VAR模型没有反映当前区域之间的相互关系。本文从产业的角度来研究京津冀区域间经济增长的溢出效应，利用三个省市的八个产业：农林牧渔业，工业，建筑业，批发和零售业，交通运输、仓储和邮政业，住宿和餐饮业，金融业，房地产业的年度数据，分别建立三个省市的八个产业的SVAR模型，再通过方差分解分析三个省市之间产业的相互作用，分析京津冀地区间产业的产值溢出效应，以探索京津冀地区产业合理布局对区域经济增长的带动作用。

(一)京津冀地区经济发展的空间相关性分析

从理论上讲,在考察地区经济发展时,由于"地理学第一定律"的存在,区域经济之间存在着空间上的关联性,并且这种关联性会对周边其他地区产生空间溢出效应。一般情况下,判断地区间的空间相关性,一般可通过测算 Moran's I 指数进行检验。

Moran's I 指数的取值范围为 $-1 \leqslant I \leqslant 1$,当 I 为负,代表区域之间存在负的经济关联性,且接近 -1 时,空间负相关很强;反之,I 为正,代表区域之间存在正的经济关联性,且接近 1 时,空间正相关很强;当 I 接近 0 时,表示地区间的空间相关性很弱。此外,以统计量 $Z = \dfrac{MoranI - E(I)}{\sqrt{VAR(I)}}$ 来检验空间自相关关系。

1. 京津冀地区 Moran's I 指数进行检验取值

本文用京津冀地区人均生产总值数据进行 Moran's I 指数计算,数据来源为 2003—2014 年《中国城市统计年鉴》,所选地区为京津冀区域内地级市以上区域,包括北京、天津、石家庄、承德、保定、沧州、邯郸、衡水、廊坊、秦皇岛、唐山、邢台、张家口 13 个城市。此外,把名义人均 GDP 用平减指数转化为实际人均 GDP。

2. Moran's I 指数计算

按照上文所涉及的计算方法,我们通过计算可得到京津冀地区 13 个城市的经济相关性的 Moran's I 指数。结果如图 6 所示:

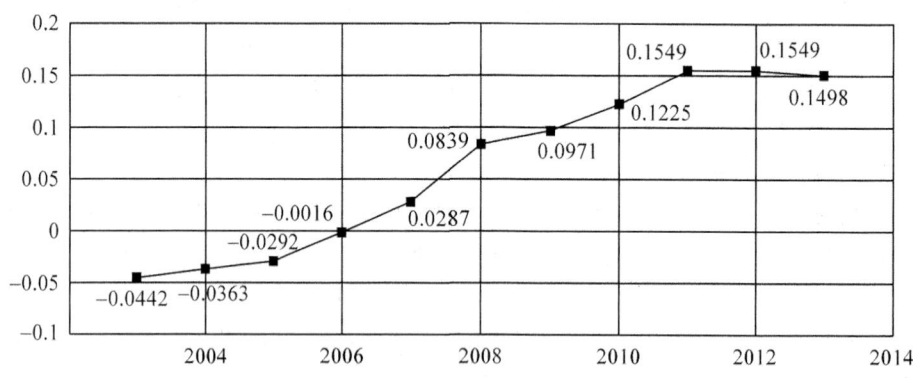

图 6 2002—2013 年 Moran's I 指数

从图 6 的总体走势来看,京津冀区域空间自相关性是呈现上升趋势的,Moran's I 指数从 2003 年的 -0.0442 上升到 2013 年的 0.1498。从中我们可以发现，2006—2007 年出现了 Moran's I 指数由负变正的变化。2009—2013 年，该指数增速缓慢甚至出现小幅回落。

京津冀地区经济发展的空间相关性分析表明，在区域发展进程中，由于京津冀区域规划历程较长，加之受产业发展不均衡等因素影响，经济发展成效甚微。尤其是京、津两大城市与周边地区的经济差距较大，这种区域差距和产业严重同构的现状，造成京、津两地同河北省的产业链出现断层，呈现出条块分割的发展状态。此外，由于河北省长期作为京、津的资源供应地，区域发展过于依赖某一极产业，区域定位不清，产业分工不明确，产业布局和经济结构不尽合理。

(二) 京津冀区域之间产业合理布局均衡发展的溢出效应分析

为了考察京津冀区域之间的产业溢出效应，探索区域产业均衡发展对经济增长的带动，同时探讨区域之间的溢出效应对于形成有效的区域经济政策具有的重要意义，我们建立区域之间溢出效应的 SVAR 模型。由于 VAR 模型中当期相关关系隐藏在误差项的相关结构中，信息之间可能会存在很强的相关性，不具有直接的经济解释，导致脉冲响应函数的经济含义模糊不清。但是 SVAR 模型包含了变量当期之间的关系，避免了在模型误差中隐藏无法解释的相关结构，通过对模型可识别性所做的一些简单假设，能够更好地提供模型参数的结构解释，其方法是通过对数据施加最少的约束条件来对变量的冲击进行识别，得到变量对系统冲击的反应方向和强度。SVAR(p) 模型为：

$$B_0 Y_t = \delta + \Gamma_1 Y_{t-1} + \Gamma_2 Y_{t-2} + \cdots + \Gamma_p Y_{t-p} + \mu_t$$

其中，p 表示滞后期数，μ_t 表示随机扰动项向量。上式写成滞后算子形式：

$$B(L) y_t = \mu_t$$

其中，$B(L) = B_0 - \Gamma_1 L - \Gamma_2 L^2 - \cdots - \Gamma_p L^p$，本文中 $B(L)$ 是滞后算子 L 的 8×8 参数矩阵。则导出的 VAR 模型简化式：

$$Y_t = c + A_1 Y_{t-1} + A_2 Y_{t-2} + \cdots + A_p Y_{t-p} + \varepsilon_t$$

其中，$A_k = B_0^{-1} \Gamma_k (k = 1, 2, \cdots, p)$，$c = B_0^{-1} \delta$，$\varepsilon_t = B_0^{-1} \mu_t$，以及 $E(\mu_t \mu'_t) = I$。

则可写成滞后算子形式：

$$A(L) Y_t = \varepsilon_t$$

其中，$A(L) = I - A_1 L - A_2 L^2 - \cdots - A_p L^p$，本文中 $A(L)$ 是滞后算子 L 的 8×8 参数矩阵，I 是八阶单位阵。根据 VAR 模型，可以估计参数 A

$(L)^{-1}$,从而 $A(L)^{-1}\varepsilon_t = B(L)^{-1}\mu_t$。

(三)京津冀产业合理布局对经济增长带动效果的实证分析

产业均衡发展是区域经济良性发展的重要保障。为了更客观、更具体地考察京津冀地区各产业对经济增长的带动效应,我们运用京津冀三省市的农林牧渔业(a)、工业(b)、建筑业(c)、批发和零售业(d)、交通运输、仓储和邮政业(e)、住宿和餐饮业(f)、金融业(g)、房地产业(h)八个具有代表性的产业的2005—2014年数据作为分析样本(具体数据来源于《中国统计年鉴》),分别建立SVAR模型,用实证分析来考察京津冀产业合理布局对经济增长的影响。同时为了防止数据由于量纲的不同产生异方差性,故将各个时间序列数据进行自然对数处理。

1. 京津冀产业合理布局对相关地区产生影响的实证分析

由于没经过差分处理的时间序列并不平稳,其一阶差分以后进行单位根检验说明各时间序列都为一阶单整,序列之间为同阶单整。先建立VAR模型,对八个截面数据进行滞后阶数检验,结果均为1。经过计算,京津冀地区八个产业VAR模型如下:

(1)农林牧渔业(a):常数向量 $C=(-0.087, -0.564, 1.506)$,北京产业 a 滞后一阶参数 $lna\_bj(-1)=(-0.727, 0.229, -0.583)$,天津产业 a 滞后一阶参数 $lna\_tj(-1)=(0.881, -0.449, 0.136)$,河北产业 a 滞后一阶参数 $lna\_hb(-1)=(0.597, 0.594, 1.470)$。

(2)工业(b):常数向量 $C=(7.465, -1.484, 2.095)$,北京产业 b 滞后一阶参数 $lnb\_bj(-1)=(0.369, 1.072, 1.314)$,天津产业 b 滞后一阶参数 $lnb\_tj(-1)=(1.342, -0.328, 0.222)$,河北产业 b 滞后一阶参数 $lnb\_hb(-1)=(-1.107, 1.010, 0.415)$。

(3)建筑业(c):常数向量 $C=(0.505, 4.472, 3.056)$,北京产业 c 滞后一阶参数 $lnc\_bj(-1)=(-1.386, -0.428, 0.087)$,天津产业 c 滞后一阶参数 $lnc\_tj(-1)=(0.747, 1.893, 0.804)$,河北产业 c 滞后一阶参数 $lnc\_hb(-1)=(-0.207, -1.829, -0.203)$。

(4)批发和零售业(d):常数向量 $C=(-26.170, -25.095, 7.893)$,北京产业 d 滞后一阶参数 $lnd\_bj(-1)=(-0.701, -4.060, -0.877)$,天津产业 d 滞后一阶参数 $lnd\_tj(-1)=(-5.124, -6.322, 0.801)$,河北产业 d 滞后一阶参数 $lnd\_hb(-1)=(17.739, 22.559, -1.024)$。

(5)交通运输、仓储和邮政业(e):常数向量 $C=(43.053, 42.646,$

—9.755），北京产业 e 滞后一阶参数 lne_bj(−1)＝(5.415，6.761，−2.197），天津产业 e 滞后一阶参数 lne_tj(−1)＝(21.085，21.655，−4.817），河北产业 e 滞后一阶参数 lne_hb(−1)＝(−19.561，−22.311，7.829）。

（6）住宿和餐饮业（f）：常数向量 C＝(6.750，13.001，29.096），北京产业 f 滞后一阶参数 lnf_bj(−1)＝(0.004，3.299，2.722），天津产业 f 滞后一阶参数 lnf_tj(−1)＝(2.161，8.297，16.496），河北产业 f 滞后一阶参数 lnf_hb(−1)＝(−0.393，−4.158，−7.959）。

（7）金融业（g）：常数向量 C＝(−0.260，−8.011，1.422），北京产业 g 滞后一阶参数 lng_bj(−1)＝(0.726，0.463，1.266），天津产业 g 滞后一阶参数 lng_tj(−1)＝(−1.024，−1.141，0.324），河北产业 g 滞后一阶参数 lng_hb(−1)＝(0.452，1.922，−1.931）。

（8）房地产业（h）：常数向量 C＝(68.647，53.773，37.122），北京产业 h 滞后一阶参数 lnh_bj(−1)＝(−0.447，−0.114，−0.725），天津产业 h 滞后一阶参数 lnh_tj(−1)＝(14.057，12.057，8.465），河北产业 h 滞后一阶参数 lnh_hb(−1)＝(−20.503，−17.102，−10.899）。

因为本文中的 VAR 模型均是面板数据，所以施加短期约束为矩阵 A 是下三角矩阵的约束条件，得到各个 SVAR 模型的 A 矩阵如下：

$$A_1 = \begin{bmatrix} 1 & 0 & 0 \\ -0.082 & 1 & 0 \\ -0.0272 & -10.259 & 1 \end{bmatrix} \quad A_2 = \begin{bmatrix} 1 & 0 & 0 \\ 0.114 & 1 & 0 \\ -0.054 & 3.232 & 1 \end{bmatrix}$$

$$A_3 = \begin{bmatrix} 1 & 0 & 0 \\ 0.431 & 1 & 0 \\ -0.017 & 0.269 & 1 \end{bmatrix} \quad A_4 = \begin{bmatrix} 1 & 0 & 0 \\ -0.893 & 1 & 0 \\ 0.017 & 0.080 & 1 \end{bmatrix}$$

$$A_5 = \begin{bmatrix} 1 & 0 & 0 \\ -1.194 & 1 & 0 \\ -0.007 & -0.187 & 1 \end{bmatrix} \quad A_6 = \begin{bmatrix} 1 & 0 & 0 \\ -1.670 & 1 & 0 \\ -0.117 & -2.203 & 1 \end{bmatrix}$$

$$A_7 = \begin{bmatrix} 1 & 0 & 0 \\ -2.120 & 1 & 0 \\ -0.050 & -0.732 & 1 \end{bmatrix} \quad A_8 = \begin{bmatrix} 1 & 0 & 0 \\ -0.867 & 1 & 0 \\ -0.026 & -0.943 & 1 \end{bmatrix}$$

在上述各个 SVAR 模型的矩阵中，A 矩阵表示的是时间序列当期值之间存在的正向促进或者反向干扰。矩阵 1 中的−0.082 表示，北京当期的农林牧渔业产值对于条件当期是反向干扰的，意味着北京农业产值对数值提高 1 个单位，则天津的对数值将下降 0.082 个单位。北京对河北、天津对河北也是同理。此外，上述 8 个 A 矩阵中，每个矩阵的下三角的值多为负值，仅有 6 个为正值，分别为矩阵 2 中的北京工业产值对天津的作用系数为 0.114，及天津工业产值对河北的作用系数为 3.232；矩阵 3 中的北京建筑业产值对天津的作用系数为 0.431，及天津建筑业产值对河北的作用系数为 0.269；矩阵 4 中的北京批发和零售业产值对天津的作用系数为 0.017，及天津批发和零售业产值对河北的作用系数为 0.080。

2. 京津冀产业合理布局对区域经济的影响

上述测算中，负值的存在表明京津冀二省市的行业产值之间没有很好地实现相互促进，尤其是北京地区产业优化程度较高，经历了经济高速发展的过程，创造了较好的经济收益，但是，在过去相当长的时间内，首都并没有对周围区域产业增长产生明显的带动作用。

由于京津冀地区产业的非均衡发展，对周边地区发展产生了一定的负向作用，较为严重的有天津农林牧渔业对河北的负向作用（－10.259），北京交通运输、仓储和邮政业对天津的负向作用（－1.194），三省市在住宿和餐饮业之间的负向作用，以及北京金融业对天津的负向作用（－2.120）。

上述实证分析表明，京津冀地区之间存在着显著的产业发展不均衡，以往产业带动作用不理想，甚至出现了负效应。对此，京津冀地区需要在同一产业进行地区之间的明确分工，避免产业同质化带来的利益摩擦和恶性竞争。在京津冀一体化的过程中，产业的整合与迁移是重中之重。

三、京津冀产业合理布局的影响因素分析

大量理论研究成果和经济实践表明，只有产业合理布局，均衡发展，才能有利于经济区域化，与此同时，经济区域化一方面加速要素的自由流动，另一方面也加剧了区域之间产业的竞争。随着经济社会的不断发展和城镇化进程的加快，产业合理布局在区域发展中的地位越来越重要。

中华人民共和国成立以来，特别是改革开放之后，区域性中心城市在全面推进工业化方面起到了至关重要的先导作用。目前，我国城市功能、城市体系还很不完善，相对于工业化而言，城市化发展相对滞后，今后我国经济发展离不开中心城市的带动，完善区域性中心城市功能，加强中心城市对我国区域经济的组织协调作用，充分发挥区域中心城市的扩散能力和辐射能力，

是今后相当长的一个时期加快我国经济发展的一个中心环节。

(一)影响京津冀产业合理布局的经济因素

根据宏观经济学的中心理论，经济发展程度往往是影响产业合理布局的重要因素。因此，推进区域经济增长以促进产业均衡发展，是京津冀协同发展应该考虑的重要因素。从地方经济视角考虑，各个地区发展程度相关的经济指标，主要包括一般预算收入，财政一般预算支出，第一产业增加值，第二产业增加值，第三产业增加值，交通运输、仓储和邮政业增加值，金融业增加值，房地产业增加值，人均地区生产总值，国内国际旅游收入等经济指标。在这些经济指标中，经济溢出主要通过技术溢出、交通运输、旅游业、金融业等渠道向其他地区辐射。

京津冀地区三省市地方生产总值在近十年逐渐增加，其中北京已经跃居第一位，在京津冀地区整体发展中起着引领作用。以经济发达区域带动欠发达区域，使经济传导效应发挥应有的作用，是产业合理布局的基础。为了更好地研究发达地区对欠发达地区产业发展的影响，我们筛选出影响京津冀区域间经济增长溢出的经济指标变量包括：城镇居民人均消费支出(x_1)、专利授权数(x_2)、客运量(x_3)、货运量(x_4)、接待国内旅游人数(x_5)、金融业(x_6)。基于数据的可取性，根据《中国统计年鉴》(2006—2015)选出2005—2014年相关变量数据。为了消除实证分析中变量量纲的差别，故将原始数据进行自然对数处理。

为了更好地分析京津冀经济增长带动效应，我们利用六项指标对GDP进行多元线性回归，得出参数系数，如表5所示：

表5 京津冀分别回归结果

经济指标	北京指标系数	天津指标系数	河北指标系数
常数 c	4.35	4.59	6.81
城镇居民人均消费支出(x_1)	−0.28	−1.11	−0.62
专利授权数(x_2)	0.05	0.36	0.13
客运量(x_3)	0.04	0.10	0.05
货运量(x_4)	0.10	0.01	0.47
接待国内旅游人数(x_5)	−0.19	−0.07	−0.02
金融业(x_6)	0.90	0.20	0.79

数据来源：根据《中国统计年鉴》(2006—2015)处理得出

根据表5中的六个与京津冀各地区 GDP 相关的指标参数，将函数简化得出：

北京：$GDP=4.35-0.28x_1+0.05x_2+0.04x_3+0.10x_4-0.19x_5+0.90x_6$

天津：$GDP=4.59-1.11x_1+0.36x_2+0.10x_3+0.01x_4-0.07x_5+0.20x_6$

河北：$GDP=6.81-0.62x_1+0.13x_2+0.05x_3+0.47x_4-0.02x_5+0.79x_6$

从表5中可以看出，六个指标与京津冀各地区 GDP 之间关系差别较大，影响产业发展的因素各不相同。其中，北京地区城镇居民人均消费支出、接待国内旅游人数与 GDP 呈现负相关，专利授权数、客运量、货运量、金融业与 GDP 呈现正相关，主要影响指标分别为城镇居民人均消费支出与金融业；天津地区城镇居民人均消费支出、专利授权数、客运量、货运量与 GDP 呈现正相关，接待国内旅游人数、金融业与 GDP 呈现负相关，主要影响指标分别为城镇居民人均消费支出、专利授权数和金融业；河北地区城镇居民人均消费支出、专利授权数、客运量、接待国内旅游人数与 GDP 呈现负相关，货运量、金融业与 GDP 呈现正相关，主要影响指标分别为城镇居民人均消费支出、货运量和金融业。综合来看，影响京津冀产业增长的重要因素，主要表现为三个方面：城镇居民人均消费支出、金融业与 GDP 的增长情况。

(二)影响京津冀产业合理布局的区位因素

作为我国环渤海经济圈核心的京津冀地区，是我国北方最大的产业密集区和经济发达地区，也是当前我国经济增长的新动力。在加快经济发展方式转变的背景下，研究京津冀地区与周边区域经济协调问题，对加快我国经济发展方式的转变具有重要意义。受市场化进程推进及生产要素流动的影响，京津冀协同发展并不是孤立的，各个区域之间不但相互影响，同时也受周边其他区域的影响。尤其是几大经济带的崛起，对京津冀产业均衡发展，也在不断产生影响。因此，分析周边区域对京津冀产业发展的影响，也是尤为必要的。

1. 周边区域与京津冀地区产业增长的关联性分析

从全国区域发展状况来看，京津冀经济发展不但受区域内部发展的影响，同时还受外部其他区域发展的影响。为了更好地研究京津冀地区产业增长的外部性问题，我们使用 EViews 8.0 对京津冀周边地区的区域生产总值与京津冀三省市地方生产总值分别进行拟合，得到拟合函数如表6所示：

表 6　周边区域 GDP 分别与京津冀 GDP 拟合结果

区域	与北京拟合函数	与天津拟合函数	与河北拟合函数
东北部	$y_1=2.928x_{bj}-3300.7$ $R^2=0.995$	$y_1=3.401x_{tj}-5693.3$ $R^2=0.996$	$y_1=2.086x_{hb}-4851$ $R^2=0.995$
东部	$y_2=8.882x_{bj}-15.305$ $R^2=0.999$	$y_2=10.29x_{tj}-27499$ $R^2=0.995$	$y_2=6.304x_{hb}-4236$ $R^2=0.995$
南部	$y_3=4.501x_{bj}-556.14$ $R^2=0.998$	$y_3=5.216x_{tj}-11368$ $R^2=0.995$	$y_3=3.192x_{hb}-2637$ $R^2=0.993$
中部	$y_4=7.193x_{bj}-13790$ $R^2=0.998$	$y_4=8.354x_{tj}-8297.4$ $R^2=0.999$	$y_4=5.108x_{hb}-16269$ $R^2=0.995$
西北部	$y_5=3.101x_{bj}-8725.6$ $R^2=0.998$	$y_5=3.602x_{tj}-794.00$ $R^2=0.999$	$y_5=2.203x_{hb}-10238$ $R^2=0.995$
西南部	$y_6=4.302x_{bj}-11258$ $R^2=0.996$	$y_6=5.004x_{tj}-1892.8$ $R^2=0.999$	$y_6=3.406x_{hb}-13162$ $R^2=0.987$

数据来源：根据《中国统计年鉴》(2006—2015)处理得出

表 6 中的拟合函数系数可间接反映出周边六个相关区域对京津冀地区生产总值影响程度的大小。由表 6 可以看出，与京津冀地区生产总值相关性最大的是东部沿海地区，相关性较大的是南部沿海地区、中部地区以及西南地区，东北地区和西北地区与京津冀地区生产总值的相关性最低。

研究京津冀产业均衡发展，必须充分认识到周边区域经济溢出效应的传导作用。由于各地区经济发展的自身局限性，资源、资本、劳动力、技术等对经济发展的影响因素分布不均匀，制定产业发展规划时，不能忽视与京津冀地区关联度最大的东部地区。

2. 周边区域增长对京津冀产业布局的外部性影响

为了进一步分析周边区域对京津冀地区经济增长的影响，我们使用 EViews 8.0 软件对周边区域与京津冀各地区的相关经济指标进行拟合，为消除拟合中各变量数据量纲不同的影响，将数据进行自然对数处理。最后得出各区域指标的函数系数如表 7—9 所示：

表7　周边区域GDP对北京相关指标的回归结果

指标	北京	东北部	东部	南部	中部	西北部	西南部
城镇居民人均消费支出	−0.28	−0.565	−0.221	0.184	−0.379	−0.458	0.351
专利授权数	0.05	0.181	0.088	0.096	0.205	0.152	0.191
客运量	0.04	0.069	0.056	0.051	0.067	0.083	0.059
货运量	0.1	0.294	0.145	0.126	0.234	0.284	0.262
接待国内旅游人数	−0.19	−0.206	0.144	−0.124	−0.179	−0.152	0.201
金融业	0.9	0.948	0.794	0.768	0.854	1.057	0.935

数据来源：根据《中国统计年鉴》(2006—2015)处理得出

表8　周边区域GDP对天津相关指标的回归结果

指标	天津	东北部	东部	南部	中部	西北部	西南部
城镇居民人均消费支出	1.11	0.6	0.987	1.024	0.936	1.059	0.92
专利授权数	0.36	0.345	0.269	0.235	0.291	0.35	0.253
客运量	0.1	0.103	0.097	0.086	0.091	0.129	0.061
货运量	0.01	0.074	0.159	0.165	0.073	0.169	0.039
接待国内旅游人数	−0.07	−0.051	−0.01	−0.004	−0.036	−0.014	−0.066
金融业	−0.2	−0.086	−0.228	−0.2	−0.124	−0.207	−0.018

数据来源：根据《中国统计年鉴》(2006—2015)处理得出

表9　周边区域GDP对河北相关指标的回归结果

指标	河北	东北部	东部	南部	中部	西北部	西南部
城镇居民人均消费支出	−0.62	−0.697	−0.648	−0.578	−0.623	−1.178	−0.348
专利授权数	−0.13	−0.137	−0.095	−0.086	−0.126	−0.196	−0.058
客运量	−0.05	−0.111	0.027	0.066	−0.044	−0.066	−0.133
货运量	0.47	0.567	0.32	0.309	0.563	0.649	0.516
接待国内旅游人数	−0.02	−0.009	−0.102	−0.139	−0.092	−0.107	−0.003
金融业	0.79	0.85	0.942	0.918	0.92	1.289	0.724

数据来源：根据《中国统计年鉴》(2006—2015)处理得出

由表7—9可以看出，周边区域经济增长对北京、天津及河北各地市的经济指标及区域发展的影响各不相同。以北京、天津、河北三省市为中心的结果都表明，在诸多影响因素中，城镇居民人均消费支出和金融业都是最主要的两个影响指标。区别表现为北京和河北的城镇居民人均消费支出与周边区域呈现很强的负相关性，金融业却呈现出很强的正相关性，但是天津的这两项经济指标与京、冀相反。

比较分析可看出：北京地区城镇居民人均消费支出受周边地区经济发展的影响最弱，金融业受周边地区经济发展的影响最强，表明北京地区的消费能力主要面向本地区，而金融业的区域关联度最高，表明金融业对外的相互影响较强；对天津而言，城镇居民人均消费支出与周边区域经济增长相关性最强，金融业相关性最弱，这与以北京为中心的情形恰好相反，即天津消费的对外依赖度较高，而金融业与周边区域经济增长的相关性较差；对河北而言，城镇居民人均消费支出与周边区域相关性最弱，金融业与周边区域相关性最强，该结果与北京相同，但与北京有所不同的是，河北由于经济欠发达，消费能力低，因此与周边地区联系不明显，而金融业主要依靠外部支持，因此与外部区域相关性较强。

从产业发展的带动效应与相互影响的角度分析，我们可以看出：

(1)北京主要通过城镇居民人均消费支出（正相关）、专利授权数（正相关）、货运量（正相关）、接待国内旅游人数（负相关）和金融业（正相关）这五条路径向其他区域进行经济溢出。这种结果与现状相吻合，正是北京作为我国的人才、技术、金融、旅游等中心的结果，其通过技术溢出、知识溢出、金融溢出来带动其他区域的经济发展。因此在京津冀产业均衡发展过程中，北京的先导作用与带动作用是非常显著的。然而，由于北京本地的消费支出的内向性以及旅游胜地较强的吸纳能力，也会从消费方面抑制其他区域的经济增长。

(2)天津主要通过城镇居民人均消费支出（正相关）、专利授权数（正相关）这两条路径向其他区域进行经济溢出。这种结果与天津作为直辖市，具有其他地区所不具备的人才、技术、信息等资源禀赋优势有关。

(3)河北主要通过城镇居民人均消费支出（负相关）、货运量（正相关）和金融业（正相关）这三条路径向其他区域进行经济溢出。由于河北省地域辽阔，资源丰富，货物运输量非常大，作为钢铁等工业的主要产地，其经济位置凸显出重要性。河北与其他六大区域进行贸易往来，靠着经济溢出来带动周边地区的经济增长，向其他地区进行资源、原材料的输送。但是其自身的优势也抑制了其他区域同类产品的溢出效应，从而主要传导路径的指标与其他区域呈现出负相关性。

为了更好地比较分析京津冀地区受周边经济的影响，为产业均衡发展探索良性发展路径，我们有必要考虑三省市产业的向外发散程度。为了更科学地衡量三省市的产业发展空间和发展前景，我们根据模糊综合评价法，用建立的隶属度函数系数进行标准化处理。相对系数矩阵建立各区域的评价指标的权重 $w_i(i=1,2,\cdots,m)$，由变异系数法可知：

$$v_j = \frac{s_j}{\overline{x}_j}$$

$$w_j = \frac{v_j}{\sum_{k=1}^{n} v_k}$$

由上述两公式得出各区域指标权重，我们计算以京津冀三省市为中心的区域指标权重（如表10所示）：

表10 分别以京津冀三省市为中心的区域指标权重

区域	北京为中心		天津为中心		河北为中心	
	权重	绝对值	权重	绝对值	权重	绝对值
东北部	0.181	0.181	0.185	0.185	0.181	0.181
东部	0.156	0.156	0.165	0.165	0.154	0.154
南部	0.154	0.154	0.162	0.162	0.152	0.152
中部	0.173	0.173	0.162	0.162	0.170	0.170
西北部	0.167	0.167	0.167	0.167	0.173	0.173
西南部	0.168	0.168	0.158	0.158	0.172	0.172

数据来源：根据《中国统计年鉴》(2006—2015)处理得出

由表10可以看出，京津冀周边区域指标权重分布较为均匀，主要集中在0.150—0.185之间。说明京津冀各省市对其他六大区域的影响较为均匀，产业发展空间也较为均衡。与此同时，京津冀整体区域对周边区域的经济溢出层次有别，主要源于我国各大经济区域的地理位置的差异，资源优势不同。如东部区域的经济发展较快、水路运输发达、接近港口等有利因素，使京津冀与我国东南部的经济来往密切，为相关产业的发展提供了一定的空间。

四、京津冀产业合理布局与区域经济增长带动效应路径选择

通过对京津冀地区间产业状况的分析，我们可以看出，三省市产业发展仍处于非均衡状态，北京市作为首都在这些产业领域普遍具有领导力与影响力，尤其是北京的金融业、房地产业占据的影响力是显著的，天津与河北在工业产业方面具有较大的发展后劲，而河北尽管落后于北京和天津，但其农林牧渔等传统产业具有较大的影响力。基于京津冀不同地区的发展特点及区域间经济的相关性，未来京津冀产业合理布局与区域经济协同发展路径选择，从战略上来看，应整体考虑以下几个方面：

（一）做好产业布局应有所侧重，充分发挥区域优势

京津冀区域经济协同发展可以从以下几个方面进行产业布局：一是建立以河北省为主、天津市为辅的农业产业生产结构，利用河北省的广大平原优势发展农业；二是建设天津、河北协同的工业产业生产结构，利用北京市的人才优势建立高新工业园区，迁移部分工业企业；三是建立以北京为主导的金融等第三产业结构，从而带动京津冀整体行业协同发展。

在产业均衡发展过程中，要充分发挥政府的推动作用，并且形成产业比重科学调控机制。对于产业同质化现象，尤其是制造业，应采用"打包"外移的方式，积极推动产业外移。北京作为首都，产业形式可以与津冀共享，分享其价值创造，而不是赢者通吃。在金融产业方面，北京应更多地将金融服务实体经济作为目标，构建一个国内区域性金融中心，特别是北方金融中心，为整个北方经济服务，而不是自我强化，自我循环，抽取周边的产业价值。在这一点上，特别需要与天津联动发展，与天津形成金融业一体化，形成互补性合作关系，而不是竞争关系。这样一来，北京自身优势不是被削弱，而是更加强化，中心地位更加突出。形成一个协同发展的一体化集群，而不是一个以北京为高地、周边为洼地的格局。

（二）进一步推动产业分工与优化升级，注重区域间协调与合作

京津冀地区是一个发展中的、转型中的区域，促进区域产业创新与升级能力的提升，应当从两个相互联系的维度入手：一是在微观层次上，积极、稳妥地推进企业改制、改造和改革，塑造机制灵活、充满活力的现代企业；二是在宏观层次上，优化经济结构，为产业创新和升级提供支持。在这方面特别要重视制定正确的产业群导向，提升产业园区的层次。

(三)构筑中国乃至世界的研发创新、高端服务集聚区

京津冀区域作为继长三角、珠三角之后的第三个"增长极",国务院高度重视其协同发展。在提升京津冀区域经济状况的同时,也需要加强其对我国其他区域的影响力以及经济溢出程度,注重区域合作集聚发展规模性产业以降低生产成本。

实现区域合作集聚,一是以北京为金融集聚中心,集中资本与信息资源,能够深入了解终端消费,贴近市场需求,减少信息成本以及信息扩散带来的误差与时间的滞后性;二是以北京、天津为技术人才集聚中心,充分利用人才进行技术创新,带动产业升级以提高资源资本使用率,从而最终带动经济落后地区的快速发展;三是以河北工业基地为中心,优化钢铁等行业产能结构,改善自身经济增长模式,以带动周边地区共同发展。京津冀地区是中国自主创新、高端服务、现代制造的核心区域,在加快中国工业化、信息化进程中担负着科技引领、产业支撑的重要使命。首都北京的产业已呈现出服务主导和创新主导的特征,天津的产业呈现出高端制造和技术集约的特征,河北正在积极打造现代制造产业带和沿海重化工产业带。未来一个时期是京津冀地区经济转型、产业升级,合力打造世界级研发创新、高端服务和"大国重器"集聚区的重要阶段。

(四)推进区域合作,加快发展京津冀地区沿海经济带

京津冀地区处于东北亚经济圈的中心地带,是连接欧亚大陆桥的战略要地。加快京津冀地区的快速发展,有利于实现我国在"一带一路"倡议下对东北亚、中亚以及欧洲等地区的全方位开放,进而带动我国周边发展中国家的经济增长,扩大中国经济的影响范围。

以建设世界性加工制造基地和现代化国际物流中心为导向,提升京津冀区域滨海新区水平。京津冀区域滨海新区地域辽阔,滩涂、荒地资源丰富,拥有天津港、京塘港等深水港湾以及天津经济技术开发区、天津保税区、沧州临港化工园区,发展条件好,潜力巨大。可将"立足京畿,辐射三北,服务全国,面向东北亚,把本地区建设成为世界性加工制造基地和现代化国际物流中心"的设想纳入国家区域发展规划,并赋予类似浦东新区的财政税收、加工制造、国际物流政策,允许在天津滨海新区辟建自由贸易区。

(五)促进协同发展,处理好不同影响因素间的关系

实现京津冀协同发展是一个庞大的工程,各种复杂的影响因素交织在一起,需要从根本关系入手,统筹兼顾,多管齐下。

1. 处理好中心城市与所在区域共生互动的关系

从都市圈理论与实践来看，中心城市与所在区域存在着共生互动的关系。从京津冀地区来看，城镇体系的"中心—外围"特征明显。尽管近年来北京采取了一系列产业疏解的措施，但在市场机制的作用下，各种优质要素仍在向京津两大城市集聚。如何处理好中心城市与所在区域的关系，在中心城市功能疏解过程中带动中小城市发展，进而构造起合理的城镇体系，提升区域的整体发展水平，意义重大。

2. 处理好北京与天津两大核心城市分工合作的关系

京津合作是推进京津冀区域协同发展的核心与关键。一方面，"双核心"能否形成合力事关全局。京津作为相距仅有100公里的两个千万人口超大城市并肩而立，世界少有。京津各自优势明显。北京拥有得天独厚的首都优势、总部优势、科技人才优势、全国市场优势以及全国交通枢纽优势等，是区域当之无愧的首位城市和核心；天津凭借现代制造优势、海港优势以及科技人才优势等也位居全国前列。如何突破藩篱，使京津"双核"形成合力，成为推进京津冀区域快速发展的重点所在。另一方面，京津实力水平接近，合作领域更宽，影响更深远。京津合作，由于经济技术水平接近、产业结构错位、资源禀赋各异，因此更多的是功能分工、强强联合、互补合作，如金融合作、科技合作、物流合作、海空港合作等，合作领域更宽，影响更深远。只有处理好京津的功能分工、优势互补与有机合作，京津冀协同发展才有可能取得突破性进展。

3. 处理好经济社会生态协调发展的关系

京津冀地区作为我国东部的发达地区，大量流动人口涌入北京、天津两个超大城市，使城市和区域的资源环境承载压力越来越大，影响到京津冀的可持续发展。像京津冀这样一个重化工业占有较大比重的地区，在推进区域协同发展进程中，逐步化解加快经济发展与资源环境承载压力的矛盾、人民群众改善环境的迫切要求与环境治理的长期性矛盾、发展经济的迫切要求与淘汰落后产能的矛盾等，是亟待破解的新课题。

4. 处理好市场调节与政府引导的关系

能否处理好政府与市场的关系，直接影响到区域协同发展成效。在实际推进区域协同发展的过程中，首先，要明确划分政府和市场的行为边界，如产业协作、企业创新、要素流动、资源配置等经济活动应该更多地由市场来调节，政府主要为其创造良好的环境和条件。在一些市场调节失灵的领域，如基础设施、公共服务、生态建设等则主要由政府来规划和协调。其次，要处理好地方政府与中央政府的关系。如何探索建立一个市场调节与政府引导相结合的跨界治理协调机制，以保障通过区域的协同发展，使经济更具活力、社会更加公平、运行更有效率，是我们亟待回答和解决的一个重要命题。

(六)培育新兴产业，积极推进供给侧改革

新兴企业发展的基础是经济的高度专业化与分工细化，北京、天津近几年来在金融、保险等高级服务业上增加投资，扩大产业规模，以实现向第三产业转型。作为金融集聚中心的北京市仍然需要调整产业结构，加快服务业发展，改造传统产业，推进传统产业改造升级。结合国家最新发展战略，河北的产业需要实现供给侧改革，去产能，逐渐从第一产业、第二产业向第三产业转变。

根据《京津冀协同发展规划纲要》的要求，要在京津冀交通一体化、生态环境保护、产业升级转移等重点领域率先取得突破。京津冀协同规划作为高层力推的国家级区域规划，将极大地改变目前京津冀三省市的产业格局，相对落后的河北、天津两地无疑将有巨大的发展空间，这将给京津冀区域房地产、石材、环保等板块带来确定性投资机遇。为抓住这一难得的机遇，京津冀地区产业发展应多管齐下，尤其是影响区域经济增长的八个重点行业，积极打造有利于京津冀协同发展的新的增长极。

(1)从农林牧渔业，工业，建筑业，批发和零售业，交通运输、仓储和邮政业，住宿和餐饮业，金融业，房地产业这八个行业的结构状况来看，京津冀地区的行业发展不均衡，分别具有各自的优势行业，因此，京津冀各地区之间应该加强协作，推进整个区域产业结构的优化升级。由于北京和天津在经济、技术、人才等方面具有模型优势，应起到引领作用，而河北也应利用自身优势积极与京津两地进行产业联系并参与产业转移。但是，京津冀地区的产业结构趋同化较为严重。这说明京津冀各地区存在着低水平竞争和重复建设的问题。所以，京津冀各地区的产业结构调整要在市场的主导下，充分发挥政府职能作用。在符合经济规律和现实情况的前提下，制定相应产业规划，明确地区间的产业分工和布局，推进产业结构优化升级，以实现地区间优势互补、协同发展的大格局。

(2)以八个重点行业为对象，运用产业关联度和区位熵的方法研究得出：2014年京津冀区域中北京的产业结构为"三二一"结构，天津虽然也达到了"三二一"结构，但第二、三产业比重相近，而河北的产业结构还处于"二三一"结构。北京第一产业产值比重仅占 0.7%，第三产业产值比重达到 77.9%，已经成为主导产业，说明北京的产业层次较高。天津第三产业产值比重略高于第二产业比重，产业层次已提升到合理水平，还需要进一步升级。河北第一产业具有明显优势，第二产业占据主导地位，并将长期发挥关键作用，与京津两地产业层次存在明显差距。整体来看，京津冀区域产业结构不合理，二元结构过于突出，北京和天津地区所形成的产业规模、所造就的产业链、所出现的产业集聚由于缺乏适宜的生存及发展环境，而无法向河北省相对落后的地区拓展和扩散。

（3）这八大行业在当期同一行业的地区之间存在着负相关关系。综合来看，北京市在这些产业领域普遍具有领导力与影响力。北京的金融业、房地产业具有较大的影响力，天津与河北的工业具有较大的影响力，河北的农林牧渔业具有较大的影响力，对此，应制定区域优先发展战略，避免产业同质化现象，真正发挥区域优势互补的作用。

（4）从城镇居民人均消费支出、专利授权数、客运量、货运量、接待国内旅游人数、金融业这六条经济溢出的传导路径，采用多元线性回归计量分析得出：北京、天津、河北三省市城镇居民人均消费支出和金融业都是最主要的两个影响指标。区别表现为北京和河北的城镇居民人均消费支出与周边区域呈现很强的负相关性，金融业却呈现出很强的正相关性，但是天津的这两项经济指标与京、冀相反。

综上所述，在推动京津冀一体化进程中，一方面要高起点、高标准规划首都作为发展核心的关键作用，同时要结合国家在规划中"持续推进交通、生态环保、产业三个重点领域率先突破"的精神，注重分析解决京津冀协同发展中所面临的突出问题，把产业合理布局与区域经济协同增长有机地结合起来，着力加强顶层设计，加大对协同发展的推动，加快推进产业对接，努力调整优化城市布局和空间结构，加快京津冀区域协同发展。

总之，针对京津冀发展实际，如能抓住重大战略机遇，区域协同发展将有可能在以下方面率先取得战略突破，比如：以北京新机场建设为契机，共建国家级临空经济合作示范区；依托天津滨海新区，共建中国投资和服务贸易综合改革创新区；抓住京津冀三地优化空间结构的机遇，共建国家级"京津科技新干线"，等等，从而真正立足各自比较优势，立足现代产业分工要求，推进京津冀协同发展。

参考文献

[1] Ying, L. G. Measuring the Spillover Effects: Some Chinese Evidence[J]. *Papers in Regional Science*, 2000, 79(1).

[2] Ying, L. G. Understanding China's Recent Growth Experience: A Spatial Econometric Perspective[J]. *The Annals of Regional Science*, 2003, 37.

[3] Groenewold N, Lee Gand Chen A. Regional Output Spillovers in China: Estimates from a VAR Model[J]. *Papers in Regional Science*, 2007, 86.

[4] Groenewold N, Lee Gand Chen A. Inter-regional Spillovers in China: The Importance of Common Shocks and the Definition of the Regions[J]. *China Economic Review*, 2008.

[5] 潘文卿,李子奈. 中国沿海与内陆间经济影响的反馈与溢出效应[J]. 经济研究, 2007(5).

[6] 潘文卿. 中国区域经济发展:基于空间溢出效应的分析[J]. 世界经济, 2015(7).

[7] 李敬,陈澍,万广华,等. 中国区域经济增长的空间关联及其解释——基于网络分析方法[J]. 经济研究, 2014(11).

[8] 李永盛,高苇,邓宏兵,等. 区域城市经济集聚性及空间溢出效应研究[J]. 统计与决策, 2015(13).

[9] 赵敏,程维明,黄坤. 近21a来京津冀城市发展空间特征及其与宏观地貌的关系分析[J]. 地球信息科学学报, 2015(8).

[10] Allen F, Carletti E. Credit risk transfer and contagion[J]. *Journal of Monetary Economies*, 2006, 53(1).

[11] Khalid, Ahmed M, Liberalization and growth in Asia: 21st century challenges[M]. *Macsource Press*, 2004.

[12] Christoffersen F. Elements of Financial Risk Management[M]. McGill University and CRANO, 2002.

[13] Kevin D. Measuring Market Risk-2nded[M]. John Wiley & Sons, Ltd., 2005.

[14] 张志波,齐中英. 基于VAR模型的金融危机传染效应检验方法与实证分析[J]. 管理工程学报, 2005(3).

[15] 张云,杜莉. 欧元区国家主权债务危机传导路径的识别与管理[J]. 经济纵横, 2012(12).

[16] 陆静，胡晓红，阮小飞．欧债危机的传导路径和传染效应研究[J]．统计与决策，2013(9)．

[17] 吕惠明，蒋晓燕．我国大宗农产品价格波动的金融化因素探析——基于SVAR模型的实证研究[J]．农业技术经济，2013(2)．

京津冀技术市场一体化研究

课题负责人：安丽娜（首都师范大学政法学院　讲师）
　　　　　　李　昕（首都师范大学政法学院　教授）
课题组成员：姚晨晨、崔　爽、郭如愿、尹子姝

京津冀协同发展作为国家的重大战略，已进入顶层设计和全面推进的新阶段。京津冀协同创新作为京津冀协同发展的重要举措是突破京津冀发展瓶颈、促进区域协同发展的关键所在。京津冀协同发展从根本上讲要靠创新驱动，创新是一个国家和民族发展的不竭动力，更是推动京津冀协同发展的强大引擎，而京津冀协同发展的未来，最终取决于创新的能力和水平。协同创新的本质是以实现协同发展为目的，突破发展壁垒，推动要素和结构的"新组合"，形成区域发展新格局，这就需要我们在区域规划、科技资源配置、政策制定和重大科技项目布局上统筹协调，加快破除制约协同发展和要素流动的体制机制障碍，大力推进简政放权和制度创新，建立优势互补、互利共赢的区域一体化发展制度体系。

现阶段国家正在实施创新驱动发展战略，作为未来科技重阵的京津冀地区承载着推进结构性改革，促进产业升级并成为具有全球影响力的科技创新中心的重大使命。京津冀协同创新离不开市场的力量，在京津冀协同发展重点推进的各项改革领域中，推动要素市场一体化改革是京津冀协同发展的重要内容，而在要素市场中，京津冀技术市场一体化对于创新驱动，推进区域发展体制机制创新，实现科技资源市场化流动，促进科技成果转化，推进京津冀协同创新发挥着关键作用。当下，京津冀技术市场一体化面临着诸多深层次的矛盾和问题，这些矛盾与问题的解决有赖于正确的政策引导，有赖于法治深层次介入，有赖于市场导向和利益调节机制作用的充分发挥，有赖于健全的保障体系的建设，因此，关注京津冀一体化重要内容——技术市场一体化课题研究工作承载着重要的现实意义。

一、京津冀技术市场一体化的意义

技术市场是重要的生产要素市场，是我国市场体系的重要组成部分。技

术市场是围绕科技创新"成果转化"产业化,有效配置资源,建立适合于社会主义市场经济规律和科技自身发展规律的新型科技体制的重要环节,是加速科技成果产业化进程,联结科技与经济的纽带。[①] 京津冀技术市场一体化是京津冀区域科技创新体系的重要组成部分,京津冀技术市场一体化的开拓和发展,将进一步推进京津冀区域的科技创新,加快京津冀科技成果转化的进程,对于京津冀科技创新体系的丰富和完善具有重要意义。

(一)推进区域内技术要素自由流动

在市场经济日益活跃的今天,生产要素的合理化、跨域性、竞争性流动,是实现区域经济在竞争中不断加强合作,协同增长的重要途径。就京津冀地区而言,在制度建设、信息化建设、市场交易成本等方面依然有待突破,这些困境是阻碍生产要素科学流动和区域产业协同发展的绊脚石。而技术市场的首要功能则是促进技术要素的流通,即技术转移转化。技术转移转化每时每刻都在发生,通过创业、技术授权、技术转让、技术咨询、技术培训、产学研合作、企业并购等多种途径实现。这些途径一部分是显性的、易观测统计的,如技术授权、技术转让等,但多数的技术转移转化是隐性发生的。无论隐性还是显性,不同形式的技术转移转化都实现了技术要素的流通,为技术、资本和人才提供了最经济有效的整合,为技术转移提供了完整的生态体系,是技术要素流通的有效方式,技术市场作为科技资源配置的重要渠道和平台,是科技成果转化中技术、人才和金融资本相结合的重要体现。因此,京津冀技术市场一体化为包括技术、人才和资本等在内的科技创新资源提供了要素配置的机制和环境,可以突破原有的界限、壁垒,凝聚京津冀三地创新资源,促进人才、知识、技术、资本、服务等创新要素的跨区域流动和无缝对接,促进技术市场优势互补,互利共赢。

(二)促进区域科技成果转化

科技成果转化是科技与经济紧密结合的关键环节,是产业结构调整和经济发展方式转变的重要途径。科技成果若转化为现实的生产力,就能更好地实现科技成果的价值和使用价值,发挥科技创新对经济社会发展的支撑引领作用。科技成果转化是区域经济发展的重要途径,是京津冀协同创新的核心

[①] 卢东、朱立红:《我国地区技术市场的发展差异分析及对策探讨》,《统计与决策》,2006年第3期。

内容，随着京津冀协同发展向纵深推进，科技成果转化将决定该区域协同发展的深度和广度。技术市场是重要的生产要素市场，是科技体制改革的突破口，是技术成果转化的主要渠道。技术市场的发展能够有效促进技术成果的转化和应用，推动科技体制改革的不断深化，带动其他要素市场的发展。京津冀技术市场一体化的实现，通过有效占据市场和技术制高点，依靠关键技术辐射带动区域发展，实现科技项目资源与产业集群有效对接，发挥产业公共技术平台的有效力量，实现科技成果的转化和落地。

(三)提升区域技术交易活跃程度

技术市场作为科技成果转化的主渠道，是充分发挥市场机制、优化科技资源配置的有效途径。京津冀是我国最具活力、开放程度最高、创新能力最强的地区之一。技术市场交易的繁荣能够提升一个区域的技术发展和技术交易的活跃程度，是科技实力和科技成果转化的直接体现。

(四)优化区域经济发展模式

作为配置要素的重要主体，技术市场还同时发挥着通过技术要素配置促进产业结构调整和升级的基础性作用。京津冀协同发展面临着经济结构调整和经济增长方式转变的双重压力，其中科技进步和创新是产业升级与结构调整的突破点。区域技术市场的发育程度既是所在地区科技发展水平的重要体现，其对区域经济的增长及结构调整也起着推动作用。技术商品经过技术市场得到创新扩散和合理配置，提高了区域技术商品交易的效益和效率，为区域经济的增长增添了动力。最终，京津冀要实现错位发展。三地要加快推进产业对接协作，形成区域间产业合理分布和上下游联动机制。北京要发展"高精尖"产业，优化产业特别是工业项目选择，河北要加快改变"两高一低"传统产业格局，三地要形成分工合作、优势互补、错位发展的产业结构，避免区域内部同质竞争，重要产业形成一根链条，共同崛起。

(五)理顺区域政府与市场的关系

京津冀区域协同发展实质上是对现有区域利益关系模式的改变，将三地现在的利益分割、互斥的竞争关系转变为利益互惠、协作竞争关系。那么由谁来协调三地的利益，是政府还是市场，是需要解决的基础性问题。

建立区域协同发展模式的关键是找到建立互利关系的动力之源。区域协同发展关系是建立在各层面经济主体的协同发展基础之上的，不仅包括不同区域各级政府之间的协同合作，更依赖区域间产业与企业层面的稳定的合作共赢关系的建立。在市场经济体制下,协同发展是众多经济主体(包括政府)自主选择的结果。只有当经济主体在市场经营中能够感受到协同发展将会带来更大利益时,协同发展才能转化为经济主体自身发展的内在需求,协同发展才具有实现的基础。①在京津冀技术市场一体化进程中,应充分发挥政府在区域创新体系建设中的引导作用,建立健全科技决策专家咨询机制,建立和完善促进科技创新的政策体系,加快政府职能转变。

(六)发挥区域协同创新的示范效应

技术市场作为科技成果转化为现实生产力的主渠道之一,渗透在经济和社会发展的各个领域,是建立在法制基础上的具有先导型、资源配置型特征的要素市场,兼具商品市场的表现形态和技术动态交融的特性,既对科技工作发挥导向和调节作用,又服务于科技创新和国家自主创新体系的各个环节。技术市场起到了科技与经济结合的桥梁和纽带作用,是一个国家创新质量、水平和潜力的重要体现。

区域协调发展是我国现代化进程中长期未能得到很好解决的重大问题。京津冀地区虽然都属于沿海地区,但三地发展差距大,实现三地的协调发展不仅是京津冀自身发展的需要,也是引领全国区域协调发展的需要。而实现京津冀协同发展就需要发挥协同创新的支撑作用,发挥技术市场资源配置的作用,促进知识、技术、资源和信息等各种创新要素在京津冀整个区域之间的高效互动和融合,贯通全产业链发展方式,以此促进生产力布局在更大空间范围内的优化,增强核心城市的辐射带动作用,促进区域转型发展,缩小地区差距。②

二、京津冀技术市场一体化的现实问题及原因分析

(一)京津冀技术市场一体化的现实问题

京津冀地区作为国家重要增长极,实施协同创新战略,将推动该地区成为国家治理体系完善和治理能力提高的样板区和先行区。但是,与国内外大都市区协同创新实践比较可以看出,京津冀在地区间的产业合作、要素配置

---

① 张耘:《"首都科技"引领京津冀协同发展》,《中国科学报》,2014年6月6日。
② 孟祥林:《京津冀一体化:从"双核十双子"到"双核十七子"模式的发展对策分析》,《中国名城》,2014年第10期。

机制、人才创新机制、政策协同等方面都存在诸多障碍，成为当前阻碍协同创新的突出问题。

1. 京津冀技术市场发展程度不一

京津冀三地技术市场规模存在较大差距。如表1所示，就2014年与2015年技术合同认定登记情况来看，京津冀三地中，北京全国排名第1，天津全国排名第7，河北全国排名第24。北京的技术合同量约为天津的5倍、河北的21倍。由此可以看出，如果三地要统一技术市场，首先就应解决三地技术市场发展差距较大的问题。

表1 2014—2015年京津冀技术合同认定登记情况

年份 地区 内容	2014年			2015年		
	合同数（项）	成交额（亿元）	全国排名	合同数（项）	成交额（亿元）	全国排名
北京	67278	3136	1	72272	3452.57	1
天津	15087	418.11	7	12590	539.18	7
河北	3235	29.87	24	3298	39.95	24

数据来源：《全国技术市场统计年度报告2016》，http://www.chinatorch.gov.cn/jssc/tjnb/list.shtml

(1) 京津冀技术创新投入的差异

科技创新投入能力是一个国家或地区区域创新系统是否有效的重要标志，也是衡量一个国家或地区创新能力强弱的重要标志，创新投入差异可以从人力投入和产出两个方面进行考察。总体而言，京津冀内部创新能力存在差距，北京具有丰富的创新资源，是全国最重要的自主创新高地。而津冀两地的创新能力相对而言则比较落后，创新资源略显不足。如表2所示，河北、天津与北京相比存在着高层次人才比较匮乏、R&D经费投入少、财政科技支出少等问题，特别是河北省各项科技资源相对落后，与北京相比差距过大，创新资源的分布不均在一定程度上造成了京津冀创新能力的不平衡。

表2 2014年京津冀科技情况

	全国	北京	天津	河北
R&D① 经费支出(亿元)	13015.6	1268.8	464.7	313.1
地方财政科技支出(亿元)	2877.79	282.71	109.00	51.32
地方财政科技支出占地方财政总支出的百分比(%)	2.2	6.2	3.7	1.0
规模以上工业企业R&D人员全时当量②(千人年)	3711	245.4	111.3	101.4

数据来源：依据《中国统计年鉴2015》《北京统计年鉴2015》《天津统计年鉴2015》《河北经济年鉴2015》等数据制作

(2)京津冀技术创新产出的差异

科技产出能力是反映科技创新能力的重要标志，也反映科技资源配置的绩效，包括科学出版物、专利、科技成果以及新产品和科技服务等。③ 以专利为例，京津冀三地的科技产出差距较大。如图1所示，2014年京津冀三种专利受理总数是231533件，其中北京地区的三种专利受理数为138111件，占京津冀地区总量的60%；天津地区的三种专利受理数为63422件，占京津冀地区总量的27%；河北地区的三种专利受理数为30000件，占京津冀地区总量的13%。由此可以看出，北京的专利受理量比天津与河北的总和还要多，三地量比为4.6∶2.1∶1，可见北京在区域内具有明显的科技优势。

---

① 研究与试验发展(R&D)：指在科学技术领域，为增加知识总量，以及运用这些知识去创造新的应用进行的系统的创造性的活动，包括基础研究、应用研究、试验发展三类活动。国际上通常采用R&D活动的规模和强度指标反映一国的科技实力和核心竞争力。

② R&D人员：指参与研究与试验发展项目研究、管理和辅助工作的人员，包括项目(课题)组人员，企业科技行政管理人员和直接为项目(课题)活动提供服务的辅助人员。反映投入从事拥有自主知识产权的研究开发活动的人力规模。R&D人员全时当量指全时人员数加非全时人员按工作量折算为全时人员数的总和。例如：有两个全时人员和三个非全时人员(工作时间分别为20%、30%和70%)，则全时当量为2+0.2+0.3+0.7=3.2人年。为国际上比较科技人力投入而制定的可比指标。

③ 张换兆、霍光峰、刘冠男：《京津冀区域科技创新比较的实证分析》，《科技进步与对策》，2011年第2期。

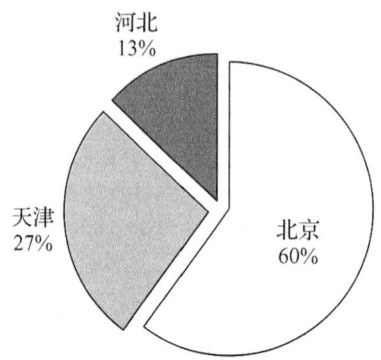

数据来源：依据《中国统计年鉴2015》《2014年全国科技经费投入统计公报》数据制作

图1　2014年京津冀分地区三种专利受理情况

(3) 京津冀技术交易一体化程度低

京津冀技术市场处于分割状态，京津冀技术交易的类型中技术开发类专利占比较少。北京的技术成果向津冀输出的数量有所增加，但技术输出种类绝大多数是技术服务类，技术开发只占很小的比例。在科技协同创新方面，首先需要解决北京的技术能够流入津冀、为津冀所用的问题，通过对近两年的数据的分析，北京的技术向河北、天津流入的数量明显增多，如表3所示。而河北省吸纳北京技术的比例与其他地区没有明显差距。通过2014年河北省科学技术厅公布的《2013年度全省各类别技术合同成交情况》得知，2013年河北省共吸纳技术6124项，其中32.7%来源于北京。这就说明了近三分之一的技术是吸纳北京的，但这又与北京技术合同交易数占全国的三分之一非常接近，证明了河北省在吸纳北京科学技术成果方面，并没有突破全国的平均数，与此同时也证明了北京的技术对河北并没有更大的吸引力。

表3　2014—2015年北京技术市场技术流向情况

流向	2014年		2015年	
	合同交易数	交易金额	合同交易数	交易金额
本市	28830项	717.2亿元	33514项	624.0亿元
外省	37212项	1722.0亿元	37447项	1878.7亿元
津冀	3457项	83.2亿元	3698项	111.5亿元

数据来源：依据《北京技术市场统计年报2014》《北京技术市场统计年报2015》整理

北京输出津冀的技术主要以电子科技为主。北京流向津冀的主要技术交易类型是电子信息类和城市建设与社会发展、环境保护与资源综合利用、新能源与高效节能、现代交通领域技术等，并没有以工业技术为主。（见表4）

表4 2014年北京技术市场流向津冀主要技术交易类型①

主要技术交易类型	合同交易数		交易金额	
	合同交易数	占比	交易金额	占比
电子信息技术合同	1693项	48.7%	22.2亿元	26.7%
城市建设与社会发展、环境保护与资源综合利用、新能源与高效节能、现代交通领域技术合同	1125项	32.4%	48.8亿元	58.7%

2. 京津冀科技服务协同发展平台尚不成熟

科技服务业作为现代服务业的重要组成部分，是在当今产业不断细化分工和产业不断融合生长趋势下形成的新兴产业，具有强劲的经济带动能力和产业优化推动力，是决定区域竞争力的重要因素之一。作为中国经济发展的第三增长极，京津冀科技服务平台的创新发展是区域经济和社会持续发展的主要驱动力。目前，京津冀在发展科技服务业上具有不同的环境基础和资源优势，但三地科技服务业的发展总体程度不高、关联性不强，尚未从协同创新的角度谋求科技服务平台的创新与发展，致使三地科技服务业整体陷入发展瓶颈。

(1) 服务组织尚未网络化

科技服务组织网络化是全方位、多功能、高水平提供科技服务的基础。目前，京津冀地区的技术服务体系囊括了技术（产权）交易所、技术转移示范机构、大学科技园、生产力促进中心、孵化器、科技金融服务中介以及农业科技中介等多种形式的服务机构，但依然存在科技服务体系断线、断档的现象，未建立起纵向到底、横向到边的全方位、多层次、宽领域的服务网络。

(2) 运行机制尚未市场化、社会化

科技中介服务面向市场、面向社会是生存和发展的必然选择。政府主导型的科技中介机构减缓了京津冀地区科技服务机构市场化步伐。由于我国大多数科技中介机构脱胎于政府，采取的是行政事业式的运作方式，因此大多

---

① 皮乐为：《京津冀科技创新的对策研究》，首都经济贸易大学硕士学位论文，2015年，第40页。

缺少发展活力和市场竞争力。一些科技中介机构仍然是"半官半企"的性质，导致市场对其发展不能形成决定性的影响，降低了其市场竞争力。一些科技中介机构完全依附于政府而生存，进一步倒逼民营科技中介机构本已狭小的市场空间。具有政府背景的科技中介机构占据竞争的优势地位，并形成一定程度的资源和市场垄断，在一定程度上对民营科技中介机构形成了挤出效应。尤其是在认证、科技评估等领域，民营科技中介机构很难进入。

(3) 服务水平尚未专业化

在品牌与专业化服务能力方面，京津冀地区科技服务企业"小、散、弱"的问题还比较明显，综合服务能力普遍不强，具有国际品牌的服务机构很少，需要提升内在素质和整体服务水平，形成一批服务行业和服务区域的标杆企业。科技服务专业化人才缺少也是制约服务机构水平专业化提升的重要瓶颈。科技中介服务需要综合性的跨界人才，需要有科学、法律和商业的复合背景的人才，目前我国这类人才的培养机制还有待改进，此类人才供不应求。

3. 京津冀技术市场资源配置不均衡

科技资源是发展的战略性资源，而科技资源共享将为区域间科技资源的优化配置，为区域研发活动和成果转化提供物质基础。京津冀科技创新资源的分布差距较大，首都北京汇集了全国最重要的科技创新要素，汇聚了众多中国优秀的学府，具有一流的教育、科研优势。北京所拥有的科研机构众多，国内外大企业竞相在北京设立研发中心，使北京具备了一流的人才、创新资源优势。以北京中关村为代表的众多开发区竞相发展电子信息产业、生物制药产业，这都为北京累积了一流的技术优势。天津在国家大力发展滨海新区的利好政策条件下，积极发展高新技术产业，着力提高科技创新水平，凭借良好的招商引资条件和广纳贤才的决心，滨海新区已成为拉动天津科技、经济发展的创新增长极。相较于京津两地，河北省仍属于资源偏重型产业结构，仍停留在第二产业主导的阶段，有较为稳定的原材料、劳动力优势，但科技创新资源储备不足，高新技术产业发展滞后。

4. 京津冀技术市场优惠政策差距较大

京津冀三地优惠政策存在明显落差，影响协同创新效果。北京市拥有中关村国家自主创新示范区，天津建有国家级自主创新示范区，京津两地在科技人员激励、高新企业认定、高新人才认证等方面享受国家许多先行先试的优惠政策，聚集了相对较多的科技创新资源。然而，河北省尚缺国家级自主创新示范区，在创新创业政策上处于洼地，技术、人才、资金等创新要素的聚集保障机制不健全，与京津差距较大。① 三地在高新技术企业认定、新技术新产品区域采购等方面的政策未能有效衔接。

5. 京津冀科技成果转化与利益共享机制尚未建立

科技成果的转化需要多重因素的作用，对于京津冀而言，利益共享机制是加快区域一体化的重要手段之一。从目前的发展情况来看，京津冀虽已逐步推进科技资源共享，但由于区域间科技资源共享理念尚未建立，省际科技资源共享的深度与广度都未达到预期目标，并且受原有行政体制意识观念的影响，没有从思想上充分认识到资源共享的真正含义，"大而全、小而全"和"人有不如我有"的狭隘观念导致了大量资源的重复购置。②

6. 技术市场与其他要素市场未能有效融合

技术市场发展能够加速技术与资本、劳动力等生产要素的融合，技术作为生产要素，参与流通和实现技术交易的目的是为了实现技术转化，而技术的转化需要资本、劳动力等其他生产要素的介入，技术市场要求其他要素市场同其进行良好互动。技术和资本作为现代经济增长的驱动要素，缺一不可，现代经济增长要求技术与资本的有机结合。技术市场和资本市场作为技术和资本这两个要素的市场，二者互相依赖、相互影响。技术市场作为我国市场体系的重要组成部分，不可能单兵突进，技术商品在生成和转化的过程中离不开资本市场的支持，同时技术市场也丰富与发展着资本市场的内容与范围。

（二）京津冀技术市场一体化的问题原因

京津冀地区技术市场一体化的发展已取得了一定的成效。但是，由于历史、区划、政策、经济社会发展差距较大以及体制机制等原因，京津冀地区技术市场一体化不仅受到国际大背景和大环境的影响，也受到国内特别是区域内现实基础和条件的影响，仍未最大化激发区域的整合效益。技术市场一体化发展还面临着科技和经济结合程度低、产学研关联互动少、科技创新资源缺乏空间合理配置和统一布局等一系列的问题和挑战。

1. 经济发展定位不对等

京津冀一体化发展中的主体是两市一省，表现为京津冀三方关系，但实际上是"三地四方"的关系，第四方是指能量无限大的中央政府。北京是一身

---

① 张耀军：《论京津冀一体化协调发展的路径选择》，《当代经济地理》，2014年第10期。

② 李峰、张贵、李洪敏：《京津冀科技资源共享的现状、问题及对策》，《科技进步与对策》，2011年第19期。

二任,既是一个独立的直辖市,又是中央政府所在地,客观上造成了北京是这一区域的超级存在或超级主体。"三地四方"的结构与行政地位是导致京津冀地区"强政府、弱市场"状况的重要原因。① 在京津冀都市圈中,由于经济地位与行政区划等级的不对等,致使区域间经济行为方向的强弱产生差别,很多要素跨过河北,直接流到京津,使得河北失去很多经济发展的机遇。经济资源在京津过度集中而导致周边区域出现贫困化的现象,出现了"孤岛经济"的现象,照此趋势发展下去,京津发展的后劲将出现不足,而河北也急缺发展资源。北京和天津本身就是直辖市,享受国家政策的多重优惠,很多资源河北根本无法获得,因此要想使京津冀协同发展,必须使河北得到更多的政策支持。②

2. 经济发展水平不平衡

2015 年 7 月 9 日,北京市统计局、国家统计局北京调查总队首次发布京津冀三地统计数据,数据显示从人均 GDP 看,2014 年,北京、天津人均 GDP 均超 1.6 万美元,而河北仅为 6500 余美元,不足京津的 1/2。③ 国家统计局发布的数据显示,北京市 2014 年度地区生产总值为 21330.83 亿元,第一产业、第二产业与第三产业增加值分别为 158.99 亿元、4544.8 亿元、16627.04 亿元,人均地区生产总值为 99995 元。天津市 2014 年度地区生产总值为 15726.93 亿元,第一产业、第二产业与第三产业增加值分别为 199.9 亿元、7731.85 亿元、7795.18 亿元,人均地区生产总值为 105231 元。河北省 2014 年度地区生产总值为 29421.15 亿元,第一产业、第二产业与第三产业增加值分别为 3447.46 亿元、15012.85 亿元、10960.84 亿元,人均地区生产总值为 39984 元。

按地区生产总值的评估标准,北京与天津两地已经开始迈入后工业化阶段,而河北还处于工业化进行阶段,且河北各地的发展亦不均衡。京津地区的经济发展模式、人才创新能力、信息科技资源相较于河北有着巨大的优势。北京已进入后工业化阶段,天津正处于工业化阶段后期,而河北尚处于工业化阶段中期。

---

① 张瑞萍:《先政府后市场——京津冀一体化进程中的政府与市场作用的顺序》,《河北法学》,2015 年第 4 期。

② 王雅欣:《京津冀协同创新发展的制度瓶颈及突破》,《中国市场》,2015 年第 22 期。

③ 《北京官方首发京津冀三地数据:经济发展不平衡》,http://politics.people.com.cn/n/2015/0709/c70731-27280945.html。

3. 产业结构布局不合理

由于计划经济体制留下来的弊端，京津冀三地产业结构同质化严重，逐步形成了化学工业群、金属机械制造业群、服务业群。① 中心城市与周边城市的经济落差较大，是造成产业链断裂、协同度不高的重要原因。具体表现为三地间产业链断裂明显、产业链环节存在缺失、产业链关联系数较低、产业链协同程度不高，作为一个经济区所应具有的较强产业体系的内在联系较弱。从产业结构来看，北京市处于后工业化时期，主要是以第三产业为主，呈"三二一"型结构；天津虽已呈"三二一"型结构，但仍需进一步升级；河北省处于工业化的中期，以传统的高耗能重工业为主，呈"二三一"型结构，第三产业发展缓慢。目前在京津冀三地的产业结构中，北京70%—80%为第三产业，高度聚集了科技和金融产业；天津则是第二产业和服务业均接近50%；而河北则仍有将近12%的农业、近50%的第二产业。

三地逐渐从原有的钢铁、化工、建材、电力、重型机械、汽车等传统产业竞争模式中退出，争相发展电子信息、生物制造、新材料等高新技术产业。各地区各行其是造成产业同质化严重，产业同质化竞争背后反映出的是技术老化的问题，加之科技创新合作不紧密，产业技术创新水平落后，三地科技联系与协作程度低下，致使产业化水平受阻，区域产业合作潜力无法形成。②

从近几年京津冀产业区的发展来看，京津冀产业结构中各大行业的比例分配有着趋同化的趋势，而这种趋势产生的主要原因是受传统发展理念的影响，由于区域壁垒间的财政与投资体制的关系，三省市间的行政边界受到阻隔，三省市在争夺经济利益的发展过程中，都将发展的焦点集中在较为明显的主导产业上，而其中北京与天津两大直辖市产业趋同现象更为明显，趋同的主导产业主要集中在通信技术计算机及其他电子设备制造业、交通运输设备制造业、黑色金属冶炼及压延加工业以及石油加工、炼焦及核燃料加工业。③

---

① 龙龙、马荣康、刘凤朝：《基于投入产出关联的区域产业部门角色演化研究——京津冀与东北地区的比较分析》，《大连理工大学学报（社会科学版）》，2014年第1期。
② 张换兆、霍光峰、刘冠男：《京津冀区域科技创新比较的实证分析》，《科技进步与对策》，2011年第5期。
③ 邢子政、马云泽：《京津冀区域产业结构趋同倾向与协同调整之策》，《现代财经—天津财经大学学报》，2009年第9期。

4. 行政壁垒严重，沟通与协调机制不顺

行政主导型经济是以行政区划为边界的，存在各种行政性限制壁垒，导致经济要素难以在区域间自由流动，要素市场分割严重。① 科技创新合作不紧密源于经济联系不紧密。多年来，影响京津冀地区区域经济合作的最大障碍是行政区划壁垒，具体表现在区域内各自为政、市场分割、恶性竞争；资源开发利用和环境保护缺乏和谐性；规划相互衔接不够紧密，基础设施难以共建共享；社会公共事务管理欠缺协调统筹等，以致浪费了各种资源，造成生产力低下，阻碍了区域内的合作、协调、有序发展。

京津冀区域科技一体化的构建是建立在区域内各省、市的科技创新合作基础上的，再上升到国家甚至国际层面的合作，这需要打造京津冀区域内的科技创新合作体系。但是，目前京津冀区域内的科技创新合作体系还比较薄弱，即使建立了一些合作制度，也并没有太多的实质性合作活动。从区域合作的整体性来看，更多的是从经济社会合作的视角出发，科技项目合作不多，大多是一些低层次的技术合作；京津冀区域科技合作交流的程度远远不够，在科技创新领域尚未出台一体化或合作规划，科技和经济的结合不紧密，科技成果在区域内流动不畅；在产学研合作网络方面，以企业为主体的产学研合作机制尚未真正形成。京津冀区域科技创新体系欠缺有效的制度保障措施，统一的技术标准规范尚未形成，没有系统构建区域互动机制。发展规划、科技政策和重大项目等沟通协调程度较低，支持科技创新合作的政策体系需要健全，科技创新制度环境尚不完善，京津冀区域科技创新体系有待构建，导致科技支撑引领经济社会一体化发展的能力未得到有效发挥，为科技创新一体化的构建带来了机制性不顺。

三、京津冀技术市场一体化的可行性

(一)国家和地方政策的引导作用

京津冀协同发展，核心是京津冀三地作为一个整体协同发展，要以疏解非首都核心功能、解决北京"大城市病"为基本出发点，调整优化城市布局和空间结构，构建现代化交通网络系统，扩大环境容量生态空间，推进产业升级转移，推动公共服务共建共享，加快市场一体化进程，打造现代化新型首

---

① 杨军锋、吴楠：《河北省在京津冀协同发展过程中面临的问题与对策研究：基于创业型经济的视角》，《河北科技大学学报(社会科学版)》，2014年第14期。

都圈,努力形成京津冀目标同向、措施一体、优势互补、互利共赢的协同发展新格局。① 在我国,中央政府长期以来一直关注和支持各级地方政府间的合作。2014年2月26日,习近平总书记在北京主持召开京津冀协同发展工作汇报座谈会时明确强调要实现京津冀协同发展,并将之升级为重大的国家发展战略;同年3月,"京津冀一体化"这一战略首次被写进李克强总理的首份政府工作报告中;8月,习近平总书记就推进京津冀协同发展提出七点要求,包括着力加强顶层设计、加快推进市场一体化进程等。

围绕协同发展战略的要求和目标,国家和京津冀三地均适时发布了一系列政策和配套性制度规定。如中办、国办印发《关于在部分区域系统推进全面创新改革试验的总体方案》,按照方案,京津冀、上海、广东、安徽、四川、武汉、西安、沈阳成为改革试验区域,担负起先行先试的重任。2015年4月30日,中共中央政治局会议审议通过《京津冀协同发展规划纲要》,标志着京津冀协同发展完成顶层设计,进入到一个新阶段,且在相关政策中均将京津冀的市场一体化或技术市场一体化作为重要内容予以强调。

中央和地方政府的相关政策不仅对京津冀三地的整体性区域一体化起到了引导作用,同时也促进了京津冀一系列具体领域的一体化进程,尤其是对京津冀技术市场一体化的推动工作起到了重要的引导作用。

(二)共同利益的内在驱动

在跨区域合作治理的过程中,相邻地方多元主体基于共同利益通过正式的或非正式的制度安排整合资源,分工协作,以集体行动的方式,在互惠的前提下共同追求经济社会发展。② 政府间的合作实质上是各方利益的协调,有共同的利益,合作的愿望才会萌生和持久。京津冀一体化实现的基本原则是三地合作所带来的利益大于不合作的利益。因此,从某种程度上讲,共同利益是促进京津冀协同发展的根本性的内在动力,只有三地寻求到利益的共同点,才能实现区域的合作融合。技术市场领域一体化的推进,必然带来诸多利益,按照受益主体的不同,京津冀技术市场一体化所形成的共同利益大概可分为两类,一是由三地成员城市共享的区域性共同利益,二是符合国家方针政策要求的由全体国民共享的国家利益。

1. 区域性共同利益

作为跨区域合作治理的行政主体,政府是区域协同发展的直接推动者,

---

① 详见百度百科,http://baike.baidu.com/item/京津冀协同发展规划纲要。
② 方雷:《地方政府间跨区域合作治理的行政制度供给》,《理论探讨》,2014年第1期。

并且随着分权化和市场化改革的不断发展,地方政府成为具有独立行为目标和利益的集团,追求"利益最大化"亦成为地方政府相关行为的内在驱动力。①由于技术市场本身涉及多元主体和其他诸多要素市场,而作为资源整合手段的技术市场一体化必将能够带来更多的利益,且相关政府已充分认识到区域一体化会带来单独行动无法产生的巨大效益。因此,京津冀三地通过相关产业结构调整中的市场整合、产业整合等,将有助于提高京津冀技术市场一体化的水平与科技创新水平,由此形成的直接利益亦将归属三地成员城市共享,以实现区域整体利益、行政区利益的多赢。

2. 国家利益

区域性的共同利益是作为国家整体利益的一部分而存在的,京津冀协同发展作为一项重大国家战略,其在国家战略中的站位对于推进区域发展体制机制创新、探索完善城市群布局和形态、为优化开发区域发展提供示范和样板等工作具有重要的意义。北京、天津、河北三地在国家战略中的资金、技术、人才等各方面的优势不言而喻,由此决定了京津冀协同发展不仅仅在于满足区域的共同利益,还将肩负起创造一定的国家利益的责任。在此情况下,实现国家利益亦成为京津冀一体化的内在动力。

(三)产业布局与定位的互补性

京津冀协同发展上升为国家战略之后,京津冀协同发展步伐在不断加快,产业合作是先行的三个重点领域之一,目前京津冀三地在各地政府的积极引导下,正有序地进行。

1. 地域相连和交通网络的基础

地域相连和交通网络发达是京津冀产业协同发展的客观条件。京津冀地区已基本形成了以北京为主中心、天津为副中心的陆海空综合运输网络,并呈现出以首都为中心的放射式的组织形态。河北环抱京津,北京、天津两市的周边为河北省,地域紧密相连,三地之间有多条干线铁路和地方铁路贯穿其间,公路联系更是发达便捷,为三地产业转移和产业对接提供了可能,特别是得天独厚的河北唐山港,成为京津冀与东北亚进行经济合作的窗口。

2. 资源禀赋的互补特性

资源禀赋的互补特性是京津冀产业协同发展的资源基础。河北省的自然资源居三地之首,尤其是河北唐山,矿产资源丰富,钢铁、煤炭、电力、化

---

① 方雷:《地方政府间跨区域合作治理的行政制度供给》,《理论探讨》,2014年第1期。

工、水泥、装备制造等产业基础雄厚；北京市的政治、文化、教育、科技、人才、旅游等资源名列三地前茅；天津市的科技成果转化以及工业制造能力处于三地的龙头地位。京津冀三地的资源禀赋的互补性十分明显，三地合作可使资源得以优化配置，发挥出更大的资源效应。

3. 产业的互补特性

产业的互补特性是京津冀产业协同发展的内在需求。京、津两市的服务业有绝对的优势，河北第一产业有天然优势，而在金融、保险、社会服务、科技等方面不具有比较优势；北京是全国政治中心、文化中心，属于知识型地区，高新技术产业和文化产业都具有优势；天津是商贸、物流、制造业中心，属于加工型地区，以非农产品为原料的轻、重加工工业具有优势；河北唐山属于资源型地区，采掘业、重加工工业占优势，定位于港口、京津装备制造业及现代制造业配套产业与农副产品生产供应基地，因此，京津冀产业之间存在很大的互补性。

（四）已有的经验和制度的探索

1. 京津冀产业合作机制的建立与完善

2010年7月，河北省与北京市签署《北京市—河北省合作框架协议》，协议提出京、冀两地要在九个方面进一步深化合作①；2013年3月，北京市与天津市签署《北京市—天津市关于加强经济与社会发展合作协议》，协议指出，双方要按照互惠互利、有利发展的原则制定优惠政策，发挥京津科技研发、产业、土地等互补优势，开展全方位的产业转移和对接合作；2013年5月，天津市与河北省签署了《天津市—河北省深化经济与社会合作框架协议》，协议要求双方加强产业规划衔接，协调产业合理布局，支持天津企业在河北省环津地区建立天津产业转移园区，创新合作模式，实现利益共享；2015年9月，北京市科委印发《北京市科学技术委员会关于建设京津冀协同创新共同体的工作方案（2015—2017年）》，明确了北京建设京津冀协同创新共同体的思路、目标及重点任务。

随着上述合作步伐的推进，京津冀三地部分产业转移已取得实质性进展。目前，北京产业向河北省转移多集中于工业企业，跨行政区产业链正逐步形

---

① 在工业领域，具体选择了新能源、电子信息、生物医药、钢铁、汽车、装备制造、节能环保七大合作产业，还就建立两地合作协同机制进行了约定。《北京河北两省市签署合作框架协议》，http://www.xtrb.cn/news/2010-07-16/content_243370.htm。

成，最具代表性的产业转移是北京首钢向唐山的迁移，还有机械工业企业、医药制造企业等在陆续向河北省各市转移，产业配套、产业对接及产业链分工日趋完善，合作项目和质量有大幅度提升。

2. 京津冀人才一体化制度的形成

任何经济社会的发展、科学技术的进步都离不开人的作用，可以说，人力资源是经济发展和科技进步的第一资源。作为中国人才资源聚集的重要基地的京津冀地区，在人才培养能力、人才资源规模和素质等方面均处于全国领先地位。在实施京津冀协同发展的同时，三地人才的融合与对接对于京津冀经济的进一步发展起着至关重要的推动作用，人才一体化成为经济一体化的重要推手之一，人才制度的建立健全是京津冀协同发展的前提和基石，也是京津冀技术市场一体化的重要支撑。①

早在2005年6月8日，北京、天津、河北的人事部门就共同签署了《京津冀人才开发一体化合作协议书》，确定了在人才交流服务、高层次人才智力共享、紧缺人才培训等十个方面进行合作。2016年2月18日上午，京津冀人才一体化发展部际协调小组召开会议，审议通过了《京津冀人才一体化发展部际协调小组工作机制》《京津冀高级专家数据库管理办法》等文件，决定启动《京津冀人才一体化发展规划纲要》编制工作，为京津冀协同发展提供了有力的人才支撑。其中，《协调小组工作机制》明确了协调小组的"领导体制""工作职责""运行机制"，以形成长效稳定、高效协同的区域人才工作合作运行机制为工作目标。"京津冀高级专家数据库"致力于打造京津冀三地高层次人才资源的交流共享平台，使其兼具信息查询、数据统计、综合分析、决策参考、社会服务等功能，依托三地专家人才资源，按照"统筹规划、协同建设，结合实际、逐步推进，共享共用、服务发展"的原则，为助推京津冀协同发展和三地人才交流融合提供社会化服务和人才智力支持。《京津冀人才一体化发展规划纲要》则重点指出要依据协同发展的目标和任务，重点解决三地人才发展落差问题，针对京津冀三地人才工作实际，进行顶层设计，并围绕人才培养开发、评价发现、选拔任用、流动配置和激励保障五个环节构建京津冀人才一体化的发展机制。

由此可见，随着京津冀区域经济一体化的发展，以经济区划为重心，打

---

① 《京津冀人才一体化启动顶层设计，减小发展落差》，http://news.enorth.com.cn/system/2016/02/19/030815846.shtml。

破行政区划的跨省市人才市场一体化趋势也在逐步加强。于技术市场而言，人才一直作为重要的助推器在其中发挥着重要作用，京津冀人才一体化机制的建立健全将为技术市场的发展提供可靠的人才保障机制，极大地推动技术市场的一体化进程。

3. 京津冀科技创新公共服务平台的搭建

2015年10月19日，首个全面支撑京津冀科技创新的"京津冀科技创新公共服务平台"在北京经济技术开发区成立，平台将打造"线上+线下""互联网+企业服务"新模式，为服务中小企业、推动产业转型升级、支持企业创新而建设。平台以政策、投融资、科技创新、人才、经营管理、技术平台、园区服务、资信服务八个方面为主题，为京津冀企业提供服务。未来平台还将持续对接京津冀更多园区服务、金融服务、技术服务、社会服务、政策与资金申报服务、创业服务以及其他各类服务机构的服务资源，为京津冀企业提供"低成本、管家式"的服务。①

4. 京津冀行政协议的积极达成

随着京津冀协同发展上升到国家战略高度，京津冀三地政府及各职能部门缔结了大量的行政协议。2014年7月，《共同打造曹妃甸协同发展示范区框架协议》《共同推进中关村与河北科技园区合作协议》签署；2014年8月，《京津冀协同创新发展战略研究和基础研究合作框架协议》签署。2016年9月28日，北京市政府与天津市政府共同签署《加快建设天津滨海—中关村科技园合作协议》，双方将以此为契机，加快推进京津冀协同创新共同体建设，将京津冀协同发展国家战略的实施进一步引向深入。根据合作协议，滨海—中关村科技园将充分利用中关村和滨海新区创新政策叠加的优势，鼓励北京的企业、高校、科研机构、高端人才到科技园发展，并引入中关村的科技金融、创新创业服务体系，共同建设京津冀协同创新共同体的示范区。② 时任北京市中关村管委会主任郭洪表示，这次合作不是简单的资源转移、项目搬家，而是要在空间区域、行政管理、创新政策等方面进行探索和突破。

四、京津冀技术市场一体化的制度保障

随着时代的发展，国家宏观政策、法治环境的变化，经济、科技体制改

---

① 《"京津冀科技创新公共服务平台"在京成立》，《天津日报》，2015年10月21日。
② 《京津合作共建滨海—中关村科技园联手打造协同创新示范区》，http://www.radiotj.com/gnwyw/system/2016/09/29/000560427.shtml。

革的不断深入及京津冀一体化战略的落实，京津冀技术市场日益巨大的技术转移局面要求更加完善的制度保障，京津冀技术市场一体化进程的现实需求对制度供给提出了更新的需求，这些现实需求决定了需要对相关制度进行一系列的顶层设计以及供给侧的结构性改革。

(一)加强顶层设计，明确京津冀三地的产业定位

长期以来的行政分割使得京津冀三地产业发展梯度差距较大，区域内难以形成完整、高效的产业链，因此，从国家层面来讲，要推进三地政府尽快加强产业合作，需从京津冀整体的战略高度对产业的发展做出总体规划，以区域规划等形式实现对技术市场的规制作用，实现三地产业政策的调整和产业的有效对接，提升区域整体实力。

现代社会进步的重要标志之一就在于社会分工的进一步明确和细化，这一原则不仅适用于社会个体，同样适用于区域发展。由于地理位置和城市发展水平的不同，京津冀三地在基础设施建设、经济实力、资源要素、产业发展、公共服务、生态环境等方面的水平也不尽相同。除了北京、天津、石家庄之外，还有张家口、承德、唐山、保定、沧州等多个不同情况的城市。这充分说明，不仅要有行政区域的中心城市，也要有京津冀都市圈的次中心城市，甚至非中心城市。只有立足于各自不同的定位和角色，才能结合各自的优势，在一体化发展的推进过程中发挥不同的优势。而各个行政区域城市的定位与角色需要国家顶层的制度设计的明确与认可，即重视以区域规划为主要形式的顶层设计。

三地要想发挥捆绑优势在技术市场一体化中的重要作用，就应当率先明确各自的功能定位。具体而言，建设京津冀技术市场一体化，首先要明确北京、天津、河北三地各自的技术产业市场定位与功能。北京要围绕建设世界城市的目标来提升城市服务功能，促进经济结构由服务业主导向生产性服务业主导升级，在高端指导方面，北京应根据产业发展趋势，瞄准国际前沿先进技术，强化科技创新优势，把发展战略性新兴产业作为提升技术和现代制造业发展水平的突破口；天津应当借力北京的科技创新资源，深化与北京在科技成果孵化与转化方面的合作，加强与河北省有关港口物流等方面的交流；河北省应发挥商务低成本和基础制造业优势，利用区位交通优势，依托北京的科技创新资源来推进产业升级，推进北京的产业科技创新在河北省的孵化，提高传统产业与新兴产业的核心竞争力，实现产业的优化升级。

(二)建立并完善京津冀技术市场一体化法律制度

法律是所有社会规范中最具明确性、确定性和国家强制性的规范，法律

环境的好坏是一个国家、一个地区文明进步的标志。良好的法律环境能够表现出该国家和地区的政治秩序、经济秩序、工作秩序、社会生活秩序。区域的经济环境，都要通过一定的法律形式表现出来，区域间的法制协调是促进区域合作与发展的重要途径和保障。

京津冀技术市场一体化，要求区域内各地在技术市场活动规则上的统一，涉及三地间技术市场准入标准、市场互认、市场监管等制度规则的统一，涉及各地地方立法的保障和协调。因为区域内各地不同的政策举措、不一的市场活动制度规则，不仅导致区域内各地技术市场主体权利义务配置和经济活动效果的差异性，而且影响、制约区域经济一体化的深入发展。为确保区域政策的连续性与可预见性，要加快制定并完善区域法律制度，建立促进京津冀技术市场一体化的税收优惠政策、融资平台、管理权限等法律政策。

（三）建立京津冀技术市场一体化的协调机制

区域发展的协调机制主要有两种，一种是相对刚性的行政性协调机制，需要建立一个跨省市的行政机构，对京津冀区域的发展进行"硬约束"；另外一种是相对柔性的协商协调机制，通过"自主参与、集体协商、适度妥协、共同承诺"的方式，对京津冀区域的发展进行"软约束"，这是在技术市场一体化推进过程中较为可行的方式。

首先，中央政府要建立区域利益协调机制，利益是动力的来源，地方政府也需要利益的驱动，只有协调好各方的利益，寻求互利共赢的利益点，并找到实现的途径，各地方政府才能积极地进行合作。其次，政府还要协调好区域内部的财政政策、货币政策、产业政策等，改变京津过度集聚的现状，增强扩散效应，并建立区域统一市场体系。最后，必须要将整个区域统筹考虑，建立三方的协商共议机制。

京津冀区域已经初步建立了高层协调机制，如京津冀一体化发展领导小组，是继2000年的"西部开发领导小组"、2004年的"振兴东北领导小组"之后，国务院成立的第三个以特定区域发展为指向的小组。当前，京津冀区域协同发展重要工作之一仍是进一步健全和完善高层协调体制，在京津冀技术市场一体化领域，亦可采取由三地相关主管部门组成的协调小组、联席会议，加强各层次之间的交流与合作，及时协商解决区域发展中的重大问题，为技术市场要素的自由流通和各类经济主体的合作与竞争，提供良好的政策环境和发展条件，同时要积极推进政府、企业和民间的沟通，不断发展全方位、多层次的交流与合作。长三角区域、珠三角区域的合作行政首长联席会议秘书处工作制度、政府秘书长协调制度、部门衔接落实制度、日常工作办公室工作制度、行政首长联席会议制度等都是非常好的借鉴形式。

(四)充分发挥技术市场领域行业协会的自治功能

行业协会的行业自律是市场经济条件下规范和约束企业经营行为的重要机制。行业协会肩负着解决其行业内部的协调沟通、统计监督等重大事宜的任务,对行业内各企业起到表率与桥梁的作用。同时,行业协会作为同一行业的经营者为实现自己的利益以及本行业的共同利益而组成的非营利性组织,可以有效调动企业的积极性,协调行业内部和外部的关系,促进行业内部的自律、自治和协调,发挥桥梁纽带作用,沟通企业与政府之间的联系,正确表达企业的夙愿,协助推进国家政策与措施的落实。

京津冀三地可组建京津冀科技协作会,加强其科技协作方面的职能,就影响京津冀区域基础研究和高新技术前沿研究工作中的重大问题进行研究、协商与解决;在三地技术市场政策宣传和咨询、理论研究、表彰奖励、业务培训、科技成果推广服务、学术交流等方面积极开展工作,充分发挥行业协会与三地政府的桥梁纽带作用,同时也有助于推动三地技术市场一体化的进程。

(五)建立市场主导和政府引导的基本关系模式

在京津冀技术市场一体化的进程中,需要市场和政府发挥各自的比较优势,要让技术市场在资源配置中发挥决定性的作用,同时更好地发挥政府的作用。政府在技术市场的发展过程中应发挥重要的引导作用,作为公共利益的代表,政府能够突破单个市场主体追求经济利益的局限,从社会整体和长远发展的角度,制定出相应的技术市场发展战略规划,引导技术市场交易主体的投资和交易方向,同时政府可以充分、灵活地运用经济、法律等手段,对技术市场主体各种带有外部性的经济活动进行有效协调和调控,为市场机制有效发挥作用创造出一个良好的社会和法制环境。总体而言,政府的主要作用要放在保障和利用市场机制的正常运作上,应尽可能发挥市场机制在科技资源配置中的重要作用,二者之间形成有效的互补与合力,才能推动技术市场的长远发展。

1. 以法治规范技术市场,以技术市场促进技术创新

一方面,市场经济就是法治经济,建立和完善社会主义市场经济体制,必须依靠完备的法律制度。技术市场是随着科技快速发展而产生的新兴市场形态,是市场体系的重要组成部分,是基于技术这一特殊商品而形成的"交换

关系"的总和。现代市场经济的特点不在于或不仅仅在于有市场、有逐利的动机、有价值规律，还在于市场的参与者能以法治的思维方式和行为方式实现和保障交易。与商品市场、劳动力市场等传统市场不同，在技术市场中，技术市场管理方、交易方、工作方和服务方等不同主体的法律属性、法律地位、权利义务、功能和职责均不尽相同，从而形成了技术市场所特有的多主体、多层次和多属性的复杂的法律关系——这其中既有横向平等关系，也有纵向管理关系；既有政府直接监管，也有委托登记，还有行业自律；既要处理政府与市场、社会的关系，又要处理市场内部平等主体之间的关系。如此复杂的关系需要制度来规范和调整。另一方面，技术创新的本质特征是从知识产品到技术产品及其应用的全过程，是一个知识和技术扩散的过程。之所以将技术市场视为技术生产力实现的主要渠道，是因为市场对技术创新来讲最重要的功能是资源整合配置。其配置资源越有效，就越能够促进创新活动的开展以及自主创新能力的提升。因此，打造一个健康和可持续发展的技术市场，技术才能够比较顺畅地进入经济中，实现以点到面的扩散。

2. 充分发挥技术市场在科技资源配置领域的作用

党的十八届三中全会指出，"经济体制改革是全面深化改革的重点。其核心问题是处理好政府和市场的关系，使市场在资源配置中起决定性作用和更好地发挥政府作用"，并提出科技体制改革的主要目标和任务是"发挥市场对技术研发方向、路线选择、要素价格、各类创新要素配置的导向作用"。作为中国最具活力的三大城市群，京津冀、长三角和珠三角在开放程度、创新能力、经济发展等诸多方面，无疑都处于国内领先地位。但是，由于行政体制的差异、有效协调机制的缺乏等原因，京津冀始终落后于另外两者。反观长三角、珠三角的区域协作，得益于先天优势，对外开放较早，行政力量干预较少，更多的是市场驱动，政府引导。

就当前京津冀技术市场一体化发展的程度而言，依然可以用"政府主导"来形容。三地技术市场的发展还过分依赖于政府的支持和扶植，有关技术市场的优惠政策等扶植政策还需要坚持和完善；技术市场中的大的交易项目主要是国家建设项目；技术的招投标机制不健全、不完善；技术中介机构行政依赖性强，市场化运作弱。未来，京津冀在培育、发展和壮大技术市场的过程中，要以促进市场机制的发展与完善，充分发挥市场的资源配置和公平高效等优势为立法价值取向，以完善技术市场价格机制、供求机制、竞争机制以及激励和约束机制为制度框架，进而切实发挥市场在科技资源配置领域的决定性作用。

3. 强化企业创新主体地位和主导作用

企业是技术市场的主体，也是技术创新的主体，其技术创新能力影响着技术市场的发展潜力。目前我国企业创新能力依然薄弱，许多领域缺乏具有自主知识产权的核心技术，企业尚未真正成为创新决策、研发投入、科研组织和成果应用的主体，制约企业创新的体制机制障碍仍然存在。未来要以企业和市场为核心，健全技术创新市场导向机制，充分调动企业的积极性、主动性，要使企业成为技术创新的决策主体、研发投入主体、科研组织和成果转化主体。

京津冀科技协同创新的核心是构建互利共赢协作机制，关键点是要充分激发各类人才创新创业的积极性，要以体制机制改革为突破口，以资源对接、分工协同，构建创业生态系统为重点，将充分发挥市场对科技资源配置的决定性作用和政府规划统筹的宏观调控作用相结合，积极推动规划和制度一体化、要素流动的市场化、创新资源布局的梯度化及产业发展的差异化，将京津冀地区打造成我国区域协同创新的示范区和国家创新驱动发展战略的先行区。

围绕首都建设全国科技创新中心的总体定位，以各类科技园区为载体，支持中关村示范区、滨海新区与区域内的天津武清、北辰、东丽和河北省的保定、廊坊、张家口等科技园区、创新社区及科研基地等联合共建一批集教育、科研、技术转移与孵化等功能于一体的科技协同创新示范基地，推动北京创新资源有重点地向以企业为研发核心的天津、河北转移。[1] 结合首都地区产业转移与功能疏解的整体部署，以企业为主体，围绕新能源、电子信息、新能源汽车、物联网、云计算等重点领域，实施一批区域重大科技创新应用示范工程，支持三地企业与高校、科研机构合作建设研发中心和中试基地，引导创新要素向企业集聚。[2]

4. 实现政府职能的重大转变

京津冀技术市场一体化中政府职能的转变，关键在于政府治理创新——实现地方政府职能从区划行政向区域行政、从单边协调向多边协调、从行政

---

[1] 何恬、刘娟：《京津冀区域协同创新体系建设研究》，《合作科技与经济》，2013年第20期。

[2] 张亚明、刘海鸥：《协调创新博弈观的京津冀科技资源共享模型与策略》，《中国科技论坛》，2014年第1期。

主导向有限政府的转变。一是三地政府应积极适应区域一体化的需求，改变以往只对本地区利益尤其是经济增长的过分强调和注意，产生了建立在行政单元高度分割基础上的"行政区经济"，导致了诸如地方保护、市场分割、产业雷同等现象；二是三地政府要根据技术市场的发展与需求来确定各自的职能，进一步完善政府多边协调机制，革新行政管理方式，切实把职能重心转变到技术市场监管上来，促进三地科技资源的优化配置，促进经济结构的调整和升级；三是应转变三地现有的行政主导型经济的发展模式，确立有限政府的价值取向，实现行政主导向有限政府的职能转变，就技术市场的发展而言，三地政府应界定政府与市场的关系，坚持"有所为、有所不为"，提供好区域技术市场发展所需要的公共服务与公共物品。此外，三地政府应在运用权力、履行职能的过程中受到法律的有效限制，接受社会公众的监督和制约。

5. 促进技术市场与资本市场的互融互通

技术和资本作为现代经济增长不可或缺的驱动要素，缺一不可。现代经济增长要求技术与资本的有机结合，技术市场和资本市场作为技术和资本这两个要素的市场，二者互相依赖、相互影响。技术市场作为我国市场体系的重要组成部分，不可能单兵突进，技术商品在生成和转化的过程中都离不开资本市场的支持，同时，技术市场也会丰富和发展资本市场的内容与范围。

科技成果转化是一项高投入、高风险、高收益且周期长的活动，这就决定了难以从常规商业渠道获取资金支持。尤其是当前企业都普遍存在资金短缺的问题，企业想转化一种新成果，因自身资金紧张，又得不到银行贷款而无法产业化。要解决这些问题，一是政府财政资金要加大投入即将产业化的科技成果项目，合理配置政府资金与企业自筹资金的投入比例，同时还要建立起投入监督机制，以保证科技成果转化所需资金的合理、规范使用；二是加强科技金融政策指导与引导作用，建立健全科技金融激励机制，引导银行和担保公司增加科技信贷，让更多科技创新型企业享受科技金融贷款贴息政策；三是积极鼓励、支持高校和企业面向市场筹措资金，通过发行债券、股票等多种形式，保证足够的资金用于科技成果转化和推广。这些新问题与新需求的出现给京津冀技术市场一体化的发展在制度供给方面提出了新的挑战，要求政府及时予以回应。

五、京津冀技术市场一体化的实现路径

技术市场推动技术创新的关键载体是技术市场的运行机制，因此需从多

个层面完善技术市场的建设,京津冀一体化进程的加速使得三地技术市场的联动性随之加强,技术市场一体化发展战略的制定也应以地区间的协调、互动为重点,使日益完善的技术市场能够有效地提高京津冀的整体技术创新能力,并通过先进技术的扩散效应,促进全国范围的技术创新及经济发展。

(一)重视区域发展规划的制度性保障作用

区域发展规划是一个区域中长期发展的重要纲领性文件,是区域发展顶层设计的重要内容,必须兼具综合性、前瞻性、战略性的特点。① 2015年3月23日,中央财经领导小组第九次会议研究了《京津冀协同发展规划纲要》,同年4月30日,中共中央政治局召开会议,审议通过了《京津冀协同发展规划纲要》。这意味着京津冀区域发展规划正式出台实施,京津冀的政策互动、资源共享、市场开放被纳入规划的体系化、全局性的设计中,这对于京津冀地区的产业布局、生态结构的统一规划和一体化市场的建立具有重要意义。事实上,经过一年多的实施,《纲要》在推动京津冀协同发展和技术市场一体化进程上均发挥了一定的作用。

1. 区域发展规划的制度价值

作为政府调控的一项重要手段,区域发展规划具有战略性、地区性、系统性、科学性、权威性等特点,其最大优势是综合协调性和相对灵活性。本质上讲,区域规划并非法律,而是一种政策属性制度。当下,在经济体制改革的转型期和相关法律制度供给不足的客观现实下,作为政策属性的区域规划为区域治理提供了一定的制度性依据,并为区域发展中各项具体制度的构建树立了参照体系。京津冀协同发展需要重视区域发展规划整体性的制度保障作用,技术市场一体化的进程也依赖于相关区域发展规划制度的保障作用。构建全面、合理的区域发展规划有助于为京津冀协同发展尤其是京津冀技术市场一体化指明发展方向和发展路径;在实现政府宏观调控目的的同时,既引导了技术市场主体的行为,也能够有效约束地方政府的行为规范。

2. 京津冀区域发展规划的重要任务

《京津冀协同发展规划纲要》自通过并实施以来,虽已为京津冀协同发展提供了一定的制度保障,但面对京津冀三地经济、社会、文化等差异,尤其是三地科技创新能力、技术市场发展水平不平衡的现实,继续坚持和完善区

---

① 连玉明:《试论京津冀协同发展的顶层设计》,《中国特色社会主义研究》,2014年第4期。

域规划,发挥其应有的制度性保障作用是区域协同发展的必然选择。具体而言,实现京津冀技术市场一体化需全面深入贯彻实施京津冀区域发展规划,并将以下几点作为今后完善区域规划的重要任务来抓:一是破除技术市场中的各项生产要素自由流动和优化配置的各种体制机制障碍;二是加强技术市场相关产业对接与协作,避免科技创新产业的同构化和同质化;三是合理界定京津冀协同发展中各个城市的功能定位和城市间的分工协作。通过区域规划的制度性保障,将有利于为京津冀协同发展相关领域的发展创造良好的经济社会发展环境和均等化公共服务体系,进一步激发三地科技创新、科技成果转化的热情,助推技术市场一体化的实现。

(二)建立京津冀技术市场区域立法协调机制

京津冀协同发展涉及三地复杂的资源整合、利益协调与社会统筹,三地技术市场一体化的实现离不开法制一体化的保驾护航,只有法制一体化才能保证技术市场一体化运行的良好秩序与制度落实。因此,京津冀区域协同立法是一项重要的推动区域法治建设的机制,有效的法制协调机制才能有效地解决三地制度方面的差异和冲突,才能平衡各方的利益与矛盾,打造公平竞争的技术市场环境。

具体而言,区域一体化进程中的地方立法协调机制应当包括区域一体化中地方立法协调的参与主体、立法协调的领域、立法协调的程序、立法协调的工作机制等要素。[①] 技术市场领域立法协调机制同样应当涵盖上述内容。

1. 立法协调参与主体

参与区域一体化进程地方立法的协调主体中,人大立法是必不可少的。目前,京津冀的区域立法推进中已有此实践,2015年,北京市人大常委会、天津市人大常委会、河北省人大常委会联合出台《关于加强京津冀人大协同立法的若干意见》,该《意见》明确表示,构建与协同发展相互适应、相互支撑、相互促进的协同立法机制,加强重大立法项目联合攻关,建立三地轮流负责的京津冀协同立法组织保障机制。此外,政府也应当是区域立法协调的重要主体。而在人大与政府之外,区域立法的协调机制应当从各个层次、各个领域扩大到公民有序的立法参与,积极拓展技术交易当事人、科技中介组织、技术市场行业协会等公众主体参与立法的广度与深度,实现科学立法、民主立法。

[①] 陈俊:《区域一体化进程中的地方立法协调机制研究》,北京:法律出版社,2013年版,第28页。

2. 立法协调领域

就技术市场一体化立法内容所要协调的领域而言，相关立法内容应当涉及科技生产要素流动、技术市场准入标准、技术市场税收优惠、科技成果转化、技术市场信用评价、高新技术企业认定、科技人才流动、技术市场信息共享及技术市场监管等方面。

3. 立法协调程序

京津冀技术市场立法协调程序上，首先要求三地人大把推进技术市场一体化的战略项目纳入立法规划之中，为后续协调立法预留空间。由于目前在地方协调立法层面并未有专门性、针对性的法律可依据，三地人大在协调立法时需遵循《宪法》《立法法》《地方组织法》等法律中关于立法程序的原则性规定，在秉承上位法精神的基础上，积极开展地方人大立法协调的程序探索。其次，就三地技术市场地方政府立法协调程序而言，区域内的地方政府应严格遵循信息公开、程序正当的原则，增强地方政府立法工作的透明度和公众参与程度。

4. 立法协调工作机制

京津冀区域技术市场一体化立法协调机制的落实还有赖于各项具体工作机制的建立健全。具体而言，首先应当建立立法联络协调机构，由联络协调机构根据区域内相关主体的请求或申请，按照预先设定的程序和原则开展立法协调活动；其次应当建立地方立法工作机构定期例会工作制度，便利各方开展沟通、交流、协商与对话；最后应当建立地方立法清理沟通协调工作机制，要求各区域人大或政府对自身制定的地方性法规或地方政府规章做定期的立法清理，对有问题的立法进行梳理，在此基础上，各地经常性地沟通各自立法清理的动态，在清理过程及结果上继续加强沟通，发挥各地立法清理的合力作用。

(三) 推行京津冀技术市场主管部门联席会议制度

在京津冀政府间应当建立统一的科技合作联席会议制度，由各地分管领导轮流担任科技联席会议召集人，成员包括政府科技管理部门、各高新技术园区负责人和企业家代表、高校与科研机构代表等。科技联席会议制度的重任是就区域科技协同创新的相关事宜进行协商，重点包括：联合编制京津冀科技协同发展规划和制定区域科技合作政策，明确区域科技发展思路、目标、政策措施及京津冀三方的具体任务。[1]

---

[1] 张亚明、刘海鸥：《协同创新博弈观的京津冀科技资源共享模型与策略》，《中国科技论坛》，2014 年第 1 期。

1. 联席会议制度的必要性

联席会议制度的重要价值在于通过制度手段对一定区域内的各种资源进行合理分配，为区域经济社会的协调发展提供一定的法律保障和制度保障，其存在具有现实和理论上的必要性。第一，构建京津冀技术市场相关部门联席会议制度是实现京津冀区域协调发展和加快实现技术市场一体化的必要举措。在区域一体化进程中，面临着诸多不可回避的现实问题，如消除不同地区之间经济、社会等发展的不平衡状态，促进区域间社会经济的协调、可持续发展，尤其是促进相对落后地区的快速发展等。就京津冀而言，三地经济发展水平、科技创新能力存在很大的差异，技术市场一体化面临着一定的困境。因此，有必要建立相关部门联席会议制度，加强三地沟通，解决冲突与矛盾，协调各方利益，来破除当前面临的各种困境，以促进区域间的相关合作和平衡发展。第二，构建相关部门联席会议制度是京津冀技术市场一体化进程中法治化的必然要求。区域法治是我国依法治国理念下的特殊法治形态，是区域一体化背景下的产物。区域间的法律治理必须依靠制度化的规范，区域法治的发展与成熟也要依托于各种制度的有效结合。[1] 因此，京津冀协同发展亦需遵循区域法治原则，将法律制度与各项具体制度相结合，于技术市场一体化而言，相关工作应通过联席会议的形式进行，以实现制度与法治的接轨，达成区域协议，促进区域间的共同发展。

2. 联席会议制度的基本原则

在区域经济一体化发展条件下，构建京津冀技术市场一体化的专门协调机制需要坚持以下两项基本原则：第一，遵循法治原则。法治原则是依法治国的首要原则，作为国家治理的重要部分，区域一体化建设必须以法治原则为基点，并将其贯穿于一体化建设的各个环节。因此，京津冀技术市场一体化建设需坚持法治原则，相关协调部门的组建、权利义务、工作机制及其法律责任等均需遵循法治原则。第二，遵循民主原则。构建京津冀技术市场相关部门的联席会议制度是为了促进区域间和谐发展，该制度应由相关地区的党组织和政府发动并建立，由与技术市场相关的部门联合参与。该项制度的建立必然涉及众多参与主体，会议的相关决策除涉及京、津、冀三方利益之外，还关系到技术市场多元主体的权益保障等问题，因此必须进行科学的民

---

[1] 黄艳玲、田开友：《区域法治背景下的跨省联席会议制度——兼谈对武陵山片区的启示》，《天水行政学院学报》，2014年第4期。

主决策,遵循民主原则。

3. 联席会议制度的具体设计

首先,京津冀区域各城市应借鉴国内外的经验,建立由国家科技部牵头,省、市党委、政府主要领导共同组成的"京津冀技术市场一体化发展联席会议"制度,为京津冀科技创新和技术市场一体化发展创造组织保障。其次,省、市科技部门共同建立区域性的"京津冀技术市场一体化发展行动小组",由省、市分管科技工作的领导或科技部门的主要领导担任成员,设立办事机构,负责日常具体工作,打造京津冀科技资源共享服务平台,联合科技攻关及建设自主创新体系等。① 最后,建立相关监督机制,可以制定配套性的听证制度、列席制度、特别邀请制度等对联席会议进行监督,通过公民参与的形式对会议召开程序、经费管理等事项进行监督,确保程序进行的正当性、经费开支的透明化,对会议议题、争端解决等事项提出意见或建议,以确保京津冀技术市场相关部门联席会议的合法、合理与功能发挥。②

(四)完善标准统一的区域技术转移合作服务体系

完整、完善的国家或区域创新体系、市场体系的形成离不开相关服务体系的协调作用,科技服务体系与技术市场体系具有密切关系,是科技创新与技术市场发展的重要助力。作为科技创新体系的重要组成部分,科技服务体系是由科技中介服务机构和科技服务组织组成的有机整体,是连接产业与技术的桥梁,是将科技成果进行产业化、社会化的重要手段。科技服务业的发展,是推动科技创新和科技成果转化、促进科技经济深度融合的客观要求,是调整优化产业结构、培育新经济增长点的重要举措,是实现科技创新引领产业升级、推动经济向中高端水平迈进的关键一环。京津冀技术市场一体化的建立与发展必然离不开科技服务体系的辅助作用。

1. 建立专业化的科技中介体系

一般认为,完整的国家创新体系应包括四个组成部分,即:作为创新主体的企业、发挥宏观调控作用的政府、作为创新成果供应者的科研机构和大学,以及广泛分布的各类科技中介机构。科技中介作为国家创新体系的重要组成部分,是沟通产业界与科技界的一座桥梁。科技中介机构以专业化的知

---

① 李国平:《京津冀地区科技创新一体化发展政策研究》,《经济与管理》,2014 年第 6 期。
② 黄艳玲、田开友:《区域法治背景下的跨省联席会议制度——兼谈对武陵山片区的启示》,《天水行政学院学报》,2014 年第 4 期。

识和技能为基础，与各类创新主体和要素市场建立紧密联系，为科技创新活动提供重要的辅助服务，在有效降低交易成本及创新创业风险、加速科技成果产业化进程等方面发挥着不可替代的作用。①

科技中介是技术市场体系的重要组成部分，没有技术市场的形成与发展就没有科技中介的产生与发展，没有活跃的、发展迅速的科技中介，就没有蓬勃发展的技术市场。近些年来，以技术贸易机构为代表的技术中介组织在技术供给各类主体中的地位不断下降，大大削弱了技术中介在促进技术市场发展中所应起到的作用。由于京津冀技术市场具有跨地域性和信息量庞大的特点，技术交易方又经常处于不同的城市中，技术中介要担负起信息沟通、交易匹配、规范流程、合约咨询、监督实施等多项任务，所以需要改变或优化现有的技术中介资源，打造适合京津冀统一技术市场的新型中介服务模式。

此外，以技术转移服务机构为依托，京津冀三地可以组建技术交易联盟等技术转移服务联合机构，联合制定有关管理办法，尽可能争取优惠政策，促进技术交易市场与技术推广服务的发育。具体可从建立京津冀区域技术交易联盟、共建先进制造技术硬件资源共享平台、建立京津冀联合孵化创新服务体系以及共建京津冀科技咨询与评估合作服务体系等方面加以实施。②

2. 加强对技术经纪人的培训

大力培养高素质的技术经纪人队伍。从业人员的素质，直接决定着技术交易服务的水平。加强技术市场人才队伍建设，就是要把培养技术经纪人作为促进技术市场发展的一项基础性工作。全面提高从业人员的业务水平和素质，造就一批懂技术、懂法律、懂管理、懂经营的复合型高素质的技术经纪人队伍。为了使技术经纪人队伍更加壮大，更有生命力，还应鼓励有条件的科技人员进入市场，充当技术经纪人。

（五）运用行政协议明晰三地权利、义务与责任

面对区域经济一体化的现实要求，尽管在个别行政领域必要的统一也许是合理的，但总体上并不能以统一为基本的模式选择。在地方政府间的积极协作和依法治国的背景下，以持续性、稳定性、主动性以及平等性为特征的政府间协作，即行政协议机制也应当作为一种制度化合作方式纳入区域发展

---

① 赵大伟：《国家高新区科技中介服务体系构建对策研究》，沈阳理工大学硕士学位论文，2009年。

② 纪良纲、许永兵：《京津冀协同发展：现实与路径》，北京：人民出版社，2016年版，第94页。

机制中。① 行政协议不仅仅是区域政府间开展合作的法律机制，而且也是各级各类没有隶属关系的行政机关之间开展合作的法律机制。这种机制在促进区域内部各城市找准自身定位、明确共同利益、协调公共服务供给、实现区域整合等方面具有诸多优势。

目前，通过行政协议去规范和协调地方政府间协作关系的是"长三角"区域和"泛珠三角"一体化的重要经验，这项经验对于中国其他地区的地方政府协作关系的建立是有重要意义的。特别是"长三角"地区，地方政府已经普遍运用行政协议开展协作，在遇到跨辖区的横向关系协调问题时，首先想到的就是利用会议制度或临时性的接洽磋商去签订相关行政协议，这也促进了行政协议形式的多样化，有了诸如"协议""意见""章程""意向书""共同宣言""行动计划"等多种形式，这些行政协议，都包含或凝聚地方政府的协作愿望和协作要求，在协调长三角经济社会发展中发挥了重要作用。②

虽然目前行政协议在法律性质、法律地位、法律效力等方面仍然存在一定的争议，而行政协议在区域一体化进程中所发挥的法制协调、化解行政纠纷以及补充立法的功能是显而易见的。因此，京津冀区域内的地方政府可以尝试通过缔结行政协议拓宽协作程度，达到合作共赢。就技术市场一体化而言，京津冀三地应在人才、项目、新技术服务重大需求等相关政策、资源、市场互通机制方面积极运用行政协议，以提升区域合作程度，同时也应当注重提升行政协议的法治化程度，在保证行政协议本身合法性与权威性的前提下，推动各项协议的实质性落实。

（六）完善技术市场合作与利益共享机制

"地区间在经济社会发展中所产生的矛盾与冲突，主要是一种利益矛盾，有时候表面上看起来是企业等市场主体之间的利益矛盾，但其背后往往反映的是政府间利益的冲突，是在有限资源约束条件下地方政府追求利益最大化所致。"③所以，促进技术市场合作的关键是要在地方政府之间建立起协作与利益共享机制。

利益分配问题是合作创新的核心问题。一方面，要建立京津冀跨区域科

---

① 何渊：《行政协议——中国特色的政府间合作机制》，《政府法制研究》，2008年，第5期。
② 巩丽娟：《长三角区域合作中的行政协议演进》，《行政论坛》，2016年第1期。
③ 张紧跟：《当代中国政府间关系导论》，北京：社会科学文献出版社，2009年版，第120页。

技协同创新的协调机制，如在京津冀政府间建立科技合作联席会议制度，就区域科技协同创新有关事宜进行协商。重点包括：联合编制京津冀科技协同发展规划和制定区域科技合作政策，建立京津冀基础性科技资源共建共享机制，引导高校、科研机构、中介和企业开展科技合作等。另一方面，要在承认创新资源禀赋差别、创新效率差别继而承认利益差别合理性的基础上，建立对个别地区因为区域整体利益做出牺牲的补偿制度。如在合作共建园区中，提高对河北地区的利益分配比例；探索将三地政府的若干科技计划整合形成区域重点研发计划，针对河北产业发展和京津冀环境保护中的若干重大问题，从基础前沿、重大共性关键技术到应用示范进行全链条创新设计，集中区域力量一体化组织实施，推动重大共性科技问题的协作解决。

完善科技资源共享机制。共同推进科技资源产权制度改革，完善开放共享的政策法规体系，建立共享激励机制，制定协同创新成果转化的利益分配与资源共享补助政策。

参考文献

[1]谢辉，魏勃，张晓凤. 京津冀区域协同发展的法律保障[M]. 北京：知识产权出版社，2015.

[2]纪良刚，许永兵. 京津冀协同发展：现实与路径[M]. 北京：人民出版社，2016.

[3]陈俊. 区域一体化进程中的地方立法协调机制研究[M]. 北京：法律出版社，2013.

[4]易继明. 技术理性、社会发展与自由——科技法学导论[M]. 北京：北京大学出版社，2005.

[5]张江雪. 中国技术市场发展研究：基于总体和区域的实证分析[M]. 北京：北京师范大学出版社，2011.

[6]李玉香. 科技成果转化法律问题研究[M]. 北京：知识产权出版社，2015.

[7]张春生、朱景文. 地方立法的理论与实践[M]. 北京：法律出版社，2015.

[8]马海龙. 京津冀区域治理：协调机制与模式[M]. 南京：东南大学出版社，2014.

[9]王得新. 新型分工视角下京津冀区域产业一体化研究[M]. 北京：首都经济贸易大学出版社，2016.

[10]郭铁成，龙开元，邓学来，等. 建设京津冀创新大区——河北协同创新

　　　　战略研判[M].北京：科学技术文献出版社，2016.
[11] 张耘."首都科技"引领京津冀协同发展[N].中国科学报，2014-06-06.
[12] 张亚明，刘海鸥.协同创新博弈观的京津冀科技资源共享模型与策略[J].中国科技论坛，2014(1).
[13] 李国平.京津冀地区科技创新一体化发展政策研究[J].经济与管理，2014(6).
[14] 何渊.行政协议——中国特色的政府间合作机制[J].政府法制研究，2008(5).
[15] 巩丽娟.长三角区域合作中的行政协议演进[J].行政论坛，2016(1).
[16] 李健英，艾丁.京津冀地区技术市场推进科技创新效力的实证研究[J].中国科技资源导刊，2015(5).
[17] 张欣炜，林娟.中国技术市场发展的空间格局及影响因素分析[J].科学学研究，2015(10).
[18] 汪建昌.构建区域行政协议运行的有效机制[J].湖北社会科学，2011(12).
[19] 张瑞萍.京津冀法制一体化与协同立法[J].北京理工大学学报(社会科学版)，2016(4).
[20] 许爱萍.京津冀科技创新协同发展战略研究[J].技术经济与管理研究，2014(10).
[21] 黄艳玲，田开友.区域法治背景下的跨省联席会议制度——兼谈对武陵山片区的启示[J].天水行政学院学报，2014(4).
[22] 连玉明.试论京津冀协同发展的顶层设计[J].中国特色社会主义研究，2014(4).
[23] 方雷.地方政府间跨区域合作治理的行政制度供给[J].理论探讨，2014(1).

京津冀协同发展语境下北京—张家口文化共享模式研究

课题负责人: 包晓光(首都师范大学文学院　教授)
课题组成员: 李　贺、裴菁宇、王米琪、田　天

2015年7月31日,国际奥委会宣布中国的北京—张家口获得2022年冬奥会的举办权。在此之前,2015年4月30日,《京津冀协同发展规划纲要》经中共中央政治局会议审议通过。随着冬奥会筹办项目与京津冀协同发展规划项目的逐步实施与推进,北京与张家口两地在文化与经济发展的各个层面的合作与交流日益紧密。北京市市长王安顺在北京市第十四届人民代表大会第四次会议上指出,2016年北京市的工作重点包括:"打造京津冀协同创新共同体。落实京津冀区域推进全面创新改革试验方案,开展知识产权、人才流动、激励机制、市场准入等方面协同性改革试验,争创具有示范带动作用的区域性改革创新平台","全力做好2022年冬奥会筹备工作","制定加快冰雪运动发展的意见,科学规划北京冬季竞技体育项目布局,推动冰雪运动普及发展,营造全社会关心、支持和参与冬奥的良好氛围。"由此可见,北京市正在从冬奥会和冰雪运动普及等方面加快推进北京、张家口两地在人才交流、体育文化等方面形成长效合作机制,这些合作机制的形成有利于建立两地文化共享模式。

本课题研究的重点是探讨在京津冀协同发展语境下,北京与张家口两座城市文化共享模式的建设问题。以冬奥会为契机,围绕两地冰雪文化资源共享、冰雪文化合作共建、文化创意产业创新等议题,对北京和张家口两地建立文化共享模式的现实基础进行分析,深入探讨两地实现文化共享的可能性、现实性与局限性,指出两地构建文化共享模式的困难与不利条件,提出相应的对策及建议。

一、京津冀一体化与文化共享:理念与现实

随着《京津冀协同发展规划纲要》的发布,京津冀发展一体化正式从国家

理念走向现实。京津冀三地协同发展规划纲要的正式落地，除了能够有效地疏解北京城市发展的压力，京津冀三地协同发展所带来的资源优化配置，对河北和天津两地的未来发展也至关重要。但是，应该看到，京津冀三地一体化首先要面临的关键问题便是文化认同与文化资源的共享问题。文化认同氛围的形成对于《京津冀协同发展规划纲要》的逐步实施至关重要。

(一)京津冀协同发展与一体化的含义

1. 京津冀协同发展与一体化的内涵

空间一体化理论认为，在一定区域范围内，随着工业化程度的拓深和工业化范围的延伸，必然导致区域内各空间子系统突破自身传统边界，实现空间子系统的重组，这一过程称之为空间经济一体化。[①] 随着经济全球化进程不断加快，区域间的协作程度也进一步加深，区域间的竞争逐步发展成为以经济发达城市为核心的大都市圈的竞争。世界区域经济一体化进程同样影响着我国区域发展的整体格局，京津冀、长三角、珠三角经济圈的形成，逐步成为我国经济发展的强劲动力。经过多年的发展，长三角与珠三角基本实现了核心城市与周边城市的共同发展，但是作为环渤海经济带的京津冀经济圈却呈现出区域发展两极分化严重的局面，应该说京津冀经济圈并未实现区域经济一体化的发展目标。

京津冀协同发展的蓝图很早就已经提出。早在1986年，时任天津市委书记的李瑞环便提出了环渤海区域合作问题，当时便提到了京津冀区域经济概念。2004年由国家发改委主持的京津冀区域经济发展战略研讨会也提出了三地共同发展的规划纲要设想。该规划经过十几年的调研与论证最终于2015年4月30日经中共中央政治局会议审议通过。

根据《京津冀协同发展规划纲要》，京津冀三地在未来发展中将以"一核、双城、三轴、四区、多节点"为骨架进行空间布局，构建以重要城市为支点，以战略性功能区平台为载体，以交通干线、生态廊道为纽带的立体网络，实现京津冀三地未来的可持续发展。[②] 其中，"一核"是指把有序疏解北京非首都功能、优化提升首都核心功能、解决北京"大城市病"问题作为京津冀协同发展的首要任务；"双城"则是以北京、天津作为京津冀协同发展的主要引擎，

---

① 吴传清、刘陶、李浩：《城市圈区域一体化发展的理论基础与协调机制探讨》，《经济前沿》，2005年第12期。

② 《2030年京津冀区域一体化格局基本形成》，《京华时报》，2015年8月24日。

拓展双方的合作广度与深度,努力实现同城化发展,共同发挥引领与辐射带动作用;"三轴"是以京津、京保石、京唐秦三个产业发展带和城镇聚集轴,作为支撑京津冀协同发展的主体框架;"四区"则是将京津冀三地根据各自产业发展特点,进行产业功能区的划分;"多节点"则是将京津冀协同发展具体化为一个个城市节点,不断提高各个城市的综合承载力和服务能力,进而有序推动产业转移与人口聚集。

作为文化层面的京津冀协同发展规划则是京津冀三地未来进行深入合作的重要基础。三地未来首先要解决的不是地区发展的差异,而是长久以来根植于三地人民内心深处的文化认同感。在全球范围内,只有30%的经济合作是由于技术、资金或者战略方面出现的问题而搁浅,而有70%是由于跨文化沟通方面的问题而造成的。① 因此,三地在协同合作的进程中,不能仅仅局限在文化认同的"同"字上,还要认识到彼此的差异性与互补性,在求同存异中实现三地的共同发展。对于京津冀三地而言,文化层面的协同发展,可以理解为在三地文化认同的基础上,找准三地的利益共同点,根据各自的特点和自身在京津冀协同发展中的功能定位,从根本上提高区域协同发展的内在驱动力,进而促进京津冀社会、经济、文化、生态等领域全面的一体化发展。

2. 京津冀协同发展的原则
(1)文化认同原则

这是京津冀协同发展必须遵循的首要原则,文化认同不仅是京津冀区域发展的关键,同样也是任何一个地区实现区域协同发展的基础。以长三角为例,在长三角经济带中起到文化认同作用的便是吴越文化,而珠三角合作的文化基础则是由来已久的岭南文化。正是长久以来对文化根基的认同感,促进了同一文化血脉下的不同合作,促使不同区域的人群形成一个文化共同体,进而形成了一个共有文化氛围下的文化发展区域。

对于京津冀协同发展而言,燕赵文化便是由来已久的历史文化基础。对于三地发展来讲,在文化理念上要打破固有的狭隘区域文化的理念,将京津冀当作一个整体来看待。虽然三地的文化风格均演变自原有的燕赵文化的母体,但是由于长期的条块分割,文化隔阂已成为三地协同发展的重大障碍。

(2)可持续发展原则

联合国环境与发展委员会对于可持续发展做出如下界定:可持续发展是

---

① 刘勇:《京津冀协同要下好文化关键棋》,《光明日报》,2017年7月29日。

指既能满足当代人的需求，又不对后代人满足其自身需求的能力构成危害。对于京津冀发展而言，在未来的区域经济发展中应该注意不能以牺牲环境为代价，来换取三地经济实力的增长，在实现三地综合发展的同时更应该注重对资源的优化配置，实现环境与社会的可持续发展。

众所周知，在当前三地发展过程中，北京的环境质量堪忧，而天津、河北同样也在收获 GDP 增长的同时牺牲了生态环境。随着京津冀三地经济实力的增长，作为绿色产业形态的文化产业本来应该成为产业发展中践行可持续发展观的重要产业形态，但是通过观察便可发现，京津冀三地文化产业并未实现可持续协调发展。因此，未来京津冀在产业的发展中更应该注重加强保护城市发展的基础资源，追求京津冀三地经济、社会、生态环境的可持续综合发展。

(3) 协调发展原则

对于京津冀而言，所谓协调发展原则是指三地对其所拥有的各项资源要素进行优化配置，协调三地城市与城市之间、产业与产业之间各个方面的关系，在效益最大化的基础上，最终实现京津冀三地产业结构与城市、地区发展的完美协调。

京津冀三地产业协同发展拥有雄厚的产业基础和完整的产业结构。除了在钢铁、冶金、机械制造等重工业领域拥有产业优势外，近年来以北京为代表的高新技术产业发展迅速，并且逐渐成为未来产业发展的主导。与此同时，京津冀三地教育资源丰富，拥有强有力的智力支持。在交通方面，拥有水、陆、空完备的现代立体交通体系，是我国重要的交通枢纽与战略物资基地。在自然资源上，物产丰富，同时还拥有丰富的文化旅游资源。这些条件为京津冀协同发展提供了有效的基础保障。但是，京津冀三地在协同发展中同样面临着核心城市带动不足、产业结构彼此趋同、水资源供需矛盾突出等问题。

京津冀协调发展原则要求三地必须首先强化合作意识，加强彼此之间的沟通与联系。在城市规划管理层面，要弱化原有的地域意识，从长远眼光着手城市发展规划，进而达到区域内产业资源的合理流动。在文化精神的培养上，要适当开展由京津冀三地联合举办的相关文化活动、赛事活动，加强文化交流，在潜移默化中培养共有的京津冀区域文化精神。

(二) 文化共享的理念

1. 文化共享的含义

"文化是特定的人类社群在一定的历史时期形成的足以体现该社群精神、

气质和独特追求的行为模式、思维模式和情感模式的综合体。它为该社群所共享，并以某种形式反复。它在观念层面、制度层面、器物层面、符号层面、行为习俗层面均有体现。相应的展现为观念文化、制度文化、器物文化、审美文化、符号文化、行为习俗文化等方面。"[1]丰富的文化资源构成了文化的载体，体现了人类社会发展的文明成果。文化资源作为权利虽然往往为特定地域、特定族群所拥有，但是，其文化精神、文化效益并不具有独占性。文化资源作为人类社会发展的共有财富，它本身的存在同时也不受时空与种族的限制，为人类所共享。[2] 文化资源在一定的民族群体与社群中产生，但是由于不同的民族与社群相互交流，相互学习，文化资源的内容与形式也会逐渐形成不同的风格与特色，原有的文化形式也会产生相应的变化。正是由于不同文化资源间的交流与融合，才真正构成了文化资源的共享与传承。

对于北京与张家口两地而言，冬季奥运会的成功举办必然会加强两地的沟通与交流，资源层面的文化共享势在必行。

2. 文化共享的理念

（1）适用性

优秀的文化资源虽然值得并应该共享，但是在文化共享过程中要秉承文化资源共享的适用性理念。优秀文化资源固然有其良好的"普世价值"，但是这并不意味着其适合所有的人类社群。要想实现优秀文化资源的共享，必须根据不同民族与社群的发展需求，进行相应的取舍与改造，与当地原有文化相融合。北京—张家口冬奥会的申办成功，使两地间的文化合作与共享成为现实，随着合作的不断深入，北京市的优秀文化资源与文化发展模式必然会对张家口的文化产生影响，反之亦然。因此，两地文化共享就有一个文化适用性的问题，只有精准对接，彼此融合，共享才能成功。反之，缺乏适用性的文化对接，必然造成文化接受上的水土不服。

（2）平等与开放

文化本身、文化之间没有贵贱之分，存在的只是差异与不同。文化共享的目的是增加不同文化之间的交流，丰富不同地域、不同社群的文化内涵，并不是一种文化取代另一种文化。在文化共享过程中，应该遵循不同文化间

---

[1] 王强、包晓光：《中国传统文化精神》，北京：昆仑出版社，2006年版，第10—11页。

[2] 牛淑萍：《文化资源学》，福州：福建人民出版社，2014年版，第31—32页。

平等共存的理念，尊重不同文化的不同风格，吸收彼此优秀的文化成果。北京具有悠久的古都历史，历史赋予的皇城威严和现代都市的繁华与张家口城市发展历史所凝聚的文化风格必然存在极大不同。在两地文化资源共享与长期合作中，应该以平等的眼光看待张家口地区的文化发展，在先进文化的输出上，北京市应加大文化资源共享力度，提升张家口城市文化发展的质量。

秉承开放的理念也是文化共享的题中应有之义。文化相对落后的张家口更应该以开放的姿态迎接新的不同文化的冲击。2022年北京—张家口冬奥会的举办，必然会带动张家口经济、政治、文化等方面的巨大改变。伴随着奥运会的开始，世界各地的不同文化也会汇集于两地，此时的张家口更像是一个文化的熔炉，而开放地接纳便是化解不同文化冲突的良药。张家口文化发展的步伐相对缓慢，而此次奥运会的承办，成为张家口文化发展的重要契机。张家口应把握好此次机遇，吸收不同文化的精髓，丰富本地区的文化特色，提升文化品位。

（3）创新与保护

创新是一个国家和民族发展的不竭动力，创新同时也是文化创造的延续。在开发利用文化资源的过程中，京津冀要坚持创新与保护相结合的理念。

首先，从文化传承与发展的角度而言，只有不断地进行文化资源的创新开发，才能永葆文化发展活力，提升文化发展的综合竞争力，实现文化资源的可持续发展。对于京张文化资源共享来讲，北京的文化资源形态更成熟、更先进，处在资源输出的高端位置。张家口的发展定位，更多地承担着新的文化资源的引进与开发的角色。因此，张家口文化资源的共享与开发，要注重文化理念的更新。在文化体制上，要积极消除与社会主义市场经济不相适应、与京津冀协同发展相违背、与北京—张家口冬奥会的举办不相协调的不良因素，积极改革文化发展体制。同时，还应重视将现代科学技术与文化资源开发深度融合。要积极"搭乘"科技发展的"快车"，加强文化资源开发与"互联网＋"技术的深度融合，提升文化产业的发展效率，实现张家口文化产业的提质增效。

其次，北京和张家口联合举办冬奥会，必然会引起两地文化资源的更新。以北京为例，冬奥会的举办将为北京带来的新的文化景观——冰雪文化的丰富和发展。而张家口由于要承担更多的人员接待工作，除了会给张家口带来新的文化资源外，本地的基础设施建设也会得到极大的改善。然而，加快基础设施建设的背后则会埋下破坏当地原有历史文化资源的隐患。众所周知，北京和张家口在历史发展中都积累了丰富的历史文化资源，这些资源对于两地及全国都具有重要的文化价值。北京承办过多次大型活动盛会，文化资源保护经验丰富。而张家口则不同，冬奥会的举办势必会带动城市的大幅改变，而对传统文化资源的保护压力也就更大。在文化资源更新与城市基础设施建设过程中要充分做好文化发展规划，制定详细的文化资源保护措施，合理有序地开发与保护张家口原有的历史文化资源，确保资源开发的后续工作与文化生态环境的协调。

（三）京张文化共享的可能性、必要性、现实性与价值

1. 京张两地文化共享的可能性

（1）历史文化背景相同

北京与张家口同处燕赵大地，其文化的风格也长期受传统"燕赵文化"的影响。近年来，北京、张家口、天津以及河北的其他地区，随着经济总量的提升、经济发展转型的影响，以文化产业为代表的绿色产业、创新型产业发展逐渐兴盛，北京文化、天津文化以及极富张家口地方特色的文化产业形态各自展现出自身的发展活力，各地区的文化风格也各具特色。

京张两地当代文化发展各自呈现独立性，原有的"燕赵文化"的影响逐渐淡薄。但无论是从京津冀三地来看，还是从京张两地来看，在这片区域内，文化的累积与演变均是围绕着共同的文化背景发展而来的。以京张两地典型的戏曲文化为例，对于北京戏剧文化而言，最典型的莫过于京剧，而对于河北张家口来讲，最典型的是从河北梆子演变而来的张家口口梆子。众所周知，京剧由徽剧发展而来，最初是在乾隆年间，四大徽班陆续进京演出，他们在京城期间与来自湖北的汉调艺人大力合作，同时接受昆曲、秦腔的部分剧目、曲调和表演方法，融入民间曲调，又经过祖辈艺术家数十年的演唱实践的磨合，最终形成京剧。[1] 而张家口的口梆子的形成同样是在康乾盛世时期，众多戏剧艺术涌入京城，口梆子开始萌芽，后来逐渐吸收京剧、昆曲、评剧、话剧、河北梆子及当地秧歌、二人台等地方艺术元素，逐渐形成具有鲜明特色的地方戏剧。[2] 由此便可以看出，在历史文化发展过程中，京张两地以及京津冀三地都是紧密相连的，而共同的文化背景、相连的地域人脉、共有的"区域

---

[1] 隋秀玲、时丽红、宋雪琰：《浅谈京剧的起源与艺术欣赏》，《大众文艺（学术版）》，2012年第15期。

[2] 贾桂香：《口梆子的历史渊源》，《大众文艺》，2014年第14期。

文化"基础是不可更改的。因此两地在文化的根基上奠定了文化共享的基础。

(2) 文化产业发展呈现互补性

北京—张家口两地文化产业的发展呈现出较强的互补性。以旅游产业为例，北京市旅游产业主要集中在人文旅游层面，而张家口的优势在于拥有丰富的草原、林地、山地资源，生态环境优美。山地、优质滑雪场、温泉等自然旅游资源丰富。随着2022年冬奥会的申办，张家口的旅游产业将迎来发展契机。此外，在文化创意产业领域，北京市文化创意产业发达，文化创意人才数量众多，但是北京市当前文化创意产业逐渐呈现市场饱和状态，未来文化资源的创意开发空间有限，但是对于张家口城市文化创意产业而言，发展潜力巨大。张家口城市发展历史悠久，曾经是连接欧亚大陆的重要商道，文化融合使得张家口的地域文化以外向性、多元性和商业化为外部特征。同时张家口作为重要的文化交流汇聚地，集聚了晋商文化和蒙古草原文化等多种文化资源，文化产业发展资源足、空间大。京张两地文化共享模式的建立，能够为张家口文化产业走出去提供巨大的智力支持和经验借鉴，而两地在文化产业发展中的互补性也能够为两地进行文化共享提供合作契机。

(3) 基础设施发展具备共享便利

在地理位置上，张家口市位于河北省西北部，距北京仅180公里，是北京西出和西北地区东进的主要门户，也是京津冀(环渤海)经济圈和冀晋蒙(外长城)经济圈的交会点。京张高铁建成通车后，张家口市将融入"首都一小时生活圈"，是首都经济圈的重要组成部分。相近的地理位置、良好的交通条件，为北京—张家口地区文化协同发展提供了有利的契机。二者在地缘上的亲近，为两地在经济社会方面的沟通合作提供了便利条件。

在交通设施方面，为迎接2022年冬奥会，北京在现有良好交通设施的基础上，致力于建设更加现代化的交通运输体系，为冬奥会提供由航空、高速公路以及铁路等多种交通运输方式组成的交通服务。现有两条高速公路用于三个场馆群之间的交通，并将分别通过更新使得交通更加顺畅。此外，作为2022年冬奥会重要的交通措施，"京张高铁"已经通过批准立项，2016年开工建设，预计时速将达到350公里。规划中的"京张高铁"通车后，从北京到张家口仅需40分钟。通车后，从北京市区50分钟可到达张家口赛区，张家口将实现与北京的同城化发展。

在冰雪产业发展方面，张家口市每年有6—7个月是冬季，每年8个月左右的时间可以保存冰雪。张家口境内多山，冬季降雪量稳定，即使人工造雪也不用担心温度不够低。其中，张家口市的崇礼区至今已有20年的滑雪产业发展历史，"目前正在运营的滑雪场有5个，该区域是中国滑雪产业发展的龙头区，是近中国周边国家、众多滑雪爱好者冬季滑雪休闲度假的目的地。"目前，崇礼县共建成万龙、云顶、多乐美地、长城岭等多家国内知名雪场。而北京市有较大规模的滑雪场10家，雪场平均拥有索道4条、雪道5条，雪场配有滑雪服、雪具、造雪机、压雪机等设备。另外还有室内冰场4座，冬季结冰期室外冰场多块，市内滑雪场1座。冰雪产业的结合能够最大限度地满足冬奥会需求，同时也能够大幅提升冰雪产业的综合竞争力。

2. 京张两地文化共享的必要性

(1)符合京津冀一体化国家发展战略

2014年2月26日，中共中央总书记、国家主席习近平在北京主持召开座谈会，专题听取京津冀协同发展工作汇报并发表重要讲话，对京津冀协同发展做了全面系统的阐述，强调京津冀协同发展是重大国家战略。总书记的讲话引起京津冀三地政府的高度重视及社会各方面广泛关注和热议。中央最高层出面专题研究和指导京津冀协同发展，并将京津冀协同发展提升为重大国家战略，意义深远。相较于经济、政治，文化作为一种软实力在社会发展中起着精神纽带的作用，无形中成为社会发展的推动力。京张以冬奥会为契机，实现文化共享，是京津冀一体化国家战略的必然要求。

(2)有利于资源的协同利用

北京与张家口两地的文化共享，有助于增进两地之间的交流理解，彼此间互通有无，在社会文化心理上逐渐形成认同感，从而增进两地之间的关系，进行更好地沟通协作。此外，北京、张家口两地历史文化悠久，在文化根基上同根同源。在文化上既有共性又有个性，二者进行文化共享，有助于提升两地的文化影响力，联手打造文化名片，为京津冀一体化发展提供文化动力与支持。北京和张家口联合申办2022年冬奥会，是加强京冀合作的一个很好的典型范例。两地冰雪文化历史悠久，具有诸多相似点和共通性。京张合作申办冬奥会，有利于解决张家口交通设施和基础设施薄弱问题。主办冬奥会要建一些场馆和设施，这有利于带动张家口休闲旅游产业的发展。

(3)有利于扩大区域文化影响力

张家口作为地级城市，与北京相比，无论是经济上还是文化上的影响力仍处在较弱的状态。北京与张家口进行文化共享，有助于利用北京地区的文化影响力带动张家口地区的建设发展，提高张家口地区的区域文化影响力，从而带动整个区域又好又快发展。京张联合申办冬奥会，是利用张家口的地理和环境优势，这就更有利于张家口生态环境的保护和改善。冬奥会的申办本身就具有巨大的广告宣传效应，将会带动张家口旅游业以及其他服务业的发展。对于提高张家口地区的区域影响力和综合竞争实力具有重要意义。

3. 京张两地文化共享的现实性

(1) 冬奥会的发展契机

2022年北京—张家口冬奥会的举办是京张两地进行文化共享直接而又重要的现实基础，冬奥会的成功举办必然会带动两地进入新的城市文化发展模式，必然会加强京张两地之间文化资源的交流。冬奥会的举办最为突出的表现便是北京市的文化资源会逐渐进入张家口。由于北京市本身文化资源丰富，文化市场发展活跃，文化创意与管理人才充足，冬奥会将促使北京市的大量文化资源进入张家口，实现文化传播的目的。而从另一个方面来讲，张家口市文化产业的发展也急需北京市文化产业发展活力的带动，只有营造更加丰富的文化产业发展环境，扩大文化产业竞争市场，才能够真正带动张家口市的文化发展活力。

京张冬奥会的举办，必将开创全新的冰雪文化共享模式，带动张家口体育文化产业的全面优化。张家口市当前的城市基础设施建设现状远远不能满足冬奥会的需求。按照2022年北京—张家口冬奥会的规划，张家口赛区共有8个场馆，还将新建北欧中心越野滑雪场、北欧中心跳台滑雪场、冬季两项中心和张家口奥运村。新场馆设施的建设将全面完善张家口滑雪运动体育设施，打造华北地区新的冰雪文化产业集聚区。随着张家口冰雪产业的发展，北京市大量的文化资源和文化人才将向张家口流动，从而形成文化互补，形成京张共享的文化发展模式。

(2) 京津冀协同发展的题中应有之义

根据《京津冀协同发展规划纲要》，北京要解决的核心问题是疏解非首都核心功能，解决北京"大城市病"。在区域发展中，北京市整体发展实力突出但周边带动效果较差，京津冀三地的总体状况呈现出"中间过剩、边缘贫乏"的不良局面。北京市优越的城市发展条件，导致大量的人口汇集，超负荷的城市发展，造成了当下北京市环境质量每况愈下、交通拥堵、水资源贫乏等城市发展的困境。京张文化共享模式的建立首先在资源共享上能够有效缓解北京市的城市发展压力。以文化产业中的体育休闲产业为例，当前北京市的土地资源逐渐贫乏，体育产业尤其是冰雪运动产业发展资源捉襟见肘，况且北京市本身又是一个水资源缺乏的城市，大量的冰雪运动极度消耗淡水资源。而张家口的体育产业正好和北京市呈现出互补的局面。张家口市地广人稀，在冰雪运动方面又具备山地资源丰富的优势，同时"首都一小时生活圈"交通条件的实现，完全可以将北京市的冰雪运动逐步转向张家口。再以生态休闲产业为例，随着现代生活质量的稳步提升，生态休闲成为都市生活的必需品，当前北京市生态休闲产业虽然逐步发展，但生态休闲产业本身就需要大量的土地资源作为支撑，由于北京土地价格昂贵，环境质量下降，其发展困境逐渐显现。而张家口在绿色生态资源上拥有得天独厚的发展条件，文化共享模式的发展与成熟会逐渐使得休闲文化资源由北京向张家口转移，减轻北京市的土地资源利用压力。随着共享模式的建立，北京市生态休闲产业和冰雪体育产业随着资源的转移，会带动相应的人才和产业的转移，同时也会逐步减轻北京市的城市发展压力。

从张家口在京津冀协同发展中的地位来看，张家口市与北京市实现文化共享也具备一定的现实性。北京市与张家口市联系密切，除了最具盛名的京张铁路外，张家口在历史上一直是北京市的"咽喉"，北方游牧民族想要进入北京，必经之地便是张家口，因此历史上两地有着频繁的联系，文化认同感较强。另外，根据《河北省建设新型城镇化与城乡统筹示范区规划》，张家口担负着冀西北生态涵养区的建设重任，重点工作在于提升生态保障、水源涵养、旅游休闲、绿色产品供给等功能，构建绿色生态产业体系，打造京津冀生态安全的屏障。根据张家口的发展定位便可看出，张家口未来会成为北京市周边休闲旅游的重要地区，随着现代人对于休闲生活的追求不断提高，人口的往来也会更加频繁，文化资源的需求量和分享量也会大大提升，因此京津冀协同发展的实现也需要京张两地进行文化共享。

4. 京张两地文化共享的价值

(1) 有利于张家口文化产业发展的提质增效

目前张家口市文化产业资源丰富、种类众多（见表1），同时又处在京、冀、晋、蒙四省市区交界处，是沟通华北与东北、连接东部与西部的重要交通枢纽，地理位置优越。但是张家口市的文化产业发展同时也存在着数量多、精品少、基础设施不完善、文化品牌效应差、文化产业创意水平低等弊端，而解决这些问题的关键在于提升文化产业的质量，提升文化产品的创意水平，建立具有市场竞争力的文化品牌。

表1　张家口市文化资源分类①

文化民俗资源	历史文化资源	源文化	中华三祖堂——合符坛
		古长城文化	六朝长征遗址、长城关隘大境门
		元都城文化	元中都遗址、元中都博物馆
		古建筑文化	张家口堡、宣化古城、蔚县明清古居
	生态文化资源	森林公园文化	和平森林公园、黑龙山森林公园等
		草原草甸文化	张北草原、沽源草原
		湿地文化	沽源湿地
	宗教文化资源	佛道释三位一体文化	云泉禅寺
	红色文化资源	爱国主义教育基地十余处	冯玉祥故居、八角台、晋察冀军区司令部旧址等
	商业文化资源	风味饮食文化	长城干红白、熏肉、口菜等
		边境贸易文化	张库商道、茶马互市
文化休闲资源	艺术文化资源	戏曲文化	二人台、口梆子
		节庆文化	蔚县社火
		技艺文化	打树花、蔚县剪纸
	体育文化资源	滑雪健身文化	崇礼滑雪、张北滑雪
	旅游文化资源	农家乐文化	张北草原农家乐、蔚县农家乐
		采摘文化	怀来葡萄采摘、张北农业园
		温泉地热文化	赤城温泉、怀来温泉

　　北京—张家口文化共享模式的建立，能够为张家口文化产业的创意水平带来极大的提升。随着京张文化项目的不断开展，大量的创意人才会走进张家口，为张家口文化产业的发展贡献才智。由于北京文化创意产业在全国处在较高水平，文化创意产业项目的运作经验丰富，共享模式的开展能够为张家口文化产业的运作提供多方面的借鉴。随着冬奥会的举办，张家口市的文化产业发展质量会稳步提升，形成张家口市独具特色的文化品牌。在基础设

---

① 吴璇欧：《张家口文化旅游产业融合发展的战略思考》，《河北北方学院学报（社会科学版）》，2015年第2期。

施建设上,冬奥会的举办,会使得张家口的交通、城市公共接待能力、城市外在环境等方面得到极大的改观,外在基础设施的改善能够为张家口文化产业的发展营造良好的环境。此外,冬奥会的成功举办必然带动张家口市冰雪运动产业的提升,使之成为华北地区冰雪运动的精品产业带。根据冬奥会的要求和张家口市的城市规划,张家口市未来在崇礼周边的张北、沽源、赤城等有条件的县区谋划建设一批滑雪场、滑冰场和滑冰馆,尽快形成贯穿全市、点线结合、冰雪交错的大冰雪格局,争取到2020年每个雪季的接待能力达到1000万人次。① 而冬奥会举办后,后奥运时期的冰雪运动资源会带动张家口冰雪文化产业成为张家口市的文化品牌,文化产业品质实现质的飞跃。

(2)有利于创造新的城市文化共享发展模式

京张两地存在着文化认同的基础,两城市的文化根基均来自于"燕赵文化",这为两地的文化共享打下了文化认同的基础。与此同时,两城市发展水平虽然差距显著,但是在部分产业链条上存在着资源互补、互相促进的内在发展关系。京张文化共享模式的建立则是以文化作为城市发展的纽带,将一个超大型都市与一个中小城市紧密相连,利用超大型都市的人才资源、市场优势、创新能力以及中小城市与超大型都市之间的资源互补性,带动中小城市产业发展,同时减轻超大型都市的发展压力。这种良性循环发展模式的建立,不仅能够为京津冀协同发展提供重要的借鉴,同时也能为我国其他地区的城市发展提供新的思路。

众所周知,当前我国城市化进程不断加快,人口逐渐从农村转向城市,同时,由于农村基础设施比较落后,生存环境和社会环境相对较差,因此逆城市化现象在中国短时间内并不会出现。此外大城市发展压力的转移本应由大城市周边的卫星城来承载缓解功能,但是长期以来中小城市以及周边卫星城一直扮演着牺牲自我利益、支援中心城市发展的角色,因此造成许多大城市资源过于集中,导致普遍出现"中心突出、边缘陷落"的城市发展局面,也正因为这样,我国当前各大城市尤其是一二线城市普遍面临着城市发展超负荷运转的问题,城市发展矛盾重重。如果京张两地文化共享模式能够成功运转,则能够有效实现大型都市通过与周边中小城市的互补共享,实现大都市产业转移,对当前我国大部分城市具有重要的参考意义。

目前,两地文化共享初见成效。2016年6月,北京市文化局、河北省文

---

① 参见《2016年张家口市政府工作报告》。

化厅、张家口市人民政府在京签署《北京市文化局、河北省文化厅、张家口市人民政府文化合作框架协议》，充分发挥北京市、张家口市在资源、市场、科技、人才等方面的优势，共同研究探讨在公共文化、演出艺术、文化产业、非遗保护等方面的创新发展模式，有重点、有针对性地开展文化交流合作，为京津冀协同发展和京张联合举办冬奥会提供有力的文化支撑。① 例如在合作框架中，三地将共同建设文化交流的常态化机制，以长城文化、泥河湾文化、三祖文化为主题，每年联合组织非遗展览、文艺演出、艺术创作等文化交流活动，并号召张家口与河北组织优秀演出进入北京，开拓文化市场。这些合作框架的内容均是京张两地实现文化共享的重要途径，随着京张两地合作的不断开展，两地文化共享不再只是一种构想，而是正在逐步成为现实，同时两地共享模式的成功建立也将带动中国众多城市发展模式的创新。

二、京张冰雪文化共享模式：绿色办奥、共享办奥

(一)北京、张家口冰雪文化的历史

1. 冰雪文化的由来

我国幅员辽阔，地域差异显著，冰雪资源十分丰富。这一自然资源不仅对环境、气候造成影响，而且与人类社会生活关系紧密。在人类社会漫长的发展过程中，人们逐渐认识到冰雪资源开发利用的价值，冰雪文化也成为与人类社会生活紧密相关的一种生活方式。在人类长期以来对冰雪资源展开的创造性利用的过程中，冰雪文化逐渐形成。正如学者王德伟在《冰雪文化》一书中所说："冰雪文化是指在冰雪自然环境中从事日常生活的人们，以冰雪生态环境为基础所采用的或所创造的具有冰雪符号的生活方式。"② 由此我们可以看出，冰雪文化是冰雪生态环境下人们创造的独特的文化形态和生活模式。冰雪文化是冰雪区域的文化布局，是寒冷地区人类在冰雪环境下通过生产和生活创造出来的。"它反映的是地域文化、地域民族在历史积淀和自然环境影响下的心态、价值观念、组织形式、体制制度等文化因素的形成。"③ 综观世界冰雪文化，大多是以冰雪运动或冰雪活动为先导，以民俗和地域特色文化

---

① 牛春梅：《京张签协议，打造文化协同发展"金名片"》，《北京日报》，2016 年 6 月 6 日。
② 王德伟：《冰雪文化》，哈尔滨：哈尔滨出版社，1996 年版。
③ 战立富、许磊、陈平：《冰雪体育文化研究》，哈尔滨：黑龙江教育出版社，2014 年版，第 24 页。

为内容,以旅游和居民参与为形式,以文化交流为背景,以活跃经济为动力展开的。虽然各地在地理位置、民俗习惯等方面有着不同,但冰雪区域的共同性培养了他们相近的文化消费方式及冰雪文化。

冰雪文化以冰雪作为载体,因此受地理环境与气候条件的限制,在空间上形成了鲜明的区域特征。我国冰雪资源最为丰富、冰雪文化发展较为成熟的地区主要是"黑龙江和吉林靠近黑龙江、松花江的流域地区"①。因此,哈尔滨也成了我国最早将冰雪资源与城市文化生活结合起来的城市。"1963年在城市的兆麟公园巧做冰灯,寻求了和南方不同的办灯节方法,创新地举办了冰灯游园会,开启了冰雪服务城市文化生活的历史。"②除东北地区之外,我国华北地区同样拥有丰富的冰雪资源,其冰雪文化也有着悠久的历史。

2. 北京冰雪文化的悠久历史

北京的冰雪文化由来已久。据记载,北京地区的冰雪活动已有300年的历史。"清朝康熙年间的李声振曾经在《百戏竹枝词》中写道:'蹴鞠场中浪荡争,一时捷足趁坚冰。铁球多似皮球踢,何不金丸逐九陵。'"③该诗中的"铁球",便是当今冰蹴球的原型。不仅清代流行此类运动,在民国时期,北京地区的儿童更是流行"踢冰核儿"。由此可见当时的人们对冰雪运动的喜爱。然而随着时代的发展,冰蹴球运动慢慢淡出了人们的视线。数百年后的今天,在政府及各界人士的努力下,冰蹴球又重新焕发了生机。2015年,北京什刹海冰雪体育文化节就增添了冰蹴球项目,作为一次大型的公开赛,吸引了全国各地的选手前来参加。此外,北京还有着其他丰富多彩的冰雪活动,如2000年开始举办的北京银冬冰雪节、2007年开始举办的第一届平谷国际冰雪节、民间的冰灯节、冰灯艺术展、滑雪比赛、冰球运动等,无不受到市民的热烈欢迎,为银装素裹的北京增添了一份热闹与暖意。

说到北京的冰雪资源,就不得不提到国家级生态环境示范区、"北京夏都"——延庆。延庆距北京市区74公里,地势较高,平均海拔500米以上,气候独特,风景秀丽。延庆地区旅游资源丰富,拥有国家A级景区17个④,

---

① 王海峰、张岩、刘丽辉:《冰雪体育文化研究》,哈尔滨:哈尔滨地图出版社,2015年版,第69页。
② 战立富、许磊、陈平:《冰雪体育文化研究》,哈尔滨:黑龙江教育出版社,2014年版,第2页。
③ 佚名:《北京、张家口冰雪文化》,《文明》,2016年第2期。
④ 北京延庆政府门户网站:http://www.bjyq.gov.cn/lytd/jqjd/ajjq/?pi=2。

每年吸引国内外游客慕名前来，是北京旅游的重要名片。冬季的延庆更是北京地区赏雪、玩雪的好去处。延庆三面环山，为冰雪的储存提供了良好的自然环境。北京第二高峰——海坨山就坐落于此。海坨山每年除盛夏外都有积雪，亦有"海坨戴雪"之美景，名扬中外。

延庆地区拥有优质的冰雪运动资源。北京石京龙滑雪场于 1999 年建成，是北京周边地区第一家滑雪场，也是规模最大、设备设施齐全、全国最先采用人工造雪的滑雪场，还是北京少有的南坡雪道，这种雪道设计符合人体运动机能的需要，游客可以在冬日迎着和煦的阳光滑雪。雪场占地 600 亩，雪道设计专业，雪具大厅可同时接待 5000 人进行雪上娱乐活动。①

除了冰雪运动，延庆地区还有着丰富多彩的冰雪艺术。龙庆峡冰灯艺术节至今已成功举办了 27 届，吸引了众多中外游客慕名前来，欣赏瑰丽神奇的冰灯世界，现已成为华北地区纬度最低、规模最大、历史最久的露天冰灯艺术展。龙庆峡冰灯艺术节历年的冰灯有不同的主题，加上声光电等现代科技手段的结合，给予观光者一场场艺术文化的视觉盛宴。整场冰灯艺术节历时 50 天，接待游客上万人次，实现了游客人数和旅游收入的"双丰收"。同时，更填补了北京冬季冰雪特色旅游项目的空白，提升了冰灯艺术节的国际影响力，在扩大对外交流方面起到了不可忽视的作用。

3. 张家口的冰雪文化

张家口市位于河北省西北部，200 万年前的古人类就在此繁衍生息，历史悠久，名胜古迹众多。张家口以拥有八朝长城遗址而名扬天下，是当前留有长城最多的地区，素有"长城博物馆"的美称。历史悠久的张家口市同样拥有得天独厚的冰雪资源。其中，崇礼、赤城是华北地区最大的天然滑雪场，被誉为"东方达沃斯"。崇礼县冬季平均气温在－12℃左右，但平均风速仅为 2 级，降雪早，全年积雪 1.5 米左右，存雪期 150 多天，雪质参数符合国际滑雪标准，被专家誉为中国发展滑雪产业的理想区域。② 凭借其优质的雪场资源，崇礼县自 2001 年开始举办一年一度的崇礼国际滑雪节，至今已成功举办了 15 届。"每一届滑雪节都是向京津乃至全国展示崇礼滑雪旅游发展进程和

---

① 北京延庆政府门户网站：http：//www.bjyq.gov.cn/lytd/jqjd/ajjq/e2b8e96f_c273_4842_a921_eb21c1d71048.html。

② 佚名：《北京、张家口冰雪文化》，《文明》，2016 年第 2 期。

成果，全面推介生态、文化、旅游等资源的一次盛会。"①崇礼滑雪节作为河北省重大节庆活动之一，举办的赛事丰富多样，吸引着国内外冰雪运动爱好者参与其中。除国际专业性赛事之外，更举办了多种群众性滑雪活动，为全民参与滑雪提供了可能。如今，"崇礼滑雪"已成为张家口市的一张名片，正逐步走出国门，走向世界，朝着"著名亚洲滑雪胜地"的目标不断迈进。

4. 京张协同申奥的冰雪文化理念

"就文化发展过程看，冰雪文化从形式上存在三个层次：第一层次是冰雪民俗，它是生活在冰雪生态环境下的各民族自发形成适应冰雪的日常生活风俗习惯；第二层次是冰雪艺术，是人们的审美意识的觉醒中，对冰雪民俗的加工、提炼后取得的成果，它源于民俗又高于民俗；第三层次是在文化和生态的结合中，自觉意识到冰雪文化的客观实在性。"②

冰雪文化源远流长、形式多样、内容丰富，而且有着浓郁的地域风情和人文精神。冰雪文化的发展与弘扬，可以形成独特的地域文化，收到很好的社会效益。根据奥林匹克运动的宗旨和《奥林匹克2020议程》确定的改革方向，以及北京2022年冬奥会和冬残奥会组织委员会官方宣布的情况来看，北京—张家口2022年冬奥会将结合北京实际，把申办2022年冬奥会的三大理念确定为"以运动员为中心、可持续发展、节俭办赛"。京张协同申奥的冰雪文化理念也围绕着这个主题，以"绿色奥运"作为京张冰雪文化所弘扬的主题，倡导节能减排、保护环境的重要性。从文化层面指引2022年京张冬奥会建设成为绿色环保的奥运会。

（二）北京、张家口冰雪文化共享模式

1. 北京、张家口 冰雪文化共享的意义

（1）缓解北京旅游业客流压力

北京作为中国的首都，吸引着国内外无数游客慕名而来。作为一线城市的北京，人口持续增长，随之而来的交通、环境问题日益增多。据北京市轨道交通指挥中心公布的数据，2016年春节过后，北京市轨道交通路网客运量不断攀升，其工作日日客流量均超1100万人次。而每逢节假日，北京地区客流量还将明显增多，为公共交通带来压力。2022年冬奥会的举办，必将掀起

---

① 北京2022年冬奥会和冬残奥会组织委员会官网：http://www.beijing2022.cn/cn/competition_zones/zhangjiakou.htm。

② 李尚滨、张维泉：《冰雪文化与经济发展》，《冰雪运动》，2001年第3期。

全民参与冰雪运动的热潮，作为主办地之一的北京，势必面临着客流量的压力。因此，京张冰雪文化的共享，不仅有助于提高张家口市旅游知名度，增加游客数量，更能够分担北京地区的游客数量，减少北京旅游业的客流压力。

(2) 带动张家口地区经济发展

京张两地产业关联度大，资源互补性强，经济文化联系极为密切，合作领域十分广泛。张家口市毗邻北京，有着丰富的旅游资源。京张冰雪文化的共享，有助于张家口大力发展旅游服务业，实现旅游、文化、体育等相关产业融合发展。并借机大力引进北京文化产业基地转移项目，重点发展文化创意、文化旅游产业，重点吸引驻京总部和机构在张家口建立培训中心、会展中心、疗养基地，大力发展高端休闲产业。大力推进旅游产业对接行动。借此机遇，张家口将利用 2022 年冬奥会进行转型，发展第三产业，形成京张旅游带；加强北京与张家口之间的联系，转移承接北京的人才、文化、经济资源；做好北京的后花园，实现绿色经济崛起。

(3) 为冬奥会举办提供优质资源

北京与张家口的冰雪资源各具特点。京张两地冰雪文化的共享，有助于将两地冰雪资源整合，为冬奥会提供更加优质的运动资源。此次京张申办 2022 年冬奥会，将由张家口的崇礼县承办冬奥会雪上项目的比赛。崇礼县具备更为优质的雪上运动资源：降雪期长，每年 10 月中下旬开始降雪，滑雪期长达 150 多天，符合"降雪期在 4 个月以上为优秀"的冬奥会评估标准；雪质雪量有保障，崇礼县雪季降水量较均匀，近 10 年雪季累计降水量达到 514mm，年均降雪厚度达 1m 以上，干雪期占整个降雪期的比重达三分之二以上；温度、风速适宜，冬季平均气温为 -12℃，符合冬奥会雪季 4 个月不低于 -18℃ 的评估要求；平均风速仅为二级，1—2 月份平均积雪厚度为 57cm；且山地坡度适中，适于开展国际高端竞技滑雪运动。

2. 制约冰雪文化共享的因素

(1) 冰雪文化推广力度不够

受经济、地域和自然条件等因素制约，我国冰雪运动开展历史较短，基础还较薄弱，总体水平不高，与冰雪运动强国相比还有很大差距。特别是在冬奥会上具有较大影响的高山滑雪、越野滑雪、男女冰球等项目上。目前，我国只有黑龙江、吉林、辽宁等少数几个省开展冬季项目，国际雪联很多单项运动在我国尚未开展。北京和张家口虽成功申办冬奥会，但并没有正规的冬季项目专业队，也不具备雄厚的冬季运动群众基础，北京市历史上也没有一个参加冬奥会的运动员。与欧洲等国相比，冰雪运动在我国仍算不上大众运动，老百姓也没有参与冰雪运动的习惯和传统。且京张两地冰雪文化名气远不及东北。因此，冰雪文化的推广与宣传尤其重要。政府与企业应共同携手，加大宣传力度，利用好网络新媒体平台，使京张两地冰雪文化的概念真正传播到国内外。目前，张家口市政府已完成《大好河山——张家口》《中国·崇礼》《雪都崇礼》《崇礼之花》等宣传画册的制作，聘请中央电视台制作团队完成了《大好河山·雪都崇礼》《见证东方达沃斯》两个专题宣传片，举办了全市"'大好河山　冰雪激情'中国·张家口（国际）摄影展"。下一步将致力于把冬奥会作为一个响亮品牌，尽快与北京共同完成冬奥会标识设计，加快建设张家口中英文冬奥会网站，聘请专业团队制作一批具有国际水准的冬奥会宣传资料，迅速提升张家口的知名度和影响力。① 同时有效地借助互联网工具，利用新型社交媒体，全方位地推送张家口的优秀文化资源，提升城市文化魅力，提高张家口市在世界范围内的知名度。

(2)基础设施建设仍不完善

冬奥会是一项大型综合性的赛事活动，张家口市开展冰雪文化建设也离不开相关产业系统的服务和支持。目前张家口市崇礼县滑雪场建设依然存在重复建设和急功近利的倾向。滑雪场项目单一，当滑雪期结束后，整个滑雪场处于闲置状态，资源浪费严重。此外，崇礼县城作为中心服务区，滑雪场的配套开发工作仍不完善，滑雪场周边餐饮、消费等服务体系难以满足急剧增加的客流量。在冬奥会申办成功之后，崇礼县急需完善雪场周边基础设施建设，增加接待大型活动的高端场所、滑雪培训中心、医院以及相关卫生服务站等医疗保健措施，进一步提高大型冰雪运动的人员接待能力，提高服务质量与服务水平。

(3)京张两地信息不平衡

目前，北京、张家口两地在文化共享模式建设上，仍缺乏及时有效的信息化沟通渠道，难以做好信息间的互通有无，由此造成两地在资源共享方面仍存在诸多问题。北京、张家口两地的冰雪资源既有相似之处，又存在着差异。良好的信息平台的建立有助于京张两地相互沟通，对彼此的冰雪资源情况进行了解与掌握，从而有效对两地冰雪资源进行整合开发。京张两地应利

---

① 《张家口市委书记：以申奥为契机全面深化京张对接》，http：//news.xinhuanet.com/politics/2014-02/18/c_119375415.htm。

用好网络新媒体，实现信息的有效对接和及时联络，从而减少京张两地发展差距，实现两地间资源与文化的共享。

3. 京张冰雪文化共享开发策略

(1) 共享冰雪运动产业

北京、张家口两地拥有丰富的冰雪资源，在发展冰雪运动产业上拥有得天独厚的优势。目前，应对京张两地冰雪产业结构进行合理布局，以文化共享为指导，以全民健身为目标，以冰雪旅游为特色，合理布局、统筹规划，以满足两地广大群众对冰雪运动的需求。2022年京张冬奥会冰雪运动场馆的修建，更是为两地发展冰雪运动产业提供了良好的契机。张家口因其多山地、多降雪的特点，适合滑雪运动的开展；而北京因其场馆设施完备，更适宜发展冰上运动。两地结合自身优势，整合冰雪资源，避免重复建设、无效建设而导致的冰雪资源单一化的浪费，从而形成冰雪产业的生态联盟，提高冰雪产业的有形资产的合理布局和高效运营。

(2) 开展冰雪文化艺术节

"艺术是随着人类生活的需要，在生产活动中形成的一种特定形式，并在满足人类的审美生活需要过程中形成了光辉灿烂的文明成果。凡是含有技巧和思想的冰雪活动和冰雪产品皆可以称之为冰雪艺术。"[①]"冰雪文化艺术节"的形式，能够以冰雪为展示对象，呈现给游客一个异彩纷呈的冰雪世界，从而带给人们良好的冰雪文化体验，北京龙庆峡冰雪艺术节的成功就是很好的范例。北京与张家口可结合两地文化共性，以"文化＋冰雪＋艺术"的模式，打造独具特色的京张冰雪节。在冰雪运动之外，开拓冰雪资源的文化利用，扩大京张两地冰雪文化的影响力。

(3) 开通北京、张家口冰雪文化信息平台

当今信息时代，网络传播平台的作用不可忽视。在对京张两地冰雪文化的创新经营上，应注重其信息平台的建设。充分利用好网站、微博、微信的作用，利用网络的传播效率及传播范围，有效对外推广京张冰雪文化。对京张两地文化共享模式下的冰雪文化产品进行整体性创意、策划、包装、设计、营销，将各个组成部分整合成一个有机体，加快京张冰雪文化走向全国、走向世界的步伐。

---

① 刘易呈、于立强：《冰雪文化的传承与发展》，《冰雪运动》，2014年第9期。

(4) 加强两地相关企业的合作

要想做到两地冰雪资源的共享，必须从微观企业入手，给予两地从事冰雪相关产业的企业政策支持，紧密加强两地企业间的合作。同时，建立北京、张家口两地企业沟通机制，保证两地企业间信息的畅通往来。促进信息沟通，从而将两地冰雪资源进行合理的整合配置，最大限度地做好资源的有效利用。对于中小企业的冰雪资源可以优化整合，形成更大资源；大企业之间进行强强联合，共同合作，充分发挥企业特色，从而实现两地冰雪资源的有效调配和利用。

(5) 共同开展生态保护建设

目前，我国冰雪产业在生态环境保护方面还存在很多问题，如由于缺乏相关法律法规的制约和指导，盲目、随意开发自然资源等，已经成为我国冰雪产业发展亟待解决的问题之一。人工滑雪场造价成本高，水资源消耗量大，如果开发不当，将导致水资源的严重浪费。因此在冰雪行业的开发建设上，应采取专家论证、市场调研、统一规划等方式，对冰雪产业进行结构优化和资源配置；制定相应的冰雪产业和冰雪环保法规、条例，对经济效益和社会效益好的冰雪产业进行大力扶持，对不正当经营、污染严重的企业进行处罚，从而保证我国冰雪文化产业绿色、健康、可持续的生态化发展。

4. 冰雪文化共享模式需要注意的问题

(1) 注重自然环境保护

冰雪文化本身应是有着地域性特色和大自然规律的一种生态产业，而绿色环保是冰雪产业的环境特征。从近几年冰雪活动开展区和滑雪场周边的人类生活垃圾、排放的污水就可以看出，无论是当地的经营者还是参观的旅游者，都还没有充分意识到冰雪景观环境不断恶化、自然景观资源被破坏的问题。我们必须要大力倡导、宣传"冰雪文化产业生态化发展"是我们发展冰雪文化产业的"重中之重"的理念。近年来，随着全球气候变暖、北方多暖冬等现象，结冰期也有所缩短，不利于冰雪运动的开展。所以，从产业经营的角度看，冰雪产业面临着时间短、任务重、资金短缺等经营问题，如果在经营策略上也缺乏灵活性和多样性，必然会对有限的冰雪资源造成季节性浪费。冰雪文化产业的项目有别于其他项目的地方是冰雪资源不能重复使用，浩大的冰雪工程等到来年春天将融化为一摊雪水，直接影响到冰雪产业的附加产品和有形资产的开发利用。

(2)构建良好的社会人文效应

生态文化就是人与自然和谐的文化,是人的价值观念的根本转变。它解决了人类中心主义和片面现代化造成的人与自然的割裂与对立,主张通过认识和实践,形成艺术学和生态学相结合的艺术生态观。冰雪艺术生态化理论的形成,使人们在现实生活中逐步增加对冰雪艺术与生态文化互动的感知。冰雪景观雕塑生态化功能上的扩展,可以突出其文化与地域特色的设计系统及其商业开发等可持续发展的生态化循环模式。冰雪雕塑艺术与城市公共景观的结合,使得作为公共艺术的冰雪文化产业对于公共性的诠释奏出了不同凡响的旋律,使人与冰雪景观之间的情感互动和生态化发展成为可能。

三、京张冰雪文化共享模式:创新与可持续发展

奥运会等大型国际赛事,因筹办期间大量的资金投入、市场化运作与政策鼓励,在一个时期内,各类相关产业受奥运经济效应的影响,发展势头强劲。这种影响不仅作用于经济效益,各种形式的国际文化交流在赛事举办当年亦达到巅峰。然而,回顾以往的大型国际赛事,在赛事引起的狂欢过后,举办地文化产业的发展速度往往逐渐趋于平缓,甚至相当长的时间过后,由于市场产生的巨大落差,一些地区面临停滞不前的窘况。

因此,作为京张冬奥会的主办者不能不提前筹划后冬奥会时期京张地区文化产业继续发展的路径,具体来说便是如何打造京张文化的可持续发展模式,在后冬奥会时期仍能实现区域文化产业的创新发展。也就是说,需要将奥运会带来的文化井喷转变为长期有效的发展活力,将奥运会影响下的局部文化繁荣升级为整个京津冀地区的文化共享。

(一)后冬奥会时期文化共享的可能性与重要性

从外部条件来看,冬奥会过后的京张地区,尤其是经过重点建设的张家口、延庆两地,其城市环境与城市公共服务能力都将大幅度提升,同时土地资源价格与流动人口数量将大幅上涨,城市的品牌形象也将被赋予冬奥元素,城市知名度扩散至国内外各个地区。众多的外部条件中,对后冬奥会时期的文化产业发展造成直接影响的,是京张地区的城际交通负载能力的大幅上升。据现有资料显示,在目前的建设规划中,5年后,将连通京津冀首条区域快线,基本建成"1小时京津冀交通圈",基本实现"十三五"北京交通蓝图。政策方面,在2014年"第五届中国(天津滨海)国际文化创意展交会"举办期间,京津冀三地文化部门就曾现场签署文化领域协同发展合作框架协议,并酝酿

建立联席会议制度,成立合作协调工作小组,保障文化协同发展落到实处。根据协议,今后三地将依据优势互补、共建共享等原则,充分发挥三地在资源、市场、科技、人才等方面的比较优势,共同在公共文化服务、文化演艺、非遗保护、文化金融等领域加强具体项目的沟通与对接。① 因此,京张两地实现文化共享在外部环境上具备得天独厚的优势。

除此之外,从文化产业发展条件来看,后冬奥会时期北京—张家口文化共享的程度也将大大提升。文化氛围上,张家口在文化资源、产业市场、科技、人才等方面逐渐与京津缩小差距,在外来文化的影响下呈现出国际化趋势。而且,冬奥会将带动北京与张家口之间文化资源的深层互通,双方实现优势互补,有利于各类文化产业的繁荣。

现代城市在建设过程中,通过大型国际体育赛事的举办,一方面不断挖掘城市建设的自身潜能,提升了城市的政治、经济、文化和体育实力;另一方面,城市凭借举办大型国际体育赛事的机会,积极借助外部机遇与力量带动并实现了城市建设的后发超越式发展,一举跨入发达世界城市和国际知名体育城市之列。② 因此,如何在后冬奥会时期将京张地区之间的文化共享持续下去,是京张冬奥会应当提前设想并做好规划的重要课题。

(二)国内外大型赛事举办地文化建设的经验与教训

1. 大型赛事为区域文化建设提供软硬件支持

(1)打造城市文化品牌,提升城市魅力和地位

奥运会是全球范围的大型文化交流活动,短短两周内,举办城市会成为全世界的关注焦点。以2008年北京奥运会为例,奥运会吸引了来自世界各地超过两万名的文字和广播电视记者、一万多名世界上最优秀的运动员。根据央视公布的收视结果,全球有35亿人通过各种途径收看奥运会比赛项目。北京奥运会正是抓住这一重要机遇,在强大的宣传作用下,向世界展示北京城市形象,向全世界展示北京和中国的悠久历史、灿烂文化和生机勃勃的今天,以及充满自信与希望的人民。奥运文化被刻上了中国印记,具有文化特色的文字、图腾等通过特定仪式与文化产品推广到全世界。最直接的结果是,在其后相当长的一段时间内,以奥运游为主题的体育文化游,成为北京文化产

---

① 毛振华:《京津冀依托冬奥会助推文化产业协同》,《金融市场》,2016年第1期。
② 陈峰:《大型国际体育赛事对现代城市建设的影响效应》,《体育与科学》,2011年第4期。

业发展的重要品牌之一。

无独有偶，青岛市在2008年"奥帆赛"的持续影响下，将"奥运帆船之都"作为城市文化品牌，重点推进总投资约1280亿元的77个旅游大项目建设，突出发展体育文化旅游产业。仅2009年，青岛市就接待国内游客3903.42万人次，实现国内旅游收入451.41亿元，分别较上年增长15.16%和17.09%[①]，实现经济效益与文化价值的双增长。

在奥运会的作用下，城市的国际知名度迅速上升，国际影响力也迅速扩大，城市文化的品牌定位必然发生巨大变化，本土文化将与各国、各地区的代表文化、奥林匹克精神发生深度融合。后奥运时期，举办城市在品牌的塑造上往往趋于国际化，在展示文化软实力的同时汲取国际元素，让文化产业的发展空间进一步扩大。

(2) 汲取多种文化资源，因地制宜打造文化产业链

以奥运会为代表的国际性活动往往能够为该区域的文化产业发展留下巨大的资源基础，无论是艺术资源、科技资源还是教育资源，从筹备期开始就纷纷涌入举办地。在后奥运时期，这些资源早就与地区原有文化资源深度融合，因此，本地文化产业的发展路径也随之改变。举办奥运会对东道主的影响会覆盖到广告、会展、电影、电视广播传播、表演艺术、出版、艺术品交易、工艺品、建筑与工业设计、电子软件、体育娱乐、体育产业与旅游观光等文化创意产业的各个方面。

聚焦北京奥运会，除了带来直接经济效益的文化旅游产业，在奥运会过后，会展业在组织运作上更加成熟；本地的表演艺术产业也收获了巨大的商机；创意设计行业实现快速成长；古玩和艺术品市场也得到规范发展。放眼全国，北京奥运会还加快了我国的互动电视、数字化电视的发展进程；推动了手机3G网络建设，手机媒体、IPTV、各种数字终端的融合提升了网络媒体的广告价值；加快了数字出版业的发展。奥运会的举办可以说是整个地区文化产业发展的重要催化剂，能够充分激发本地区文化发展的活力。

从产业的角度来看，奥运会的举办能够使本地的文化产业水平得到整体提升，产生的各类文化产业链条在发展中更加明确和完善。奥运会文化建设提高了举办地的文化生活品质与文化消费档次，抓住"后奥运"的契机吸引外

---

① 陈峰：《大型国际体育赛事对现代城市建设的影响效应》，《体育与科学》，2011年第4期。

来资本,让后续资源得以开发,并因地制宜地找到符合自身特色与优势的文化建设路径。

(3)优化城市文化硬件,赛事场馆升级再利用

为了向客人展示最佳面貌,奥运会举办地会对场馆等基础文化设施进行全方位改造,甚至专门为了活动而新建场馆,这些硬件设施成为后奥运时期该区域发展文化活动的有力保障。

总结历届冬奥会后的场馆运营情况,大概分为以下四种:一是原本为冬奥会而改建的场馆,恢复原有功能。比如 2006 年都灵冬奥会时作为主新闻中心的场馆,本身就是由一个大型展览中心改建而成的,赛后继续履行其原有功能。二是将综合性场馆进行适当改建,交由专门机构运营。比如,都灵奥沃尔-林格托体育馆在举办滑冰赛事之后,将座位数减少,改造为一个展览中心;帕拉维拉体育馆将成为一个承载多种娱乐功能的场馆;萨奥兹-杜尔克斯滑雪场在赛事结束后,成为服务当地的一个滑雪公园。三是成为国家或地方体育项目训练基地,2014 年索契冬奥会之后,俄罗斯国家跳台滑雪中心等三个新建场馆都作为国家训练中心投入使用。四是原本由社区或学校体育场馆改建而成的,恢复原有用途。2010 年温哥华冬奥会的大部分场馆都建立于社区中,立足社区,为社区服务。其中,哥伦比亚大学雷鸟竞技场,作为加拿大第一支国家冰球队的诞生地,长期以来一直致力于为学校、社区冰球运动服务,在完成为冬奥会服务的工作之后,还将继续履行为地方冰球事业服务的社会职责。①

国内外的大量实践经验表明:大型国际体育赛事对加快城市体育旅游产业的发展,具有十分重要的作用,既能够转变经济增长方式,带动资源型城市转型,又能够完善城市功能,重新规划城市建设的发展;既能够发挥体育旅游产业资源作用,打造体育旅游城市,提升城市魅力和品位,又能够提高人的素质,提升生活品质和生命质量。②

2. 后冬奥会时期文化建设的主要问题

由于奥运会前期投入和商业化运作的不断深入,奥运经济在奥运会举办前和举办当年给举办城市带来经济的腾飞,极大拉动经济增长率,增加就业

---

① 姚小林:《2002—2022 年:冬奥会举办城市体育场馆规划发展趋势》,《武汉体育学院学报》,2016 年第 3 期。

② [日]蓑茂寿太郎,李玉红译:《1964 年东京第 18 届奥运会对东京城市景观的影响》,《中国园林》,2003 年第 2 期。

岗位，提高居民收入，拉动旅游收入，刺激商业服务业发展，而在奥运会结束的 2—3 年后，这种带动效应会逐渐降低。①

根据国内外后冬奥会时期举办地的文化建设状况，总结出以下几个主要问题：

第一，大量外来文化涌入之后，市场需求多样化，本土文化相对被弱化。奥运会使得举办地的文化多样性激增，同时导致了该区域的文化品牌不够明确，旧有文化产业竞争力不足，缺少合理有效的产业化升级方案，难以适应新的文化市场发展的需求。

第二，由于城市规模有限，随着冬奥效应降温，文化软硬件服务供给趋于单一化。无论是城市居民的文化消费，还是外部市场需求，都集中在局部地区，除了加大当地文化服务压力，难以带动周边地区文化产业的联动发展。

第三，冬奥会对自然环境造成压力，奥运会期间外来人口对举办地带来巨大的自然资源消耗，这需要以后花费相当长的时间去偿还。从结果来看，在后奥运时期里，举办地的生态化建设、可持续发展的目标往往没有得到有效执行，资源浪费、场馆闲置的现象常有发生。

第四，后冬奥会时期依然存在地域、交通、气候等条件的限制，新资源的开发与回收再利用并不如预期理想，文化资源搁置严重。文化建设过于依赖政策力量，政府主导着大型场馆等重要硬件资源的赛后运营，政府决策有时会对其市场化活动产生制约。这些硬件设施在赛后的运营管理与维护过程中，需要资金的持续投入，但商业化运营往往较难实现。

（三）北京—张家口冬奥会可持续发展可能面临的问题

1. 后冬奥会时期文化设施维护成本高

冬奥会和冬残奥会组委会数据显示（见表 2），本次京张冬奥会共计使用 13 个大型场馆（场地），其中北京地区（含延庆）有 10 个场馆（场地），张家口有 3 个场馆（场地）。北京主市区中，仅国家速滑馆是新建，其余几个是由 2008 年北京奥运会体育场馆改建而来；延庆地区新建国家高山滑雪中心和国家雪车雪橇中心；张家口市预备使用的三个大型场馆，皆是专门为本次冬奥会新建而成。从目前所显示的赛后利用规划来看，几个新建场馆今后主要有两方面用途：国家训练中心和综合开发滑雪场。

---

① 姚小林：《2002—2022 年：冬奥会举办城市体育场馆规划发展趋势》，《武汉体育学院学报》，2016 年第 3 期。

表 2　北京—张家口冬奥会场馆建设一览表①

赛区	场馆名称	比赛项目(小项数量)	观众座席（座）	建设类型	赛后利用
北京	国家体育场	开、闭幕式	90000	现有	综合开发
	国家游泳中心	冰壶	4500	改建	游泳中心训练及商业用途
	国家体育馆	冰球	18000	改建	体育比赛、展览会等
	五棵松体育中心	冰球	9000	改建	体育赛事等
	首都体育馆	短道速滑、花样滑冰	18000	改建	综合性场馆
	国家速滑馆	速度滑冰	12000	新建	体育赛事和音乐会、展览等
延庆	国家高山滑雪中心	高山滑雪	8500	新建	国家训练中心
	国家雪车雪橇中心	雪橇、雪车	10000	新建	国家训练中心
	云顶滑雪公园场地 A	自由式滑雪、单板滑雪	7500	现有	体育比赛、旅游等
	云顶滑雪公园场地 B	冬季两项、跳台滑雪	7500	现有	滑雪场
张家口	冬季两项中心	北欧两项	10000	新建	国家训练中心、综合开发
	北欧中心跳台滑雪场	越野滑雪、北欧两项	10000	新建	滑雪场等综合开发
	北欧中心越野滑雪场	越野滑雪	10000	新建	滑雪场等综合开发

不难发现，张家口市的硬件建设必然是本次冬奥会的资金投入重点，这预示着：冬奥会过后，该地区的文化基础设施将会得到最大幅度升级，同时，张家口市也将面临最重的资金回收压力。场馆所代表的硬件资源，需要长期的管理和维护，这种管理和维护也要求持续的财力投入，仅仅依靠政策，必然难以长期存活。滑雪运动有季节限制，场馆选址又远离城市中心，如何解决硬件资源可能被闲置的问题，是探寻后奥运时期文化产业可持续发展模式的第一步。

2. 外来文化对京张地区的文化"挤出效应"

奥运会是全球性事件，各国、各民族的文化将会在短期内发生碰撞、交流，这意味着各种各样的文化元素将要与承办地的本土文化相互融合。国外

---

① 数据来源：北京 2022 年冬奥会和冬残奥会组织委员会，http：//www.beijing2022.cn/。图表来源：姚小林：《2002—2022 年：冬奥会举办城市体育场馆规划发展趋势》，《武汉体育学院学报》，2016 年第 3 期。

文化元素的加入，预示着新的文化资源将会是未来文化产业开发的重点。后奥运会时期，城市特色的语言、服饰、活动将会受到外来文化的影响，居民的消费行为也会发生变化，在无意识的情况下，原有的本地文化特征可能会发生不同程度的弱化①。原有的本土文化产业相互之间缺少竞争，市场缺乏活力，各类民间文化产业和谐而缓慢地发展。在奥运会的作用下，本土文化确实会在短时间内被广泛关注，但从长期来看，奥运会结束以后，由于区域产业承载力的局限，承办地的本土文化产业必然会面临外来文化对其施加的"挤出效应"。尤其是张家口地区的本土文化产业以民间手工艺为主，陈旧而不成熟的产业模式缺乏活力，在应对外来文化"挤出"时，面临着被淘汰的危机。因此，本土文化如何在浪潮中明确自身定位，汲取国际化元素的同时不丧失原本的精神内核，成为探寻后冬奥会时期文化产业可持续发展模式的核心问题。

3. 城市文化服务压力加大

奥运会期间，为了迎接八方来客，在硬件全方位升级的基础上，京张地区的城市公共文化服务必然会达到最佳状态。狂欢过后，一些完全依赖奥运会而运作的公共文化服务必然会退出当地文化市场。此时，经历过奥运会期间井喷般出现的各种各样的文化活动，京张地区居民对城市文化服务的消费能力与消费水平都有所提升，除了本地居民以外，受后奥运影响力吸引而至的大量游客，也会对举办地尤其是张家口市的文化服务产生较大需求。相比奥运建设期来说，后奥运时期的本地文化产业缺少了政策的大力支持以及资金的大量投入，整体文化产业水平一般不再能维持之前的高增长率。冬奥会过后的一段时间，京张地区的奥运特色文化产业会逐渐精简，但是面对庞大的外部需求，原有的城市文化服务无论是从数量上还是质量上，都难以满足迅速扩大的市场。

整体文化产业增速下降，市场需求短期内居高不下，形成未来京张地区文化建设在后奥运时期的巨大落差，尤其是奥运会前后面貌转变最大的张家口市，其城市文化服务能力将面临前所未有的挑战。因此，如何依托奥运特色文化产业，蜕变出多种多样符合未来创新发展方向的优势文化产业，防止市场需求流失，成为探寻后冬奥会时期文化产业可持续发展模式的重点。

---

① 王婷婷：《实现我国体育赛事与举办城市共生发展的理论探讨》，《哈尔滨体育学院学报》，2010年第1期。

4. 区域文化缺少联动

从以往举办过大型国际赛事的城市经验来说，大型赛事活动会提升该城市的社会效应、经济效益，尤其是文化效应，但这些效应都集中在单个城市上，缺少从点到面的区域联动。目前，在京津冀文化发展一体化的语境下，配合冬奥会，鼓励京张地区文化共享，主要目的是让北京地区的优势文化产业带动张家口地区的文化产业崛起；后冬奥会时期，两地文化氛围将发生巨大转变，张家口地区与北京地区文化产业水平差距缩小，甚至在一段时间内，张家口市的城市品牌影响力增长幅度可能快于北京。也就是说，冬奥会结束之后，两地的文化共享模式要发生重要转变，张家口地区的特色文化产业也有能力反哺北京。

因此，如何通过北京与张家口城市之间的文化资源共享，将冬奥文化特色产业广布到周边区域，实现整个京津冀地区文化产业水平与文化服务质量的提升，将是后冬奥会时期文化产业可持续发展的主要目标。

（四）后冬奥会时期北京—张家口文化产业开发衍生模式

1. 后冬奥会时期京张地区文化产业创新与可持续开发的硬件基础：场馆等基础文化设施

在大型国际赛事结束之后，承办城市在文化建设方面的后续效应，往往是衡量该活动对城市影响的重要指标之一。奥林匹克运动会作为世界上最大型的文化交流活动之一，其所带来的后续效应必然受到多方关注。前文指出，筹办及正式举办期间与后冬奥会时期的最大不同，在于前后各类资源的投入落差，最直观的表现是：后冬奥会时期相关产业的增长率骤减。如何应对这一局面，是实现京张地区文化产业创新与可持续发展的关键问题。

赛后一段时间来自外部的文化资源、教育资源、科技资源与资金投入都有所减少，这是不可避免的。因此，可持续发展的首要步骤在于，充分发挥后冬奥会时期的文化优势，帮助其找到有效的资源、资金循环利用之路。直观来看，赛后该地区拥有巨大的文化硬件基础优势，其中以冬奥场馆为典型代表。如何将场馆等硬件资源重复利用，将其变成提供各类高质量文化服务的综合性场馆，是实现这一命题的重要基础。场馆建设之初，设计与功能必须符合城市长远规划，具有赛后再利用的潜力。同时，由于经历过冬奥会这一标志性事件，这些场馆的潜在文化意义非比寻常。作为该地区的标志性建筑，这些场馆必然被赋予本地与国际的双重人文特色，获得现代冬奥会文化的意义增值。

一方面，从空间规划、基础设施与服务功能上，要符合多元化定位。由于场馆的特殊性，如果要实现全部利用，就会对活动的种类限制比较大，承办项目大多局限在大型演唱会、晚会与大型会展。对于相对较小的文化项目来说，倾整个场地之力去为其服务，实际上是一种资源浪费。因此，赛后对场馆的改建，要格外注意不同空间的规划利用，让每个小空间都得到相应的配套服务，与大大小小不同种类的文化项目都可以实现合作。

另一方面，赛后要沿着专业化经营、市场化运作的路线进行场馆管理。我国的许多大型场馆主要靠政府的资金扶持建设而成，管理模式陈旧，缺少专业的管理团队运作。而冬奥会结束之后，相关的场馆设施也面临同样的问题。第一，除了适当的政策扶持之外，还需要吸引国内外民营资本积极参与，有助于冬奥会结束后相关功能的开发与维护；第二，在运营方面，需要引入更加科学有效的管理手段，模式升级有助于场馆在赛后实现商业化运作，逐步回收建设成本；第三，配置专门的管理部门，朝专业化方向发展，培植优秀的专业管理人才，为创意创新思维的诞生提供一定的空间环境。

2. 后冬奥会时期京张地区文化产业创新与可持续开发的推进器：冰雪文化旅游产业

京张地区长久以来拥有非常优质的雪场资源，随之而诞生的独特的冰雪文化，也是这一区域发展文化旅游的重要文化基础。目前来看，延庆、张家口地区围绕冰雪文化所萌生出的文化旅游产业，已经较为成熟，其中不乏一些发展较好的冰雪旅游项目，更不乏以八达岭雪场、崇礼雪场为代表的冰雪文化品牌。目前，这两个地区的滑雪产业已经占据比较大的冬季旅游市场份额。

奥运效应不仅会加深周边地区对于京张冰雪文化的品牌印象，最重要的是，奥运会结束后的相当长一段时间里，这种品牌效应会传播到更大范围的地域中，国内外游客纷至沓来。这就意味着，在后奥运时期，文化产业的市场也不限于本地或周边地区，远端的市场蕴含着巨大的潜力。而在众多的文化产业类别中，受益最明显的，便是冰雪文化旅游产业的市场。因此，在后冬奥会时期，可将这一产业定位为京张地区文化产业创新与可持续开发的推进器。

除了影响力之外，将冰雪文化旅游作为推进器，还具备以下优势条件：第一，奥运会期间完善的公共文化服务体系，提供给国内外游客极高的舒适度，为发展旅游业打下坚实基础；第二，为冬奥会配套建设的城际铁路、公路等硬件设施，在奥运会结束后可以延续使用，这是北京与张家口实现旅游产业联动发展的重要条件；第三，冬奥会的成功举办不仅为京张地区——尤其是张家口和延庆，带来许多的投资，而且带来了科学的商业模式与管理运营手段。外部资本与先进开发模式融合到冰雪文化旅游项目中来，使冰雪文化旅游促进文化发展的作用更加显著。

京张两地在后冬奥会时期大力发展冰雪文化旅游产业需重点解决以下问题：

第一，京张两地众多雪场的发展模式较为相似，同类旅游项目相互挤压。因此，应该避免同质化竞争。各个雪场应当在冰雪文化的大背景下，区别定位，打造能够发挥自身优势的品牌产品，此举既可以促进良性竞争的市场形成，又可以进一步丰富整个京张地区的冰雪文化产品种类。

第二，原有的旅游产业管理与运营模式有待升级，还未形成成熟的产业链条。解决这一问题，主要是抓住冬奥会这一重要契机，引进先进的文化旅游产业管理理念与科学的现代企业管理手段，同时提升产业链上下游各个环节的专业化水平，此举既可以让冰雪文化旅游产业找到长期的发展方向，又可以带动整个京张地区相关文化产业的发展，真正起到了推进器的作用。

第三，由于冰雪旅游的特殊性，相应而生的文化产业同时受到季节变化的硬性限制，容易造成资源闲置。想要克服这种局限，就要在冬奥会结束后进一步挖掘旅游市场，让冰雪文化的概念在各个季节的旅游文化产品中都能得以发扬。比如张北草原草莓音乐节，近年来在国内已经有较大影响力。类似的，可以将相关优势文化产业节日化，在一年里的各个时期打造符合时节特色的文化活动。

第四，奥运会期间，大量的文化建设都是由政府主导的，政策的鼓励很大程度上影响了冰雪文化产业的发展。在冬奥会之后，政策上的投入会适当收缩，该地区将面临建设成本回收的重要问题。因此，作为推进器的冰雪文化旅游产业，要想实现创新与可持续发展，就需要降低政策依赖、奥运依赖，找寻有效的成本回报方式。迎合国内外市场，蜕变出适应商业运作规律的文化产业，同时，可以将本土体育项目、民间艺术品等区域特色文化品牌推向国际市场，推进后奥运时期京张区域文化产业的联动。

3. 后冬奥会时期京张地区文化产业创新与可持续开发的精神内核：冰雪文化＋本土文化＋现代奥林匹克精神

在后冬奥会时期，实现京张地区文化产业创新与可持续发展，最重要的是明确两地文化共享模式的精神内核，也就是将冰雪文化与现代奥林匹克精神一同注入地区本土文化中。在京津冀一体化的语境下,文化一体化必然是京张地区文化建设的重点。抓住冬奥会的机遇,在相当长的时间内,实现两地各类文化资源的共享,是思考后冬奥会时期文化产业可持续发展模式的出发点。

冬奥会结束后的一段时间,与冬奥会、现代奥林匹克精神、国际文化相关的文化现象不会立即消失,这些文化现象会给京张两地的城市风貌带来重要的影响。不论是城市文化活动还是文化消费市场本身,潜移默化中都会受到冬奥会的持续影响。发展势头强劲的体育文化、冰雪文化,与扎根本土市场的民间文化,在这一时期内共存于京张地区。

合理利用这些文化,将三者精髓融合并且加以优化,形成具有深刻含义的地区文化精神内核,这也是最适合京张文化共享发展模式的精神内核。其实,文化产业之间的资源流动,不能仅仅寄希望于北京地区以丰富资源带动张家口地区,更需要在张家口地区培育出具有独创特色的优势文化产业,以此反哺北京地区,实现文化资源在两地间的双向流动。通过这种共享的文化内核,可将北京市与张家口市打造成为国内乃至国际知名的冰雪体育文化双核中心城市。以此为中心点,大范围扩散京张后奥运效应,带动整个京津冀地区的文化产业发展,使之成为最具有现代奥林匹克精神的城市群。

城市文化软实力建设是动态的、不断发展的,是在不断创新、不断吸收中逐渐积累起来的。城市文化软实力建设实际上是与城市大型国际体育赛事的文化传播、文化体制以及文化价值等相互联系、共同作用的,它们是同一个整体中的不同方面。① 也就是说,冬奥会对于京张地区,最值得重视的价值,在于其所注入该地区文化软实力建设的新元素。在冰雪文化元素、本土文化元素与现代奥林匹克精神的共同作用下,后奥运时期的京张地区,必然可以实现文化产业的创新与可持续发展。

四、京津冀协同发展语境下北京—张家口文化共享发展建议

作为冬奥会的联合主办方,京张两地除在自然资源、社会资源等方面实现互补和置换,还将在文化方面建立更为紧密的联系。北京市文化局、河北

---

① 陈峰:《大型国际体育赛事对现代城市建设的影响效应》,《体育与科学》,2011年第32期。

省文化厅、张家口市人民政府签署的《北京市文化局、河北省文化厅、张家口市人民政府文化合作框架协议》指出，今后京张两地将以文化交流合作为主要内容，共同构建京张文化繁荣发展示范带，打造京津冀文化协同发展区域合作的"金名片"。

北京市文化局相关负责人介绍，此次签订的文化合作框架协议，坚持以"可操作、可实施"为原则，充分发挥北京市、张家口市在资源、市场、科技、人才等方面的优势，共同研究探讨在公共文化、演出艺术、文化产业、非遗保护等方面的创新发展模式，有重点、有针对性地开展文化交流合作，为京津冀协同发展和京张联合举办冬奥会提供有力的文化支撑。

根据框架协议，京张两地将围绕冬奥会、长城文化的主题，建立交流合作机制，每年定期召开联席会议，磋商交流合作事项；弘扬冬奥主题文化，以崇礼冬奥会场馆为平台，联合打造"京张演艺中心"，打造以冬奥会为核心的区域特色品牌文化活动；共同建设文化交流的常态化机制，以长城文化、泥河湾文化、三祖文化为主题，每年联合组织非遗展览、文艺演出、艺术创作等文化交流活动；建设公共文化服务共享机制，北京市文化局、河北省文化厅将协助张家口市在蔚县重点打造国家级民俗文化园；建设人才交流机制，加强两地艺术人才联合培养；建设产业对接合作机制，共同打造京张文化产业带，成立京张文化产业联盟，推动张家口市有关单位与北京市相关区域和企业建立对口扶持和项目合作。

结合京津冀地区目前的发展情况，京张地区文化共享可从以下几个层面入手：

（一）克服文化歧视与不平等的传统观念，以先进文化和特色文化引领两地文化合作与共享

北京作为我国的文化中心，有着悠久的文化发展历史和强大的用于发展文化产业的人力、物力资源。而张家口作为河北省下辖的地级市，从文化资源的丰富性、对发展文化产业的重视程度、地区的经济发展水平来讲，都远不及北京市。在京张两地协同发展中，甚至是在京津冀地区协同发展的过程中，张家口明显处于弱势地位。京津冀地区的协同发展并不是一个全新概念，早在20世纪70年代，相关部门和地区就已经展开了相关研究和讨论，时至今日，京津冀地区的协作和发展已超过了四十年。在这四十多年间，河北省一直力图通过依托京津发展自身，但事实上，包括张家口在内的河北省只是成为支持京津发展的大后方，自身的发展任务并未完成。

张家口属于"环京津贫困带"的区域之一，张家口的发展滞后与首都的繁荣发展形成了鲜明的对比，这虽然与张家口地处燕山和太行山腹地，城市基础设施落后，人才、资金缺乏等诸多客观因素有直接关系，但与超大型都市对资源、人才、资金等社会资源的过度占有也有密切关系，张家口成为北京发展下的阴影区。

由于经济社会发展落后，难免会产生张家口地区文化发展也十分落后的看法，将张家口地区的文化看作一种劣势的，甚至劣质的文化。但实际上，文化不分优劣，只有发展程度的快慢、开发程度的高低之分。张家口地区空气质量良好且气候独特，全年无霜期短，夏季凉爽，适宜避暑，冬季漫长，适宜户外运动，尤其是冰雪类的户外运动；它地处京、冀、晋、蒙四地的交界位置，是连接我国东西部地区的重要枢纽，这种保存比较完好的自然生态资源特色在今天看来尤为珍贵，可以转化为十分稀缺的文化资源。与社会、经济、生态一样，文化越来越成为影响区域经济发展的重要因素，只有克服文化歧视与不平等的传统观念，形成区域文化的认同，才能实现区域文化的共享，促进整个区域的协同发展，拉动社会的进步。

京张两地的文化均可追根溯源到燕赵文化，虽然时至今日二者已表现出各具特点的文化形态，但从根本上说，都是燕赵文化的积累和裂变。共同的文化背景和相连的地域人脉是京张文化协同发展的基础，而认同文化平等、消除地域文化歧视则是两地实现文化协同发展的首要前提。只有把二者看成优势互补、共同进步的文化统一体，才能进一步实现文化共享，共同发展进步。

京张实现文化共享的最终目的绝不仅仅是促进北京地区更加繁荣，北京作为首都更应该凭借其优势来引领两地文化合作与共享。京张两地文化的共享应从发展两地先进文化和特色文化入手，因为一个地区的先进文化和特色文化必定是该地区最具竞争优势的文化，且已经发展了一段时间，具备了一定的发展基础。建议将两地可对接的优势文化资源结合起来，培育形成较为稳定的文化共享结构，在此基础上联动两地其他文化资源，以期形成成熟的北京—张家口文化共享发展模式，以此模式带动整个京津冀地区的文化共享。

在北京地区，冰上运动从古至今都深受人们的喜爱，有着开展冰上运动的悠久传统。张家口市崇礼县冬季雪量大、雪期长、雪质好，在坡向、坡度、垂直落差、空间体量以及温度、气候等方面，非常适合冬季竞技体育项目的开展，被认为是"华北地区理想的滑雪区域"，因此2022年两地共同举办的冬奥会成为两地文化实现共享的重要契机。在冬奥会的申办、准备、召开、会后的各个阶段,两地将就冰雪文化的发展经验、文化资源的调剂、文化发展方面人才的流通等进行密切交流。待两地冰雪文化资源共享取得一定成效并形成稳定机制之后,便可将工作重点向其他文化共享的发展领域转移,例如推进两地长城文化资源的共享和协同发展。北京八达岭长城是长城建筑最精华段,旅游黄金周的游客数量超过每天7万人次,张家口是现存长城最多的地区,素有"长城博物馆"的美称,两地长城相连,有了冬奥会的发展经验,日后或可开辟两地长城文化资源共享的文化建设项目。

北京—张家口未来的文化共享,应以先进文化和特色文化为带动,在文化平等和文化认同的基础上,充分调动两地文化资源的协同机制,方能实现两地长久的文化共享与合作。

(二)以冰雪文化为纽带、以冬奥会为契机,创建超大型都市与中小型城市间新型文化共享机制

一般而言,在跨区域经济活动中,大城市会随着其经济发展水平的提高逐渐增强对周围区域的吸引力,但更重要的是,当大城市发展到一定规模后,经济和产业结构转型的要求会使得周边地区有机会顺利参与区域分工而从中获益,扩散效应将会产生作用并超过极化效应。[①] 北京的首都属性是京津冀地区在如此长的时间内难以协同发展的关键原因,首都这一属性使得北京将周边中小型城市的生产要素集中,人力、资本都大量涌入北京,北京高高凌驾于这些中小城市之上。张家口自身经济实力相对薄弱,导致其在与北京的谈判、合作、协调发展中始终处于被动局面,这同样是京津冀地区无法协同发展并实现一体化的一个重要原因。在区域合作中如果一方实力过于弱小,那么就很容易出现在区域一体化发展过程中由于实力较强的区域侵占实力较弱区域的利益而最终导致区域一体化发展无法实现[②]。

超大型都市与中小型城市的文化共享首先应是建立在一种地缘的基础之上的,两个城市应该处于同一地理范围之内,距离较近,能进行密切的交流,二者有一定的文化共同点,不管是风俗习惯还是精神认同层面,都能达到一定的共识。其次是二者各自具备对方所不具备的优势和缺陷,能进行优势互

---

① 王秀玲:《对京津冀区域经济一体化发展的探析与思考》,《中央社会主义学院学报》,2006年第6期。

② 张可云:《京津冀都市圈合作思路与政府作用重点研究》,《地理与地理信息科学》,2004年第4期。

补，二者结合在一起刚好能打造一个新的发展空间。真正的良性共享机制需要建立在平等的基础之上，一方不能凌驾于另一方之上。北京和张家口联合申办冬奥会正是出于一种优势互补的考虑。北京周边缺少举办冬奥会滑雪比赛的自然优势，而张家口正好具备这一点；北京举办过2008年夏季奥运会，有办好大型国际赛事的经验，两地的结合扬长避短，实现了优势互补。

京张两地联合举办冬奥会，比赛场馆跨越京冀250多公里，对区域之间基础设施、环境保护、经济发展等都有着非常高的要求，这就需要在这两个城市之间建立一个较为合理和完善的文化共享机制。对于京张两地而言，这个机制显然应该由北京市主导，张家口市全面配合。

北京在基础设施建设、经济发展水平、人力资源储备、文化建设能力等各方面都大大优于张家口，但与此同时，北京面临着环境治理难、人口密度大、文化资源过剩、社会发展压力过大等一系列"大城市病"。张家口虽然经济发展较为落后，缺乏专业人才，但是具备良好的生态环境和丰富的自然资源，人口密度小，可使用土地多。二者结合，刚好能各施所长，各取所需。由此看来，在超大型都市和中小型城市共建文化共享体系的过程中，超大型都市应多提供非实体的资源，如科技、人才、过往经验和一些资金、先进设备；而中小型城市则应多提供一些实体性的资源，如场地、劳动力、良好的自然环境等资源性要素。双方应明确分工，超大型城市利用实力优势招徕资源，中小型城市承接资源。

同时，文化资源的共享不应局限在实体资源的共享，更应拓展到虚拟资源的共享领域，互联网所提供的不受时空限制的广阔空间显然更适合各城市、各地区之间互通有无，调剂余缺。欲实现文化资源共享的区域应共同搭建公共网络平台，将资源情况、现行政策、招商信息、情况简介及时放到网上，加快文化资源共享的速度，扩大文化资源共享的影响范围。目前已经建成的有"北京2022年冬奥会和冬残奥会组织委员会"网站，这是政府信息公示平台；另有"聚焦北京冬奥会"官方微博，这是与网友互动，接收信息反馈的平台。

在建立文化共享机制的过程中，超大型都市和中小型城市所追求的目标不同，超大型城市追求的是自身影响力的扩大和国际地位的提升，同时减轻城市压力，扶持相对落后地区的发展，起到带头作用。中小型城市的目标则在于促进自身的发展，提高自己的经济实力，引进先进技术和人才，提高城市发展水平。以冰雪文化为纽带、以冬奥会为契机，创建超大型都市与中小城市间新型文化共享机制，不仅有利于冬奥会的成功举办，带动北京和张家口地区的协同发展，更能为我国其他地区的城市文化共享提供经验，起到首都经济圈的模范带头作用，开创我国文化产业发展的新局面。

（三）建设环境友好、人文和谐的两地冰雪文化，打造张家口关内冰雪文化之都

京张地区的文化共享若想达到一个更高的水平，必须先将张家口的文化发展水平提高上去，否则二者处于一种"你强我弱"的文化关系之中，很难实现真正的协同发展，所呈现的状态一定是强者越强、弱者越弱，或是北京地区一直补给张家口地区，而张家口地区难以给出相应的回馈，长此以往，这种文化共享的关系必定难以维系。因此，在两地协同发展的初期，整合张家口地区的文化资源，打造其专属的文化品牌，使冰雪文化成为张家口城市的名片是两地实现文化共享的重要前提条件。

"奥林匹克之父"顾拜旦曾说："奥林匹克不是一场竞赛，而是一种源于内心的文化交流与融合。"建设环境友好、人文和谐的两地冰雪文化，打造张家口"关内冰雪文化之都"，正是京津冀协同发展语境下北京—张家口文化共享的重要任务。

当前，北京、张家口两地的冰雪文化发展都存在一定的问题。冰雪文化在北京虽然有着悠久的历史，但是一度衰落，近几年才慢慢复苏。2015年北京市举行了什刹海冰雪体育文化节，为迎接即将到来的冬奥会，体育文化节增添了冰蹴球和冰上赛龙舟两项赛事，让这两项原本被看作民俗的运动融合了更多竞技和文化的元素。但是冰雪文化在北京仍是一种供市民休闲娱乐的活动，并没有成为像皇家文化一样举世闻名的城市文化名片，在北京许多业已形成的成功文化品牌之中，冰雪文化并不是特别具有竞争力，受自然条件和场地等因素的限制，北京市无法打造一个类似于哈尔滨的冰雪文化王国。

而张家口的冰雪文化产业作为新兴产业，尚处于起步阶段，现有的冰雪文化产业主要是围绕旅游观光和滑雪体验为主，冰雪文化资源的开发利用还远远不够。尽管政府已经意识到了需要拓展冰雪文化产业，但是冰雪文化与冰雪运动、冰雪建筑、冰雪艺术、冰雪产品的联系还不够紧密，扩展程度较低，加之对现有的冰雪资源缺少包装，没有形成冰雪旅游的文化品牌。因此，正可借冬奥会这一发展契机，将张家口打造成"关内冰雪文化之都"。

张家口应根据滑雪旅游资源禀赋以及当地的自然风光、民俗风情，深入挖掘冰雪文化的自然、人文特色，打造具有地方特色的冰雪旅游品牌。比如

优化旅游线路，整合地方资源。崇礼滑雪、沽源湿地、赤城温泉、坝上草原可以结合在一起，地方特色旅游产品与冰雪体育旅游打包营销，统筹规划。崇礼缺的不是"资源"，而是资源的深度开发与有机整合；崇礼薄弱的不是"品牌"资源，而是品牌的价值与文化层次。应加强对旅游目的地品牌内涵的挖掘，广集民智，征集能打动消费者、激发其旅游欲望的主题形象标语。利用宣传刺激旅游消费动机，通过提高产品服务质量提升游客满意度，通过提供个性旅游体验提高旅游产品市场竞争力，提升旅游目的地品牌的公众支持。①

北京的"冰文化"与张家口的"雪文化"正可形成优势互补，携手举办和谐绿色奥运。北京的文化发展水平高，举办国际重大赛事的经验丰富，可为张家口提供技术、专业人员、设备上的支持，张家口可借助北京的力量扩大自身的知名度和影响力，同时张家口得天独厚的自然环境可为北京提供发展冰雪文化的场地，成为北京的"后花园"。实现自然与城市的和谐，北京与张家口的和谐，大型城市与中小型城市的和谐。作为一个有着得天独厚的冰雪旅游条件的城市，张家口要通过发展冰雪文化产业，全方位营造良好的人文环境，提高城市文明程度，从而形成冰雪文化这张独具特色的城市新名片。

(四)首都优质文化资源向张家口的适度转移

截至2015年年初，北京市第三产业占GDP比重达到了77.9%，已占据了主导地位，目前北京已经进入了后工业化阶段。根据北京产业规划和产业发展现状，北京市在产业升级的过程中需要转出与北京产业发展不相适应的产业。目前，北京功能疏解和产业转移的基本方向和重点主要集中在四个方面：一是高新技术产业以及大型国有企业的前后台基地、扩模项目等；二是聚集大量人口，导致交通负荷过大的物流场站、批发市场和劳动密集型加工制造业；三是企业总部、科研院所、中直机关下属的疗养、培训、会议中心等；四是依赖良好环境的医疗康复、健康养老服务产业等。② 廊坊市新动批红门服装城，就成功对接了北京大红门和动物园批发市场，并在2014年8月用不到一个月的时间招商成功。

但就当前北京的资源转移情况看，北京市转移的是一些不利于北京目前发展或增大北京发展压力的产业，这些产业转移出去，可以减轻北京的城市

---

① 张葳、魏永旺、刘博：《河北省滑雪旅游资源深度开发和特色品牌建设对策研究——以崇礼为例》，《城市发展研究》，2015年第1期。
② 龚晓菊、王一楠、孙梦雪：《京津冀协同发展背景下的张家口承接北京产业转移路径》，《经济研究参考》，2014年第62期。

负担和环境压力，给周边被转移地区带去了就业机会，但也给这些地区带来了环境问题。就张家口市来说，张家口的自然生态环境脆弱，是中国少有的风能集中区，且张家口城市规模不大，因此并不适合大型企业搬迁至此；张家口是我国"水源涵养功能区"，因此并不适合接纳高污染的企业；张家口的城市工业发展水平质量并不高，处于工业化中后期阶段，承接的产业也必须符合绿色、环保等要求。因此，张家口适宜承接和发展科技业、文化产业和休闲旅游业。首都优质文化资源（如教育资源、娱乐业资源）向张家口的适度转移，不仅能够扩大首都文化的影响力，减轻北京的人口压力和城市负担，而且能在很大程度上提高张家口的人均文化素质水平，为城市发展提供人才和科技支持，带动各产业的进步，提高张家口承办冬奥会的能力。并且，首都优质文化资源的转移可以促进北京市和张家口市加强各方面的协作，是两个城市实现优势互补的良好契机，对2022年两地合办冬奥会大有裨益。

在科技业转移方面，北京市是我国高科技产业的聚集地，各类高新企业层出不穷，目前市场已趋饱和，同质性企业过多，从业人员过多，导致竞争压力和人口压力过大，北京市的城市空间利用已超负荷，不能为高新技术产业提供足够整个产业链发展的空间和资源。因此，可通过合作共建和承接产业转移、扩建，建设相应产业园区和孵化支持体系，发展壮大张家口市电子信息、节能环保、新材料、云计算等高新技术产业。2014年中关村产业园已与张家口市达成协议，决定在该市张北县建设主体投资达150亿元以上的张北云联数据中心和京北云谷云计算与智慧产业基地。这一协议可吸引北京更多的人才、技术、资金进入张家口市，把北京的科技人才优势变成新兴产业优势，以集聚方式促进全市战略性新兴产业的快速发展。预计张北云计算产业园项目全部建成后，满负荷年产值约为29.4亿元，税前利润约8.7亿元，年营业税9700万元，年企业所得税1.3亿元，安排就业约1000人。

在教育资源转移方面，北京市作为我国的教育中心，人才资源丰富。张家口市不仅可以承接北京市由于教育资源过剩而需建立的高校分校工作，更可利用本地区自然环境优势和资源优势为北京的高校和研究机构提供科研和实验场所。2016年北京林业大学国家大学科技园生态科技协同创新中心在张家口市林业局成立。该中心将充分发挥各自特长，实现政、产、学、研、用融合对接，满足核心技术研究和产业化需要，为张家口市生态建设提供有力的科技支撑。并将在张家口设立中国生态修复产业技术创新战略联盟分支机构，对张家口市的重大生态环境建设工程、碳汇林建设等林业生态工程重点示范项目提供支持。将在张家口建设生态圃园示范基地、生物能源示范基地、林业人才双向培养基地。中心所从事的困难地造林技术的研究、林业信息化平台的建设、林业有害生物检索系统的开发、湿地保护和修复生态定位站建设等工作，将以张家口地区作为林业产业示范区，辐射京津冀及整个华北地区。

在旅游业转移方面，张家口有着丰富的旅游资源，又有着京张联合申奥这一巨大优势，可以大力发展旅游服务业，实现旅游、文化、体育等相关产业融合发展。以申奥带动"张家口滑雪旅游节"，建设葡萄（酒）品游大区、滑雪温泉大区、草原风情大区、民俗精品和历史文化大区等五大产业区，重点打造以坝上草原天路为主体的中国最美风景带，以泥河湾、三祖．元中都、民俗等为主题的历史文化旅游带，以滑雪、温泉、葡萄（酒）品游为重点的休闲体验带等旅游产业的"黄金三带"。并大力引进北京文化产业基地转移项目，重点发展文化创意、文化旅游产业，重点吸引驻京总部和机构在张家口建立培训中心、会展中心、疗养基地，大力发展高端休闲产业。

（五）打造京张休闲文化共享机制

随着生活水平的提高，人们对于休闲文化的需求也在不断增加，各地区之间的旅游资源共享符合时代发展的需要。早在1995年，国务院就确立了京张对口支援与合作关系，2008年北京市旅游局和河北省张家口市人民政府就已签订协议，将共同打造京西休闲旅游区域，使张家口成为北京休闲旅游首选之地。根据《张家口旅游发展规划（2012—2025）》，张家口将旅游产业定位为区域经济发展的第一主导产业，力争将张家口打造成现代休闲旅游度假目的地，以"激情度假地　时尚运动城——大好河山张家口"为旅游形象，提出以旅游主导的体育突破战略，将体育作为全市旅游发展的突破口，以申办"全冬会""亚冬会""冬奥会"为目标，以旅游为主导，高起点、高水平地建设一批高档次、高品位的滑雪运动和度假设施，以崇礼滑雪和张家口冰雪运动为核心，结合蔚县冰雪文化节庆打造"奥运城市"，通过体育赛事推动体育与旅游的相互促进和共同发展，推动张家口经济的转型升级。

张家口旅游业发展紧扣奥运会赛前、赛时、赛后的三个环节特点，赛前以区域性冰雪体验旅游度假为主，赛时以冬奥会旅游为主，赛后以国家冰雪体验旅游度假为主，从而实现张家口旅游业与奥运会的全程对接。张家口需要北京巨大的旅游市场，并期望通过北京的带动，实现在资源开发、景区建设、旅游设施、宣传营销等方面的全面提升，北京需要张家口清新的空气、良好的生态和独具特色的旅游资源。① 北京和张家口联合申办冬奥会，势必实现"正和博弈"合作，实现地区之间的联动和共赢，通过合作竞争带来和谐和效率，以市场为导向，顺应区域分工的客观规律，兼顾各区域的比较利益，寻求区域奥运旅游发展的最佳利益结合点，利用各自的资源优势、产品优势、市场优势、资本优势、管理优势、信息优势、人才优势等开发旅游资源，合理编排旅游线路，完善旅游设施，联合开拓旅游市场，把经济中潜在的收益转化为现实的协同收益，实现多区域的协调发展。②

冬奥会必将成为该地区旅游业协同化、一体化发展的催化剂，对区域旅游协同发展产生深远影响，并可借此机会打造较为完备的京张休闲文化共享机制。冬奥会将带动3亿人参与冰雪运动，带动体育产业、服务业、休闲旅游业三大领域的先行示范发展，形成京张体育文化旅游带和世界冰雪旅游胜地，有机会将冰雪运动转化为惠及全民的运动。同时，冬奥会将促进形成由航空、高铁、高速公路构成的区域一体化交通设施体系，如原定于2019年完工的京张高铁，时速250公里，因冬奥会将时速提升至350公里，北京到张家口太子城站全程仅需50分钟，直接将张家口拉入首都"一小时经济圈"，这意味着北京与张家口有了打造京张休闲文化共享机制的良好基础设施。冬奥会实现了京津冀区域发展理念向国际水平的整体拉升，与正在实施的京津冀协同发展战略相互催化，有利于增强区域整体竞争力，推动京津冀世界旅游目的地的建设。

对打造城市间休闲文化共享机制而言，一是要抢抓重大事件或国家战略的机遇，这将会成为区域之间更好结合的纽带，是可遇不可求的发展机会。同时要加强顶层规划设计，加快促进区域之间旅游产品、线路、公共设施的深度融合对接。二是要加强区域协同，强化区域发展分工与合作，加速推动各类资源在这一区域范围内的优化配置，形成区域统筹、产业互补格局。三是要谋划促进区域旅游协同发展的政策保障和制度创新，建立协同发展的体制机制，通过整合各自优势，共创旅游新业态，共建旅游市场环境和市场秩序，共塑旅游品牌竞争力，提升旅游区域的美誉度和国际影响力。四是要把旅游业作为一项协同产业、撬动产业来推进，通过以产品带产业、以品牌带

---

① 梁林、颜雄：《北京申办冬奥会的SWOT分析》，《军事体育学报》，2015年第34期。
② 任毅、李宇燕等：《基于事件旅游理论的张家口市旅游业与冬奥会对接模式研究》，《城市发展研究》，2015年第7期。

市场，通过"旅游+"进一步释放旅游业协同效能，将文化的共享扩展到社会发展的其他领域，打造区域经济协同发展新格局。

参考文献

[1] 王海峰，张岩，刘丽辉. 冰雪体育文化研究[M]. 哈尔滨：哈尔滨地图出版社，2015.

[2] 战立富，许磊，陈平. 冰雪体育文化研究[M]. 哈尔滨：黑龙江教育出版社，2014.

[3] 王强，包晓光. 中国传统文化精神[M]. 北京：昆仑出版社，2006.

[4] 牛淑萍. 文化资源学[M]. 福州：福建人民出版社，2014.

[5] 吴传清，刘陶，李浩. 城市圈区域一体化发展的理论基础与协调机制探讨[J]. 经济前沿，2005(12).

[6] 刘勇. 京津冀协同要下好文化关键棋[N]. 光明日报，2017-7-29.

[7] 牛春梅. 京张签协议，打造文化协同发展"金名片"[N]. 北京日报，2016-06-06.

[8] 隋秀玲，时丽红，宋雪琰. 浅谈京剧的起源与艺术欣赏[J]. 大众文艺(学术版)，2012(15).

[9] 贾桂香. 口梆子的历史渊源[J]. 大众文艺，2014(14).

[10] 李尚滨，张维泉. 冰雪文化与经济发展[J]. 冰雪运动，2001(3).

[11] 毛振华. 京津冀依托冬奥会助推文化产业协同[J]. 金融市场，2016(1).

[12] 陈峰. 大型国际体育赛事对现代城市建设的影响效应[J]. 体育与科学，2011(4).

[13] 姚小林. 2002—2022年：冬奥会举办城市体育场馆规划发展趋势[J]. 武汉体育学院学报，2016(3).

[14] [日]蓑茂寿太郎. 1964年东京第18届奥运会对东京城市景观的影响[J]. 李玉红译，中国园林，2003(2).

[15] 王婷婷. 实现我国体育赛事与举办城市共生发展的理论探讨[J]. 哈尔滨体育学院学报，2010(1).

[16] 王秀玲. 对京津冀区域经济一体化发展的探析与思考[J]. 中央社会主义学院学报，2006(6).

[17] 张可云. 京津冀都市圈合作思路与政府作用重点研究[J]. 地理与地理信息科学，2004(4).

[18] 张葳,魏永旺,刘博.河北省滑雪旅游资源深度开发和特色品牌建设对策研究——以崇礼为例[J].城市发展研究,2015(1).

[19] 龚晓菊,王一楠,孙梦雪.京津冀协同发展背景下的张家口承接北京产业转移路径[J].经济研究参考,2014(62).

[20] 梁林,颜雄.北京申办冬奥会的SWOT分析[J].军事体育学报,2015(1).

[21] 任毅,李宇,赵敏燕等.基于事件旅游理论的张家口市旅游业与冬奥会对接模式研究[J].城市发展研究,2015(7).

[22] 2016年张家口市政府工作报告[G].

[23] 北京、张家口冰雪文化[J].文明,2016(2).

京津冀区域旅游市场一体化发展路径研究

课题负责人：陶　犁（首都师范大学资源环境与旅游学院　教授）
课题组成员：朱　莎、寇文波、秦　愿、鲁　梦、张　璐、熊诗琦

一、京津冀一体化背景下的区域旅游发展

（一）京津冀一体化的现实要求

京津冀协同发展，核心是京津冀三地作为一个整体协同发展，要以疏解首都非核心功能、解决北京"大城市病"为基本出发点，调整优化城市布局和空间结构，构建现代化交通网络系统，扩大环境容量生态空间，推进产业升级转移，推动公共服务共建共享，加快市场一体化进程，打造现代化新型首都圈，努力形成京津冀目标同向、措施一体、优势互补、互利共赢的协同发展新格局。

京津冀地区同属京畿重地，战略地位十分重要。当前区域总人口已超过1亿人，土地面积有21.6万平方公里，面临着区域空间资源分配不均、生态环境持续恶化、城镇体系发展失衡、区域与城乡发展差距不断扩大等突出问题。首先是人口与资源的空间匹配严重失衡，北京和天津高度集中了区域优势资源，经济社会发展较河北好，但同时也出现了人口过度集中、人均资源不足、交通拥堵、生活成本增高、环境污染严重等"大城市病"频发的现象，为更好地发挥首都功能、实现区域的良性互动与可持续发展，有必要推动京津冀一体化发展；其次是在生态环境方面，北京和天津虽然实现了经济的快速发展，但因环保意识不足，过度追求经济增长，缺乏对生态环境的有效保护，环境污染问题日益严峻。同时，河北作为京畿地区重要的生态涵养区，目前的经济社会发展却不能支撑其更好地实现服务首都的功能，因而有必要推动京津冀协同发展，缩小区域间的发展差距。

此外，京津等地经济社会发展水平已达到或接近发达国家水平，城市化水平高、基础设施完善、社会公共福利服务完备，但周边的河北地区经济发展长期处于中等偏下水平，且经济增长多以高能耗、高污染产业拉动为主，

研究和实现京津冀一体化对于协调京津冀区域发展平衡、协调区域内部各单元之间的发展平衡和协调城乡发展至关重要。实现京津冀协同发展，是实现资源优化配置、面向未来打造新的首都经济圈、推进区域发展体制机制创新的需要；是探索完善城市群布局和形态、为优化开发区域发展提供示范和样板的需要；是探索生态文明建设有效路径、促进人口经济资源环境相协调的需要；是实现京津冀优势互补、促进环渤海经济区发展、带动北方腹地发展的需要；是一个重大国家战略，要坚持优势互补、互利共赢、扎实推进，加快走出一条科学、持续的协同发展道路。京津冀协同发展，努力实现区域一体化对推进地区经济社会发展，促进地区乃至全国其他地区城镇群可持续发展有着积极的指导和示范意义。

当前，北京的"大城市病"最为突出，北京人口过度膨胀，空气污染问题和交通拥堵问题频现，房价持续高涨，资源环境承载力严重不足，造成这些问题的首要原因就是北京集聚了过多的非首都功能。促进京津冀一体化的首要任务就是要解决北京的城市发展问题，有序疏解北京的非首都功能，优化提升首都核心功能，使北京更好地发挥首都功能，解决北京的"大城市病"迫在眉睫。2015年，国家制定和出台了《京津冀协同发展规划纲要》，对京津冀三省市的核心功能做了新的定位划分。未来京津冀三省市的定位分别为，北京市："全国政治中心、文化中心、国际交往中心、科技创新中心"；天津市："全国先进制造研发基地、北方国际航运核心区、金融创新运营示范区、改革开放先行区"；河北省："全国现代商贸物流重要基地、产业转型升级试验区、新型城镇化与城乡统筹示范区、京津冀生态环境支撑区"。努力实现京津冀一体化是落实三省市"一盘棋"战略的有力体现，是实现区域整体、有序、可持续发展的有力保障，如此才能形成京津冀三省市功能互补、错位发展、相辅相成的发展格局。

京津冀地缘相接、人缘相亲、地域一体、文化一脉，历史渊源深厚，交往半径相宜，完全能够相互融合、协同发展。要立足于三省市各自的比较优势、立足于现代产业的分工要求、立足于区域优势互补的原则、立足于合作共赢的理念，以京津冀城市群建设为载体、以优化区域分工和产业布局为重点、以资源要素空间统筹规划利用为主线、以构建长效体制机制为抓手，从广度和深度上加快发展，推进京津冀协同发展。推进京津双城联动发展，要加快破解双城联动发展存在的体制机制障碍，按照优势互补、互利共赢、区域一体原则，以区域基础设施一体化和大气污染联防联控作为优先领域，以产业结构优化升级和实现创新驱动发展作为合作重点,把合作发展的功夫主要下在联动上,努力实现优势互补、良性互动、共赢发展。

(二)京津冀区域旅游一体化的发展诉求

旅游一体化发展是推动区域一体化进程的重要力量,推进和实现京津冀旅游一体化有利于进一步推进京津冀区域一体化,从而实现京津冀协同发展和疏解北京非首都功能的发展战略。京津冀区域是我国重要的旅游客源地和目的地。北京、天津、石家庄、唐山等城市组成的京津冀都市圈,是中国经济发展水平最高的地区之一。2014年北京和天津的人均国内生产总值已经超过1.6万美元,高于世界银行确定的12616美元的高收入经济体门槛,河北省的人均国内生产总值为6487美元,也远超过中等收入经济体4086美元的门槛。随着经济发展和人民生活水平的提高,京津冀区域居民的旅游需求也快速增长。据中国旅游研究院的《中国区域旅游发展年度报告2014—2015》显示,北京、天津和河北作为客源地的潜在出游率分别排在全国的第1、7和11位,是全国重要的旅游客源地。北京是中国旅游业最先发展起来的城市之一,每年接待的入境旅游者和国内旅游者数量居全国前列。随着改革开放的推进,天津、河北与北京之间的旅游发展差距在不断缩小。

京津冀一体化是综合发展的一体化,旅游一体化是不可缺少的一部分。旅游一体化可以取得多元综合效益,一是提升区域整体形象,形成旅游景点群体文化效应;二是可以通过旅游加快三地交通、人流、物流的一体化进程;三是可以以旅游为平台,促进区域经济整体发展,形成发展的强大引擎。同时,京津冀旅游"一体化"发展综合效益的凸显,还能开创出我国区域旅游经济的新常态模式,开启旅游经济新常态时代,在全国起到引领作用。

当前,中国经济已经进入新常态时代,新常态下各行各业的发展都将进入一个新的时代,尤其是区域经济的发展将会进入一个崭新的时代。区域旅游经济如何发展,这是一个新事物,也是旅游经济进入新常态时代的一个重要课题。京津冀利用得天独厚的旅游资源可以率先通过一体化旅游发展为新常态旅游发展开辟出一条新路。

从旅游交通方面来看,《京津冀协同发展规划纲要》对区域基础设施建设特别是交通一体化做了较为详细的解释与规定。《纲要》出台后,三省市抓紧落实并制定了相关方案,努力实现京津冀交通的一体化,打造"首都3小时经济圈",旅游交通设施的不断完善将有利于进一步推动旅游一体化进程。从旅游消费方面来看,京津冀地区人口数量多,旅游消费市场广阔,旅游发展起步早，相对成熟，但有待开发和优化提升的旅游产品还有很多，旅游消费潜力大。在旅游信息上，京津冀区域集中了全国发达的信息技术产业，网络传媒在区域内普及度较高，充分利用好现代化旅游手段，提高服务水平，实现旅游现代化，有利于促进区域旅游一体化。从旅游文化来看，京津冀三地有天然的文化渊源，从文化渊源进行深入挖掘，有利于打通三地互联互通的文化血脉，让消费者在旅游中感受到一种清晰的文化脉络，让京津冀区域旅游文化形成一条清晰的文化之路，打破传统的旅游景点旧文化模式，形成旅游景群的新旅游文化模式，从而推动京津冀区域旅游一体化发展。

随着京津冀居民出游意愿和旅游消费能力的不断增强，打破区域内旅游不均衡状态，共享区域内旅游客源，开发区域内近程旅游市场，对于增强京津冀旅游一体化具有重要意义。京津冀旅游发展的不均衡主要体现在旅游产品、旅游目的地体系和旅游服务质量上，北京的优质旅游资源较多、服务质量较高、旅游接待体系较为完善，天津和河北应积极增强旅游吸引物建设，完善旅游目的地体系，增强旅游接待能力，优化旅游服务质量，促进京津冀区域旅游一体化有利于破解京津冀内部旅游发展不平衡的状态。

二、京津冀区域旅游市场一体化中的边界效应障碍评价

从边界发挥作用的方式来看，边界通常分为物理边界和心理边界，两种边界在一定程度上是相互作用的。地缘政治学上的边界主要有：以地形特征为标记的物理边界，如河流或山脉；以地图上的经纬度几何线为标记的概念边界。但后者通常可能通过人为障碍而转化为物理边界，如中国的长城和德国的柏林墙。物理边界能够限定特定区域里政府的立法管辖权，通过这种方式，物理边界又可以转化成国家主权、公共准则和秩序、公民或国籍界定、国家或民族利用边界区域内资源的权力、控制边界往来活动等概念边界，并形成人们头脑中对某个边界空间内国家、民族和种族的形象，文化和宗教特征的认知等，最终边界将物质、概念或精神联系在一起，并影响着各个层面的社会经济活动。

边界效应主要指边界对社会经济活动所产生的直接或间接影响，经济学意义上的边界效应主要指国家边界对经济贸易的影响及作用，其中基于边界效应（border effect）测度区域经济一体化发展水平是区域一体化的经典研究方法，该方法主要应用在：分析中心城市与周边城市的经济联系强度、分析价格和报酬率的空间分布、分析不同省份产业结构的变化趋势和相似度、计算

跨省的贸易流动、分析不同省区经济周期的相关性等，即将地区间经济联系程度和区域均衡发展水平作为衡量区域一体化边界效应的主要手段，通过经济发展指标的间接替代和以结果导向式的预测方法来解释边界效应存在的合理性，但这种方法本身能否有效解释边界效应及其对区域一体化的影响是值得商榷的。如人类社会系统是复杂多变的，中心城市与周边城市的经济联系强度的差异、跨省贸易流动量低于省内贸易流动量能否有效解释区域内的边界效应问题？不同地区价格和报酬率的空间差异、产业结构变化趋势、经济周期的波动是否一定是由边界效应导致的？多数情况下，边界效应的测度问题需要基于流量数据进行测量，但在多数国家或省份，基于人口或商品贸易流量数据缺失的情况，如何展开边界效应的研究？由此看来，要准确回答边界效应的问题需要借助多维度视角和综合指标体系构建，并结合更有效的计量模型才能有效解决。

旅游贸易一体化作为经济贸易一体化的一种特殊形式，对区域一体化的作用方式有其显著特点：传统的经济贸易一体化主要以资源流动为主，即将资源或商品运往目的地来满足消费者需要，虽然在此过程中也会涉及劳动力或人力资本的流动，但均以资源流动为前提而产生人力资源转移；而旅游贸易一体化则是以旅游者的流动为主，即将消费者吸引到旅游目的地进行消费，资源的生产与消费过程是在旅游目的地实现的，而资源价值属性的实现要以旅游者能够到达旅游目的地为前提。在资源流动过程中，关税与贸易壁垒、交通运输和目的地市场偏好是影响商品流动的主要方面，而资源流动本身是一种简单的传输与运送过程。而旅游者流动过程则会涉及很多影响因素，除旅游签证、交通费用、旅游目的地资源吸引力等影响因素外，旅游者感知、决策与行为都是影响流动过程能否发生的主要因素。因此，在旅游一体化过程中，还要考虑基于旅游者主体主观感知的心理边界效应研究，从该角度分析旅游市场流动性问题，将有助于我们更全面地了解旅游市场一体化问题。

（一）边界效应的表现形式和作用机理

边界效应主要通过物理边界和心理边界两种方式发挥作用，其中物理边界是针对社会经济活动中的客观现象而言，而心理边界则是针对社会经济活动中的主体对象而言。边界效应相关的行为主体也可分为两类，一类是国家、政府及拥有与边界管理相关的职责权力的行政主体，这类行为主体通常能够对边界的社会属性进行监督、管理与控制；一类是以因边界社会或情感属性所产生的边界效应而影响的企业、居民等为代表的大众行为主体。前者为施动者，后者为受动者，但两类行为主体均与边界效应有密切联系。从边界效应的作用对象来看，物理边界效应的主要作用对象是以自然或经济资源为主的初级产品和工业制成品，其中初级产品包括粮食、原料、矿产等，工业制成品主要包括有色金属、钢铁、化学产品、纺织品及服装等，物理边界效应主要发挥在国际商品贸易领域；而心理边界效应的主要作用对象是个体，即对受边界效应影响的个体或群体的情感或安全感知产生影响，并进一步影响个体或群体的流动行为。在边界效应的作用方式上，物理边界效应主要通过边界社会属性对资源的流动性进行控制，并对社会经济活动产生影响，而心理边界效应通过边界的感知属性对个体流动性产生影响，并进一步影响社会群体及其经济活动。

1. 物理边界效应的表现形式和作用机理

物理边界主要是指行政边界或实体边界，其边界效应的主要表现形式有：(1)通过权力或制度界定资源归属性，行政主体以保护和促进本国或某一特定区域的利益为目的，将特定区域的重要资源纳入自身管辖范围以内，实现对资源的管理、控制和使用；(2)通过权力或制度控制资源流动性，即通过关税或贸易壁垒来控制资源的流动，如通过建立贸易合作伙伴关系来加强与特定区域或国家的资源交易活动。物理边界效应的作用机理是行政主体以保护本国或本地区利益和推动经济发展为目的，通过划定边界对资源归属性和流动性进行监督、管理或控制，主要应用于国际贸易或社会经济活动领域。

2. 心理边界效应的表现形式和作用机理

心理边界主要指基于主体感知的概念边界或心理边界，也可称作心理认知边界，心理边界的主要表现形式有：(1)增强资源的吸引力。边界地区通常是自然地形复杂、人文历史多样的区域，这些地区通常拥有丰富的自然和人文资源，对个体具有较大吸引力。(2)对个体流动性产生影响。多样化的自然和人文资源会激发个体探索、了解和认识未知领域的动机，并由此产生人员流动。除此以外，个体流动性还体现在个体为了更好的生活环境与生活目标而产生的迁移行为，如历史上边境地区通常为战争高发区，人们为了躲避战争风险，会迁移至相对安全的地区开始生活，所以离边界较近的地区同样也是人类迁移活动发生频繁的区域。由此看来，心理边界的作用机理是行为主体以探索、求知或生存为目的，到具有多样化的自然人文景观或相对安全的地区进行参观、游览、学习或迁移至该地区的个体或群体流动行为。

(二)京津冀旅游供给与需求市场现状分析

1. 京津冀地区旅游供给分析

在旅游供给分析中,通常将旅行社、A级及以上景区和星级饭店数量作为地区旅游接待能力的主要衡量标准。本研究基于2015年《中国旅游统计年鉴》数据,对北京、天津和河北的旅游接待服务水平进行对比分析。从旅行社数量来看,京津两地旅行社数量相对持平,而河北的旅行社份额则相对较低,可以看出京津两地的旅行社接待能力远远超过河北,如图1所示。但旅行社数量仅作为衡量国内及入境旅游者接待能力的主要参考指标,对于区域内的散客市场研究还需要借助A级及以上景区和星级饭店来进行分析。

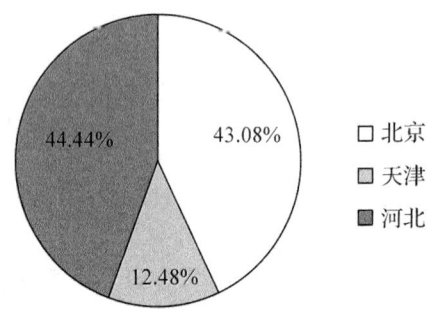

数据来源:《中国旅游统计年鉴》(2015)

图1 2014年京津冀各地区旅行社占区域总量比例

从A级及以上景区数量来看,截至2014年年底,河北的A级及以上景区占区域总量的51.27%,北京占32.75%,天津占15.98%。其中5A级景区中,北京有故宫、天坛、恭王府、颐和园、十三陵、八达岭长城、奥林匹克公园共7个①,天津有古文化街和盘山风景区2个,河北有承德避暑山庄、山海关、野三坡、娲皇宫和清东陵共5个。各地区主要以4A、3A和2A级景区居多,河北的A级及以上景区数量虽然远远多于京津两地,但在旅游景区的知名度和吸引力方面,与京津两地的A级及以上景区还存在较大差距,因此提升景区吸引力和知名度是河北旅游景区建设的主要目标,如图2所示。

---

① 北京旅游委官网还公布有慕田峪长城,为方便区域对比分析,本地仍以中国旅游统计年鉴数量为依据。

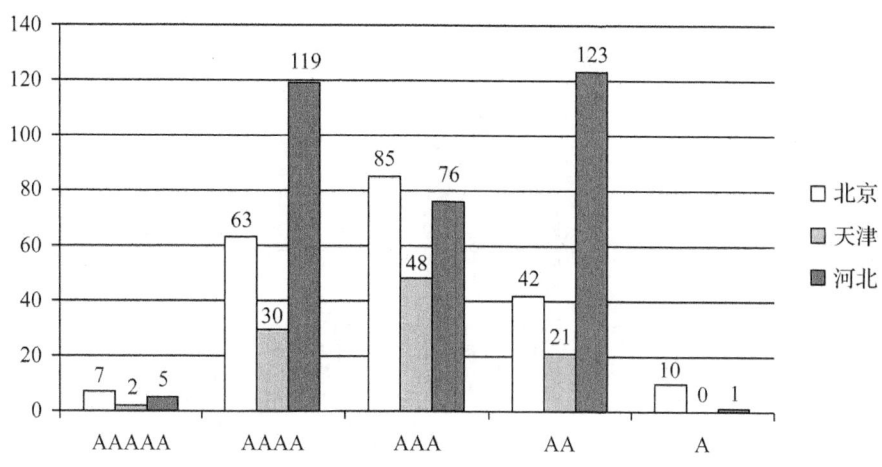

数据来源:《中国旅游统计年鉴》(2015)

图2 2014年京津冀地区A级及以上景区数量

从星级饭店数量来看,北京作为首都和国际知名旅游目的地,星级饭店数量占到区域总量的51.94%,河北占38.83%,而天津仅占9.24%,如图3所示。除此以外,北京的五星级饭店数量有58家,远远超过天津和河北两地,其中还有大量外资饭店品牌的入驻,因此在旅游服务接待能力上也高于其他两地。京津冀地区的星级饭店主要以三星级饭店数量居多,其中北京195家,河北183家,而天津仅有37家,随着新兴旅游目的地的兴起、国际赛事或旅游活动的举办,河北还要增加五星级和经济型饭店数量来满足区域内外旅游市场的需求,如图4所示。

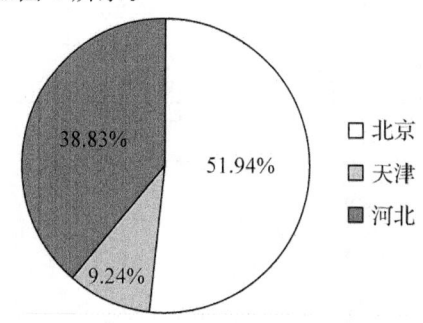

数据来源:《中国旅游统计年鉴》(2015)

图3 2014年京津冀地区星级饭店数量占区域总量比例

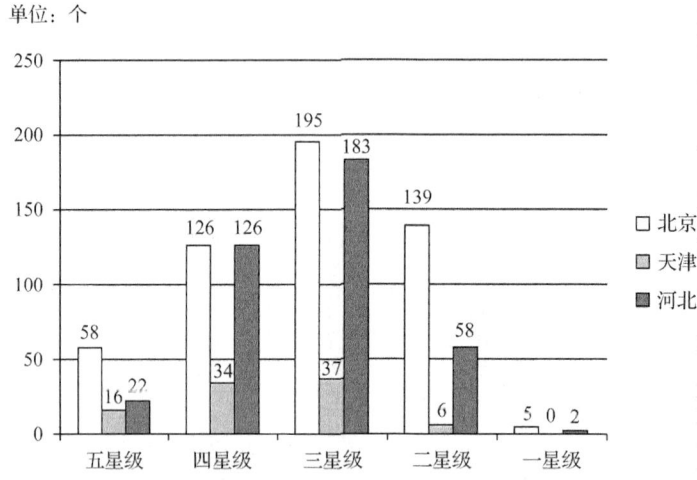

数据来源:《中国旅游统计年鉴》(2015)

图 4　2014 年京津冀地区星级饭店数量

从旅游从业人员数量来看,京津冀地区旅游从业人员主要集中在星级饭店和旅游景区,而北京星级饭店吸纳劳动力数量相对较多,其次为河北的星级饭店和旅游景区,而旅行社从业人员比重相对较少,说明旅行社的就业门槛高于星级饭店和旅游景区,未来区域内的旅行社应主要以吸纳旅游专业和特殊性人才为主,而星级饭店和旅游景区以吸纳一般性旅游服务人才为主,如图 5 所示。但随着自由行市场的盛行,对星级饭店和旅游景区的旅游从业人员也会提出挑战。

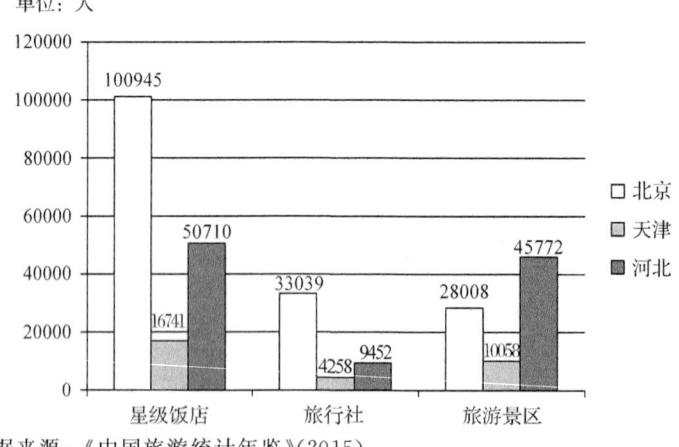

数据来源:《中国旅游统计年鉴》(2015)

图 5　2014 年京津冀地区旅游从业人员数量

2. 京津冀地区旅游需求分析

国内旅游者和入境旅游者是旅游业的两大旅游市场群体，国内旅游人数、入境旅游人数、人均消费和停留天数等指标也是衡量旅游市场的主要标准。本课题中的国内旅游者数量和入境旅游者数量仅以旅行社接待数量为依据，自由行市场不在统计范围之内。从国内旅游者数量来看，京津冀地区组织人数多于接待人数，说明京津冀地区具有较大的旅游市场潜力，可以作为周边或其他地区主要客源市场地。从区域内对比分析来看，北京组织接待人数最多，其次为河北，原因在于两地人口基数相对较高，天津作为直辖市，总人口数量低于其他两地，如图6所示。

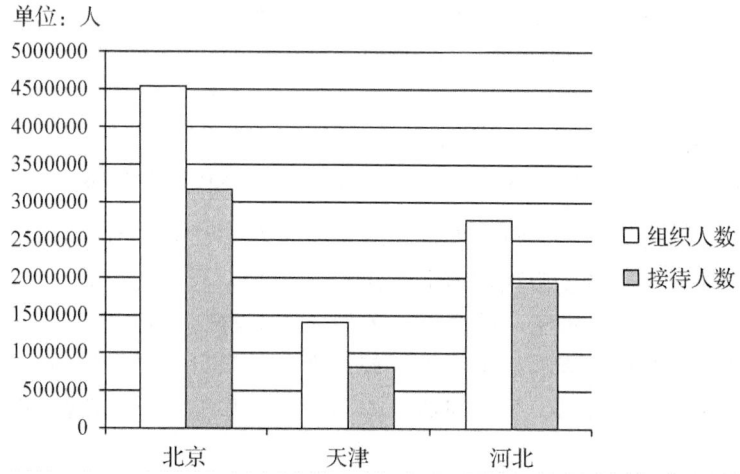

数据来源：《中国旅游统计年鉴》(2015)

图6　2014年京津冀地区旅行社组织接待国内旅游者数量

从旅行社组织和接待入境旅游者数量来看，区域内不平衡现象较为严重，北京外联与接待人数远远高于其他地区，说明天津与河北两地在国际上的影响力还相对较低，如图7所示。北京作为国家首都，同时还拥有世界知名度较高的故宫和长城等景区，旅游从业人员素质与星级饭店方面都能较好地满足入境旅游者的需求。除此以外，北京入境旅游者人均消费也高于津冀两地，北京入境旅游者人均消费为每人每天254.33美元，天津为每人每天213.77美元，河北为每人每天168.3美元。因此津冀两地要提升入境旅游者数量及消费能力，需要从旅游景区建设、旅游城市形象、星级饭店和旅游市场营销等方面来提高旅游影响力和服务接待能力。

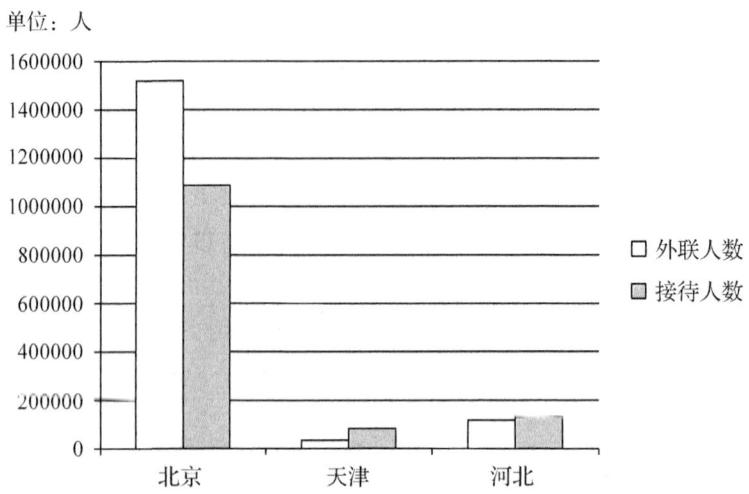

数据来源:《中国旅游统计年鉴》(2015)

图7　2014年京津冀地区旅行社组织接待入境旅游者数量

从入境旅游者停留天数来看,入境旅游者在天津地区的停留时间相对较长,天津地区主要以度假型和商务型旅游者为主,北京、秦皇岛以观光度假型旅游者为主,而石家庄、承德等地入境旅游者停留时间相对较短,如图8所示。从入境客源国来看,国内入境旅游者主要来自美国、韩国、日本、俄罗斯、澳大利亚、德国、英国和加拿大等国家,其中美、日、韩为主要的客

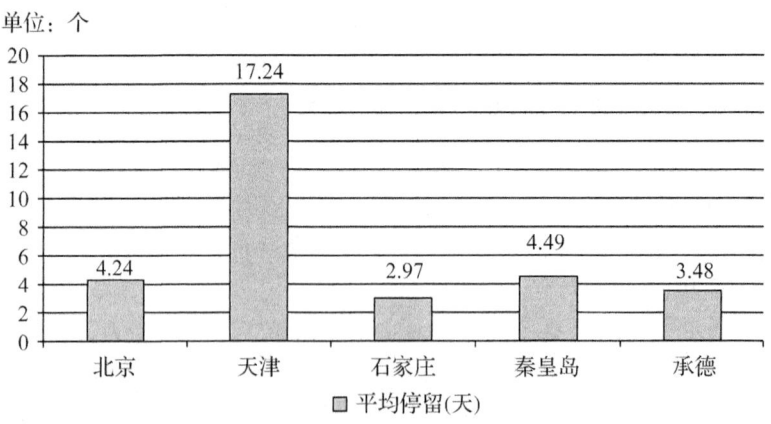

数据来源:《中国旅游统计年鉴》(2015)

图8　2014年京津冀各主要城市入境过夜游客平均停留天数

源国市场,且入境旅游者主要集中在北京,除北京以外,日、韩游客还集中在天津,这与天津港口便利的交通区位有关。与京津两地相比,石家庄、秦皇岛和承德等地的入境旅游者数量相对较少,具有较大的入境旅游发展空间,如图9所示。

单位:人

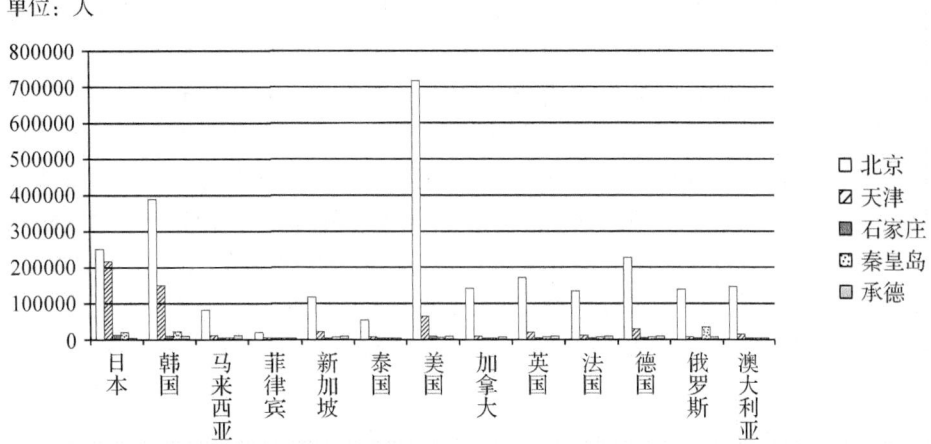

数据来源:《中国旅游统计年鉴》(2015)

图9　2014年京津冀各主要城市接待外国入境旅游者数量

(三)京津冀地区旅游市场一体化中的边界效应障碍评价

京津冀地区旅游市场一体化中的旅游者心理或认知边界障碍主要体现在:区域内旅游供给结构不合理,难以满足旅游市场偏好和需求;旅游需求不平衡,北京地区旅游消费需求明显高于其他地区;旅游公共服务体系分布不均衡,导致旅游者流动性不强。

1.区域内旅游资源分布不均匀,产品同质化

从区域内旅游资源的角度来看,首先,京津冀地区有特色的旅游资源主要分布在环渤海地区、北京郊区和河北北部地区,如承德避暑山庄、坝上草原、古北水镇、十渡、百花山、野三坡、秦皇岛、天津滨海等,这些具有特色的旅游资源空间分布较广,且分散在不同方向或区域,距离相对较远,游客花费的交通成本相对较高;其次,距离较近的旅游资源同质化程度较高,资源整合难度较大。由于地理环境的相似,京津冀地区特定区域的旅游资源相似,这种现象导致区域内旅游资源整合难度较大,现存旅游产品同质化现象严重。因此从旅游资源分布、旅游资源类型及旅游产品同质等角度来看,京津冀地区旅游产品与旅游市场之间还存在很多空白,有待进一步开发与提升。

2. 区域内旅游需求层次两极化，消费结构差异化

从区域内旅游需求的角度来看，首先，京津冀地区旅游需求层次存在两极化倾向。北京和天津地区的旅游需求层次相对较高，这两个城市的大部分居民具有较为强烈的出境游及国内游需求，因此区域内旅游产品很难吸引这些旅游者的兴趣。但石家庄、保定、唐山、邢台、邯郸等其他城市的旅游需求层次还相对较低，主要以国内游或区域游为主，其中古北水镇、草原天路等景区都是近年来区域内吸引力程度较高的景点，且游客均来自区域内的城市。其次，区域内各城市间的旅游消费结构也存在不平衡现象，由于京津两地居民旅游经验高于其他地区，已经由观光市场转向度假市场，其中住宿和消费在旅游者消费结构中占据较大比例。而其他地区居民仍然以观光游为主，其中交通和门票支出在旅游消费结构中占据较大比例。综合来看，区域内旅游需求层次和旅游消费结构的差异化，对区域旅游产品的设计与开发提出挑战。

3. 区域内旅游公共服务体系不健全，功能不完善

从区域内旅游公共服务体系的角度来看，京津两地旅游公共服务体系健全，功能相对完善。主要表现在旅游集散中心分布密集，集中在机场和火车站等人流集中地，或者景区景点和城市中心广场等游客聚集地。除此以外，景区还提供智能导览服务和中英文导游解说等服务项目，为广大散客提供便利的服务。但其他城市的旅游公共服务体系与京津两地还存在较大差距，如旅游者出行还是以旅行社提供服务为主，旅游集散中心不够密集，即使有旅游集散中心，提供的服务项目也相对较少，难以满足旅游者需求；草原天路等新兴旅游目的地的智能化景区建设不足，如缺乏电子导览或景区分流等智能化旅游服务项目，公共厕所、加油站、房车营地、露营地等基础服务设施匹配不足，难以满足度假旅游者需求等。

三、京津冀旅游市场一体化建设的重要内容

建设京津冀旅游市场一体化的核心与关键，是要立足京津冀旅游业各自发展的比较优势，立足区域一体化背景下的旅游产业分工要求，按照区域优势互补原则，树立合作共赢理念，以打造统一的京津冀旅游目的地为主线、以资源要素统筹利用为动力、以旅游供给需求平衡为重点、以构建长效体制机制为抓手，从广度和深度上实现旅游市场一体化协同发展。

(一)创新区域旅游产品内容

京津冀区域客源市场大,资源类型多,可进入性强,因此应该共同整合区域旅游资源,共塑区域旅游品牌,开发区域旅游共同市场,大力推进旅游市场一体化建设,联合开发精品旅游线路,共同举办旅游推广活动。

1. 树立旅游资源一体化开发观念

京津冀三地旅游资源相互联系而又各有特色:北京作为首都和全国旅游中心城市,自然、人文、历史等景观在京津冀三地中旅游经济发展规模遥遥领先;河北是全国地形地貌品类最为齐全的省份之一,江河湖海、山林草原、广袤平原,绚丽秀美;作为中国近代历史的"缩影"的天津原"九国租界地"有风格各异的大小洋楼上千座,形成了世所罕见的"万国建筑博物馆",构成了天津独特的历史文化旅游资源。因此可通过共同整合区域旅游资源,树立旅游资源一体化开发的观念,实现三地旅游资源共享,进而形成统一市场。同时,三地旅游资源发展水平不一,也可借此优势弥补其他资源的不足,实行统一规划,有效整合,以优势产品带动劣势产品,从而提高整个旅游资源的利用率。

2. 打造精品景点,消除重复建设

旅游业的发展离不开优质的旅游资源,将旅游资源的特色发挥出来,打造成为精品景点,这样才会使得游客印象深刻,从而提升知名度,吸引更多的客流。因此开发区域旅游共同市场,不仅要重视整体的发展,还要重视不同旅游线路中精品景点的塑造以及不同线路自身的整体特色,使得游客不论选择哪条线路,都有不同的旅游风格和旅游特色,这样游客才会想体验另外的旅游线路带来的不同感受,从而使得回头客不断增多,知名度不断提高,旅游业发展态势不断增强。京津冀区域打造精品景点,就要充分熟悉自身所拥有旅游资源的特色,分类归整,将自然风光类(如海、林、山、河、湖、泉、草原等)以及人文历史类(如名人故居、历史建筑、红色文化等)分类进行整合和塑造。

目前京津冀区域内重复建设现象很多,比如天津的海洋风光和河北秦皇岛的北戴河风光,有着同类型的旅游资源,而且没有形成实质的合作。因此,各地为了自身旅游业的发展,各自为政进行开发,甚至与周边的同类型风光进行竞争,从而出现重复建设、恶性竞争现象,造成资源的极大浪费,并影响了京津冀旅游业的整体发展。京津冀要打造区域旅游共同市场,必须要从实质上进行合作,将三地所有的旅游资源进行整合,消除区域内资源之间的竞争关系，一切为了整体利益服务。京津冀三地可将所有旅游资源根据不同的特色、类型进行分类、整合，将同类型的旅游资源能合并的合并，不能合并的进行选择，对其中规模大、市场前景好、知名度高、优质的景点进行集中打造，这样也能使得原来的重复建设现象得到彻底根除。京津冀三地旅游资源具有互补性，这为其进行分类提供了便利，在进行资源整合时就要突出北京的人文文化遗产方面的优势，天津的商业、港口等方面的优势以及河北的自然风光方面的优势，将所有的资源合理整合、相互充实，从而实现共赢。

3. 实现区域旅游整合营销

京津冀要开发区域旅游共同市场，应实现区域旅游整合营销。京津冀区域应该共同打造跨省市旅游品牌和形象，将京津冀的旅游产品统一包装，形成特色旅游产业集群和旅游产品线路。应该建立统一的区域旅游网络营销系统和旅游电子商务服务平台，在这些平台上要有京津冀旅游景点的详细情况，有最佳的旅游线路供游客选择，游客可以通过官网进行各个旅游线路的网上购票，还可以进行网上咨询，有任何不了解或者不明白的都可以向网站的客服人员咨询。信息互动平台的建立，会使京津冀区域旅游线路得以宣传，区域旅游客流得以形成，区域联合旅游形象在世界范围内得以大力推广。同时，在互联网上要进行官网的宣传，使更多的网民了解京津冀旅游官方网站的用途和重要性，也应该统一制作旅游地图和旅游产品宣传册，通过多种媒体相互宣传旅游资源、旅游产品、旅游企业等。京津冀共同发布旅游信息，联合参加国内外重要旅游展览会，共同拓展旅游市场。京津冀区域内的旅游集散中心和旅游咨询点应实现信息互通和资源共享，共同开展针对整个区域的旅游咨询活动。

(二) 平衡区域旅游供需结构

旅游供给与需求是旅游市场中对立统一的两个方面，旅游业就是在维持旅游供给与需求动态平衡中获得发展的。京津冀一体化的过程要突出全域旅游发展理念，结合各地旅游功能定位和旅游产业布局，满足大众休闲度假需求，优化产品供给，平衡区域旅游供需结构，打造成特色旅游目的地，实现旅游的可持续发展。

1. 自助旅游盛行与休闲度假主导

进入 21 世纪以来，随着科技的进步和经济水平的不断提高，经济增长方式正从规模速度型增长转向质量效率型增长，我国旅游业迎来了全民休闲时代，城乡居民旅游需求常态化，《国民旅游休闲纲要(2013—2020 年)》的发布标志着国民旅游休闲工程的正式启动。据相关数据统计，我国人均GDP已迈入5000美元大关，按照国际惯例，这意味着居民消费已从温饱型步入享受型，旅游支出将有大幅增加，旅游消费市场也呈稳步扩大态势，旅游业正从"假日火爆"走向"全年恒热"。中国旅游研究院的报告显示，2015年中国旅游接待总人数突破41亿人次，同比增长9.7%，实现旅游总收入3.84万亿元人民币，同比增长13.6%。另一方面，京津冀人口基数大，高端客源多，消费水平高，旅游意识强。随着协同发展各种政策的加快实施，京津冀游客必将呈几何级数增长。所有这些都为区域旅游大发展、快发展创造了条件。旅游产业发展的动力正从传统单个增长点（景点景区）转向多样化的新兴增长极（旅游域），从而推动旅游产品从传统的观光旅游转向观光、休闲、度假一体化发展，旅游开发从单个景点向集约型、区域型转变，随着"一带一路"、赣南旅游圈、珠三角旅游圈、大桂林旅游圈等区域合作建设的不断推进，京津冀旅游圈在壮大京津冀旅游产业布局中的地位更加突出。

随着京津冀快速通达的交通网络日益完善，旅游客源地至目的地的时间大幅减少，城乡居民旅游休闲越来越便捷，旅游元素已经深深地融入区域居民的生活之中，"快旅慢游"的旅游方式日益常态化，从而引导京津冀地区旅游产业的跨界融合，拓展旅游产业的更大空间，打造"京津冀休闲旅游目的地"，使其成为全国的一张旅游名片，以国民旅游休闲基地建设为抓手，有力地推动京津冀产业结构的升级优化。

2. 旅游资源整合和旅游产品创新

京津冀地区虽然包含不同的行政区域，但北京、天津、河北三地地缘关系具有明显的优势，再加上三地人文历史发展的内在联系，以及旅游资源特色各异，使得这一区域具备了天然的合作优势。京津冀三地的旅游资源丰富多样，北京最著名的旅游景区包括天安门、故宫、颐和园、王府井、八达岭长城、明十三陵、北京胡同等；天津是近代最早的通商口岸之一，旅游资源以街头小吃、民间文化、欧陆古典风情最为著名；河北有山有海，著名旅游资源有北戴河、避暑山庄、木兰围场、赵州桥、沧州武术、吴桥杂技等。其中，北京的旅游资源可以分为皇城文化、民俗文化及现代文化三大类；天津的旅游资源可以分为商业文化、民间文化等；河北的旅游资源可以分为自然景观、民俗文化等。京津冀区域不仅旅游资源丰富，而且高品位旅游资源在全国所占比例高，以世界文化与自然遗产项目为例，京津冀共有7个（北京有6个、河北有1个），长三角只有1个，珠三角尚无。全力推动京津冀旅游产业高端发展，打造形象鲜明的区域旅游整体品牌，大力开展区域旅游联合宣传推广，联合推出精品旅游线路，联合策划组织旅游宣传活动，联合参加旅游展会，联合举办旅游节庆，以及共赴境内外重点客源市场开展联合营销，建立形成一体化宣传格局，构建京津冀旅游宣传营销平台，在三地媒体开设京津冀旅游一体化专栏，在三地旅游网共设京津冀旅游板块，支持区域内旅行社、景区、酒店等企业联合建立旅游营销合作联盟，鼓励在策划包装产品、省际联合推广、互送旅游团队等方面开展深度合作。围绕建设京津冀休闲度假旅游基地，促使传统观光旅游向休闲度假旅游转变，是现代旅游业发展的大趋势。

基于旅游需求和旅游供给的综合分析，京津冀地区有山、有水、有历史、有文化，拥有庞大的高端休闲旅游消费市场，发展休闲旅游有着其他地方无法比拟的优势。因此必须加快转变旅游发展方式，以市场需求为导向，由资源依赖向创新驱动发展，由粗放景区向精品景区发展，由门票经济向产业经济发展，由低层次、单一化服务向标准化、个性化优质服务发展，由以观光为主的旅游体系向综合产品体系发展，全力推进京津冀地区旅游一体化的转型升级。

(三)优化区域旅游信息服务

旅游公共服务体系主要包括旅游行政服务体系、旅游信息咨询服务体系、旅游交通便捷服务体系、旅游安全保障服务体系、旅游便民惠民服务体系。旅游公共服务是保障区域旅游业持续健康发展的重要基础，也是区域旅游市场一体化建设的重要内容。因此应以建立区域统一旅游行政服务体系为先导，以建设旅游咨询中心示范项目为重点，以拓宽旅游交通便捷服务体系为基础，以建立旅游安全保障服务体系为支撑，实现以旅游便民惠民服务体系为特色的区域旅游公共服务体系目标。同时充分利用现代信息技术，整合区域旅游公共信息资源，加强重要旅游信息发布，拓宽旅游公共信息发布渠道，不断扩大旅游公共信息服务的覆盖面，提高服务水平。

1. 旅游行政服务和安全保障服务体系

在旅游行政服务体系建设方面，政府要为企业和公众搭建平台，建立包含旅游网站、旅游咨询服务中心、旅游热线电话、旅游媒体平台、旅游信息服务手册以及各类信息终端等在内的全方位的旅游信息服务体系；建立专业化与社会化、政府救助与商业救援相结合的旅游应急救援体系，推动落实旅游责任险全覆盖；在各景区或交通要道上配备野外应急救援辅助定位系统，设立安全防护网、警戒忠告牌、安全提示牌；形成完整的旅游集散体系建设指导方案，建立旅游信息中心、旅游咨询中心、旅游集散中心、旅游呼叫中心、旅游商品研发中心、旅游商品展销中心、旅游推广中心和旅游接待服务中心八大旅游行政服务中心体系，为企业和市场对接提供良好的平台；推进在餐饮、住宿、购物、信息、公共服务等方面制定区域性标准，实现区域旅游服务标准化、规范化。

首先，统一区域旅游服务平台标准，将大量的酒店、机票、旅游等相关信息整合在一起，打造一个不同于传统旅游业的服务新平台，消费者在这里既可以查询旅行信息，也可以预订机票、酒店、旅游度假以及更多的旅游相关产品，获得完善的旅行服务。其次，统一区域旅游服务产品标准，将覆盖全球的航班、酒店、租车、保险、门票等信息进行科学的排列组合，以统一、标准的形式呈现在消费者面前，一目了然且便于预订。一些旅游产品也充分体现标准化特色，如携程"透明团"针对食、住、行、游、购、娱等细节拟定服务标准，并做出公开承诺。最后，统一区域旅游服务流程标准，通过互联网技术，可以将传统旅游业中杂乱无章、没有规律的服务技能进行整合，纳入顺畅、合理的服务流程当中并进行固化，这样可以大大消除传统手工操作带来的时间浪费和失误操作浪费，并全面提升旅游服务品质。

2. 旅游网络服务和信息咨询服务体系

旅游信息咨询建设主要分为旅游网络信息服务、旅游信息咨询服务和旅游标识解说服务。其中旅游网络信息服务主要包括各城市旅游信息官网、智慧景区APP、旅游交通导览服务等；旅游信息咨询服务主要有游客中心、信息亭、触摸屏、旅游地图指南信息服务、移动短信服务、旅游呼叫中心服务（旅游热线、投诉电话）等；旅游标识解说服务主要有交通导引、景区解说标识标牌、自助导游集散中心、咨询中心等。京津冀区域应该多设立旅游咨询服务中心，不仅在官网上有专门的客服人员，还在三地的各个旅游专线点、火车站、汽车站、高速公路休息区以及其他人群聚集区设立旅游咨询服务中心，随时为游客提供咨询服务以及处理旅游投诉问题等。基于智慧旅游的发展背景，还应建立京津冀智慧景区，明确景区的实际需求，建立基于信息基础设施、数据基础设施、共享服务系统、业务应用系统以及决策支持系统模块的主体框架。截至2015年年底，北京、天津以及河北的5A级景区共有15个(新增唐山市清东陵景区)，可初步对其进行相关规划和建设，在起到带头作用的同时增强京津冀区域整体智慧景区的阶段性建设成果。另外，京津冀旅游智慧景区的建设应建立在信息服务、宣传营销以及运营管理的具体相关应用的基础上，利用信息设施实现景区预订以及虚拟导游导览功能，同时还可利用全景照片以及全球眼实现景区实时体验。此外可利用 RFID 技术实现景区电子门票系统，对景区进行监控、环境监测等多功能服务，实现京津冀智慧景区的智慧旅游。

（四）强化区域旅游交通服务

旅游基础设施体系的公益性和低回报率，决定着政府部门参与建设的重要性。京津冀旅游业发展势头良好，成为重要的游客集散地和旅游目的地。但是，与旅游业高速发展的形势相比，京津冀区域内的旅游基础设施体系建设仍然不足，成为制约区域旅游业进一步发展的主要瓶颈。为了进一步巩固和提高京津冀旅游在国内外的知名度，必须进一步加强旅游交通基础服务体系建设。旅游交通基础服务体系建设主要包括旅游交通通道建设和旅游交通服务建设，其中旅游交通通道建设包括旅游风景道、游步道、无障碍通道、旅游专线专列、旅游观光巴士；旅游交通服务建设包括车辆租赁、自驾车营地、自驾车加油站及维修呼叫服务等。

1. 加强旅游交通通道建设

构建区域一体化旅游交通体系和旅游引导系统的重点是加强政府指导、协调，超越行政区划界限，整合地区交通资源，构建一体化的、适应率先全面建成小康社会和率先基本实现现代化建设目标的交通运输系统。交通规划一体化包括进行城市综合交通规划，特别是枢纽、节点规划；设施标准一体化包括城市道路与公路衔接断面、标准协调，建设多方式复合型交通走廊；运营管理一体化包括综合交通运输组织，城郊、城际与市区交通高效衔接，交通组织、秩序等各方面管理协调一致。加大交通运输基础设施投资建设和运营管理改革力度，建设包括道路交通旅游导引系统、城市旅游导引系统、旅游导引出版物及信息服务等在内的旅游引导系统，为推进京津冀地区一体化进程提供强有力的基础设施保证。

完善连接一体化区域内部各个部分之间的各项交通基础设施，尤其是要为主要中心城市或交通枢纽与广大腹地之间的人员和物资集散提供极大的便利，以促进区域内经济社会发展的一体化。加快形成适应旅游业发展要求的现代立体交通网络。推动开通京津冀地区各主要旅游城市之间的旅游列车，在旅游旺季加开三地之间的旅游列车或增加旅游座席。争取形成三地旅游直通车网络体系，共同推动三地旅游集散中心等相互开行通往异地的旅游直通车，构建城市间旅游公共交通网络，打造"京津冀公交旅游圈"。强化一体化区域自身的对外交通联系和强化区域内各种交通运输方式之间的合理衔接，重点是要打造能够满足一体化之后区域发展需要的铁路网、公路网、机场、港口及陆海空转运中心。

2. 完善旅游交通服务建设

强化区域旅游基础设施建设，共同制定符合京津冀地区旅游产业发展需求的交通网络、标识标牌系统等旅游公共基础设施建设标准，尤其是要构建区域一体化旅游交通体系和旅游导引系统。优化、完善和规范京津冀地区旅游导引系统，优化道路交通旅游导引系统，在城市交通网、高速公路网、区域路网通往旅游区（点）的出入口设置旅游导引标识，在汽车站、火车站、航空港、江海港等游客入境的地点设置完善的旅游导引标识和旅游信息查询系统。完善城市交通导引标牌，便于识别、查询，将旅游区（点）和旅游六大要素（行、住、食、游、购、娱）纳入城市地理信息系统，为旅游者提供导引信息服务，设立和完善3A级以上旅游景区、三星级以上宾馆、特色街区外语标识系统，在全市4A级以上旅游景区用中、英、日、韩四种文字制作引导标识。规范旅游导引出版物，形成具有特色的系统，引导旅游企业逐步实现旅游导引出版物和信息服务的标准化、简便化，使旅游者可以通过网络迅速获得旅游信息导引服务。

（五）协调区域旅游体制机制

区域合作的体制机制是影响三地旅游业协调发展的关键因素，是三地旅游业愉快合作的重要保证。强化顶层设计，共同建立推进京津冀旅游市场一体化协同发展的组织与机制，改革体制、打破藩篱，打破"一亩三分地"的思维定式，按照京津冀旅游一体化协同发展的目标与战略，大胆改革旅游业的管理体制，创新发展机制，打破一切制约因素，探索政府、企业等各类主体的合作模式，推广有利于推进京津冀旅游市场一体化建设发展的商业模式、创业模式，实现京津冀三个区域政府、企业、旅游者、从业者等多方的互利共赢。

1. 政府区域旅游合作模式

为了保障京津冀区域旅游合作顺利推进，要充分发挥政府在旅游产业发展中的主体作用。事实证明，政府间的区域旅游合作机制能够促进区域旅游市场一体化。可通过以下途径实现：一是建立制度化区域协调程序。可通过签订具有约束性的双边和多边法律协定或行政协议来实现，从而实现区域间自我协调的目的。二是建立利益补偿机制。当实施区域旅游合作、实现区域利益最大化造成某些成员损失时，其他各方应给予补偿，以兼顾所有方的利益。三是促进旅游企业成为市场主体。京津冀地区政府在旅游合作中，要改变包揽一切甚至以政府行为代替企业行为的做法，要在充分尊重市场规律、市场对资源配置应该而且能够发挥基础性作用的前提下进行，充分发挥旅游企业的作用。四是构建统一的区域旅游市场，使旅游产业要素能够在区域旅游市场内自由流通。

2. 旅游行业协会合作模式

为了促进区域旅游合作，应建立京津冀区域旅游行业协会，其具体形式可分为不同层次：一是建立以各地经济专家为主体的组织机构，它不同于一般的研究机构，应成为三地政府决策的咨询参谋机构。二是建立京津冀旅游行业协会（专业协会）的联合会，主要职责是为各专业协会提供服务。行业联合会应把工作重点集中在协调行业关系、研究旅游产业政策、指导协会工作、开展调研和提出政策建议、协调国际交流和区域整体宣传等公共服务方面。三是各专业协会应直接服务于旅游企业（京津冀旅行社协会、京津冀饭店业协会等）。这些组织机构的成员应以各地关联产业的行业协会为主体。专业协会更应注重对企业和政府的双向服务，关注本行业的政策制定、市场问题、行业管理和价格制定等。京津冀区域旅游行业协会要建立旅游产业的公共信息平台；承担行业自律的责任，规范旅游市场；制定京津冀区域旅游产业发展规划；制定区域旅游标准；协调区域旅游联合营销。

3. 旅游企业合作模式

当今社会，旅游业在经济发展中的地位越来越高，各地旅游业的竞争也随之激烈，由于旅游资源中大部分的配套要素（如餐饮、住宿、购物、娱乐等）是由旅游企业来提供的，因此，从很大程度上来说，旅游业的竞争是旅游企业之间的竞争，实现区域旅游资源一体化必须要实现旅游企业整合以及行业整合。但是目前的京津冀除了北京和天津有规模较大的旅游企业之外，大部分地区都没有这种大型旅游企业，而且绝大部分旅游企业规模小、抗风险能力低、市场竞争力差、相互之间合作基础差，这对京津冀区域旅游资源一体化是非常不利的。京津冀三地应该发挥政府的宏观调控作用，配合着市场机制的作用，对三地旅游企业进行整合，保留大型旅游企业，重点整合中小型企业，通过兼并、收购、重组等方式对中小型旅游企业进行整合，实现旅游企业集团化、专业化，形成合理的行业结构。比如，饭店实现整合之后，去除掉一些小而脏乱的饭店，让其进行联合，打造大型饭店，甚至可以实行连锁。在京津冀旅游资源一体化进程中，餐饮业也可以随之实现一体化，使得京津冀各个景点周边有两个以上大中型餐厅，各个餐厅主打品牌不同，不会形成太大竞争，游客可以自由选择自己喜欢的、符合自己口味的餐厅；旅行社实现整合之后，各个不同的大型旅行社主要负责京津冀区域的不同旅游线路，游客可以根据旅游线路选择旅行社；酒店或者旅馆实现整合之后，打造星级服务条件，改善居住环境，提高服务质量，使得游客不会因住宿条件差而对景区产生恶劣印象等。购物、娱乐等其他旅游企业所要达到的目的都是物美价廉，服务周到，环境良好，专业化、集团化，使得游客不仅对景点满意，对景点周边的配套资源也印象良好，从而促进京津冀旅游业的整体发展。

(六)建设区域旅游投融资平台

1. 建设区域旅游投资平台

京津冀区域旅游产业开发的每一步都需高额的资金投入。如果没有足够的资金和专业化的高效管理，要完成这样一个高投入的过程是有难度的，一般的资金不愿也难以介入。而风险投资以其特有的、灵活的融资方式，在高收益动机驱动下，不畏风险，为具有潜在高收益的京津冀区域旅游业融通不同阶段所需的资金。京津冀三地共建旅游资源交易平台，推进三地旅游项目招商、旅游企业融资、旅游企业股权交易、旅游实物资产交易等。整合三地旅游项目资源，拓展三地旅游项目投融资渠道，促进旅游资源和资本的结合，吸引民营资本、国际资本参与重大旅游项目开发，打造一批具有国际竞争力的京津冀旅游项目。

政府风险投资公司的融资主要靠区域内各级政府直接投入风险资本，能够起到风险投资的带头作用，但这种模式也存在不足，即内部利益和责任的错位。如果在京津冀区域旅游领域投资成功，风险投资公司得主要利益。如果失败，就让政府承担责任。因此还需加强相关法律和政策的规范。合作基金型的风险资本来自大公司、个人、银行、民营企业、政府及海外投资人，集体将风险资本集中在一起，形成一个有限合伙制的基金，共同投入京津冀区域旅游产业开发领域。合作基金型风险投资公司又称有限合伙制风险投资公司。京津冀区域在现阶段可采用自愿合股和私募等方式设立旅游或旅游业风险投资基金，同时在该过程中，各级政府有必要拿少量资金作为种子基金，带动社会资金的进入，拓展多元化融资组合。资本市场化是民间基金型风险投资公司产生的前提条件，民间风险资本大量进入市场在我国已开始起步。

如在1986年就成为四川省省级风景区的碧峰峡，到2000年前一直都没形成接待能力，而在1998年民营企业万贯集团买断经营后，取得巨大成功；2001年8月，号称"第一民企"的新疆德隆下属新疆吐鲁番旅游发展有限公司注资5000万元，联合组建新疆大西部旅游股份公司，主要经营新疆景区景点的开发建设和国际国内旅游服务等。由此可见，京津冀区域旅游一体化的进程中，民间资本进入和组建区域休闲旅游业民间基金型风险投资公司有巨大的潜力。

风险投资的引入，是一项全新的、具有开创性的投融资事业，将为京津冀区域旅游产业开发提供一种全新的融资途径。它的成功运作将极大地推动京津冀区域旅游业的发展，并可能对我国整个旅游产业的投融资工作提供借鉴和参照。然而风险投资在我国还处于起步和发展阶段，除了做好风险投资运作本身的工作外，还需加强政府在政策、法制建设等领域的配合，尤其是加快出台和健全《风险投资法》《信托法》《证券投资基金法》等法律法规，京津冀三地也应同时出台相关地方配套法规进行规范。

2. 建设区域旅游融资平台

旅游业融资瓶颈是制约旅游产业发展的重要环节。在稳定传统的融资方式——政府投资、银行贷款、资本经营和外商投资的基础上，京津冀地区可以通过创新的金融手段拓展旅游融资。具体包括旅游开发期权合约、资产证券化、融资、旅游产业基金和旅游风险投资。

京津冀一体化进程中可以考虑在非交易所市场通过发售旅游开发期权合约筹集资金，回避现有上市法规，并充分利用产权交易市场流通带有产权和期权性质的开发合约。在对开发时间长、工程量大的有潜质的旅游资源进行评估的基础上，可以将旅游开发项目的不同阶段划分为不同的开发合约，并在合约中嵌入下一期具有优先投资开发权利的期权，可以使有意投资开发旅游工程的资金借助此渠道进入到开发项目，并且有充分的机会在流通市场如产权交易所流通。如果项目在开发过程中出现良好的市场形势，将使下一阶段的开发获益的权利增值，形成带有实值期权性质的开发合约，通过在产权交易市场高价转手，先期投入的资金可以套现并获得一部分收益，或者持有此份合约再以优惠价格购入下一期开发合约，持续对项目投资，通过项目的运营获得相应份额的红利。通过运用非交易所市场的合约交易，灵活服务于投资者的需求，并避免层层审批的管理手续。此种思路可成为京津冀一体化进程中旅游开发企业和旅游开发项目筹集资金的一种方式。

资产证券化是近年来金融领域最重大、发展最迅猛的金融创新工具之一。

就是把缺乏流动性但具有预期未来稳定现金流的资产汇集起来，形成一个资产池，通过结构性重组将其转变为可以在金融市场中出售和流通的证券实现融资的过程。优质的旅游资源运营后可以形成稳定的现金流，这就为资产证券化提供了条件。旅游项目中原有的政府前期投资或银行贷款可以在项目运营后把旅游资产的未来现金流打包通过证券化套现撤出资金，把项目交给商业化的机构运营，既起到支持旅游业发展的目的，又可以正确引导资金走向，将政府支持和市场化运作相结合。旅游资源经营虽然是有未来稳定现金流的优质资源，但在前期投资中引入民营资本会出现种种困难，资产证券化构成了一座桥梁，将政府投资和贷款转换为民营资本，撤出的政府资金还可以充实到旅游发展基金中滚动运作。

四、京津冀旅游市场一体化发展对策与建议

（一）旅游体制机制一体化

坚持规划先行、做好顶层设计是推进京津冀区域协同发展的必然要求。由于三地的旅游资源既有一定的相似性，又存在着很大的差异性，只有统一整合、规划对接才能进一步提高整体吸引力和竞争力。在资源普查基础上，三地可共同编制《京津冀旅游业协同发展规划》，根据不同资源特色，统筹策划功能定位和结构布局，明确旅游市场建设、公共服务设施建设、人才队伍建设等发展目标，通过有效整合，构建多元化旅游板块，实现互补协同发展。京津冀协同发展的重要保障是协调联动的合作机制。京津冀三地旅游合作起步较早，进展很快，但是一直没有形成全面统筹、协调联动的长效机制。三地政府应主动作为，共同推动成立京津冀旅游协同发展领导小组，完善京津冀政府间的交流平台，建立京津冀及相关市县参加的定期旅游协调会议制度，研究确定区域旅游合作战略、方针与机制，协调解决区域旅游发展与合作的重大问题。同时，共同制定完善京津冀旅游协同发展的相关政策，制定合作发展规则和标准，进一步推动区域旅游在更大范围、更高层次上的合作与交流。

1. 推动旅游优惠政策和普及旅游信息标准化

首先，以"首都经济圈"为基础，推进京津冀旅游市场一体化。打造以首都为中心的京津冀国际旅游目的地，利用各种旅游资源推出三地共有的旅游精品，培育推广具体区域和行业组织的联合体，结合京津冀协同发展大规划，统筹协调修编三地旅游发展规划。积极争取放大北京空港口岸72小时过境免

签政策，使天津海港口岸享受 72 小时过境免签政策，让过境游客能辐射京津冀区域。推动以首都为核心的其他旅游优惠政策在津冀地区的推广与实施。推动京津冀入境旅游优惠政策一体化。其次，在推动京津冀区域旅游一体化的基础上，建立京津冀一体化的游客满意度保障制度，促进三省市相关部门对其的监督。推进在餐饮、住宿、购物、信息、公共服务等方面制定区域性标准，实现旅游服务标准的区域一体化，从而促进京津冀地区的区域旅游合作进程。

2. 健全完善旅游投诉处置机制和信息共享机制

首先，在京津冀地区旅游市场一体化的进程中，人员在三省市的流动较大，顺应京津冀地区旅游合作的要求，解决旅游投诉处置机制的障碍。打破部门分割，维护旅游者的合法权益，按照职责明确、转接顺畅、处理高效的原则，健全完善旅游投诉处理和服务质量监管综合协调机制。加强行政调解与司法诉讼联动对接，构筑旅游投诉行政调解与法院审理的便捷通道。健全完善旅行社责任险调解处理、垫付资金管理等制度，提升游客与旅行社、旅行社与保险公司之间民事纠纷的调解处置效率。设立统一、便民、高效的消费投诉、经济违法行为举报和行政效能投诉平台，实现"统一接听，按责转办，限时办结，统一督办，统一考核"，为统一旅游投诉受理指明方向。其次，在推进京津冀地区旅游市场一体化的进程中，消除三地的信息壁垒，优化京津冀地区旅游资源的配置，将三省市的旅游信息、经济政策、相关统计数据等信息尽可能公开，以增加三地旅游合作的信息透明度和预测性，降低在旅游合作过程中由于信息壁垒而带来的危险。建立信息共享机制，将京津冀地区的旅游信息通过正规媒体渠道定期联合发布，接受区域范围内的来自各方的监督、质询与评价。这样既可以防止地方保护主义，又可以分享行业管理经验，进而推动旅游信息公开化、透明化，实现京津冀地区旅游资源配置的最优化。

3. 建立利益平衡机制和推进旅游诚信建设

推动京津冀地区旅游市场一体化的目的是实现三省市旅游利益的最大化，而不仅仅是消除地区间的旅游经济差异，在京津冀旅游市场一体化的过程中，合作各方都希望自己一方的利益最大化。在利己主义的驱使下，在合作过程中，对自己有利的就积极参与，对自己不利的就消极对待。例如在旅游交通方面，区域内断头路多达两千三百多公里，造成这种局面的原因就是在区域交通网络的建设中存在的利己主义和地方保护主义。首先，一方面，建立利益平衡机制,将区域旅游合作建立在互惠互利的基础上。比如在京津冀地区发行"京津冀一卡通",促进三省市人员的无障碍流动,把区域内具有旅游吸引力但知名度不高的景点纳入其中,以点带面,扩大其在旅游市场中的知名度。另一方面,经济发达且旅游消费能力强的城市可以带动其他发展基础较弱的城市。此外,还可以通过技术转移和培养相关人才来平衡区域的旅游合作的不协调性,推进区域旅游合作一体化发展。其次,结合京津冀地区社会信用体系建设,建立健全三省市旅游与相关行业共享信用信息平台。支持旅游协会等中介组织联合起来依法制定并实施旅行社、导游、饭店、景区服务评价标准,设立品质旅游产品榜,建立网上评价旅游企业和从业人员服务形象平台。建立定期发布旅游经营服务不良信息和依法公布违法违规信息的工作机制,支持和鼓励社会各方参与监督、质询旅游行业的行为,支持新闻媒体曝光旅游违法违规事件,营造鼓励诚信、惩戒失信的浓厚氛围,推动京津冀地区的旅游诚信建设。

(二)旅游运营模式多主体

1. 政府部门主导、规划与监督

政府在京津冀旅游产业体系发展、完善的过程中,要充分发挥投资、建设、规划的主导作用,同时完善对社会投资的服务体系,为社会投资营造公平竞争的环境。在整个京津冀地区旅游市场一体化开发建设的过程中,政府在资源整合、规划保护、招商引资、投资建设、营销、管理中处于主导地位,承担主力运营商的角色。

2. 企业参与投资、规范与运营

运营商和开发商是旅游市场一体化开发运营的主体,负责对核心项目的投资,以及后期旅游产品的运营,他们主导核心区域开发的投资经营运作,是京津冀旅游市场一体化建设成功与否的关键。首先,引入企业参与机制,将文化旅游产业推向市场,进行市场化运作,同时寻找政府主导与企业管理运营的平衡点;其次,通过政府的引导作用,培育社会投资主体,采取"区域支撑投资商+次级开发商"的投资结构,积极推进投资主体多元化;最后,按照"重诺履约、公开透明、利益共享、风险共担"的原则,进一步完善金融体制与金融市场,转变政府职能,优化服务,确保社会资本获得合理的、长期的收益,以吸引社会各界考察投资、创业发展。

3. 民间资本融入、流动与活化

民间资本融入是解决乡村旅游发展问题的重要路径,而民间资本的主要投资方向为乡村民宿。首先,乡村民宿是解决区域内旅游供给需求矛盾不平衡的主要着力点,能够迎合度假旅游市场的需求与趋势,同时解决农民就业与致富问题。其次,要引导民间资本的合理流动。盲目投资是民间资本的主要特征,通过旅游业发展引导民间资本流向实体经济,并推动民间资本在区域内的合理流动。目前乡村地区的民间资本主要流向为固定资产投资,而乡村民宿则可以将固定资产和资本资产结合,合理引导乡村居民的投资并实现旅游业同步发展。最后,活化民间资本,引导乡村民宿纵深化和内涵化发展。如北京延庆地区龙庆峡乡村民宿存在盲目扩张扩建的现象,还有很多地区民宿已经进入第三轮扩建,导致民间资本在旅游业的收益转向其他领域。应引导居民提升乡村民宿的文化与内涵,将乡村民宿本身作为旅游吸引物,吸引和满足度假旅游者的休闲体验,起到活化民间资本的作用。

(三)旅游产品体验个性化

为了促进京津冀区域旅游一体化,三地政府大力推广了创新型的金融智旅产品——"京津冀旅游一卡通",即可在一年有效期内无限次畅游京津冀三地允许范围内的旅游景区。该卡通过有效整合三地旅游、金融、交通等资源,借助互联网功能将旅游休闲过程中的消费功能、打折优惠、交通应用等与金融工具相结合,实现了景区打折、生活服务、行业应用等功能,成为促进三地经济交流、旅游休闲、文化交融的有效载体。然而"京津冀旅游一卡通"也存在着相应的问题:只是对现有资源的简单整合串联,缺少主题式的开发探索;参与其中的部分合作企业缺乏区域特色系统的营销理念,服务质量不达标,承诺的条件不能实现等。

综上而言,相对于北京来说,天津、河北的旅游产品精品不多。既没有江南水乡的传统诗韵,也没有西南地区鲜明的民族特色,还缺乏新奇、有趣、个性化的旅游产品,在旅游产品创新和旅游服务方面的投入有所欠缺。这就导致京津冀区域旅游产品的不均匀化,进而导致了京津冀区域综合旅游产品的脆弱性和分散性。由于首都客源市场的周边外溢性比较低,加上环京津创新性旅游产品缺乏,构成了京津冀旅游发展的阻碍。京津冀区域旅游市场一体化发展旨在利用北京世界级旅游目的地和客源地的地位带动天津和河北的旅游业,重新定位和布局京津冀三地旅游产业,实现京津冀旅游优势互补、互利共赢和协同发展。因此,为了突破这一障碍,在旅游产品方面需要做出一定的改进,打造个性化的旅游产品体验。

1. 整合区域内旅游资源,打造主题文化旅游线路

京津冀共同的文化底蕴和文脉源远流长,不仅有慷慨悲歌的燕赵文化、

辉煌壮阔的明清皇家文化，还有风云变幻、波澜曲折又温文婉约的民国文化。这些深厚而丰富的共同文化底蕴，是京津冀作为一个整体进行旅游目的地营销的基础。因此，京津冀旅游协同发展首先可以通过重新梳理历史文化脉络，突出京津冀共同的文化底蕴，将京津冀作为一个整体的文化形象进行旅游目的地营销，将全国乃至世界各地到北京的游客汇聚成京津冀共同的游客，从而带动京津冀三地旅游业协同发展。其次，以京津冀共同的文化底蕴为依托，通过深度挖掘历史史实，重新进行旅游产品（旅游线路）的开发、设计与组合，打造串联起京津冀特色文化资源的旅游产品（旅游线路）。根据历史事件、历史人物、历史遗迹重新开发、设计、组合京津冀的人文旅游吸引物，打造既有文化内涵，又有历史史实，以事件或故事为依托的适合不同年龄、不同兴趣爱好的游客的文化旅游产品（旅游线路），让观光游变成文化游、体验游，满足散客时代不同游客群体的多层次需求。例如，以"皇家文化体验游"为例，京津冀可以根据清朝皇帝一年四季的出巡线路打造"清朝皇帝出巡游"：北京——故宫、颐和园、圆明园、天坛、地坛等；河北——山海关、清东陵、木兰围场、承德避暑山庄等；天津——张园（末代皇帝溥仪居住过）等。还可以对文艺演出、红色旅游、传统节庆、主题公园、民俗活动等不同形式的人文旅游吸引物进行全新的开发、设计与组合，将三地的文化旅游资源整合起来。

2. 挖掘旅游文化特色，塑造旅游产品概念主题

京津冀旅游产品创新可借鉴武汉黄陂区的木兰文化的旅游产品创新经验。黄陂区主打"木兰"品牌的旅游景区（点）多达二十余处，由于旅游资源缺乏整合，文化档次低，规划不统一，几乎是各自为战，且旅游产品同质化现象严重，缺乏精品项目。但经过整合，将景点打包，运用同一文化底蕴，化零为整，一方面增加了品牌的知名度，达到了宣传的作用；另一方面以热门景点带动冷门景点，比较有名的木兰山和木兰天池带动了其他不知名的例如云雾山等景区的旅游。同时不仅申请到了5A级景区扩大知名度，也将这一主题的旅游产品纳入武汉旅游一卡通中，利用黄鹤楼的知名度来实现对木兰文化景区的推广。其主要经验有：第一，深挖史料，把传说落地，确认了花木兰的故里在黄陂，时间上推到汉代，这是一个扎实的史料发掘过程，从遗址到古人诗词发现，没有深厚的文化功底是很难做到的；第二，结合资源特点、区位优势、消费趋势准确定位景区的产品，规划单位把黄陂确定为"木兰故里，休闲黄陂"，有传说的因素，也有自身资源，结合得很好；第三，结合传说，

细化产品，使得花木兰幼时、战时、隐时都有对应的产品，有一根文化的主线把不同的产品串起来；第四，对规划有很好的执行力，这主要是地方政府主动协调和投资商的积极配合，使得原来没有文化关联的景区凝聚成一个大产品，实现共赢。

3. 重视旅游产品深度体验，满足细分旅游市场需求

首先，丰富观光旅游产品内容。例如发展京津冀地区休闲农业旅游。天津地处"九河下梢"，山、水、河、湖、海、湿地齐全，休闲观光游资源丰富。河北是一个综合性农业大省，农村面积广大，农作物种类丰富，农业生产类型多样，乡村民俗风情多彩，发展休闲农业与乡村旅游具有独特的条件和巨大的潜力。休闲农业也是北京都市型现代农业的重要组成部分。京津冀三地可共同发展休闲农业与乡村旅游。其次，对休闲度假及参与体验型旅游产品进行深度开发，例如张承地区的滑雪旅游以及将北戴河新区海滨海岛旅游发展成为渤海地区首位的滨海度假带。最后，细化旅游市场，针对不同群体开发专题旅游产品。例如河北的体育旅游产品。体育旅游可以陶冶情操，强健体魄。例如：沧州是武术之乡，几乎每个人都练过武术。这不仅是当地的民俗风情，对于体育旅游来说更是一个得天独厚的条件。

（四）旅游者流动时空分异化

区域旅游者流动通常表现为不同个体在同一旅游目的地空间行为差异和同一旅游者在不同旅游目的地空间行为差异。基于旅游者动机不同，旅游者空间行为也会表现出不同特征。旅游者流动主要分为旅游者流向和旅游者流量两个方面，其中流向是指旅游者流向不同旅游目的地，流量是指流向某一旅游目的地的旅游者人数。随着旅游者动机多元化和旅游者体验深度化发展，未来区域内旅游者流动存在较大时空分异特征。

1. 旅游者流向的区位性和资源导向性

首先，从整个区域内的旅游市场流动情况来看，旅游者主要选择区位便利性和资源禀赋较好的旅游目的地，其中区位便利性旅游目的地度假型比例有所上升，而资源禀赋较好的旅游目的地中观光客比例仍占主导。如北京郊区的爨底下村、雁栖不夜谷等距离城市较近的景区，吸引越来越多的度假型游客，这些游客通常居住时间较久，消费稳定，以休闲疗养为主。而新兴的古北水镇、草原天路等旅游目的地，仍然吸引着大量观光客的到来，但旅游者食住消费比例相对较低。其次，从流动模式来看，主要有多景区型和单一景区型的流动模式。多景区型流动通常是旅游者选择一个主要景区，然后在

周边选择可参观的景区或景点，单一景区型流动则是指旅游者只集中在某一景区；其中多目的地流动模式以观光客为主，单一目的地流动模式以度假型游客为主。目前北京、天津、秦皇岛等旅游目的地的旅游发展历史较早，景区类型与规模都较为完善，旅游者大多是多景区流动模式；而河北的唐山、张家口、承德等地仅有少量高知名度的旅游景区，因此旅游者大多是单一景区流动模式。最后，从旅游者流向来看，旅游者均是流向资源禀赋差异性较大的地区。由于京津冀地区旅游资源差异性相对较小，位于地缘特征交界处的旅游资源对旅游者吸引力较高，所以更能满足旅游市场求新求异的需求。

2. 旅游者流量的集聚性和季节性

旅游者流量具有时空特征。从时间视角来看，旅游者的流动存在季节性，这种季节性首先表现在旅游资源的季节性导致的旅游者流动的季节性，如草原天路和承德避暑山庄等景区的季节性较为明显；其次是旅游者闲暇时间导致的旅游者流动的季节性。短期季节性表现为周末小高峰，长期季节性表现为小长假和寒暑假。季节性是影响旅游者流量的主要因素之一，未来京津冀地区在景区开发过程中要考虑季节性带来的利润失衡问题。如古北水镇景区的旅游项目就避免了季节性问题带来的影响，长城、建筑与民俗等旅游资源均不受季节影响。除此以外还开发了冬季温泉来吸引反季旅游客流。从空间视角来看，旅游者流动存在集聚性，主要表现在新兴旅游景区或资源禀赋较好的地区：新兴景区通过大量市场营销，往往能够在短时间迅速吸引游客的到来，并造成空间上的集聚。如小长假和周末期间，古北水镇和草原天路景区人满为患，交通拥堵问题严重影响旅游体验；另外资源禀赋较好的地区也是旅游者密集区。如木兰围场、秦皇岛等地区，由于地处平原与草原、平原与河流的交界地带，资源差异化特征明显，具有较好的资源禀赋并能吸引旅游者前往。除此以外，这些地区由于旅游开发历史较早，旅游产品及旅游服务质量相对较高，能满足不同层次旅游消费者的需求体验。

（五）旅游公共服务均等化

实现京津冀旅游公共服务均等化，提升旅游公共服务水平，推动京津冀旅游市场一体化发展。实现京津冀地区旅游行业管理信息的共享，由相关主管部门分别立项，共同组织制定统一的旅游公共服务标准，统一发布相关标准，实现公共服务体系的真正无障碍对接。建立京津冀旅游公共服务示范区，以联动发展改变公共资源的配置方式。

1. 加快完善旅游公共信息咨询服务体系

首先，完善以旅游咨询和服务中心为基础的现场信息服务窗口，以北京为核心，以天津和河北为辅，健全三省市的旅游信息咨询和服务中心，实现信息互通和资源共享。基本形成涵盖机场、火车站、地铁站、汽车站、高速公路服务区，以及人流密集区、3A级以上景区、重点乡村旅游点的旅游咨询服务网络。旅游咨询点应实现信息互通和资源共享，共同开展针对整个区域的旅游咨询活动。健全旅游咨询中心的运行和服务保障机制，不断满足市民和游客日益增长的旅游信息服务需求。其次，完善以旅游资讯网站为中心的在线旅游信息服务集群，优化京津冀地区的旅游信息网站服务功能，提供区域内优质旅游企业信息，为广大旅游者提供公共旅游资讯服务。充分利用网络、微博、微信等新媒体，拓宽信息服务渠道，扩大信息覆盖面，加强对京津冀旅游市场的整体宣传。如在满足京津冀一体化、京津冀协同发展的要求的基础上，建立为京津冀地区居民专门打造的综合性门户网站，以北京、天津、河北为焦点提供新闻、房产、财经、汽车、健康、美食、旅游、教育、娱乐、论坛、交友、求职招聘等信息，力争打造京津冀"互联网＋"，利用信息门户网站重点宣传京津冀地区的旅游相关信息，以方便游客更有效地获取信息。加强旅游与公安、城市管理、交通运输、商务、安全监管、食品药品监管、工商、质监、物价等部门的联动合作，协同推进旅游信息、便捷交通、安全保障等惠民便民服务措施，全面提升无障碍旅游服务水平。强化旅游综合执法和属地监管，着力整治京津冀旅游市场的热点、难点问题，不断优化旅游市场环境。

2. 加快完善旅游惠民便民服务体系

首先，开展旅游惠民便民活动，以市场需求为导向，以惠民、便民为中心，有效整合三地的旅游资源和金融资源，创新旅游、消费优惠和金融工具，促进京津冀区域合作。在京津冀地区协同发展的基础上，积极推动"京津冀旅游一卡通"全面发行使用，推动游客在京津冀地区更为快捷便利地进行无障碍旅游。推动三地的公园、博物馆、纪念馆、爱国主义教育基地、公共体育运动场馆等免费开放或设立免费开放日。推动京津冀的景区联合推出旅游套票、旅游年卡以及一日游、多日游等优惠卡，促进京津冀地区游客的无障碍流动以及旅游的便利性。其次，推进京津冀智慧旅游的发展。推进省际旅游网络平台相互链接，开通远程网络化预售票系统，共同建立京津冀旅游信息库，实现旅游公共服务网站的相互链接，共同推进区域智慧旅游工程建设。尽快实现景区免费无线局域网、智能导游、电子讲解、在线预订、信息推送等功能全覆盖。如"京津冀旅游一卡通"项目，在手机移动支付、无障碍通关、景区信息化建设等方面的技术均已达到国内领先水平。中国建设银行开发的通关系统，可以完成自动会员识别，将购票、验证、通关三合一，时间短至3—5秒，真正实现无障碍通关；使用专用手机在代表景点的智能终端设备上扫描，游客就可以通过手机语音播报及图文介绍全方位地了解景点信息，使得导览、导服更加智慧化。可为持卡游客提供吃、住、行、游、购、娱一条龙优惠，持卡游客在京津冀三地已加盟的承德避暑山庄、秦皇岛海底世界等近百家4A级以上景区刷卡验证，即可享受门票、餐饮、住宿、娱乐等折扣不等的优惠。在这些景区，游客可通过网站、宣传册、客服热线等获得各类优惠折扣信息及旅游、休闲、消费资讯，在加盟的各类商家刷卡消费时享受相应折扣优惠。"京津冀旅游一卡通"完成了智慧旅游概念下金融支付方向的技术开发，为实现"智慧支付"提供了技术保障，并打造出智慧通关、智慧语音导服以及智慧购物等创新成果，填补了国内的空白，真正领跑智慧旅游，推动了京津冀地区旅游一体化进程。

（六）旅游基础设施便利化

京津冀一体化的步伐正在加快，京津冀三地的旅游基础设施便利化显得尤为重要。推动旅游基础设施的建设是促进京津冀区域旅游市场一体化的重要步骤。旅游基础设施主要包括交通和通信两方面。在交通方面，立足于区域旅游协同发展，构建一体化旅游交通体系。京津冀地区和长三角、珠三角相比，旅游发展比较滞后。目前，三省市间有长达两千三百多公里的"断头路"，重点景区间道路建设有滞后现象，道路等级较低，并且在部分路段还存在交通严重拥堵的现象。不能适应快速、便捷的现代旅游交通需求，同时也不符合京津冀交通一体化的发展要求，影响了京津冀旅游业整体快速发展。应借京津冀协同发展的大势，着力构筑区域一体化交通体系，加快形成适应旅游发展要求的现代立体交通网络，如在长三角地区，已经形成了旅游交通的"内环线"和"外环线"。在通信方面，随着京津冀一体化进程的推进，三省市之间的人员流动日趋频繁，合作交流也更加密切。三地开展电信行业资费一体化的需求更加突出，即逐步降低直至取消京津冀地区（包括河北省内）长途及漫游资费，实现基础设施相联相通，公共服务共建共享。

1. 加快完善旅游便捷交通服务体系

首先，规划建设旅游集散服务中心。依据交通区位优势，依托火车站、汽车站、机场等旅游集散中心等资源，完善旅游集散服务功能，构建三省市互相衔接的旅游集散通道。规划大区域旅游线路，打通京津冀区域内主要交通枢纽与旅游景区之间的交通线路，开通旅游直通车服务，优化旅游观光巴士线路布局，设置旅游接驳和专线线路，有效推进旅游基础设施共享，构筑京津冀一体化旅游区。在旅游旺季加开京津冀三地旅游城市之间的旅游列车或增加旅游座席。争取形成三地旅游直通车网络体系，共同推动三地旅游集散中心等相互开行通往异地的旅游直通车，构建城市间旅游公共交通网络，打造"京津冀公交旅游圈"。其次，推进旅游道路和景区标识建设。按照《城市旅游公共信息导向系统设置原则与要求》，完善京津冀地区重要交通节点、换乘点的旅游交通导览图。建立健全3A级以上主要景区、主要乡村旅游点的旅游交通引导标识系统。三地还将在交界处互相设置对方的景区交通标志牌，打破原有"各顾各"的状态，推动区域内的一体化发展。最后，建立健全自驾游服务体系。围绕京津冀重点旅游区域、重点旅游线路、重点旅游景区配套需求，规划建设一批旅游停车场、自驾车和房车营地，如打造跨区域的汽车异地租赁和露营机制，完善相应的配套旅游咨询、住宿、餐饮、娱乐、购物、加油、维护保养、安全救援等服务功能，推动自驾游健康发展。

2. 加快建立资讯一体化的通信体系

京津冀一体化的进程在不断加快，相关部门、企业和人员在三省市的流动，使得三地的联络越来越紧密。但长途漫游资费阻碍了京津冀地区旅游市场一体化的进程。因此降低一体化进程中消费者的成本，促进京津冀一体化发展是非常必要的。三地消协呼吁相关部门尽快开展可行性调研，并呼吁电信行业逐步降低直至取消京津冀地区长途及漫游通信资费。三大电信运营商中国移动、中国联通以及中国电信自2015年8月1日起对北京、天津、河北的手机用户在京津冀区域内拨打京津冀电话（固话和手机），取消长途和漫游通话费，按本地通话费标准收取；对京津冀的手机用户在京津冀区域内接听电话取消漫游通话费。这项措施为京津冀地区深度融合以及推进基础设施的便利化带来了极大的好处。

参考文献

[1]Sofield THB. Border tourism and border communities：An overview[J]. Tourism Geographies，2006.

[2]王忠锋. 边缘效应及其对边缘地经济发展的促进[J]. 改革，2006(11).

[3]李铁立. 边界效应与跨边界次区域经济合作研究[D]. 东北师范大学，2004.

[4]杨效忠,张捷,叶舒娟. 基于社会网络的跨界旅游区边界效应测度及转化[J]. 地理科学,2010(6).

[5]张佑印. 北京入境集聚扩散旅游流时空演变规律及动力机制研究[D]. 陕西师范大学,2010.

京津冀协同发展背景下养老模式整合与创新

课题负责人：刘亚娜（首都师范大学管理学院　副教授）
课题组成员：刘亚娜、牛　雯、杨　阳

老龄化问题不仅是一个引人关注的社会性议题，也是一个难以破解的世界性难题。目前全世界有68个国家和地区进入老龄化状态，到2020年，将有13个国家或地区进入超老龄化状态。从2013年到2050年，全球60岁以上老年人口数量将在8.41亿的基础上再翻一番，这种世界性老龄化的社会现象将日益严重。① 中国既是老龄化速度最快的国家，也是老年人口数量最多的国家。京津冀作为世界级的大城市群，人口老龄化问题是京津冀协同发展过程中不可忽视的重要因素，区域性的老龄化问题已经成为目前以及未来一个时期内不可回避的问题，将对三地甚至整个国家的经济、社会保障体系、可持续发展等方面产生深远影响。

京津冀协同发展是"十二五"期间党中央提出的治国理政新思路，《京津冀协同发展规划纲要》的出台将这一发展思路上升为重大国家战略的新高度。京津冀协同发展不仅仅着眼于经济的增长，还将促进区域性民生问题的改善作为重点，探索经济与民生的联动可持续性发展。随着《京津冀民政事业协同发展合作框架协议》的签订以及"十三五"发展规划的通力推进，由京津冀三地组成的区域性整体发展将迈入实质性阶段。

一、京津冀人口老龄化及养老现状

（一）京津冀人口老龄化现状及特征

京津冀地区拥有着庞大的老年人口规模，是中国人口最密集的地区之一。北京市老龄工作委员会办公室于2015年10月发布的《北京市2014年老年人口信息和老龄事业发展状况报告》显示：截至2014年年底，全市户籍总人口

---

① 《全球68个国家地区明年步入老龄社会　多国寻求出路》，http://www.chinanews.com/gj/2014/08-28/6537836.shtml。

1333.4万人,其中,60岁及以上户籍老年人口296.7万人,占总人口的22.3%;65岁及以上户籍老年人口200万人,占总人口的15.0%;80岁及以上户籍老年人口51.6万人,占总人口的3.9%。河北省民政厅数据显示,京、津、冀三地60岁以上老年人口已超过1630万人,其中北京市达到300万人,天津市达到215万人。对于京津冀来说,三地均在20世纪90年代中后期先后步入老龄化城市的行列,人口老龄化速度远远高于全国平均水平。资料显示,京津两大城市的老年人口正在以每年3%以上的速度快速增长①。

表1 2010—2013年京津冀三地65岁以上老年人口比重

地区\年份	2010年	2011年	2012年	2013年
北京	8.71	8.82	8.60	8.58
天津	8.52	9.77	10.46	11.45
河北	8.24	8.17	9.09	9.16
京津冀整体	8.37	8.50	9.18	9.36

数据来源:《中国统计年鉴》(2010—2013)

如表1所示,根据2010—2013年《中国统计年鉴》整理的数据可以看出,京、津、冀三地都处于老龄化状态之下,65岁以上老年人口占当地总人口的比例均超过8%。天津和河北分别从2011年和2012年开始,65岁以上老年人口比重超越北京,特别是天津面临的老龄化压力在三地中最大。按年度将京、津、冀三地65岁以上人口与同年三地总人口进行比较,可以看出京津冀地区整体的65岁以上老年人口比重。京津冀地区整体的老龄化水平呈现逐年攀升的趋势,区域性老龄化水平将日益加深,人口老龄化成为一种新的社会形态。

从三地各自的老龄化发展趋势来看,京、津、冀三地的老龄化状态略有不同。其中,北京65岁以上老年人口比重波动不大,老龄化状态相对稳定,并从2011年开始呈现出逐年小幅下降的趋势;天津65岁以上老年人口比重近年来呈现逐年上升的趋势,且增长幅度比较大,2013年65岁以上老年人口比重达到11.45%,比北京和河北分别高出2.87和2.29个百分点,成为京津

---

① 许连颖:《发展现代老年服务业 打造京津养老"后花园"》,《廊坊师范学院学报(社会科学版)》,2014年第30期。

冀地区老龄化程度最为严重的城市；河北65岁以上老年人口比重虽然在2011年出现了波动，但近几年总体处于小幅上涨的态势，2013年老龄化水平仅次于天津，同样面临着比北京更为严峻的养老形势。①

尽管京、津、冀三地的老龄化水平不同，但是从整体来看，京津冀地区在老龄化过程中表现出以下几个典型特征：

第一，老年型家庭增多。老年型家庭是指家庭户中所有成员都是60岁以上的老年人，具体的表现形式包括老龄夫妻核心家庭、无子家庭、空巢家庭、独居家庭和低龄老人与高龄老人同居家庭等。

计划生育政策实施三十多年以来，我国的人口数量得到了有效控制，生育率的降低直接导致了家庭规模的缩水，原来多子女的大家庭形态不复存在，家庭结构趋于简单化、扁平化，"421"式家庭数量急剧攀升。家庭规模和家庭结构的转变使得家庭内部有效的养老资源减少，且家庭代际成员之间，特别是独生子女家庭的子女所承担的养老负担和压力激增。在人口老龄化加剧的同时，高龄老年人口的持续增长让家庭养老的风险逐渐增大。历次人口普查数据显示，1982年京津冀地区的平均家庭户规模为3.91人，而2010年仅为2.87。目前京津冀地区家庭代际数目不超过两代的家庭占比已经超过了82.3%，北京高达89.8%，其中一代户的比重甚至达到50.4%，②（见表2）这说明家庭代际间传统互哺功能和传承功能的弱化，家庭养老资源的减少会激发老年人对家庭外部资源的需求，因此社会供养负担将进一步加重。

表2　2010年京津冀地区不同代际数目家庭比例

	一代户(%)	二代户(%)	三代户(%)	四代以上(%)
北京	50.4	39.4	10.1	0.2
天津	36.5	50.5	12.6	0.3
河北	27.6	51.1	20.0	0.9
合计	33.6	48.7	17.0	0.7

数据来源：由第六次全国人口普查数据计算得出

---

① 王艳婷：《京津冀人口老龄化趋势预测与探讨》，《城市》，2015年第4期。
② 马艳林、李艳杰、张贵祥：《家庭结构变迁视角下都市圈养老一体化模式分析——以京津冀地区为例》，《商业时代》，2015年第6期。

经济社会的跃进式发展不仅提升了人们的生活质量,也间接影响了人们的行为方式和思想观念,老人与子女分开居住的形式变得非常普遍。2010年京津冀地区60岁以上老年人家庭户占全部家庭户的29.6%,其中单身老年户和老年夫妇户的比例分别为14.5%和21.6%,老年人独居的比例高达38.1%。①(见表3)以北京为例,2012年北京市纯老年型家庭人口48.4万人,占老年人口总数的18.4%,② 这意味着老年型家庭作为一种新的家庭形态应运而生并且出现常态化的趋势。

表3　2010年京津冀地区60岁以上老年人家庭户构成

	单户数（户）	占全部家庭户比例（%）	单身老年户（%）	老年夫妇户（%）	老年人与未成年亲属户（%）	三个60岁以上老年人户（%）	老年人独居比例（%）
北京	1642273	24.6	14.9	20.6	1.0	0.8	37.3
天津	1104458	30.2	15.5	25.7	1.0	0.9	43.1
河北	6344191	31.1	14.2	21.1	1.0	1.1	37.4
合计	9090922	29.6	14.5	21.6	1.0	1.0	38.1

第二,城乡老龄化差异显著。京津冀三地的老龄化都表现出各地区城乡之间不同程度的差异,这种差异主要体现在两个方面,即城乡之间老龄化的进程与程度。通过历次人口普查的数据可以对三地进行比较。

(1)北京

2010年农村地区老年人口占北京市常住人口的比重为9.7%,比2000年(第五次人口普查)增长了1.3%,而城镇地区两次人口普查数据相比,十年间仅提高0.2%;2010年,农村地区老少比为106∶100,比2000年增长了62.1%,同期城镇地区仅提高30%。农村老龄化增长十分迅速,北京市农村地区所面临的老龄化压力巨大。以第六次人口普查数据为依据,2010年北京市城六区(东城区、西城区、朝阳区、丰台区、海淀区、石景山区)65岁以上老年人口比重为21.2%,城市发展新区(顺义区、通州区、大兴区、昌平区、房山区)与生态涵养区(门头沟区、怀柔区、平谷区、密云县、延庆县)65岁以

---

① 第六次全国人口普查数据。
② 北京市老龄工作委员会办公室:《北京市2012年老年人口信息和老龄事业发展状况报告》,http://zhengwu.beijing.gov.cn/tjxx/tjgb/t1326148.htm。

上老年人口比重分别为7％和10.1％，中心城区呈现出的老龄化水平要高于郊区。

(2)天津

2010年天津市市内六区的老龄化水平均在11％以上，且高于全市平均水平；滨海新区、东丽区、西青区和津南区的老龄化程度都在7％以下，尚未步入老龄化社会；其他区县的老龄化程度在7％—10％之间，均在全市平均水平上下。其中和平区65岁及以上人口比重为13.36％，高出全市平均水平4.84个百分点，老龄化水平位列全市之首；老龄化水平最低的是滨海新区，65岁及以上人口比重仅为4.82％，比和平区低8.54个百分点，比全市平均水平低3.7个百分点。

(3)河北

2010年河北省市、县、乡60岁以上老年人口比重分别为11.48％、12.01％和14.98％，其中城镇老龄化水平为11.75％，农村地区老龄化水平比城镇高出3.23个百分点。与第五次人口普查数据相比，河北省城镇老龄化水平在十年间增长了2.22个百分点，而农村地区增长了4.09个百分点，农村地区老年人口所占比例持续高于城镇，且老龄化增长速度快于城镇。①

显然，京、津、冀三个地区面临的老龄化压力不同，各地区的城乡老龄化水平也表现出不同的特征。从老龄化程度来看，北京、天津两地城镇老龄化程度高于农村地区，而河北省农村人口老龄化程度高于城镇，且有相当数量的老年人口生活在农村。从人口老龄化进程来看，北京和河北的农村老龄化增速均快于城镇。这种城乡之间的差异是由多种因素引起的，包括经济水平、生育水平、死亡率、文化更新等，其中一个不可规避的因素就是人口的流迁，改变了城乡的人口结构。对于河北来说，农村的青壮年劳动力大量外流，农村留守老人和儿童数量增多；北京和天津正好相反，吸收了大量的外来青壮年劳动人口，老龄化程度得到缓解，且外来人口多分布在城市的外围区域，因此中心城区的老龄化压力往往偏大。

第三，外来人口开始老化。人口在城乡之间以及城际之间流动迁徙的原因大致可以分为两种：经济型原因和社会型原因。经济型原因包括务工经商、工作调动、学习培训等；社会型原因包括随迁家属、投亲靠友、婚姻嫁娶、拆迁搬家等。在现实的社会发展中，往往是由于经济原因而直接导致了人口

---

① 第五、第六次全国人口普查数据。

的流动，进而引发了社会型人口流迁。在京津冀协同发展背景下，人口的流动会更加频繁。

北京和天津作为经济蓬勃发展的一线大都市，社会经济实力远远超过河北，因此在经济的吸引之下，北京和天津吸收了大量的常住外来人口，其中也包括大量的河北劳动人口。2014年《京津冀蓝皮书》披露，2005年至2010年，河北省向北京输送的劳动力平均每年在100万人左右；向天津输送的劳动力平均每年在60万人左右，且呈逐年增加的态势。2010年第六次人口普查数据显示，河北省来京人口为155.9万人，占北京常住外来人口的22.1%；而天津市的常住外来人口中，来自河北省的人数为75.45万人，占天津市常住外来人口的25.2%。①

常住外来人口是影响地区经济社会发展的重要群体，在为城市发展做出贡献的同时，也开始出现劳动力内部逐渐老化的趋势，也就是说，城市所面临的养老负担不仅仅来自于城市的户籍人口，未来可能还要承担起外来人口养老的责任。以北京为例，2015年全市常住外来人口为822.6万人，占常住人口的37.9%。在常住外来人口中，65岁以上老年人口占4.2%，与2010年相比，上升了2.4个百分点；14—64岁劳动年龄人口占86.1%，比2010年下降5.2个百分点，北京常住外来劳动年龄人口比重出现下降。② 北京市的常住外来人口有近一半居住在五环以外，对减轻郊区老龄化程度起到一定作用。调查数据显示，经济发展欠佳、地域临近的人口大省河北，依然是北京常住外来人口的输出大省，在北京外来人口中的占比仍有上升趋势。

第四，人口老龄化与社会经济发展水平不相适应。回顾西方发达国家的老龄化历程，他们的人口老龄化是在城市化、工业化水平较高，生育观和价值观发生转变，且经济水平较为发达的情况下发生的。同时，又有较为完善的社会保障体系和社会福利事业作为坚实后盾。西方发达国家的老龄化进程与经济发展水平基本是同步的，并且具备了较强的应对老龄化问题的社会承受能力和物质基础，属于先富后老或富老同步。而我国的老龄化问题出现之时，不论经济发展水平还是社会保障体系都处于比较脆弱的状态，人口老龄化的物质基础相当薄弱，属于典型的"国未富，民先老"。就京津冀地区而言，

---

① 管竞：《京津常住外来人口中河北籍居民最多》，http://news.eastday.com/eastday/13news/auto/news/society/u7ai1107971_K4.html。

② 陈缇：《近5年北京常住外来人口净增118万》，http://www.zgxxb.com.cn/sdzs/201602150014.shtml。

2014年，京津冀三地GDP总量达到66474.5亿元，占全国的10.4%，地方公共财政预算收入为8863.8亿元，占全国的11.7%。① 虽然区域经济发展水平相对于全国来说处在中上水平，但是经济增长的速度相对于人口老龄化的增长速度而言还有一定差距，应对人口老龄化的经济基础还有待提高。同时，京津冀三地之间的经济发展也存在严重的不平衡。2014年，北京、天津人均GDP均超1.6万美元，而河北仅为6500余美元，不足京津的一半。城镇化率方面，京津冀三地城镇化率分别为86.4%、82.3%和49.3%，北京和天津已达到高度城镇化阶段。② 北京市统计局发布的京津冀协同发展报告显示，京津冀总人口中，15—64岁劳动年龄人口的比重占77.2%，高于全国平均水平近3个百分点；总抚养比为29.5%，比全国平均水平低近5个百分点，③ 这表明京津冀地区在未来一个时期内仍可以享受劳动年龄人口为该地区经济发展所创造的人口红利，也从侧面反映出当前及未来一个时期是京津冀协同发展的绝佳时期。

（二）京津冀主要养老模式

养老模式实际上属于养老方式的类型化问题，是对多种养老方式所表现出的趋同性和均质性特征进行概括，提炼相应的养老模式。养老模式是解决养老问题的核心环节，各种养老模式都是在延续老年人日常生活的基础上为满足老年人不同阶段、不同状态的需求所做出的资源倾斜性安排。

养老模式的分类方法众多，比较有代表性的有三种：第一，按养老的经济来源分类。支持这种分类方法的学者认为存在以房养老、回租养老等基本类型。第二，按养老资源的提供者进行分类。学者们认为养老模式应该分为家庭养老和社会化养老两种类型。第三，按照老年人的日常生活场所或居住方式进行划分，有居家型养老和机构养老两大类型，其中居家型养老又包括了家庭养老和社区居家养老两种方式。三种分类方法虽然不同，但形式和内容上都有交叉重叠。第一种和第二种分类方法本质上都是从养老的资源供给角度来对养老模式进行具体划分的，这种划分存在两个问题：第一，在实际的养老这个漫长的人生阶段中，养老资源的来源是多方面的，各种资源供给

---

① 杜燕：《2014年京津冀GDP总量达66474亿元占全国10.4%》，http://news.cnorth.com.cn/system/2015/07/10/030365218.shtml。

② 《京津冀去年GDP占全国1成 河北人均GDP不足京津一半》，http://tj.sina.com.cn/finance/news/2015-07-10/0848116507.html。

③ 《全方位数读京津冀协同发展》，《北京晨报》，2015年7月9日。

主体提供的内容交叉渗透在一起,很难做出明确的区分;第二,养老过程不是一个被动接受的过程,还需要建立人际社会联系,与家人、邻居、亲戚、朋友进行情感交流,需要老年人进行空间上的日常活动,而这些生活要素的实现就要涉及家庭、社会等多个场域。本课题选择第三种分类方式,即将目前京津冀地区的养老模式划分为家庭养老、社区居家养老和机构养老三种基本类型来讨论,也比较符合当前我国社会养老服务体系建设的规划要求。

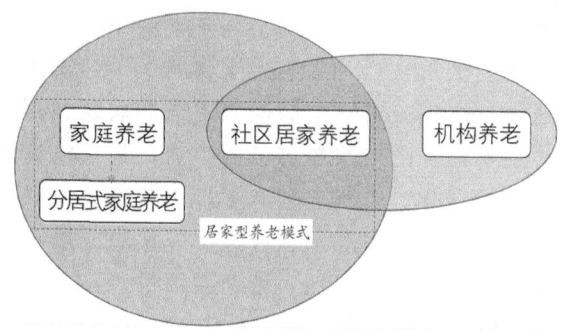

图 1　京津冀地区养老模式分类

1. 家庭养老

家庭养老是指老年人与子女等家庭成员居住在一起,由家庭成员(主要是子女)来提供全部经济供养、生活照顾、精神慰藉等各个方面的资源供给的养老方式。家庭是老年人最天然、最具保障功能的安全网,老年人很看重家庭带来的安全感、亲情感和归属感,家庭养老是我国养老事业发展的基础,对养老模式的多元化发展起到重要的支撑作用。同时,老年人的整个养老过程的大部分阶段都是在家庭之中度过的,因此这在当前仍然是我国最主要的养老模式。

传统的家庭养老是建立在自给自足的自然经济基础之上的,"尊老敬老"、"孝"文化和"传承接代"的思想鞭策着代际取予的互惠均衡,并且"世代同堂、儿孙绕膝"的家庭结构为家庭养老提供了丰富的人力资源,在家庭内部即可以实现全部的养老职能。传统的家庭养老既能让老人尽享天伦之乐,满足老年人的精神和情感需求,又能够增强家庭成员之间的凝聚力,还可以减轻国家在养老方面的负担。

随着家庭结构的剧烈变化、经济生活压力持续增大以及年轻一代养老观念的淡漠,子女一代只有能力提供某些方面的资源供给,或是只能在某一阶段提供比较全面的资源供给,这样就减少了子代对亲代的资源供给,甚至导致资源供给的停顿。子女一代无法承担养老资源的持续供给,就迫使老年人要么压缩养老需求,要么寻求家庭之外的资源,家庭赡养因此面临失灵的危机。另外,现代意义上的养老已经不仅仅局限于简单的经济供养、生活照料和精神慰藉,亲代对养老有更高层次的需求,即社会性维持和发展的需要以及自我实现的需要,这种需要也远远超出了家庭这一单一场域的功能范围。

在当今社会,一方面,传统家庭养老模式显然无法充分履行当代及未来老年人养老所需的全部职能;另一方面,老年人的个体意识逐渐增强,传统的家庭养老衍生出了新的形式——分居式家庭养老。分居式家庭养老是指老年人与子女分开居住,老年人有一定的养老资金和居住条件,并且在身体状况允许的情况下,主要由自己来照料自己的生活,并且能够自我寻找生活的乐趣,对子女的依赖性弱化。自我养老有多种表现形式,如夫妻互养、异地养老、居家养老等。自我养老并不意味着子女等家庭成员在养老过程中的退出,子女仍需要履行赡养老人的责任,给老人提供经济支持、生活照料以及精神安慰,只是这些资源的提供主体由子女转变为老年人自身,是一种"分而不离"的养老模式。以往的研究显示,假定父母双方生活都能自理,或者至少有一人能够自理,绝大多数都会选择以夫妻双方相互照料或者自我照料为主的居家养老方式,其比例要明显高于依靠子女照料的比例。① 分居式家庭养老表现了老年人对独立和自由生活空间和方式的追求,老年人选择与子女分开生活,可以有效减少老年人与年轻人之间由于生活观念和生活方式的不同而产生的矛盾,促进家庭关系的和谐发展。但是需要注意的是,分居式家庭养老也是一部分老年人在城镇化发展之下做出的无奈之举,特别是在农村地区。随着京津冀地区老年人预期寿命的延长,以及高龄老龄化浪潮的到来,随着年龄的增长,身体病弱或情感脆弱会促使选择分居式家庭养老模式的老年人最终分化为传统家庭养老和机构养老两个方向。

2. 社区居家养老

社区居家养老是一种以家庭为核心、以社区为依托,引入养老机构专业化服务,通过上门服务的形式或以社区养老服务机构为载体,为生活在社区的老年人提供以日常生活照料、医疗护理、家政服务和文化娱乐等为主要内

---

① 尹志刚:《北京城市首批独生子女父母养老方式选择与养老战略思考——依据北京市西城区、宣武区首批独生子女家庭调查数据》,《南京人口管理干部学院学报》,2008年第2期。

容的有偿社会化服务的养老模式。随着政府职能的转型，管理权力和责任逐渐向基层倾斜，社区在社会生活中承担了更多的职能，所以社区在这里所扮演的其实是社会福利制度的承接者和实施者的角色，恰恰是因为社区和家庭之间的空间接近性而代行和弥补了家庭养老的部分功能。可以说，社区居家养老构建起了家庭养老与机构养老之间互通的桥梁。

京津冀地区的部分社区都开始提供居家养老服务来帮助有需求的老年人解决生活上的困难，在实践中居家养老服务主要是通过两种方式来实现的：一是由经过专业培训的服务人员上门为老人提供生活护理、卫生清洁、饮食起居等生活服务；二是在社区内部开办托老所或养老服务中心，为老年人提供日托或全托服务，帮助没有子女照顾或者子女没有时间和条件照顾，以及身体条件不适合家庭养老的老人，让其享有健康安乐的晚年生活。北京市推进社区养老照料中心建设，截至 2016 年 1 月已经建成 105 个社区养老照料中心。①天津市建立了以居家为基础、以社区为依托、以机构为支撑的养老服务体系，97% 的老年人依托社区服务居家养老，3% 的老年人入住养老服务机构养老。各区县建立居家养老服务指导中心，各街道（镇）建立居家养老服务中心，委托服务单位开展居家养老服务，同时建设养老服务日间照料中心、老年配餐服务中心、托老所等社区养老服务设施，实现全市社区养老服务全覆盖。②

社区居家养老将"家"的含义延伸到社区，保留了传统家庭养老的诸多优势，让老年人不离开自己熟悉的生活环境，能够有效维持老年人与其他家庭成员之间的持续互动和情感交流，既符合老年人的生活习惯、养老心理，又能解除老年人居住在养老院中的孤独、寂寞，减少老年人罹患精神疾病的可能性。同时，这种养老模式又兼具西方社会化养老的理念，将机构养老的专业化服务扩展到社区和老年人的家中，利用社区照料来弥补家庭照料的不足，确保老年人的生活质量。因此，社区居家养老模式在社会和学术界都备受推崇，认为这是具有中国特色的理想的养老模式。

3. 机构养老

机构养老模式是相对于居家型养老模式（家庭养老和社区居家养老）而言的，是指老年人到专门的养老机构住养，养老机构为老年人提供饮食起居、

---

① 《北京：社区养老照料中心力争全覆盖》，http://news.xinhuanet.com/gongyi/yanglao/2016-01/25/c_128666282.htm。

② 韩雯：《天津市社区养老服务全覆盖》，http://pension.hexun.com/2015-10-13/179774001.html。

卫生清洁、健康护理、疾病预防与管理、文体娱乐活动等综合性服务，能够陪伴老年人走完人生最后旅程的养老模式。机构养老实质上意味着家庭养老职能的阶段性或永久性丧失，特别是对于高龄不能自理的老年人来说。但是子代对亲代的供养责任依然存在，因为目前来说，我国的社会福利制度和养老机构的发展水平尚不能保证所有老年人在失能或半失能状态下入住，多数子女还是要承担起老年人生活照料的职能，而且养老机构的进入在多数情况下都离不开子女的经济扶持。

机构养老具有集约化居住、高度统一管理的特点，这就意味着从家庭过渡到养老机构，对于老年人来说，不仅仅是一种空间上的变化，也是家庭情感关系的疏离，会给老年人带来巨大的心理冲击，更重要的是老年人对于自己日常生活的掌控程度和自由度发生了变化，长年养成的生活习惯也会随之发生深刻改变。这往往被认为是老年人不愿选择养老机构养老的主观原因。加上不同等级的养老机构的舒适性、便利性、服务质量、收费标准等方面差距较大，老年人更倾向于将机构养老作为养老方式的最后选择。当然，从目前失能、半失能老年群体的数量来看，特别是当老年人进入自主生活不便的阶段，机构养老具有其他养老模式不可比拟的吸引力和竞争力，主要体现在其专业性和安全性上。大部分养老机构配有专门的养老护理人员，提供级别不等的护理看护服务，有些还针对有特殊需要的老人，特别是对失能或半失

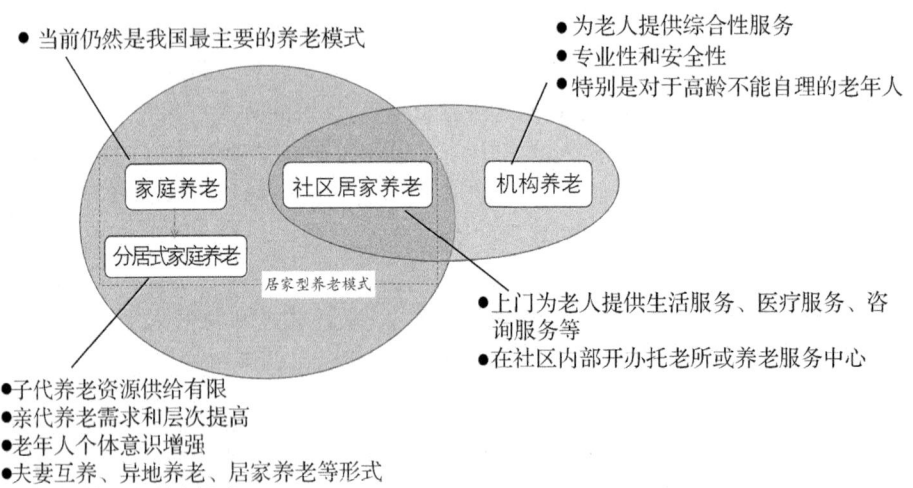

图 2　京津冀地区主要养老模式

能老年人开设了特别护理服务，可以 24 小时为老人提供服务；另外，养老机构配有相对齐全的康复设备，以及与医疗机构之间较为密切、较为顺畅的衔接关系，一些条件好的机构还配有专职医生或医务室，老人平日的常见慢性疾病在养老机构内就能得到医治，如果需要去医院，也能在护理人员的陪同下前往或通过养老机构与医院建立的绿色通道直接将老人运送至医院。依据机构养老的思路，河北省在农村地区对机构养老的形式做出了一些创新，发展起了农村互助养老模式，采用集体办院的方式让老年人集中居住，实行自我供养，老年人之间提供互助服务。

(三)京津冀机构养老现状

尽管京津冀三地的发展阶段、城镇化水平、经济实力有很大差距，但三地同样面临着巨大的养老压力，在机构养老服务一项上，三地面临着一些共同性的问题。

1. 养老机构发展不均衡

(1)养老床位供需矛盾突出

随着京津冀地区老龄化程度的加重，三地养老机构面临着不同程度的养老机构床位不足的情况，养老床位供需矛盾进一步显现。据统计，到 2013 年，京津冀三地每千名老年人平均拥有床位数分别为 28.8 张、23.0 张、23.2 张。天津、河北两地水平相当，但与北京相比有明显差距。[①] 按照国际养老标准，每千名老年人的养老床位数量为 50 张，京津冀三地的平均床位数仅有 25 张，而且与发达国家 50—70 张的水平相去甚远。在"十二五"规划中，设定了每千名老年人拥有养老床位数 30 张的目标，到目前为止，京津冀三地都没有实现预期目标。另外，针对失能老人的特殊养老床位数量严重短缺，在这一领域的政策制定基本处于空白。

(2)养老机构区域分布不合理

一项机构养老选择意向的研究表明，老年人在选择机构养老时，十分看重"离子女居住距离"这一要素，并在实际选择入住时，呈现选择离子女居住地较近机构的趋势。然而，就目前来看，京津冀三地养老机构的区域分布状况并不能满足老年人就近养老的需求。以北京为例，养老机构分布与老年人口分布存在倒置现象，床位紧缺与闲置并存。2013 年老年人口信息和老龄事

[①] 王小春、付瑞智、王宁：《关于京津冀社会养老服务体系建设的调查研究》，《农村经济与科技》，2015 年第 10 期。

业发展状况报告以及北京统计年鉴数据显示,北京市城镇养老机构占全市养老机构总数的36%,而城镇老年人口数量却占全市老年人口数量的66%。特别是中心城区(东城区、西城区、朝阳区、海淀区、丰台区、石景山区),不管是养老机构数量还是入住率都趋于饱和状态,床位十分紧缺。具有品牌优势的北京市属的四家养老院(北京市第一社会福利院、北京市第四社会福利院、北京市第五社会福利院、汇晨老年公寓)和"北京市首家四星级敬老院"——海淀区四季青镇敬老院,这五家养老机构床位都十分紧俏,排队现象严重。而郊区地区虽然建有大量养老服务机构,但入住率却不足半数,床位闲置状况广泛存在。

(3)运营状况不理想

据统计,截至2013年,北京市共有养老机构410家,其中公办211家,民办199家;天津市拥有各类养老机构370家,民办养老机构占七成左右;河北省养老机构总数为1433家,公办养老机构722家,民办养老机构711家。① 由此可见,京津冀三地公办、民办养老机构发展态势良好,公办与民办数量相当,特别是民办养老机构近年来发展十分迅速。"政府主导,社会参与,市场运作"的发展模式使得养老机构由政府补缺型向适度普惠型转变。但是京津冀三地的养老机构运营状况依旧令人担忧,大部分民办养老机构基本处于亏损经营状态,而公办养老机构的资金结余也非常有限。民办养老机构虽然近年来有了宽松的政策发展环境,但与公办养老机构相比,规模较小,发展速度较慢。民办养老机构前期投入较大,运营成本高,除去房租和一次性建设投入,日常费用支出主要集中在水电暖费用、房屋设施维护费、员工成本、生活必需品采购等方面。虽然国家在鼓励机构养老发展中给予了政策支持,但真正享受到的优惠项目主要是水、电费,政府给予的床位补贴要一年以后到账,资金周转十分紧张。而公办养老机构虽然有国家财政拨款,但由于编制不足,仍然需要外聘一些人员,面临人员成本和生活成本的持续增加,公办养老机构费用超支现象依然较重。2013年民政统计年鉴显示,河北省农村公办养老机构年收入为24040.8万元,支出为23398.7万元,结余642.1万元,每张床位每年的盈利是34.7元;而民营养老机构年营业收入1184.6万元,费用支出为1540.4万元,亏损355.8万元,相当于每张床位每

---

① 王小春、付瑞智、王宁:《关于京津冀社会养老服务体系建设的调查研究》,《农村经济与科技》,2015年第10期。

年亏损 74.43 元。[1]

2. 养老机构服务资源配置不到位

(1) 医疗服务资源难跟进

老年人对医疗资源的需求迫切。由于身体功能的衰退，大部分老年人都会患有两种以上的慢性病，相当一部分老年人处于长期看病、带病看病、旧病复发状态，加之遭遇突发疾病的危险增大，老年人对医疗资源十分看重。可以说，老年人是医疗资源最大也是最为恒定的消费群体，但是，养老机构医疗服务的普遍缺席严重限制了养老机构的发展。由于医疗服务的高投入、高风险、高专业，大多数养老机构无力提供独立的针对老年人的医疗服务和医疗康复设施，无法接收失能、半失能、严重慢性病老人入住。条件好的养老机构拥有医务室和医疗设备，有专职医生、护士，能为老年人提供常见病的诊治和预防，而大部分机构只能够提供测量血压、体温等简单的日常检查和监测。若老年人需要更为专业、系统的医疗服务，则需要联系老年人的家属送往医院。有的养老院害怕承担法律和经济风险，为了杜绝医疗事故纠纷，多数养老机构不会提供复杂的医疗服务，只接收身体较健康且生活能够自理的老年人入住。

(2) 专业服务人员紧缺

养老机构的工作人员主要包括：院长、后勤人员、护理员、医护人员、社工等。由于公办养老机构人员编制有限，民办养老机构人力成本压力大，工作人员往往身兼数职。医生与护士是养老机构中较为稀缺的资源，条件好的养老机构会配有一到两名医生，或者从医疗机构雇佣临时医生坐班，多数养老机构并不具备这样的条件。护理员是养老机构的主要服务人员，有调查发现，京津冀地区养老机构护理人员普遍年龄偏大，40—50 岁的占 90% 以上，30—40 岁的不足 10%，92% 的护理人员文化程度为高中以下。[2] 就工资水平来讲，护理员的收入水平普遍偏低，北京市护理员平均收入为 3000—5000 元，天津市为 2000—3500 元，河北省石家庄市为 2000—2500 元。[3] 地位低、责任大、收入少，使得很多年轻人不愿从事这个职业，养老机构护理

---

[1] 付亮：《河北省农村机构养老服务发展对策研究》，中南林业科技大学硕士学位论文，2014 年。

[2] 王小春、付瑞智、王宁：《关于京津冀社会养老服务体系建设的调查研究》，《农村经济与科技》，2015 年第 10 期。

[3] 王小春、付瑞智、王宁：《关于京津冀社会养老服务体系建设的调查研究》，《农村经济与科技》，2015 年第 10 期。

人员总体数量严重缺乏，大多数养老机构尤其是民办机构，服务人员数量不符合标准要求，而且护理人员队伍十分不稳定。北京市护理员的流失率在50%左右，养老机构中护理员兼职或外聘等形式大量存在。在服务人员质量方面，大多数服务人员缺乏必要的专业护理学习或培训，京津地区护理人员大部分经过了岗前培训，持证上岗，但是接受在岗培训的人员数量并不多，这导致了养老机构的服务能力不能持续跟进。

(3)设施功能不齐全

在院舍建设方面，多数的公办养老机构建于20世纪90年代，建筑时间较长，建筑结构落后，需要后期修缮和维护。一些旧有的公办养老机构是由医院、学校等建筑改扩建而成，改扩建还受到房屋条件限制，很难给老年人提供满意的生活环境；民办养老机构则主要以租用现有房屋或后期在原址重新修建为主，建筑结构简单，功能性方面与公办机构相比还有所欠缺。在硬件设施方面，普遍缺乏文体娱乐设施，对老年人的精神生活需求还不能提供有效的服务。由于养老机构建筑面积、建设资金等方面的限制，很多养老机构不能向老人提供宽敞的休闲活动场所，活动设施十分简陋，老人大部分时间都是在室内，室外活动不多，难以达到丰富老年人精神生活的作用。

3. 养老机构收费标准与老年人的支付能力不匹配

大部分养老机构是按照老年人的身体状况和居住条件来收取相应等级的费用的。公办养老机构收费一般低于民办养老机构，加之社会对于民办养老机构认识上存在偏见，导致了"公办住不进去，民办住不起"的现象。

养老机构基本收费在3000—5000元不等，收费项目包括床位费、生活照料费、膳食费、医疗护理费、康复服务费、个性化服务费等，其中床位费和生活照料费属于基本服务收费项目，也是所有养老机构能够保证提供的服务项目。京津冀三地的实际收费标准普遍在上涨，而且已经超出老年人自身可以承受的价格范围，多数老年人单纯依靠自己的养老金和退休金难以入住养老机构，需要家庭成员的经济支持。

4. 养老机构功能定位模糊

西方发达国家通常按照养老机构的功能（即养老机构所接收老年人需要照料和帮助的程度）来对其进行划分，在美国，这三类分别为技术护理照顾型养老机构、中级护理照顾型养老机构和照顾型养老机构。第一类机构主要收养需要提供24小时专业照顾且需经常性医疗服务的老人；第二类主要收养需要提供24小时专业照顾但不需要提供经常性医疗服务的老人；第三类主要收养需要提供膳食、帮助等除医疗、24 小时看护以外服务的老人。① 反观我国的养老机构,并未对机构的功能性质进行准确的功能定位,机构层次难以体现。虽然各类养老机构名称不同(福利院、老年公寓、养老院、敬老院、托老所、老年服务中心等),但对接收的老年人并没有严格的等级划分,一般都能够接收自理、半自理和不能自理的老年人,也有相当一部分只接收自理老人。而且在服务内容和服务形式上各类机构趋于相同,有不同养老需求的老年人很难有针对性地进行选择。由于这种功能定位的缺失,导致了养老机构的档次和层次都难以进一步区分出来,也导致了机构接收对象的杂乱无章,很多失能、半失能老年人无法入住养老机构。

5. 三地养老机构发展政策不协调

为了让养老机构在社会化养老服务体系中发挥更强有力的作用,近年来,三地出台了一系列养老机构方面的相关通知和规定,为养老机构的发展营造了良好的政策环境。这些政策涵盖了土地使用、建设补贴、床位补贴、税费减免、人员培训等各个方面,从各地区的情况分别来看,成效颇为显著。但是在京津冀协同发展的背景之下,仍然有服务资源互不协调的问题。如京津冀三地没有统一的养老服务标准,不利于发挥品牌养老机构的示范带动效应;京津冀三地医疗保险不能直接对接、医护人员职称评定体系不畅通,直接影响了三地养老医疗资源的流动和转移,限制了养老机构整体的建设和发展。

图 3 京津冀地区养老模式现存的主要问题

---

① 陶文莹:《北京市养老机构发展数量与功能研究》,首都经济贸易大学硕士学位论文,2010 年。

二、京津冀协同发展背景下养老模式的整合

(一)京津冀养老模式整合的必然性与可能性

1. 区域产业转型升级的新契机

京津冀地区是我国三大人口和经济活动密集区域之一,也是我国最重要的三大经济增长极之一。2013年,京津冀地区生产总值达62176.16亿元,占全国生产总值的10.93%;进出口总值达6125.08亿元,占全国的14.72%(见表5)。虽然京津冀地区整体经济实力强劲,但各城市的产业发展水平参差不齐,产业结构差异较大。2013年,京津冀地区整体第一、二、三产业占GDP的比重分别为5.64%、38.64%、46.75%,第三产业优势明显(见表6)。分地区来看,北京已经呈现出第三产业比重最大、第二产业比重次之、第一产业比重最小的"三二一"型结构,高端服务业和高新技术产业比较发达;而天津、河北仍然处于"二三一"的模式。从数据中可以看出,天津的第二产业和第三产业齐头并进,河北产业结构还达不到全国平均水平,第一产业的产值比例略高,第三产业发展乏力。到2014年,北京的第三产业占GDP的比重达到77.9%,并呈明显的高端化趋势,天津、河北的第二产业比重仍在一半左右,分别为49.4%和51.1%。[1] 三地经济发展出现巨大差距,京津冀区域内部没有形成有序的产业梯度,很大程度上是行政区划分割、政策差异及产业结构升级相对独立造成的。[2] 政府间缺乏与相邻行政区相互协调、统筹规

表5 2013年京津冀和全国主要经济数据对比

变量	北京	天津	河北	京津冀	全国
人口(万人)	2114.8	1472.21	7332.61	10919.62	136072
地区生产总值(亿元)	19500.6	14370.16	28301.4	62172.16	568845
人均GDP(万元)	9.22	9.76	3.86	5.70	4.18
进出口总值(亿美元)	4291	1285.28	548.8	6125.08	41600

数据来源:全国和京津冀《2013年国民经济和社会发展统计公报》。

---

[1] 杜燕:《北京官方首发京津冀三地数据:经济发展不平衡》,http://www.chinacity.org.cn/csfz/csxw/245514.html。

[2] 李俊强、刘昊凝:《京津冀产业结构升级一体化的可能性分析》,《国家行政学院学报》,2016年第2期。

表6 2013年京津冀和全国产业结构   单位：%

地区	一产占比	二产占比	三产占比
全国	10.01	43.89	46.09
京津冀	6.00	42.00	52.00
北京	0.83	22.32	76.85
天津	1.31	50.64	48.05
河北	12.37	52.16	35.47

数据来源：全国和京津冀《2013年国民经济和社会发展统计公报》

划的动力，又由于河北经济发展水平远落后于京津两地，产业支撑和财政支持能力不强，特别是公共服务设施不完善，这必然会影响到京津冀三地之间的产业对接。

随着京津冀三地老年人口比例的不断上升，老年服务业成为新的消费热点。养老产业的创新可以有效推动天津和河北地区第三产业的发展，扩大第三产业的整体规模，推动区域经济转型、融合、升级。对于河北来说，养老基础设施的修建和完善不仅可以直接提升当地老年人的生活水平和生活质量，还可以增加就业岗位，在留住本土人才的同时吸引外来人才，进而达到控制年轻劳动人口外迁的效果。此外，机构养老模式的创新还可以促进区域空间结构的合理分布，为推进区域协同发展和新增长极的形成奠定良好的基础。

2. 优越的政策支持环境

在京津冀协同发展升级为国家战略的大背景下，为了更好地达成合作，三地在顶层设计方面取得了重大成效，并在国家层面成立了京津冀协同发展领导小组和办公室，组织编写了《京津冀协同发展的规划纲要》。2015年年底，北京、天津、河北三地民政部门共同签署了《京津冀民政事业协同发展合作框架协议》，标志着养老成为三地重点开展协同发展的领域之一。《协议》中明确提出，三地将协同规划布局养老机构，引导鼓励养老服务业积极向北京外围地区疏散转移，探索跨区域养老新模式，由此可见，机构养老将作为跨区域养老的新载体在京津冀地区发挥重要作用。据悉，北京已经开始研究相关政策，计划试点将北京养老机构的床位补贴、餐饮补贴等延伸到河北、天津。

在京津冀养老服务业对接方面，河北一直积极主动地发挥着作用，对于区域产业协同发展有较强的合作意愿和决心。河北省很多地方的民政部门及相关政府部门，主动提出"探讨北京老人入住河北养老机构的可能性"话题，同时还自告奋勇地提出"充分利用河北的资源，分解北京养老机构入住压力"的想法及相关建议。在 2010 年年底，河北省民政厅在"服务京津冀三地老年群体"的方针下，在河北省 5 个县（市、区）建立第一批养老基地。① 此外，为了打破政策阻碍和各种制度制约，三地政府将着眼于通过修改或者制定相关法律，整合现行的养老制度及医疗制度，实现医疗养老的跨区域转移接续，推动三地养老资源的互利共享。

3. 城市优质资源亟待互通共享

京津冀位于东北亚中国地区环渤海心脏地带，是中国北方经济规模最大、最具活力的地区，三地具有重要的地缘优势，地域上相连，文化相似，三地拥有各具优势的养老资源，可以促使三地资源优势互补、共享，实现互利共赢的发展目标。

北京作为首都，拥有全国最优质的养老资源，特别是医疗资源，据相关部门统计，2013 年北京市医疗机构年就诊人数达到 2.19 亿人。巨大的本地和外地老年群体在京就医给北京的医疗服务体系带来了巨大的压力。此外，北京作为全国的政治中心、文化中心，面积仅是河北的 8.7%，而人口密度却为河北的 3.3 倍，核心功能区人口密度是河北的 2 倍②，人口密集而土地资源十分紧缺，加上用地价格过高，导致养老机构投入成本很高。而河北省的优势明显，土地占用价格、人工服务成本和生活消费支出相对来说比较低廉，这些优势为京津两地养老机构外迁提供了良好的条件和基础。与此同时，养老资源严重集中，需要协调整合，否则将严重阻碍京津冀养老服务的协同发展。

另外，京津冀三地的城市功能定位也有意促使养老产业向河北转移。首都北京的城市定位是全国政治中心、文化中心、国际交往中心和科技创新中心。天津要建成北方经济中心、北方国际航运中心和北方现代制造业基地。河北在京津冀协同发展大格局中要强化生态保障功能、改善城镇层级结构、构建现代产业体系、承担交通疏解功能。两大中心城市的环境都不适于老年人养老，这为河北省发展机构养老提供了契机。城市之间功能的错位竞争，可以使各方做到优势互补，引导养老资源向有需要的区位流动转移。

---

① 赵培培：《京津冀一体化背景下养老服务业协同发展研究》，河北大学硕士学位论文，2015 年。

② 谷彦芳、赵怡然、王军：《疏解北京非首都功能背景下的河北养老服务业发展策略》，《经济论坛》，2015 年第 2 期。

4. 老年群体有异地养老的需求

随着京津冀三地一大批"80后"独生子女的父母进入老年阶段,"双独"子女赡养老人高峰即将到来,"双独"子女家庭比以往的"单独"子女家庭面临更大的养老风险,家庭养老资源更为紧缺,而且"双独"子女所承担的养老压力和负担更加繁重,家庭养老往往难以承受老人的养老需求。目前,社区居家养老服务体系的建设并不完善,社区为老年人提供的居家服务项目有限,而且并没有覆盖到京津冀的所有社区。有研究表明,如果经济条件允许,当家庭照料资源减少,且无法获得足够的服务,老年人就会更倾向于向能够获得更好照顾的地区转移。同时,考虑到生活成本、养老成本、生态环境等因素,许多老年人将目光投向京津周边地区,异地养老成为京津老年人的新选择。

但是目前来看,异地机构养老并未获得多数京津冀老年人的青睐,一方面是由于老年人有强烈的地缘观念,不愿意轻易离开生活多年的地方。另一个很重要的原因就是目前的养老机构并不能吸引老年人,机构养老问题凸显,京津冀三地社会保障水平有差距,搬到其他城市去养老并不能改善老年人现有的生活水平。换个角度思考,这也为异地机构养老的发展指明了方向。可以从改善生活质量入手,特别是针对一些选择旅游、度假养老的老年人群体。养老机构不仅选址要具有吸引力,基本的医疗服务也要健全,另外,由于老年人会优先考虑自己的收入水平,所以养老机构可以设置不同价位和档次的服务,既可以满足不同群体的需求,也能够扩大异地养老机构的市场。①

(二)加快发展养老产业破解养老问题

当前我国不仅是世界上以最快速度步入老龄化社会的国家,而且失能、半失能、独居和空巢老年人的数量持续增长,照料和护理问题也日益突出。同时,老年群体在日常生活照料、精神慰藉、心理支持、康复护理、紧急救助、临终关怀等方面的需求日益增长,进一步加剧了养老问题的紧迫性、严峻性和复杂性。面临老年人群特殊需求的迅速增长,我国养老服务业的发展远远滞后于老龄化的步伐,发展养老服务业是应对老龄化问题的长久之计。"十三五"规划纲要在谈到支持养老产业发展时提出,以居家养老、社区养老、机构养老等模式解决中国老龄化问题。养老产业与政府、企业、社会民间资本有效结合起来,对解决老龄化问题会有一个较大的突破。创新养老机构的

---

① 吕丹娜、李延宇、丁玉乐等:《老年人异地养老的意愿调查及其影响因素研究——基于京津冀地区的研究》,《现代经济信息》,2013年第5期。

发展模式是解决民生和老龄化问题的有效途径之一。

社会化养老需要养老产业。《中国老龄产业发展报告（2014）》显示：中国已经处于老龄社会初期，人口老龄化进程加快释放了养老产业的发展空间，未来中国将成长为全球养老产业市场潜力最大的国家。按照我国65岁以上老年人口对家政服务、医疗保健的基本需求，养老市场目前年需求至少为1.3万亿元，2020年将发展到3万亿元，有机构甚至预言将达到4万亿元，年均增长速度为11%—15%。① 养老产业将成为拉动经济增长的重要力量，可以形成经济和社会效益的良性循环，进而发展成"银发经济"。② "十三五"期间，北京市老龄事业发展目标包括：社会养老服务体系丰富多样，养老服务市场全面放开，京津冀养老服务协同发展机制基本形成，养老产业或将成为首都服务业新的支柱。养老产业是一种综合性服务业，在当前中国外贸乏力、内需不振的形势下，大力发展养老产业，是调整产业结构，刺激消费，促改革、惠民生的重要手段。③

养老产业主要是指以老年人为服务对象，针对老年人在吃、穿、住、行、休闲、保健、养生、医疗、文化等方面的需求而延伸出来的，以服务为核心的综合性产业体系，涵盖了为满足老年人需求提供生产、经营、服务的第一、二、三产业，而且还包括老年人力资源的开发和利用。养老产业由三大部分组成：养老服务、养老产品和养老产业链。其中，养老服务是养老产业的核心内容。按照服务地点可以分为机构养老服务、社区养老服务和居家养老服务。按照服务性质可以分为全福利性服务、半福利半营利性服务和全营利性

---

① 《中国老龄化产业应该如何发展——访中国社会科学院人口与劳动经济所副研究员王桥》，http://www.cncaprc.gov.cn/contents/16/85991.html。

② 现阶段养老服务市场呈现出低端、中端、高端三个市场。低端市场是传统式养老院，服务对象是体弱、需要介入照料的老年人群，占老年人口比例的6%左右；中端市场是养老社区、老年公寓等，面向健康"平民老人"消费的老年人群，占老年人口比例的90%左右；高端市场是产权式养老地产、高端养老院等，面向收入较高、生活独立、相对富裕的老年人群，占老年人口比例不到3%。低端市场的营利性差，政府将关注点集中在需要救助的少数人群中，自然而然就走上福利事业的道路；中端市场人气兴旺，当前城市老年人已经具备了一定的消费能力，有一定的"购买力"但并不太高，有待提高老年人的消费能力，激发"购买欲望"；高端市场是商家以营利为目的开发的产品，高端人群购买力强，拥有了车、房、佣人等，生活习惯早已融入高端消费市场，他们对养老产品兴趣索然，富裕群体与养老市场的交集很小，因此高端市场人气不足。

③ 张郧：《新常态下的养老产业发展路径》，《江汉论坛》，2015年第6期。

服务。按照服务内容可以划分为满足基本生活需求的日常照顾、医疗护理服务,满足精神需求的心理咨询服务、教育服务、文化娱乐服务,还有满足更高层次需求的投资理财服务、保险金融服务、老年旅游服务、养老养生地产服务等。① 西方发达国家已经形成了明确的养老产业规划,建立起了成熟、完善的养老产业体系,接受居家养老服务已经成为老年人日常生活必不可少的一部分。而且面向老年人的消费产品非常丰富,老年护理保险制度、老年住宅市场、老年金融理财业以及老年教育业等围绕老年人建立的新兴产业不断涌现。② 但是目前,我国的养老产业雏形尚未建成,还未形成产业化的规模,养老服务供给不足,养老产品市场发展落后,养老产业链未能很好地有机融合。

养老机构的建设和发展是一个地区养老服务水平的标志,同时具有引领、辐射、带动全社会养老服务水平的功能,对推动养老产业的发展起到决定性的作用。③ 京津冀地区在不断探索、优化、创新养老服务的内容和层次,但是从现实的状况来看,仍停留在为老年人提供生活照料、活动场所等方面,而关注老年人文化娱乐、康复护理、心理咨询、投资理财等更高层次的养老服务尚未大范围展开,老年人接受服务的方式多数是被动式的、依附式的。不少企业跨界进军养老地产,建设养老示范基地,试图形成一种全新的养老模式,但是探索仍处于初期阶段,养老地产还没有形成规模和特色。

三、京津冀协同发展背景下养老模式创新的几种可能类型

(一)医养结合型

在我国快速老龄化的社会背景下,失能、半失能老年人群体的养老需求已成为养老服务业急需关注的重点。国务院于 2011 年发布的《社会养老服务体系建设规划(2011—2015 年)》指出,目前,我国城乡失能和半失能老年人约 3300 万人,占老年人口总数的 19%。健康老龄化的理念也逐渐深入人心,健康状态是老年人安享晚年生活的必要条件。世界银行在 1990 年提出健康老龄

---

① 张郧、吴振华:《产业链视角下养老产业发展研究》,《科技进步与对策》,2015 年第 24 期。
② 刘昌平、殷宝明:《发展养老产业 助推老龄经济》,《学习与实践》,2011 年第 5 期。
③ 刘昌平、殷宝明:《发展养老产业 助推老龄经济》,《学习与实践》,2011 年第 5 期。

化的战略目标,即指老年人群达到身体、心理与社会功能的完美状态。① 健康老龄化状态的达成需要医疗服务和养老服务的全方面对接和配合,因而医养结合型养老机构模式的应运而生也助力了健康老龄化状态的达成。

医养结合型 | 医养结合型养老服务机构即为一种将医疗理念与养老理念相结合,并以专业服务团队为媒介,为老年人群体提供预防保健、康复护理、健康体检、疾病医疗、日常照护,以及临终关怀的专业型养老。 | 发展障碍:
● "医疗身份"缺少制度和政策支持
● 医疗保险制度未能全面覆盖
● 政策扶持落实不到位
● 服务水平具有局限性
● 收费较高,入住率低

 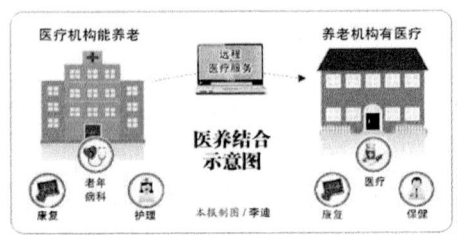

图 4　医养结合型养老模式

1. 内涵及特点

国务院于 2011 年发布的《社会养老服务体系建设规划(2011—2015 年)》阐释了机构养老服务的三个核心定位,即生活照料、康复护理和紧急救援,并特别提到鼓励在老年养护机构中内设医疗机构。国务院于 2013 年印发的《国务院关于促进健康服务业发展的若干意见》中特别提到,加快发展健康养老服务,推进医疗机构与养老机构等加强合作。在养老服务中充分融入健康理念,加强医疗卫生服务支撑。建立健全医疗机构与养老机构之间的业务协作机制,鼓励开通养老机构与医疗机构的预约就诊绿色通道,协同做好老年人慢性病管理和康复护理。②

医养结合型养老机构最主要的特点是将医疗服务与养老服务进行有效整合,强调医疗和养老的有机衔接和融合发展,形成以专业老年机构为依托的

---

① 赵晓芳:《健康老龄化背景下"医养结合"养老服务模式研究》,《兰州学刊》,2014 年第 9 期。

② 中华人民共和国国务院:《国务院关于促进健康服务业发展的若干意见》,2013 年 9 月 28 日。

集预防、医疗、康复、护理、临终关怀于一体的服务体系。两者的深度融合是盘活医疗和养老服务资源的有效手段。一方面可以优化医疗资源的使用效率，将集中在大医院或者长期在大医院住院的老年人逐步引导到康复医院、护理院或者有医疗服务能力的医养结合机构，从一定程度上缓解大型综合性医疗机构的压力，从整体上降低医疗卫生服务的支出，降低医保负担。另一方面，相比医疗机构住院治疗或者康复护理，养老机构服务费用更低，通过支持养老机构设立医疗机构等措施，提高养老机构提供基本医疗服务的能力，可以让一些有医疗护理需求的老年人根据自身的健康情况和经济条件在医养结合机构中接受服务。

在京津冀地区，医养结合型养老服务机构是一种将医疗理念与养老理念相结合并以专业服务团队为媒介为老年人群体提供预防保健、康复护理、健康体检、疾病医疗、日常照护以及临终关怀的专业性养老机构。一般来说，医养结合型的养老机构主要有三种模式和类型：一是养老机构与医疗机构合作联合运行，如北京康泰医院与颐乐之家合作成立的养老机构，与一般敬老院独立选址不同，颐乐之家建在丰台康泰医院内，占用了医院的三层住院楼，是北京市第一批试点护理院之一；二是医疗机构向医养结合转型，例如2004年河北省冀州职工医院就以自办医院为依托创办了老年公寓；三是养老机构增添医疗服务，如北京市第一社会福利院开设的福利医院。

2. 发展面临的障碍

(1) 缺少制度和政策支持

一是医养结合的养老机构在整个养老服务领域中的定位依然是"养老机构"，而无法获得医疗身份，这在很大程度上制约了它们在医疗专业方面的发展与进步，也不利于资源的共享。加之，多数医养结合的养老机构医养衔接程度不高，养老机构在设置规划时未能很好地衔接医疗资源，内设医疗设施功能不完善，达不到医疗设置标准。二是在行业准入标准方面，医养结合的养老机构缺乏有效的行业准入及退出标准，行业规范与监管相对薄弱；对于入住养老机构的老年人的资格界定方面，机构缺乏入住养老机构资格评估和轮候制度。三是医疗保险制度未能全面覆盖。医养结合型养老机构中，大多无法使用或仅能部分使用医保，很多护理项目不能纳入医保支付，难以免费为老年人提供有效的健康管理和上门护理服务。因此，迫切需要应对的是将老年人长期医护服务纳入医疗保险制度，切实解决长期照护的经济负担和困难。四是在扶持政策落实方面，虽然政府有关部门已经出台了一系列关于社会力量兴办养老机构的床位补贴、税收减免、贷款等优惠政策，但是民办养老机构在享受这些优待政策时却困难重重。例如，床位补贴。民办机构的床位补贴不能当年结算，要等到第二年补贴款项才能下发，许多民办养老机构都面临巨大的经营压力。医养结合机构用地仍未纳入政府统一的规划当中，养老机构的建设无法得到优先的用地保障。金融支持方面，对医养结合机构的投融资模式比较单一，缺乏政府部门的引导和鼓励。医养结合养老机构由民政部门和卫生部门分管，政出多门的状态使得政策存在碎片化的现象。

(2) 服务水平具有局限性

一是由于老年人易患多种疾病，对机构的医疗服务需求较大。医养结合机构的服务内容包括预防保健、康复护理、健康体检、疾病医疗、日常照护以及临终关怀等，每一项内容都要求较高的专业水准。但是由于工资待遇低、职称评聘受限较多等原因，养老机构高端企业管理和护理等专业人才匮乏，流动性大，服务岗位专业标准和操作规范不完善，缺少专业的培训考核。医养结合的机构缺少像医院一样完备的升迁制度和空间，阻碍了医疗人员向养老机构流动。二是多数机构的服务比较单一，不能提供特殊的定制服务以及满足高龄、失能老年人生活照料和医疗护理叠加的服务需求。三是收费较高，入住率低。2012年全国老龄办对外公布的《2010年中国城乡老年人口状况追踪调查结果》显示，在参与调查的全国20个省（自治区、直辖市）有效总样本19986人中，在入住养老机构意愿方面，11.3%的城镇老年人愿意入住，个人和家庭平均每月可承担费用1016元；农村的这一比例为12.5%，可承担费用为172元。养老机构高收费使许多有养老需求的老人望而却步。

(二) 休闲度假型

休闲度假养老是异地养老的一种方式，它将旅游养老、度假养老和候鸟式养老相结合，使老年人通过对地理区域的选择来拥有更好的养老环境，继而享受高质量的晚年生活。选择这种方式的老年人多倾向于把旅游度假同养老生活相结合，像候鸟一样选择气候环境适宜的地区居住，他们大多喜欢自由、不受拘束的晚年生活，追求较高的生活品质。将旅游度假与养老结合的旅居养老产业在西方国家已比较普遍和成熟，美国将这种养老模式称为"地域间永久性迁移的生命周期模式"，"阳光之州"佛罗里达就是一个发展该产业的典型地区。早在北京"十一五"规划制定期间就有代表提出了在北京周边地区（包括郊区）试行异地养老的实践建议。近期，北京市民政局民政工作会议上也提出，北京市将研究跨区域享受养老福利制度，鼓励支持中心城区的老年人进行异地养老。

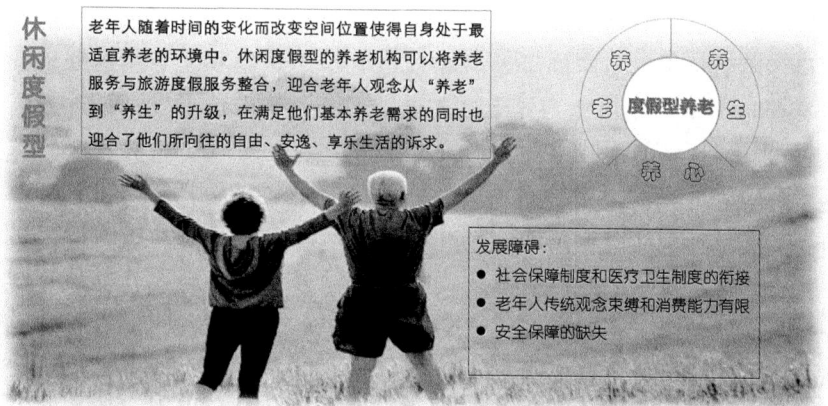

图 5　休闲度假型养老模式

1. 内涵及特点

休闲度假型的养老模式最重要的内涵是对地理区域的选择，老年人随着时间的变化而改变空间位置使得自身处于最适宜养老的环境中。我国地域辽阔，气候多变，在地理条件上有着极大优势。京津冀地区位于我国平原地区，气候宜人，也拥有河北承德、天津津南等适宜度假养老的地区。随着京津冀协同发展进程的不断加快，地区之间的交流合作逐步加深，该区域的老年人在选择休闲度假型养老机构时拥有了更丰富的选择。例如承德市。承德市是首批国家历史文化名城，2012 年被评为中国"十大特色休闲城市"，有着丰厚的文化底蕴和城市内涵。该地区生态环境优美，水源充沛，森林覆盖率达 55.8%。另一方面，其地理位置在京津冀地区十分优越。承德市环抱京津、紧邻三港，是连接京、津、冀、辽、蒙的区域性交通枢纽，随着京承、承唐、承朝、承赤高速公路的全线贯通，京沈高铁、承德机场的加快推进，在京津冀地区拥有较大的发展潜力和发展空间，尤其是在疏解大城市功能方面有着不可或缺的作用。此外，随着人民生活水平的提升和受教育程度的提高，人们的养老观念也在不断改变更新，尤其对于生活在北京这样的大城市中的老年人而言，从"养老"到"养生"的观念在潜移默化中发生转变。老年人在退休之后，有充裕的时间，又有一定的经济基础，旅游度假成为大多数老人选择的休闲娱乐方式，生态环境优美的宜居地区会对他们产生一定的吸引力，这对于休闲度假型的养老机构来说是一种很强的竞争力。

休闲度假型的养老机构可以将养老服务与旅游度假服务整合，迎合老年人观念从"养老"到"养生"的升级,在满足他们基本养老需求的同时也符合他们所向往的自由、安逸、享乐生活的诉求。与此同时,也能有效缓解大城市的人口和养老负担。姜向群等人对北京市老年人异地养老意愿的分析调查显示:有69.3%的人不愿意到异地去养老,17.5%的人选择"愿意",13.2%的人选择"说不好"。① 就城市发展而言,庞大的老龄人口已经对北京的城市资源和政府财政形成了一定压力,对老龄人口的疏解将是必然趋势;对于老年人而言,北京生态环境质量的下降和政策趋向的倡导会对老年人的意愿产生影响,那部分选择"说不好"的老年人群体会是选择异地养老甚至是休闲度假养老模式的潜在对象。此外,休闲度假型养老模式能高效整合利用养老资源。目前我国养老服务业存在资源配置分散、空间分布不均、利用率低下等主要问题,最直观地表现在机构的床位和入住率上。以北京市为例,养老机构在城乡分布不均衡,城区少、郊区多;城区养老院床位紧张,而郊区的养老机构入住率较低。《2015北京养老产业发展报告》显示,2013年北京市养老机构数量为410家,床位8万多张,但养老机构主要分布在远郊区县,占总量的三分之二。其中,位于五环以外的养老机构占比近80%,六环以外的数量就高达216家。在养老机构床位数量上,五环以外有6.542万张,约占总数的83.4%;从区县看,昌平、朝阳和海淀在全市排名前三,东城最少,只有948张,仅占不到2%。从2012年各区县养老机构的入住率来看,区域之间存在较大差异。入住率较低的区县均在偏远地区,而入住率较高的以核心城区居多。其中,入住率最低的是怀柔,仅有16.06%;最高的是西城,为67.79%。具体来看,怀柔、延庆、门头沟和顺义低于30%,朝阳等7个区低于50%,大兴、东城、密云、石景山和西城的入住率在50%以上;而市级养老机构入住率更高,高达81.62%。② 如果发达地区的老年人可以自主迁移到养老服务业发展水平一般但自然环境优越的地区,那么两地的资源都会得到更加合理的利用:发达地区的人口和养老压力得到缓解;养老服务业欠发达地区能够依靠自身特有资源更好地发展地区经济。一般来说,休闲度假型养老机构的选址都集中在宜居的城市或地区,当多个养老机构选址相同,在某地集中,该地区及其周边地区的养老资源就会聚合并逐步形成养老服务链,

---

① 姜向群、季燕波、常斐:《北京市老年人异地养老意愿分析》,《北京社会科学》,2014年第2期。

② 周明明:《2015北京养老产业发展报告》,北京:社会科学文献出版社,2015年版。

进而逐渐发展成产业甚至成为该地区的特色项目，能在很大程度上整合养老资源。

2. 发展面临的障碍

(1)不同地区间政策制度的对接

对于老年人而言，社会保障制度和医疗卫生制度的衔接是最为重要的。医疗报销不便利是由于我国目前的医疗保险统筹层次多为市级或县级，且各地的医疗保险结算起付线、自付比例、封顶额度等计算标准都不相同。另外，异地领取退休金以及因户籍限制问题无法享受当地的老年人优待政策对异地养老产生了负面影响。

(2)受传统养老观念的束缚

尽管随着社会的发展，有一部分老年人开始转变养老观念，愿意为了寻求更好的养老环境而尝试各种新兴的养老方式，但对于中国大部分的老年人来说，观念转变还需要一个较长的过程。对于身处非一线城市、经济水平一般的老年人来说，休闲度假型的养老模式在他们看来是一种奢侈的行为，虽然自己的积蓄是用于支付养老费用的，但要承担这种较高消费水平机构的费用还是令他们难以接受。加之中国人的传统观念使他们不愿意离开自己的子女，认为故土难离，尤其是离开家乡去陌生的环境居住，缺少代际的交流也在很大程度上破坏了他们的人际网络。

(3)安全保障的缺失

休闲度假型的养老机构更多地体现出了自由、自主的特点，此类养老机构多建于远离市中心的地区，占地面积较大，进而使得老年人有更宽阔的活动空间。老年人在旅行或移地过程中的安全保障问题，老年人迁移到异地有可能出现的水土不服、饮食不习惯、意外情况等需要给予更多的关注。

(三)联盟型养老社区

1. 内涵及特点

联盟型养老社区指养老企业以建设养老社区为目标，根据老年人的身体条件、居住需求、消费能力等，在社区内规划建造多种住宅形态的自持型老年公寓，或以租赁的方式出租给有养老需求的老年人，并配以专业化的养老服务；同时，社区建设以养老服务为核心，通过整合养老产业上、中、下游多行业实力企业的优质资源打造出一体化的生活配套系统，如医院、餐饮、健身中心、文化教育、超市、养生会所、休闲公园等，使入住在社区老年公寓的老年人不用走出社区，就能够享受各项服务的一站式养老模式。另外，有实力的养老企业通过在其他城市建设模式相同的养老社区,或与国内外品牌度假村、酒店、养老社区等建立合作伙伴关系,使得入住老年公寓的老年人可以获得异地养老服务,实现老年人的交换式度假需求。联盟型养老社区的"联盟"可以有两层含义:第一,由养老企业牵头,集合多种业态的服务资源,在社区内部形成一个跨行业的养老服务供应链联盟。入住在此的老年人可以在社区内获取各联盟企业提供的服务。第二,通过养老企业或房地产商在多地建设养老社区或是与其他机构建立合作,形成多点式的互动服务网络联盟,使老年人可以在异地获取交换式的服务。

发达国家经济发展较快,进入老龄化社会时间早,此类养老机构的发展也相对成熟。在美国,55—75岁的健康老人进入AAC(活力长者社区),通过居家式的自主方式养老。75岁后由于需要照顾就会进入CCRC(持续性照顾的退休社区)养老。[1] 前者一般都建有各种体育、娱乐场所,硬件设施良好,高尔夫球场是标准配置之一;后者的主要服务对象为高龄人群,提供专业性医疗护理,医疗设施完备,考虑到居民年老体弱,社区建设最大限度地实现无障碍特色。[2] 虽然老年社区对于老年人自身而言依然是一种居家养老式的体验,但是从年龄上对老年人进行相对合理的划分以保证更好地满足不同老年人的需求,可以提供高于居家养老水平的养老服务。目前国内也有一些联盟社区型养老机构,例如位于北京市昌平区的太阳城国际老年公寓。该老年社区由北京太阳城房地产开发有限公司开发建设,是国内最早的养老社区之一。该社区位于北京北部的昌平区小汤山疗养区,西临立汤路,北畔温榆河,东距首都机场17公里,南距亚运村15公里,总占地面积42万平方米。该地区地势平坦、绿树成荫,地下有丰富的地热温泉资源,社内区配备北京太阳城医院、国医堂、文化宫、购物中心、家政服务中心、银行等,便于老年人的日常居住和活动。

联盟型养老社区的特点往往表现在以下几个方面:

(1)配套设施较齐全

由于联盟社区型的养老机构多以房地产商或养老企业投资建设为主,因而完备的配套设施是其核心竞争力之一。大多数联盟社区内都设有医院、超市、家政服务中心、银行、老年活动中心、休闲娱乐设施等,为老年人提供

---

[1] 刘立峰:《养老社区发展中的问题及对策》,《宏观经济研究》,2012年第1期。
[2] 张卫国:《美国养老社区研究》,《世界经济与政治论坛》,2012年第5期。

专有的服务。日常生活设施和医疗设施的提供保证老年人在养老社区内拥有与普通社区相同甚至更优越的便利条件。而活动中心、体育馆和休闲娱乐等设施的配备则为老年人的生活提供了更丰富的选择,鼓励他们积极参与社区活动,间接形成一种特有的社区文化,这对老年人的身心健康和社区自身建设都有良好的促进作用。另外,一些定位较高的养老社区还可依据老年人的不同需求提供定制服务,更为人性化。

(2) 居住氛围和谐

联盟社区型养老模式作为一种创新产物在概念和理念上迎合当前老年人的需求,即随着社会的进步和经济水平的提高,人们对精神层面和心理层面的需求更多、要求更高,一个良好的居住环境和社交环境显得尤为重要。一般来说选择联盟社区的老年人群体特点多为经济条件较好、接受教育程度较高、精神文化需求较丰富,因此在同一社区内的老年人能形成统一和谐的交际圈,拥有共同语言,有较为一致的价值观。居住在此类社区内的老年人可以拥有丰富的文化娱乐生活,不论是下棋、打牌,还是参加舞蹈队、合唱团以及进行各种运动项目都可以在社区内轻松实现,这不仅有赖于联盟社区型的养老模式将具有同质性的老年人聚合在一起形成群体组织,也与上文提到的此类机构能够提供更优质的配套设施密不可分。

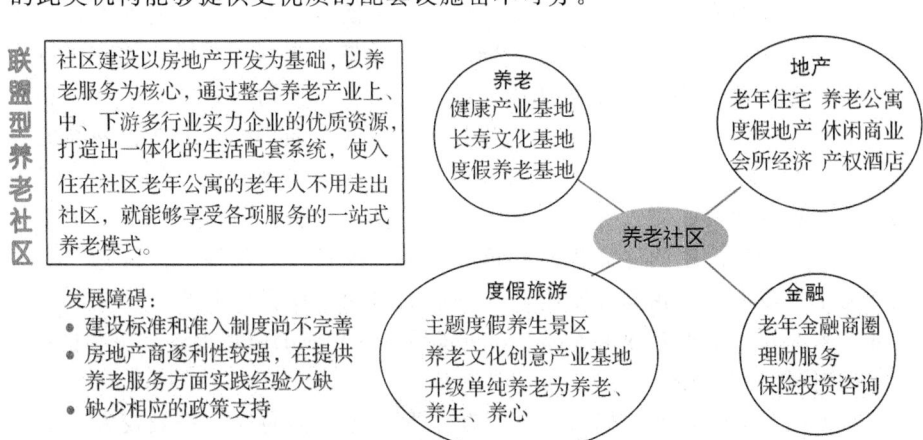

图 6　联盟型养老社区模式

2. 发展面临的障碍

(1)从外部环境而言

首先,高层次的建设标准和统一的准入制度尚不完善。发达国家在养老社区建设标准方面有层次较高的标准,例如美国的设施指南研究所编制的医疗保健设施设计指导手册,对各类养老机构的规模、选址要求等都有具体规定;日本不仅国家对各类养老设施和养老住宅有相应的建设规范和运营标准,各地方政府和相关行业领域也都编写了相应的设计手册和标准图集。[①] 目前我国现有的一些建筑标准,如《城市居住区规划设计规范》,只是普适于所有城市居民区建设,而与养老社区建设有一定联系的《老年人居住建筑设计标准》和《老年人建筑设计规范》中,虽然考虑到老年人群行动不便的特殊性而对建筑提出了无障碍设计的要求,但是缺乏更高层次的标准和设计以及针对老年人在日常生活中的更多特殊需求以及细节规范。其次,联盟社区型的养老机构概念刚刚进入我国的养老市场,其投资建设主体多为房地产商,房地产行业竞争较大、逐利性较强,在提供养老服务方面欠缺经验,使得此类机构在后期运营管理方面存在较大的隐患,因而需要有严格、统一的行业准入标准对此类机构进行严格的筛选和把关。行业内缺乏对养老社区和社区型养老机构类型的准确定位,政府无法通过统一的量化标准对其服务质量、配套措施设置、机构收费等方面进行严格把控,这也使得目前市场上的此类机构大多盲目追求"高端"配置,以宣传豪华的硬件设施作为营销手段,而疏于改进在养老服务提供上面临的不良状况。最后,缺少相应的政策支持。我国在针对养老机构方面的福利政策大多涉及非营利性的养老机构,但在营利性的养老机构方面,政策给予的支持有限。对于新兴的联盟型养老机构来说,机构的创建与早期运行需要大量资金支持,此类机构在初创期往往遇到的困难较多。加之联盟社区型的养老机构多植根于地产项目,这种特性使得它们对土地的需求量极大,但我国并未将其与一般的房地产项目区分开来,未将其视为养老事业领域中重要的组成部分,也未给予其相应的政策上的支持和优待。

(2)从机构自身来看

一方面,运营管理挑战大。联盟社区型养老机构的规模一般较大,不论是对社区内硬件设施的维护,还是对老年人群提供的养老服务,都需要全面、复杂的运营系统和专业的组织机构,因而在后期运行和管理环节所需消耗的

---

① 周燕珉、林婧怡:《我国养老社区的发展现状与规划原则探析》,《城市规划》,2012年第1期。

人力、物力、财力相较于普通的养老机构更多。另一方面，目前市场上存在的联盟社区类的项目收费偏高，专业化服务尚不健全。实践中联盟社区型养老机构作为一种新型的机构类型在养老服务产业中也被贴上了"高端养老"的标签，入驻养老社区的老年人相较于选择其他传统养老方式的老年人来说，观念和思想上都更前卫和进步，其受众群体多为高级知识分子等社会精英阶层，这就在很大程度上局限了选择此类机构的人群范围。

四、典型调查与个案研究

京津冀地区许多的养老实践已经在探索突破过去狭隘的纯粹的家庭养老，也不完全依赖于以社区为依托的居家养老，同时也看到了机构养老存在的不足，将三者的优势整合起来，实现养老社区化的规模化发展。实现传统的机构养老"社会化"和社会养老的"机构化"。课题组在研究中调研了位于北京东部燕郊的燕达国际健康城、北京的泰康之家，以及河北香河的大爱城。三地整合三种传统的养老模式，创新以医养结合为基础保障，创建休闲度假的优良环境，实现联盟型养老社区管理模式的新型养老选择。创建温馨、舒适、安全、健康的养老社区，将家庭养老和社会养老相结合，形成集养老、医疗、康复、社会活动于一体的全新颐养模式。在人口老龄化日益加剧、养老问题日渐突出的背景下，整合京津冀三地资源，协同应对养老困境。

（一）燕达国际健康城

燕达国际健康城位于北京东部的燕郊，共由六大板块组成，即燕达国际医院、燕达金色年华健康养护中心、燕达国际医学研究院、燕达国际医学护理培训学院、燕达国际医学院、燕达国际会议中心，集合了优质健康管家服务资源，国际化、现代化的绿色生态医疗健康和老年养护基地。健康城以国际医疗服务、健康养护服务为核心业务。

1. 燕达国际健康城的主要构成

（1）燕达国际医院

燕达国际医院是一座按照中国卫生部三级甲等综合医院标准建造的集医疗、科研、教学于一体的非营利性大型国际化、现代化、数字化综合医院。医院总建筑面积约52万平方米，总床位3000张，其中医疗床位2000张，康复床位1000张，是全国率先践行医、教、研、养并进发展的医疗机构。燕达国际医院实现信息自动化管理，患者就医实行"一卡通"服务，实行主管医生、主诊专家、科室主任"三级检诊制"。为满足高端客户的需求，专门设置了国际特需区，由42平方米豪华单人间、85平方米豪华两套间和136平方米超豪

图 7 燕达国际健康城模拟图

华三套间组成，并分别设置了医疗区和体检疗养区，还设立了康复、保健、食疗、药膳、休闲、娱乐场所及空中花园、会客室及会议室等。

图 8 燕达国际医院

作为"京冀医疗合作示范单位"，燕达国际医院先后与北京朝阳医院、北京天坛医院、首都儿科研究所、北京中医医院建立起紧密的合作关系，开展在学术和人才交流，互派专家，利用中医医疗健康理念与西方行进的治疗手段，使患者能够相互转诊和远程会诊，以享受全球高科技医疗成果。

(2) 燕达金色年华健康养护中心

燕达金色年华健康养护中心位于燕达国际健康城内，总建筑面积约 60 万平方米，规划设置床位12000张，一期建成床位2300张，正式开放床位916张。在住长期宾客已达500人（95%的宾客为北京籍老人，均为各大部委的离退休老同志），其中自理宾客占70%，半、非自理宾客占30%，床位占用率在65%以上。

养护中心紧邻风景宜人的潮白河畔，绿化率高达50%，环境优美、服务温馨、功能完善、设备先进、文化氛围浓厚，是较好的健康养护、医疗康复、颐养天年的养老社区。养护中心作为高品质养老示范基地，依照具有世界一流水平的美国JC养老标准进行管理和服务，按照ISO9001国际质量管理体系进行质量管理和监控，汲取了日、韩及欧美各国先进的养老管理与服务经验。养护中心为入住宾客提供的是医、护、养一体化的健康养护服务，按照宾客的健康状况和护理需要，专门设有自理养护区、半自理养护区和非自理养护区，供不同自理能力的宾客入住养护，并分别从中医、西医、护理、营养师、心理咨询师和护理员的角度为每个入住者建立个人健康档案，制订个人健康养护计划，进行整体护理，并进行全面健康管理。日常的服务还包括：疾病的诊疗，例如常见病、多发病、慢性病等的诊疗；护理服务；心理支持；咨询服务，包括健康、教育、法律、心理、医疗、护理、康复等方面的信息；还有文化娱乐、健身运动、老年大学、宗教信仰，以及日常生活所能涉及的全面生活照料等很多项服务。

养护中心的餐厅饮食严格选用应季新鲜果蔬，荤素搭配，符合老年人的口味，每日菜式多达二三十种，以自助餐形式供宾客自由选择。对于有特殊需求的宾客，还提供清真餐、低脂餐、营养药膳、流食及半流食等。养护中心中央修建了一条多功能中心大街，老年大学、温泉游泳馆、桑拿房、健身房、球馆、棋牌室、心理咨询室、美发厅、图书馆、超市均设在其中，针对有宗教信仰的宾客还设有包括天主教、基督教、伊斯兰教和佛教的宗教场所。养护中心的老年大学，为宾客开设了工笔画、书法、手工制作、歌咏、太极拳、经络拍打养生操等课程，并在多功能大厅定期举办电影放送、健康养生讲座、书画作品展、交谊舞会、歌咏比赛、生日宴会、模特表演等多姿多彩的活动，宾客根据自身的兴趣爱好和健康状况选择课程、参与活动、发挥特长、结交朋友、充实生活，使宾客真正实现老有所养、老有所乐、老有所学、老有所为。

养护中心目标群体主要包括：国内高收入人群，自理、半自理、非自理老年人，各年龄段的残疾人，病后需康复治疗者，慢性病需长期康复治疗者（含老年性痴呆症），亚健康人群，短期疗养者；归国华侨和海外华侨，在华长期工作和生活的外国人，国外老年人和慢性病需长期康复治疗者，来中国短期享受中国传统中医养生康复和疗养的外国人。重点目标客户人群：大学退休教师、各级离退休干部、归国华侨、子女在国外的空巢老人、高收入中年白领、国内中产阶级、各大企业高管、退休白领、各事业单位负责人、中央各部委和北京市政府老干部管理部门和活动中心、老年社团组织等。

图 9　燕达金色年华健康养护中心

(3) 燕达国际医学研究院

燕达国际医学研究院是一所国际化、市场化、信息化、开放型的医学研究机构。研究院设有分子诊断与生物芯片研究所、医学检验所。该院实施对外合作，与军事医学科学院、河北医科大学等多所大学及科研机构建立了战略合作伙伴关系，并依据健康城发展需要，广泛开展分子诊断等世界前沿医学技术的科学研究。

图 10　燕达国际医学研究院

(4) 燕达国际医学护理培训学院

学院创办于 2010 年，是经河北省教育厅批准成立的非学历高等教育机构,可容纳 1500 名医生、护士和护工进行培训,使医护人员受到由初级到高级的系统培训。为了不断提高健康城各项目的管理水平和医疗水平,对引进的各级管理人员和医护人员,通过燕达医护培训学院岗前培训实行持证上岗。培训学院还面向社会培训医生、护士、护理员和相关专业的人员。

(5)燕达国际医学院

燕达国际医学院按国际领先标准规划设计,能够容纳 12000 名学生。医学院设置的教学专业有:医疗系、医疗管理系和护理系。医学院通过与国际大型知名医学教育机构的紧密合作,按中国教育部颁发学位证书的规定,能够颁发双学位的学士、硕士、博士学位证书。

(6)燕达国际会议中心

燕达国际会议中心按五星级酒店的标准设计,除其他各功能外,还设有 200 余套客房、可容纳 500 人的同声传译国际学术报告厅,并设有商务中心、会务中心、餐饮部和康体部。该中心还可用于举办各类大型国际性学术会议。

2. 燕达国际健康城的总结与启示

燕达国际健康城已经成为京津冀养老一体化示范基地,实现了京津冀协同发展,切实服务北京养老客群。

(1)医养结合的典范

健康城内有燕达国际医院、北京朝阳医院、北京天坛医院、北京中医医院的专业医疗资源做保障,知名专家坐诊,实现全面医疗保障。

图 11 多家医疗机构做保障

(2)全程化持续照护老年社区

养护中心有着先进的设备、专业化的配套、温馨的服务、健康的饮食,实现了健康颐养、全面的介助介护,辅之养生康复,并对失能失智宾客实施舒缓照护。根据入住宾客的身体健康状况,养护中心分别设置了自理区和非自理区,并配有相关的设施和服务。

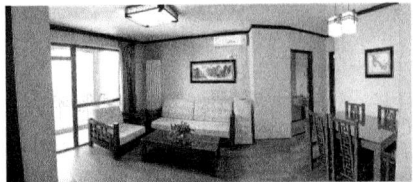
中式自理型客厅

东南亚式自理型卧室

美式自理型客厅

欧式自理型客厅

欧式自理型卧室

中式自理型卧室

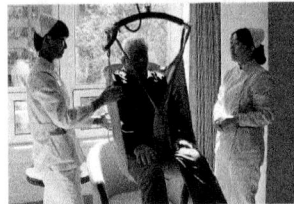
非自理区域天轨移位系统

图12　养护中心设施

(3)养老、养生、康复为一体的绿色生态养护区

为使入住宾客得到全面、及时的医疗保障,在家居式养护楼宇之间和宾馆式养护楼的每一层,均设有医疗护理站并配备专职医护人员。医生、护士、助理护士和护理员均实行24小时值班制,不间断地为入住宾客提供服务。养护中心的护理人员基本为大、中专护理专业人才,通过对护理员的心理学与护理、服务、语言等其他各项专业的培训,打造出高素质的护理团队,定时为宾客提供居室保洁、床铺整理、衣物洗涤、心理保健、陪同就医等近百项服务。除了专业照护、康复理疗、中医养生之外,社区里还有老年大学、康体运动、营养配餐服务,而且环境优美。

图13 燕达金色年华健康养护中心医疗护理站

(4)智慧型尊贵养老综合生活区

社区里适老配套功能完善,有远程监控、电子围栏等,提供有超大规模的社区环境,提供万人床位,让老年人在品质社区里实现缤纷生活、智慧尊贵养老。

(二)香河大爱城

香河国家养老示范基地是国家"爱晚工程"的典型示范性项目和河北省重点工程,由世纪爱晚(北京)置业有限公司和香河爱晚投资有限公司联合打造。

"爱晚工程"是一项旨在系统化全面推进我国社会化养老服务的大型公益项目,爱晚工程·香河国家养老示范基地旨在打造国内设施最先进、理念最创新、管理最现代、服务最专业的养老示范区。项目占地6000亩,建成后将为老年人提供一个舒适的养老环境,提高老年人的生活质量。项目参照CCRC国际标准,涵盖医疗康复、生活护理、休闲养生、文化教育、生命研发、生态农业等诸多功能。项目以养老示范生活社区为目标,建设集医疗、保健、康复、教育、培训、国际合作于一体的高端养老社区,并以此为主体

向周边区域辐射,形成完善的养老产业链。建成后,该居住区将承载 5 万养老客群,为地方提供 2 万—3 万个就业岗位。

大爱城作为爱晚工程的重点项目,创建"大爱·书院式养老"创新模式。此模式以大爱教育产业为核心引领,以养老服务、健康医疗、现代农业三大产业为支撑。一是大爱·养老中心:专业运营团队,为不同健康状况老人提供专业照料;二是大爱·健康医疗:10 万平方米香河大爱医院,提供全面健康保障;三是大爱·终身教育:提供从幼儿到老年的优质教育资源;四是大爱·现代农业:大爱农场,引进先进农业科技,创造有机、生态、放松的田园环境,为大爱城住户提供绿色健康生活。

(三)泰康之家·燕园

泰康之家·燕园社区位于北京昌平新城核心区域,总建筑面积约 31 万平方米,总投资约 54 亿元,共能容纳约 3000 户居民入住,于 2015 年 6 月 26 日开园试运营。该社区引入国际领先的 CCRC 养老模式,并配备了专业康复医院和养老照护专业设备,是可供独立生活老人以及需要不同程度的专业养老照护服务的老人长期居住的大型综合高端医养社区。泰康之家·燕园是中国首家获得 LEED 金级认证的险资投资养老社区。

五、京津冀协同发展背景下养老模式整合与创新的策略思考

(一)京津冀发挥各自区位优势,扬长避短,开发建设新型、综合、服务一体化的养老社区

京津冀地区整合资源,形成地区间养老服务业的协同发展。目前京津冀地区养老服务业存在资源配置分散、空间分布不均、利用率低下等主要问题,可以引导发达地区的老年人迁移到养老服务业发展水平相对一般但自然环境优越的地区,在缓解发达地区的人口和养老压力的同时,欠发达地区依靠自身资源发展地区经济。养老社区的建设可以聚合周边地区的养老资源并逐步形成养老服务链,进而逐渐发展成产业甚至成为该地区的特色项目。

北京是国家的政治中心、文化中心,是综合性产业城市,同时也是中国最大的科技和智力密集区,并集中了全国最优质的医疗资源。[①] 天津具有较丰富的土地资源和较成熟的养老服务产业经验,容易吸引投资推动养老服务

---

① 刘莉:《京津冀养老服务体系协同构建设计》,《合作经济与科技》,2014 年第 22 期。

产业链的发展。河北社会资金有限，养老机构发展总体水平不高。综合京津冀地区的整体情况，三地在养老服务业发展方面应实现优势互补。一方面，环京津地区生态环境较好，土地价格相对低廉，首都地区的科研机构和医疗机构外迁，带动河北科研水平和医疗水平的提高，水平较高的养老机构或养老社区可以吸引京津地区的老年人群，老龄人口的疏解将是必然趋势。

（二）整合养老资源，实现居家养老、机构养老与社区养老多功能、全方位的养老模式

居家养老、社区养老及机构养老三种养老模式所发挥的作用、担负的任务有所不同，可以将三种模式结合起来，综合各种模式的优势，扩大养老功能。在项目所调研的养老社区中，事实上已经将三种养老模式有机地统筹了起来。作为养老社区，社区应该有的便民性质的公共服务，如社区基础生活服务和社区商业服务等，向老年人提供适宜的餐饮、银行、超市、理发等生活服务都已经具备。还应从社区文化服务空间当中挖掘出能够满足"漂族老人"精神需求的有效资源，建设老年文化活动设施，发展老年公益性文化事业，如老年大学、咨询活动、义工服务，增强老人的主人翁意识以及充实的闲暇时间。由专业医疗养老机构提供针对老年人的医疗康复体系，包括对老年人的健康管理：健康信息的搜集、健康状况的评估；医疗服务，如急救康复等；生活照料服务，提供专业护理或特殊护理等。养老社区里区分了自理区和半自理、非自理区。自理区以老年公寓为主，像自住房一样，家具和其他电器及养老呼叫设备一应俱全，老人租住在这样的公寓房里，如同住在自己家里一样。且在北京周边地区，交通越发便利，亲人的探望也不存在太多的困难，更何况小区里老年人有朋友，有交往圈子，有丰富的活动内容，不仅日常生活便利，精神也能得到慰藉。在出现老年人不能自理的情况时，有专业的医疗和护理机构、人员、设施。这样的全程化持续照护的养老社区，集健康颐养、舒缓照护、养生康复于一体，是一种养老的综合体模式，一种适老配套功能完备的智慧型的品质养老社区，一种养老、养生、康复为一体的生态养护社区。

（三）京津冀以度假休闲为参照，以医养结合为发展基石，发展联盟型养老社区建设

老年群体是一个多层次、多特征的群体，其需求也是多方面的，不同阶层的老年人的需求既有共性又具有个性。老有所养、老有所医、老有所为、老有所学、老有所乐和老有所教是老年群体的共同需求，但老年群体是一个个体之间千差万别的群体,每个阶层老年人的需求各不相同,即使同一个人,在不同时期的需求重点也不一样。养老服务需求越来越多元化和差异化。如,老年干部群体在经济保障方面多无后顾之忧,步入老年后,对受人尊重和自我实现的需求表现突出;老年知识分子群体对于精神慰藉的需求大于物质生活需求,对社会交往和社会尊重的需求突出;弱势老年群体,晚年生活缺乏稳定的经济保障,他们对家庭的依赖感最为强烈。又如,一般的住户群体在选择入驻机构或公寓时一般健康状况较好,但由于老年人身体状况的不稳定性和一些慢性疾病的影响,半失能、失能老人的需求变得急迫,老人需要一个能够提供高效、完备服务链的高质量环境来进行康复和疗养。老年人的养老需求决定着养老模式的供给。多元化的养老模式不仅为养老模式的选择提供了可能,而且为老年人生活质量的提高提供了更多保障。

医养结合型的医疗机构会成为更多老年人的优先选择,同时,一部分群体希望能够选择环境更优的社区型养老机构,既能解决半失能、失能老人的住宿问题,又能使其享受到完备的看护照料服务。联盟社区型的养老机构多以房地产商或养老企业投资建设为主,完备的配套设施是其核心竞争力之一。大多数联盟社区内设有医院、超市、家政服务中心、银行、老年活动中心、休闲娱乐设施等,为老年人提供专有的服务。联盟社区型养老模式作为一种创新产物在概念和理念上迎合了当前一部分老年人的需求。在养老社区发展比较成熟的美国,开发者对老年人群体的定位标准已经脱离了单纯依赖经济水平和基本养老需求的阶段,而是更广泛、深入地分析现有市场和潜在市场中各种高层次的需求。例如,在美国,依据社区内护理程度逐层增加的标准可以分为生活自理型养老社区(Independent Living)、生活协助型养老社区(Assisted Living)、特殊护理养老社区(Skilled Nursing)和持续照护养老社区(Continuing Care Retirement)。除此之外,还有强调各种居民同质性的社区类型存在,例如:马术爱好者养老社区、校园附属养老社区(Campus-affiliated Community)、同性恋养老社区[LGBT(Lesbian, Gay, Bisexual, Transgender)Retirement Community]、美国退伍军人养老社区(Veterans Retirement Community)[1]等。实际上,发达国家的这些养老社区的分类方式对我国综合型、社区型机构完善群体定位和分析需求方面有重要的启示。

---

[1] 张卫国:《美国养老社区研究》,《世界经济与政治论坛》,2012年第9期。

(四)借鉴示范先进,政府鼓励并支持吸引社会资本投入建设养老产业

政府在养老综合社区建设方面要着力于政策引导与支持。政府要设计制定有效合理的政策,引导促进养老服务业的发展;完善与养老服务产业相关的法律法规,以保障老年人的权益;依据法律对养老服务产业进行质量监督和管理;加强人才培养,实施激励机制,建设专业的护理人员培养机构,注重提高养老服务业人员待遇。

(五)企业更多了解养老事业的紧迫性,以社会责任感为出发点积极发展养老产业

养老是产业更是社会责任。在现代社会,解决"老有所依"问题,可以通过养老产业化,让社会机构进入养老领域,代替传统家庭、依赖子女来提供合格的赡养服务。但仅仅强调养老的产业化还不够,因为产业可能以收益最大化为目标,产业化的结果可能会导致养老成本提高,或赡养质量的降低,因此在产业化的过程中,必须强调养老企业的社会责任,也即公益性。一方面是价格的合理化、监管以及财政补贴。养老机构提供的养老服务应面对多数人,而不仅仅为少数人所接受。另一方面是服务的完善以及管理规范化。养老机构提供的养老服务不能脱离公益性,要积极探索包括养老金融、养老养生服务以及医疗健康服务等在内的养老健康全产业链服务,使养老金的资金管理与养老健康服务有序衔接,构建一体化的养老体系。发挥企业的专业技术与能力,在社区创新探索健康养老领域品牌。

参考文献

[1] [英]迈克尔·希尔. 理解社会政策[M]. 北京:商务印书馆,2005.

[2] 胡象明,唐波勇. 整体性治理:公共管理的新范式[J]. 华中师范大学学报(人文社会科学版),2010(1).

[3] 中华人民共和国国务院新闻办公室. 中国老龄事业的发展白皮书[G]. 2006.

[4] 邬沧萍,杜鹏. 老龄社会与和谐社会[M]. 北京:中国人口出版社,2012.

[5] 曾凡军. 基于整体性治理的政府组织协调机制研究[M]. 武汉:武汉大学出版社,2013.

[6] 吴玉韶. 中国老龄事业发展报告(2013)[M]. 北京:社会科学文献出版社,2013.

[7] 潘屹. 社区综合养老服务体系建设：挑战、问题与对策[J]. 探索，2015(4).

[8] Bookman A. Innovative Models of Aging in Place: Transforming Our Communities for an Aging Population[J]. Community, Work & Family, 2008(4).

[9] 胡湛，彭希哲. 发展型福利模式下的中国养老制度安排[J]. 公共管理学报，2012(3).

[10] 彭希哲，胡湛. 公共政策视角下的中国人口老龄化[J]. 中国社会科学，2011(3).

[11] 郑功成. 中国社会保障改革与发展战略：总论卷[M]. 北京：人民出版社，2011.

[12] 景天魁，等. 普遍整合的福利体系[M]. 北京：中国社会科学出版社，2014.

[13] 汪大海，张建伟. 福利多元主义视角下社会组织参与与养老服务问题——"鹤童模式"的经验与瓶颈[J]. 华东经济管理，2013(2).

[14] 周志忍，蒋敏娟. 整体政府下的政策协同：理论与发达国家的当代实践[J]. 国家行政学院学报，2010(6).

[15] 陈瑞莲，蔡立辉，等. 珠江三角洲公共管理模式研究[M]. 北京：中国社会科学出版社，2004.